财政部规划教材
全国财政职业教育教学指导委员会推荐教材
全国高等院校财经类教材

跨境电子商务平台运营实务

《跨境电子商务平台运营实务》编写组　编著

中国财经出版传媒集团
经济科学出版社
Economic Science Press

图书在版编目（CIP）数据

跨境电子商务平台运营实务/《跨境电子商务平台
运营实务》编写组编著. -- 北京：经济科学出版社，
2023.4
财政部规划教材　全国财政职业教育教学指导委员会
推荐教材　全国高等院校财经类教材
ISBN 978 - 7 - 5218 - 4657 - 7

Ⅰ.①跨…　Ⅱ.①跨…　Ⅲ.①电子商务 – 运营管理 –
高等学校 – 教材　Ⅳ.①F713.365.1

中国国家版本馆 CIP 数据核字（2023）第 055262 号

责任编辑：白留杰　杨晓莹
责任校对：李　建
责任印制：张佳裕

跨境电子商务平台运营实务

《跨境电子商务平台运营实务》编写组　编著
经济科学出版社出版、发行　新华书店经销
社址：北京市海淀区阜成路甲 28 号　邮编：100142
教材分社电话：010 - 88191309　发行部电话：010 - 88191522
网址：www.esp.com.cn
电子邮箱：bailiujie518@126.com
天猫网店：经济科学出版社旗舰店
网址：http://jjkxcbs.tmall.com
北京密兴印刷有限公司印装
787×1092　16 开　22 印张　550000 字
2023 年 7 月第 1 版　2023 年 7 月第 1 次印刷
ISBN 978 - 7 - 5218 - 4657 - 7　定价：66.00 元
（图书出现印装问题，本社负责调换。电话：010 - 88191545）
（版权所有　侵权必究　打击盗版　举报热线：010 - 88191661
QQ：2242791300　营销中心电话：010 - 88191537
电子邮箱：dbts@esp.com.cn）

前　言

　　随着电子信息技术和经济全球化的进一步发展，国际贸易发生重大变革，电子商务在国际贸易中的影响力和关键作用日渐凸显，其中跨境电商更是从无到有，快速发展。跨境电商突破了时空限制、减少了贸易的中间环节，解决了供需双方信息不对称的问题，为更多国家、更多中小企业提供了新的发展机遇。

　　目前跨境电商是我国发展速度最快、潜力最大、带动作用最强的外贸新业态，已成为外贸发展的新动能、转型升级的新渠道和高质量发展的新抓手，也是国际贸易发展中重要的新业态之一。据艾媒咨询（iMedia Research）数据显示，2018 年全球跨境网购普及率达 51.2%，2020 年全球电商市场规模达 10.3 万亿美元。全网互联网渗透率持续提升，中国跨境电商在政策的激励下成为发展迅速的电商市场主力。据海关总署数据显示，2020 年我国跨境电商进出口总额 1.69 万亿元，同比增长 31.1%；2020 年我国跨境电商零售进口规模突破 1 000 亿元；2021 年，我国跨境电商进出口额达 1.98 万亿元，同比增长 15%；2022 年，我国跨境电商进出口总额首次突破 2 万亿元，达到 2.11 万亿元，同比增长 9.8%。跨境电商已经成为外贸发展的重要力量。前瞻产业研究院根据我国企业的出海基本面以及国外对我国零售产品的依赖度，初步估计未来 6 年我国跨境电商仍将保持 12% 的年均复合增速，到 2026 年交易规模能达到 26 万亿元左右。

　　为支持跨境电商行业健康持续创新发展，国务院从 2015 年起便先后分 6 批设立 132 个跨境电商综合试验区，基本覆盖全国的省、自治区、直辖市，形成陆海内外联动、东西双向互济的发展格局（见表 1）。

表1		跨境电商综合试验区设立批次	单位：个
批次	设立时间	设立地区	设立数量
第一批	2015 年 3 月 7 日	杭州市	1
第二批	2016 年 1 月 6 日	天津市、上海市、重庆市、合肥市、郑州市、广州市、成都市、大连市、宁波市、青岛市、深圳市、苏州市	12

续表

批次	设立时间	设立地区	设立数量
第三批	2018 年 7 月 24 日	北京市、呼和浩特市、沈阳市、长春市、哈尔滨市、南京市、南昌市、武汉市、长沙市、南宁市、海口市、贵阳市、昆明市、西安市、兰州市、厦门市、唐山市、无锡市、威海市、珠海市、东莞市、义乌市	22
第四批	2019 年 12 月 24 日	石家庄市、太原市、赤峰市、抚顺市、珲春市、绥芬河市、徐州市、南通市、温州市、绍兴市、芜湖市、福州市、泉州市、赣州市、济南市、烟台市、洛阳市、黄石市、岳阳市、汕头市、佛山市、泸州市、海东市、银川市	24
第五批	2020 年 4 月 27 日	雄安新区、大同市、满洲里市、营口市、盘锦市、吉林市、黑河市、常州市、连云港市、淮安市、盐城市、宿迁市、湖州市、嘉兴市、衢州市、台州市、丽水市、安庆市、漳州市、莆田市、龙岩市、九江市、东营市、潍坊市、临沂市、南阳市、宜昌市、湘潭市、郴州市、梅州市、惠州市、中山市、江门市、湛江市、茂名市、肇庆市、崇左市、三亚市、德阳市、绵阳市、遵义市、德宏傣族景颇族自治州、延安市、天水市、西宁市、乌鲁木齐市	46
第六批	2022 年 2 月 8 日	鄂尔多斯市、扬州市、镇江市、泰州市、金华市、舟山市、马鞍山市、宣城市、景德镇市、上饶市、淄博市、日照市、襄阳市、韶关市、汕尾市、河源市、阳江市、清远市、潮州市、揭阳市、云浮市、南充市、眉山市、红河哈尼族彝族自治州、宝鸡市、喀什地区、阿拉山口市	27

目前，全国各跨境电商综试区已建设 330 多个产业园，带动就业超 300 万人。市场有需求，政策添活力，跨境电商增势强劲，配套设施也在逐步完善。

为完善监管，助力跨境企业货物快速通关，除了 2018 年发布的 "9610" 海关监管代码外，2020 年 6 月海关总署发布《关于开展跨境电子商务企业对企业出口监管试点的公告》，增设 B2B 出口专属监管代码（"跨境电子商务企业对企业直接出口 – 9710" "跨境电子商务出口海外仓 – 9810"），并在北京、天津等 10 个海关开展试点。同年 9 月，试点海关再新增 12 个（见表 2）。

表 2   跨境电商出口方式对比

	跨境电商 B2C 出口（9610）	跨境电商 B2B 出口（9710、9810）
企业要求	电商、物流企业办理信息登记，办理报关业务的注册登记	参与企业均办理注册登记，出口海外仓企业备案
随附单证	订单、物流单、收款信息	9710：订单、物流单（低值） 9810：订仓单、物流单（低值）（报关时委托书第一次提供）

	跨境电商 B2C 出口（9610）	跨境电商 B2B 出口（9710、9810）
通关系统	跨境电商出口统一版系统	H2018 系统；单票在 5 000 元人民币以内，且不涉证、不涉税、不涉检的，可通过 H2018 系统或跨境电商出口统一版系统通关
简化申报	在综试区所在地海关通过跨境电商出口统一版系统申报，符合条件的清单，可申请按 4 位 HS 编码简化申报	在综试区所在地海关通过跨境电商出口统一版系统申报，符合条件的清单，可申请按 6 位 HS 编码简化申报
物流	—	可适用转关或直接口岸出口，通过 H2018 申报的可适用全国通关一体化
查验	—	可优先安排查验

　　国际市场外部环境的变化促使跨境电商产业得到了高速发展，未来发展空间广阔。从微观角度来看，相较于其他行业，跨境电商行业具有入门门槛低，对资金要求相对不高等优点，是很多传统工贸企业寻求发展的一个突破口。

　　本书为校企合作教材，由集美大学财经学院数字贸易课程组及厦门亿丰商学院跨境电子商务项目组合作编写。集美大学财经学院数字贸易课程组成员：集美大学财经学院黄阳平教授、陈蕾教授、李娜副教授、姜文辉副教授、戴萍萍副教授。厦门亿丰商学院跨境电子商务项目组成员：厦门市亿丰电商咨询有限公司董事长曾振华、教培部总监郑依娜、教培部张文美、跨境电商运营主管彭静。在编写过程中，校企双方根据社会对复合型跨境电商行业人才的大量需求，立足于当下跨境电商市场现状，发挥双方优势，以精炼理论、突出实务为原则，详简有度地介绍有关跨境电商的基础概念、主流跨境电商市场现状与全球主要电子商务市场平台发展情况，聚焦如何注册运营跨境电商平台账号、跨境选品和数据分析、产品刊登发布、相关税务合规和品牌申请备案、跨境电商物流仓储与配送、促销推广及账户绩效风险把控等核心内容。教材内容由浅入深，由简至繁，旨在帮助读者更好地理解和掌握跨境电子商务运营知识，增强运营和分析问题的能力，提升实操及应用技能。本书既可以作为高等院校跨境电商、电子商务、国际商务、物流管理等专业学生学习用书，还可以为有意在跨境电商领域从业或创业的相关人士提供借鉴。

编者

2023 年 3 月

目录

项目一

了解跨境电子商务

视频：了解
跨境电子商务

■ 学习目标

1. 了解跨境电商的基础概念、运营模式及特征。
2. 明确跨境电商的参与主体。
3. 熟练掌握跨境电商的交易流程。
4. 了解当前中国跨境电商服务平台有哪些，并掌握其具体特征。
5. 分析当前全球主流电商市场的特点。
6. 熟悉全球跨境电商市场平台。

任务一　跨境电子商务概述

　　跨境电子商务（以下简称跨境电商）是互联网发展到一定程度后所产生的新型贸易形态，在促进贸易全球化方面有着重要意义。本节的任务目标在于，了解跨境电商的基础概念、运营模式及特征，对跨境电商的参与主体有一定认知，掌握跨境电商的参与流程。

一、跨境电商概述

　　跨境电商是指分属不同关境（国家或地区）的交易主体双方，通过跨境电商平台达成交易、进行支付结算，并通过跨境物流送达产品、完成交易的一种跨境商业活动，主要包括交易主体达成订单买卖、跨境电子支付、报关、跨境物流输送等环节。

　　跨境电商在经济一体化、促进贸易全球化等方面具有非常重要的战略意义。我国跨境电商行业蓬勃发展，2022 年跨境电商市场总规模近 15 万亿元人民币，成为我国外贸日益增长的重要推手。

　　在新营销模式下，全球消费模式从线下转移线上，传统外贸与跨境电商在成本、平台、抗风险能力、工作环节、受众群体、利润率等方面存在多维度的差异，如图 1-1 所示，跨境电商是传统外贸转型发展的必然趋势。

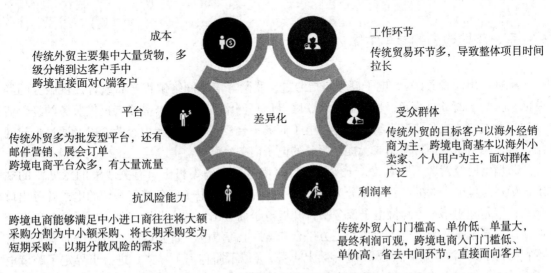

图 1-1　跨境电商与传统外贸的差异化

二、跨境电商的运营模式及特征

跨境电商模式：根据贸易模式，可分为 B2B 模式（Business to Business）、B2C 模式（Business to Consumer）、C2C 模式（Customer to Customer）。我国的跨境电商模式主要为 B2B 及 B2C 两种贸易模式。

跨境电子商务 B2B 模式（简称跨境电商 B2B）：跨境 B2B 贸易即企业对企业，是指分属不同关境（国家或地区）的企业对企业之间，通过电子商务平台达成交易、进行支付结算，并通过跨境物流送达产品、完成交易的一种国际商业活动。跨境电商 B2B 模式中企业面对的最终买家为企业或企业集团。跨境电商 B2B 模式又称在线批发，是外贸企业间通过互联网进行产品、服务及信息交换的一种商业模式。

跨境电子商务 B2C 模式（简称跨境电商 B2C）：跨境 B2C 贸易即企业对买家。根据《关于实施支持跨境电子商务零售出口有关政策的意见》规定，我国出口企业通过互联网向境外零售产品，主要以邮寄、快递等形式送达的经营行为，跨境电子商务的企业对买家出口的模式即跨境电商 B2C。目前，B2C 类跨境电商在中国整体跨境电商市场交易规模中的占比不断升高。B2C 模式是卖家通过跨境电子商务平台（第三方平台或自建平台）直接对接终端买家的模式。

跨境电子商务 C2C 模式（简称跨境电商 C2C），是从事外贸活动的个人对国外个人买家进行的网络零售商业活动。跨境电商 C2C 模式常见的开展形式为海外代购形式，海外个人代购入驻平台开店，产品由"买手"通过快递发货或直接携带回来。

根据跨境电商货物运输方式的不同，可将其业务模式划分为直邮模式、海外仓模式和第三方平台物流仓模式；根据跨境电商销售方式的不同，可将其业务模式划分为独立站销售模式和第三方电商平台销售模式。

三、跨境电商的参与主体

根据《电子商务法》，电子商务是指通过互联网等信息网络销售产品或者提供服务的经营活动。电子商务经营者，是指通过互联网等信息网络从事销售产品或者提供服务的经营活动的自然人、法人和非法人组织，包括电子商务平台经营者、平台内经营者以及通过自建网站、其他网络服务销售产品或者提供服务的电子商务经营者。

跨境电商经营者，根据《关于实施支持跨境电子商务零售出口有关政策的意见》的规定，确定跨境电子商务经营主体分为三类：一是自建跨境电子商务销售平台的电子商务出口企业；二是利用第三方跨境电子商务平台开展电子商务出口的企业；三是为电子商务出口企业提供交易服务的跨境电子商务第三方平台。《关于跨境电子商务零售进出口产品有关监管事宜的公告》（海关总署公告 2018 年第 194 号）（以下简称 194 号文）进一步界定了跨境电商活动中承担境内法律责任的参与主体，即跨境电子商务企业、跨境电子商务企业境内代理人、跨境电子商务平台企业、支付企业、物流企业及境内（外）买家。

根据 194 号文，跨境电商活动中相关境内主体的具体含义见表 1-1。

表 1 – 1　　　　　　　　　　　　　　　　跨境电商主体

主体	含义
跨境电商企业	是指自境外向境内买家销售跨境电子商务零售进口商品的境外注册企业（不包括在海关特殊监管区域或保税物流中心内注册的企业），或者境内向境外买家销售跨境电子商务零售出口商品的企业，为商品的货权所有人
跨境电商企业境内代理人	是指开展跨境电子商务零售进口业务的境外注册企业所委托的境内代理企业，由其在海关办理备案，承担如实申报责任，依法接受相关部门监管，并承担民事责任
跨境电商平台企业	是指在境内取得市场主体资格，为交易双方（买家和跨境电子商务企业）提供网页空间、虚拟经营场所、交易规则、信息发布等服务，设立供交易双方独立开展交易活动的信息网络系统的经营者
支付企业	是指在境内取得市场主体资格，接受跨境电子商务平台企业或跨境电子商务企业境内代理人委托为其提供跨境电子商务零售进口支付服务的银行、非银行支付机构以及银联等
物流企业	是指在境内取得市场主体资格，接受跨境电子商务平台企业、跨境电子商务企业或其代理人委托为其提供跨境电子商务零售进出口物流服务的企业

根据 194 号文，跨境电商平台企业、物流企业、支付企业等参与跨境电子商务零售进口业务的企业，应当依据海关报关单位备案管理相关规定，向所在地海关办理备案；境外跨境电子商务企业应委托境内代理人向该代理人所在地海关办理备案。跨境电子商务企业、物流企业等参与跨境电子商务零售出口业务的企业，应当向所在地海关办理信息登记；如需办理报关业务，应向所在地海关办理备案。

四、跨境电商的交易流程

跨境电商交易即跨国家（地区）或者关境所进行的电子交易，包括交易整个过程的信息交流，以及交易后的资金交流与物流交付。从本质上来讲，跨境电商交易是一种受地缘政治因素深刻影响的在线电子贸易发展新业态。

跨境电商交易流程即通过跨境电商平台约定交易、进行支付，再通过跨境物流送达产品，最终完成交易的一系列系统环节。整个跨境电商交易的业务流程是信息流、物流、资金流之间的融会贯通。以跨境电商出口活动为例，各交易主体的参与情况如图 1 – 2、图 1 – 3所示。

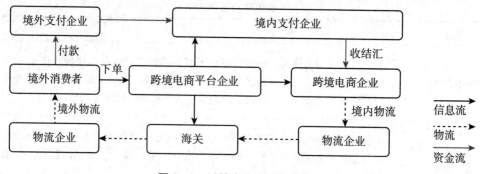

图 1-2 跨境电商出口参与主体

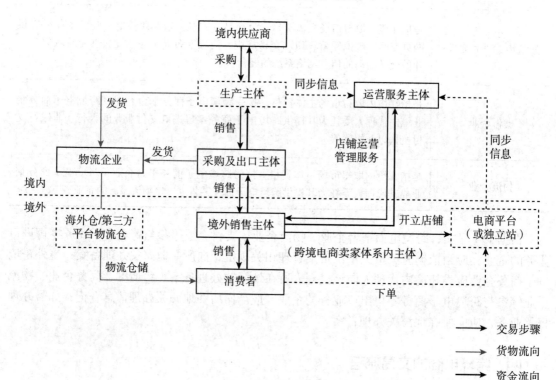

图 1-3 跨境出口业务流程

注：上图对跨境电商业务模式进行了简化处理。在实际业务开展中，跨境电商卖家体系内
主体的配置、具体交易步骤和货物/资金的流转可能产生变化。例如：

①对于同时从事物流业务的跨境电商卖家，物流企业亦为其体系内主体；

②对于不具备生产能力的跨境电商，其体系内则无生产主体；

③对于开设独立站进行销售的跨境电商，独立站亦为其体系内主体；

④对于在电商平台入驻店铺进行销售的跨境电商，实际开立店铺的主体可能为多家境内外子公司。

☞ **任务演练：**

1. 跨境电商的概念是什么？

2. 跨境电商的运营模式及特征是什么？

3. 简析跨境电商参与主体及其含义。

4. 画出跨境电商参与流程图并对相应步骤做出分析。

任务二　中国跨境电商服务平台概述

任务目标

跨境电商的发展离不开跨境电商平台的有效支撑，其中跨境电商综合性服务平台发挥着重要的作用。本节内容旨在了解和学习中国主要跨境电商服务平台及其功能信息。

一、中国电子口岸（www. chinaport. gov. cn）

电子口岸建设由国务院口岸工作部际联席会议指导，各口岸管理相关部门参与建设，分为中国电子口岸和地方电子口岸两个层面。

中国电子口岸是由国务院 16 个部委共同建设，中国电子口岸数据中心承建的集进出口信息流、资金流、货物流于一体的公共数据平台且集口岸通关执法服务与相关物流商务服务于一体的大通关统一信息平台，服务延伸扩展至国际贸易中的各主要环节。中国电子口岸主要面向全国企业和个人提供"一站式"的口岸执法申报基本服务，承担国务院各有关部门间与大通关流程相关的数据共享和联网核查，提供中国口岸管理相关部门间的数据共享和联网核查、货物申报、舱单申报、运输工具申报、许可证和原产地证书办理、企业资质办理、公共查询、出口退税、税费支付等"一站式"窗口服务，在改善营商环境、促进政府部门监管阳光化、促进企业进出口贸易便利化、提高通关效率、降低贸易成本等方面发挥了重要作用。

地方电子口岸建设由各地方政府牵头，主要面向地区内企业和个人提供"一站式"的口岸执法申报基本服务，承担地方政务服务和特色物流商务服务。

二、中国国际贸易单一窗口（new. singlewindow. cn）

中国国际贸易单一窗口（简称"单一窗口"）是由国务院口岸工作部际联席会议统筹推进，国家口岸管理办公室牵头、相关口岸管理部门共同组成的"单一窗口"建设工作组负责推动实施的。国际贸易单一窗口标准版应用系统依托中国电子口岸平台建设，具备标准化应用、金融服务、航空物流等三大业务应用，是集现代化、信息化、智能化于一体的口岸和国际贸易领域相关业务统一办理服务平台，提供企业资质、监管证件、原产地证、进口配额、运输工具、舱单申报、货物申报、税费办理、出口退税、查询订阅、加贸保税、检验检疫、物品通关、跨境电商、口岸物流、服务贸易、口岸收费等十七大类基本服务，功能范围覆盖至国际贸易链条各主要环节，有效地提高了国际贸易供应链各参与方系统间的互操作性。在提高申报效率、缩短通关时间、降低企业成本、促进贸易便利化等方面，"单一窗口"正逐步成为企业面对口岸管理相关部门的主要接入服务平台。申报人通过"单一窗口"

即可向口岸管理相关部门一次性完成申报，在优化通关业务流程、简化通关手续、降低通关费用等方面发挥着重要作用。

中国国际贸易单一窗口标准化应用分为中央和地区两种层面（见图1-4，图1-5）：

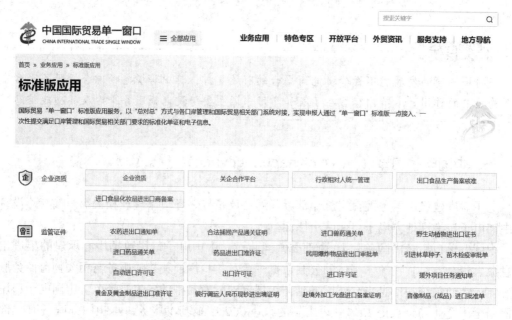

图1-4　标准化应用

图1-5　应用中心

（一）中央标准化应用

中央标准化应用以"总对总"方式与各口岸管理和国际贸易相关部门系统对接，实现申报人通过"单一窗口"标准版一点接入、一次性提交满足口岸管理和国际贸易相关部门要求的标准化单证以及电子信息的需求目标。

企业资质：企业资质、关企合作平台、行政相对人统一管理、出口食品生产备案核准、进口食品化妆品进出口商备案。

监管证件：农药进出口通知单、合法捕捞产品通关证明、进口兽药通关单、野生动植物进出口证书、进口药品通关单、药品进出口准许证、民用爆炸物品进出口审批单、引进林草种子，苗木检疫审批单、自动进口许可证、出口许可证、进口许可证、援外项目任务通知单、黄金及黄金制品进出口准许证、银行调运人民币现钞进出境证明、赴境外加工光盘进口备案证明、音像制品（成品）进口批准单、进口广播电影电视节目带（片）提取单、有毒化学品进出口环境管理放行通知单、农业转基因生物安全证书（进口）、国（境）外引进农业种苗检疫审批单、特种设备制造许可证及型式试验证书、强制性产品认证证书或证明文件、特殊医学用途配方食品注册证书、保健食品注册证书或保健食品备案凭证、婴幼儿配方乳粉产品配方注册证书、进口普通化妆品备案凭证、进口特殊化妆品注册证书、进口医疗器械备案/注册证、麻精药品进出口准许证、两用物项和技术进出口许可证、技术出口许可证、技术出口合同登记证、人类遗传资源材料出口，出境证明、古生物化石出境批件。

原产地证：海关原产地证书、贸促会原产地证书、原产地证书自助打印、原产地综合服务平台、原产地证书核查、经核准出口商管理信息化系统、金伯利国际证书、享惠受阻协调、进口在途农产品关税税率适用证明。

进口配额：棉花进口配额、粮食进口关税配额。

运输工具：船舶、航空器、公路、铁路。

舱单申报：海运、空运、公路、铁路（新版）、铁路/邮运、TIR 运输、旅客舱单。

货物申报：货物申报、集中申报、预约通关、报关代理委托、海关事务联系单、减免税、转关单、减免税后续、通关无纸化协议、检验检疫电子证书、危险货物、报关单自助打印、过境运输监管。

税费办理：货物贸易税费支付、个人物品税款支付、船舶吨税执照申请、邮政缴税联网、政策性返（退）税。

出口退税：出口退税（外贸版）、出口退税（生产版）。

查询订阅：综合查询、订阅推送、中新（加坡）通关物流全程状态跟踪。

加贸保税：加工贸易手册、加工贸易账册、保税物流管理、保税货物流转、保税担保管理、委托授权、出境加工、海关特殊监管区域、海南零关税设备，交通工具及游艇、边角料网上拍卖。

检验检疫：国境口岸卫生许可、特殊物品出入境卫生检疫审批、过境动物，进境特定动植物及其产品检疫审批、进境粮食检验检疫管理、进境种苗检疫管理、进口旧机电产品装运前检验监督管理、进口机动车 VIN 申报、检疫处理、出境动物检疫管理、进出口商品检验采信。

物品通关：快件通关、公自用物品、邮递物品、边民互市贸易。

跨境电商：进口申报、出口申报、公共服务。

口岸物流：监管场所动态管理、智能卡口散杂货。

服务贸易：展览品、暂时进出境货物。

口岸收费：口岸收费清单。

（二）地区标准化应用

地区标准化应用更具备地区特色。以厦门地区为例，中国（厦门）国际贸易单一窗口（www.singlewindow.xm.cn），由厦门自贸试验区电子口岸有限公司运营，支持账号、卡介质、"i厦门"本地登录，提供通关服务、物流服务、贸易政务、金融服务、互联协作、特殊区域、跨境电商、数据服务、第三方应用等基本服务。

通关服务：报关申报、大嶝小商品市场、出口海运运抵、游艇综合服务、拖车入港报备。

物流服务：通关时效、口岸物流、多式联运、国际转运。

贸易政务：查验预约、船舶疫情防控、查验费管理、属地纳税人服务、航运综合服务、蓝海智慧服务。

金融服务：出口退税、海运费外汇划转、供应链融资贷款五场景。

互联协作：航空物流。

特殊区域：海沧保税港、象屿保税区、象屿物流园区、整车进口、卡口联系单、先进区后报关。

跨境电商：9610直购进口、9610一般出口、1210保税备货、9710跨境B2B、9810出口海外仓、免征不退、快件随附单据、出口邮件报送、快件报关申报、快件业务申请、邮件自主申报、邮件委托代办。

数据服务：智能优惠关税、空运进口动态、空运出口动态、查验费综合查询、查验费申诉、查验费申诉结果、IC卡办理进度。

第三方应用：跨境电商综合服务平台、海关行政审批网上办理平台、出口原产地证智能一体化系统、厦门港物流服务云平台、中国信保、CCB、Match、Plus/全球撮合家、国行外贸e贷、RCEP协定税率查询、全国信易贷示范平台、CFCA电子函证平台、全球法人身份认证平台。

三、跨境电商综合服务平台

随着国家对跨境电商监管政策的日渐成熟，各地海关和政府的监管逐渐阳光化和完善化，在跨境贸易链条长、涉及流程环节众多的大环境下，一些传统中小型外贸企业和跨境个人卖家面对新出现的监管政策适应较慢或无所适从。而一些大型跨境电商企业，在对接政府、海关等部门以及跨境电商长链条环节的问题操作方面都具有丰富的经验，于是新兴起了一批由大型跨境企业投资建设的跨境电商综合服务平台，为传统中小型外贸企业、中小型跨境电商企业以及跨境卖家提供金融、通关、物流、退税、外汇、代理等跨境一站式服务。综合服务平台在降低外贸门槛、处理外贸问题、降低外贸风险等问题上提供了便利和解决方案。

以厦门地区的"跨境电商综合服务平台"为例（见图1-6），跨境电商综合服务平台（厦门），是由厦门自贸试验区电子口岸有限公司运营，整合线上线下跨境电商服务，集服务体系、政策法规、企业法律服务、政策法规、信用生态、政策兑现等商政服务、电商服务、通关公共、律所服务等服务为一体的跨境电商服务集，跨境电商服务生态圈以外链形式跳转入政府各公共网站、服务商网站。通过延伸实现线上线下服务同步，降低企业成本，全面提升企业服务在线化、便利化、高效化和优惠化。

图1-6　综合服务平台

☞ **任务演练：**

1. 了解中国电子口岸的定义与分类。
2. 了解中国国际贸易单一窗口的定义及分类。
3. 概述中国国际贸易单一窗口的具体服务功能有哪些。
4. 了解跨境电商综合服务平台的定义。

任务三　跨境电商市场概述

任务目标

　　由于全球各国跨境电商市场的规模、环境、消费偏好、受众群体等有所不同，因此跨境电商卖家需要根据目的地市场具体情况来调整自己的销售策略，对跨境电商市场的分析尤为重要。在本节内容中，需对当前主流跨境电商市场的消费人群、消费习惯及需求、支付方式等有一定的了解，掌握全球主流跨境电商市场的常用平台。

一、主流跨境电商市场分析

　　受疫情等因素影响，全球电商渠道交易规模在不断增长，跨境电商因其便捷化、多元化、移动化等优势促使买家养成线上消费的习惯，线上零售化趋势加速，跨境电商的市场渗透率持续提升。

开拓更多的贸易市场是跨境电商企业的重中之重。欧美是跨境电商的主要战场,许多中国跨境企业在欧美地区"开疆拓土",深耕市场。此外,东南亚地区的跨境市场异军突起。随着发达国家贸易保护主义倾向以及制造业的加速回流,以及"一带一路"倡议的推进实施和 RCEP 协定生效的带动下,越来越多中国跨境电商企业"走出去",开始大力开拓东南亚、中亚、中东欧等"一带一路"沿线国家,地区市场同时扩大对非洲、拉丁美洲等新兴国家和地区的布局,东南亚、中东等新兴市场潜力巨大、机遇无限。

电商销售额的增长,意味着市场电商化趋势明显。如图 1-7 所示,2021 年全球电商市场态势增长排名前五的国家分别是:印度、巴西、俄罗斯、阿根廷和墨西哥。

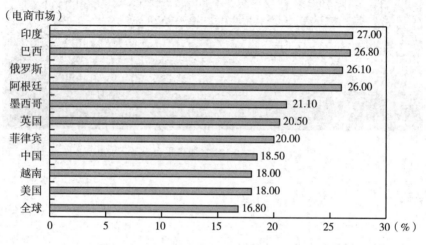

图 1-7 2021 年全球电商市场态势增长排名

对于卖家来说,这些国家有更多的空间和潜力。瞄准开拓市场优势,了解当地跨境电商市场是第一步。各个国家、地区的市场环境、消费习惯、语种、宗教等都不一样,作为跨境电商的卖家,需要对各国(地区)风俗习惯、宗教信仰、忌讳、消费、支付习惯、跨境电商市场发展有一定的了解。其次,卖家需要通过数据收集及分析,根据市场需求及买家需求的变化确定可行的方向,从产品使用价值需求、外观审美需求、良好服务需求等方面调整产品的选择与优化及营销方向。

(一) 北美市场

北美市场作为跨境电商出口的重要目的地,拥有万亿级的消费市场。北美市场是中国跨境出口的主要市场,是中国跨境卖家不可忽视的掘金地。北美市场移动化程度高,网购频率较高,在线买家数量众多,在线消费能力极强。在北美,美国和加拿大为发达国家;其余均为发展中国家。

1. 美国:在北美市场中,美国是最大的电子商务市场之一,经济发达,市场容量非常大。由于历史上美国拥有大量移民,语言、宗教信仰、风俗习惯多元化并存。美国是全球最大的消费品市场,互联网渗透率高,美国人热衷社交,美国买家网购频繁,对网购体验的要求较高,注重效率,喜欢高效的物流方式,崇尚科技、追求时尚、注重产品质量,重视商标和专利、环保等方面的问题。美国买家喜欢在传统节日、退税季节和换季促销时购物，集中在下半年的圣诞节、网购星期一、黑色星期五等大节日是美国电商平台的销售旺季，卖家要充分利用节日进行营销。美国人极少储蓄，而且偏好超前消费，信用卡是美国人网购时常用的支付方式。

2. 加拿大：加拿大地大物博，人口密集，物流和汇率相对较低，在购物方面，加拿大人注重效率，且人均生活水平较高，对网购热情高。由于地处寒带，冬季较长，加拿大人对羽绒服、保暖鞋帽、滑雪服等冬季品类产品的需求较高。再加上加拿大人大多热爱运动和休闲活动，自行车、高尔夫球、游泳、冰球等体育运动品类以及园艺工具、帐篷、垂钓等休闲品类在加拿大市场十分热销。此外，宠物用品在加拿大市场也占有一席之地。受通货膨胀影响，加拿大人消费较为理性。在支付方面，以信用卡和 PayPal 在线支付为主。

3. 墨西哥：墨西哥是拉美人口第二大的国家，目前拥有 1.3 亿人口，互联网活跃度高，互联网用户数量多。墨西哥人均 GDP 高，人均消费水平高，网购消费者购买力强。墨西哥网购主力军以年轻群体为主，消费电子、鞋服、化妆品、汽配、健身用品及配件等产品在墨西哥热销，其中手机及其配件购买量持续高涨。墨西哥节假日繁多，传统节日深受重视，传统节日期间线上消费流量巨大，传统服饰较为热销。情人节、父亲节、独立日、母亲节等主要网购节日以及在墨西哥电子商务蓬勃发展下的黑五、亚马逊 Prime 会员日等新兴购物节也深受欢迎。随着跨境电商发展，墨西哥移动支付和跨境支付发展迅速。墨西哥网购方式以本地支付方式为主。其中信用卡和借记卡使用较为普遍，现金和现金交付、银行转账等支付方式也在发展中。

（二）南美市场

南美共有十几个国家和地区，大部分属于发展中国家，是跨境电商新兴市场。随着当地互联网普及程度及移动化程度的日益增加，加之南美人并不倾向于将资金进行储蓄，南美的跨境消费群体也在不断增长。目前南美的基础建设、支付体系正在逐步完善，但物流仍相对滞后。对中国的跨境卖家而言，机遇和挑战并存。

巴西作为南美市场的代表性国家，以葡萄牙语为官方语言。巴西是南美市场人口数量最多的国家，电商市场潜力巨大。在高昂的税务和跨境物流发展的影响下，巴西跨境网购需求激增。"足球王国"巴西，女性买家为主要网购消费群体，东南部为网购主力军。人们追求时尚，喜爱色彩冲击力较强的商品，运动品类、3C 电子、旅行用品、家居产品、时尚服饰以及美妆等品类较为热销。巴西人注重产品的耐用性和售后服务，喜欢包邮产品，重视传统节日，卖家可以利用节日开展特色促销和折扣活动。在营销推广方面，巴西热衷社交媒体，喜欢在 Facebook、Twitter、Whatsapp 等社交平台分享产品信息和交流使用心得。巴西买家倾向于与卖家交流，卖家可在 10：00 - 12：00、15：00 - 17：00 等买家的活跃时间段与买家互动，通过社交媒体营销推广。在支付方式上，巴西网购支付方式以本地信用卡和网银转账为主。

（三）俄罗斯市场

俄罗斯的人口共有 1.4 亿人左右，俄罗斯人均消费水平高。俄罗斯互联网渗透率高，互联网用户多，互联网用户网购频繁。俄罗斯网购买家群体年轻化，网购年龄集中在 25 ~ 34

岁，女性买家群体购买力更强，时尚品类、美妆、服鞋箱包普遍更受欢迎。由于俄罗斯轻、重工业比例失调，服装、鞋子、电子产品、配饰等日常消费品较为热销。俄罗斯季节温差大，冬季寒冷，围巾、手套、帽子等季节性保暖用品热销。此外，俄罗斯人热爱运动和海滩度假，运动及度假用品在俄罗斯也较为热销。此外，由于俄罗斯人热衷送礼，鲜花类、礼品类在每年的情人节、圣诞节、新年等重要节日引发热销狂潮。俄罗斯买家关注高性价比，俄罗斯买家单笔订单金额普遍不超过 30 美元，市场客单价低。

俄罗斯网购在线支付以电子钱包、网银转账、银行转账为主：

电子钱包：QIWI Wallet，Webmoney，Yandex. Money 等；

网银转账：Sberbank. ru，Alfa Bank，Promsvyaz Bank 等；

银行转账：RussianPost Bank，Russian Standard Bank，Russia Bank Transfer 等。

俄罗斯跨境市场潜力巨大。目前中国与俄罗斯已经建立起了全面战略协作伙伴关系，这为中国跨境卖家开拓俄罗斯跨境市场带来了先机。

（四）欧洲市场

欧洲电子商务市场用户超 5 亿，移动电话渗透率高，是中国卖家在海外的第二大目标市场。欧洲相对发达的地区，线下商业、服务业成本较高，特别是人力成本较高，这为跨境电商提供了价格优势。欧洲成熟的跨境电商市场主要有英国、法国、德国、意大利等国家。

1. 英国：英国是世界上主要的贸易国家之一，也是世界金融中心，是西欧五万亿美元经济体的核心。英国是电子商务渗透率最高的市场之一，互联网渗透率和电商渗透率在世界位列前茅，跨境电商市场的潜力巨大。英国买家网购频率高，网购消费能力强，其中 25～34 岁是网购消费主力军。英国注重礼仪和节日，买家注重网购体验，追求产品的质量和实用主义，从商品的外观到品质、交货、物流等服务体验细节问题要求较高。服饰、体育用品、家居用品、玩具、旅游和度假产品在英国十分热销。在线支付主要有信用卡和借记卡、PayPal 在线支付工具。

2. 法国：法国网购消费群体主要集中在 25～40 岁，女性买家多于男性买家，网购的目的性较强，一般会在网站上直接搜索自己想要的产品。3C、服装、美容类等产品较为热销。由于法国旅游业很发达，旅游、文化和服务有关产品也较受欢迎。在法国，银行卡支付是主流的在线支付方式，PayPal 是除银行卡支付以外的第二大支付方式。

3. 德国：德国是欧洲最大的市场之一。德国人的消费观念相对理性，基本上不会冲动消费，购买奢侈品的人较少。相对于外在的追求，他们更注重的是生活的品质。德国人在追求高品质产品的同时，也很重视购物安全，注重产品的质量与品牌的可靠性，希望卖家能提供来自第三方的产品认证。德国的退货率高达 50%。根据德国的法律规定，网购时买家可以将没有开封的产品在 14 天内退回。因此德国人通常会购入多个颜色或者尺码的产品，在试用过后将不满意的那部分退掉。此外，德国人很看重节日，每当重大节日时都会跟朋友互赠礼物，借此联络和增强感情。德国大部分网购买家倾向于先下单后付款，部分网购买家习惯使用 MasterCard，Visa 和 American Express 等信用卡方式支付。

4. 意大利：意大利国土面积 30 万平方公里，2021 年人均 GDP 3.2 万美元左右。意大利人口众多，达 6 000 万人，网购活跃主力军年龄主要集中在 18～44 岁，同时老年网购买家数量也在逐渐上升。意大利网购时间段主要分布在 21：00－23：00，宠物产品、电子产品、家庭用品、保健品和医药品、家居和花园 DIY 产品、化妆品、服装品类在意大利较受欢迎。意大利网购支付方式以预付卡、信用卡、货到付款、银行转账为主,其中预付卡是最常用的支付方式。

(五) 澳洲市场

澳大利亚地广人稀,现有人口只有 2 500 万人,但人均收入高,是仅次于瑞士的全球第二富裕国家,互联网渗透率高,移动设备普及率高,线上购物比例高达 72%,网购买家追求愉悦感受。时尚、家具用品和汽车零部件较受欢迎。澳大利亚当地居民大多住在独栋别墅,所以家用安防摄像头等监控类产品还是很有市场的。扫地机器人、香薰机、面包机这些家用小电器也是居家必备商品。澳大利亚位于南半球,和中国的季节相反。卖家们可以用低价产品到澳大利亚进行换季销售,换取更高的销售利润。

(六) 东亚市场

在东亚地区,部分国家的跨境电商市场发展更具潜力,也更加迅速。对于中国卖家来说,邻近的跨境电商市场主要有日本和韩国市场。

1. 日本:日本经济实力雄厚,是全球第四大电子商务市场。日本人口数量为 1.3 亿人左右,人口老龄化严重,互联网普及率高,网络消费意愿非常强,购买力强、退货率低、复购率高,日本买家可接受跨境网购。日本买家不喜奢侈,低调审美,推崇断舍离,偏爱简约、朴素、休闲、环保的产品,色彩上也喜好白、灰、黑等低调的中性色。日本买家追求高质量高质感,从功能、材质到外观设计都能达到高水准的产品。书籍、影音、生活家电、3C 产品、外设、生活杂货、家具、室内装饰等品类在日本电商交易中占比较高。由于日本距离中国很近,大大减少了卖家的物流成本,且日本与中国同处亚洲,其生活习惯、节日庆祝、选品偏好与卖家们都有诸多类似之处,随着 RPEC 的生效,我国和日本的贸易往来越发密切,从中国出口日本的服装、家居、电子产品以及美妆产品都极受欢迎。在支付方式方面,日本网购物支付方式以信用卡和网银支付为主。

2. 韩国:作为世界第五大市场,韩国电商十分发达,互联网用户比例高,互联网用户活跃频繁,互联网电商网购交易额高。据韩国厅数据统计,2021 年韩国电商市场交易额达到 1 600 亿美元。韩国跨境主要品类包括服饰鞋帽类、数码家电类、季节家电类、户外运动类、3C 电子类、清洁家电类、宠物用品类和家居装饰类。韩国人注重形象,偏爱化妆品、服装和时尚品牌类,其中女性是跨境网购消费的主要群体,女性服装、美妆、饰品等较为热销。韩国人喜欢方式特别的促销和折扣,积分卡、回馈卡和 VIP 会员卡在韩国很受欢迎,而且更偏爱快捷方便的产品和服务,青睐提供送货上门、当日送达的服务。韩国网购支付方式以韩国国内银行为主,Visa 卡和 MasterCard 卡用得较少。

(七) 东南亚市场

东南亚市场全球互联网经济发展增长迅速,是东南亚增长最快的区域之一,拥有大量的人口福利,买家对电商的需求持续增长,印度尼西亚、马来西亚、菲律宾、新加坡、泰国和越南等国家的互联网用户总数不断增加。东南亚的互联网买家大部分都是基于移动端,且东南亚市场拥有全球数量最多的年轻用户,TikTok、Youtube、WhatsApp、Facebook、Instagram，Twitter 等社交媒体都拥有大量忠实用户。凭借人口红利、高速的经济发展，以及良好的互联网覆盖率和高速增长的数字经济规模，东南亚市场的潜力无限。

1. 新加坡：新加坡是东南亚地区的金融中心，经济发展水平较高，互联网普及率高，城市化率高，电商基础设施完善，支付及物流体系也相对健全，是东南亚地区最喜欢网购的国家。除此之外，新加坡国家面积小，人口相对来说也比较少，通用语言是英语，消费群体主要集中在 25 ~ 45 岁，大家热衷于购买服饰、鞋帽、娱乐、美容个护、电子设备等产品，更趋向选购非本土的产品，孕婴用品在新加坡电子商务销售市场具备增长爆发力。网购支付方式以信用卡（VISA 卡）或借记卡、电子钱包、银行转账为主，新加坡买家热衷银行卡支付。

2. 马来西亚：马来西亚作为东南亚地区最关键的国际金融中心和进出口贸易转运站，人口较少，经济较发达，消费能力强，拥有超高的互联网覆盖率，是东南亚地区相对完善的电子商务销售市场。马来西亚人均 GDP 较高，电子商务交易额高。参与跨境网购的买家倾向于选择中国产品。马来西亚人对价格比较敏感，建议卖家多设置一些促销活动。腕表、包包、服装、户外装、家居饰品、美容护肤品等都拥有较高的关注度。由于马来西亚位于赤道附近，气温较高，防晒用品深受当地人喜欢。马来西亚网购支付方式以银行转账 App、银行卡支付、电子钱包、在线支付平台为主，其中银行转账 App 是马来西亚目前最受欢迎的网购支付方式。

3. 印度尼西亚：印度尼西亚是东南亚第一大经济体，跨境电商市场潜力巨大。印度尼西亚是世界上穆斯林人口最多的国家，卖家在开发产品时需要特别注意宗教信仰禁忌。印度尼西亚节日众多，买家喜欢购买促销和低价产品，喜欢在社交媒体上买东西，偏向在工作日网购。手表配饰、个护美妆、服装及配饰、电子类产品、母婴类产品、照明类产品、家用电器类产品在印度尼西亚较受欢迎。在印度尼西亚，网购支付方式以本地银行卡、银行转账、电子钱包为主，其中银行卡是印度尼西亚人网购的首选支付方式。

4. 菲律宾：在东南亚国家的电子商务销售市场中，菲律宾发展潜力巨大，互联网消费主要群体集中在 26 ~ 35 岁，多以年轻人为主导，女性买家多于男性买家。受菲律宾本地环境气候影响，地域温度较高，防晒隔离、美白皮肤、减肥瘦身、淡香水等品类也较为热销。菲律宾网购时主要采用银行转账、银行卡支付、在线支付平台 Dragonpay、电子钱包 GCash、手机银行应用 PayMaya 等支付方式。

5. 泰国：泰国人口达 7 000 万人，官方语言为泰语和英语。泰国宗教众多，主要有佛教、伊斯兰教、天主教和印度教。泰国国土面积 51.3 万平方公里，作为东南亚第二大经济体，电商市场发展迅速，位居东南亚地区前列，仅次于印度尼西亚、缅甸，是世界第 22 大电子商务市场。泰国互联网渗透率高，互联网用户人群庞大，互联网活跃用户众多，网络用户活跃时间长。家居饰品、少年儿童和婴幼儿用品、电子设备、休闲用品、健康保健类、度假旅游品类、服鞋箱包、美容护肤类货品在泰国较为畅销，手机和电子产品深受泰国买家欢迎。橙黄色和对比度高的彩虹颜色等包装色深受泰国买家欢迎。泰国节日较多，主要集中在下半年第三、四季度，"9.9" 购物节，"双 11""双 12" 大促等大型的电商购物节线上流量巨大。泰国网购买家注重价格，热衷于积攒购物积分，同时注重网购便利和安全性。泰国网购线上支付方式以卡支付、银行转账、货到付款、电子钱包为主，其中银行转账是泰国最受欢迎的支付方式。在所有卡交易中，买家使用最多的是 Visa 和 MasterCard，PayPal 是目前泰国最受欢迎的电子钱包支付方式。

6. 越南：越南紧邻中国，使用的官方语言是越南语。越南电子商务领域发展迅速，增速高达 30%～35%。越南是东南亚地区关键国家中容易忽略的电子商务销售市场之一，电子商务领域前景广阔。越南买家倾向于网购，其中年轻人消费力旺盛。越南人网购偏向于高品质的服务项目和产品，注重个人外表，偏重挑选国际性和进口知名品牌，时尚品类、家居用品、3C 电子类、服装配饰、美妆保健、母婴品类在越南市场较受欢迎。越南流行的支付方式包括银行卡转账、现金、电子钱包交易和国际信用卡的 VTC Pay 等，越南买家同样偏爱信用卡。

（八）南亚市场（印度）

印度人口多达 14 亿人，地理位置优越，辐射中东、东非、南亚、东南亚市场，经济增长前景良好。印度电商渗透率较低。新冠肺炎疫情加速了印度零售市场向电商平台的转变，促使印度互联网渗透率不断提升，互联网用户数量逐渐增加，跨境电商市场潜力巨大。中国的书籍、服饰、鞋帽、化妆品以及消费类电子产品等在印度较受欢迎，中国制造的优势发挥得淋漓尽致。印度大部分人口信仰印度教。买家在开发产品时需要注意宗教信仰禁忌。

（九）中东市场

中东跨境市场主要覆盖阿联酋、沙特、阿曼、科威特、巴林和卡塔尔 6 国。中东作为全球最重要的经济体之一，以石油经济闻名世界，经济富裕，民众消费能力可观，对价格不敏感，线上购物客单价较高。加之中东的人口基数庞大，互联网普及率较高，用户跨境网购行为较为频繁，大多数买家参与过跨境消费，跨境市场广阔。由于中东气候炎热，家庭结构大，对生活家居用品和夏装需求大。网购买家以年轻消费群体为主，爱好社交，新奇、潮流和时尚类产品较为畅销。中东地区到现在都很流行现金支付，COD（货到付款）是主流。

（十）非洲市场

非洲大陆人口增长迅速，多达 12 亿人。非洲是一个发展中国家（含欠发达国家）非常集中的大陆。随着非洲大陆经济稳步增长，互联网在非洲各国推广普及，非洲互联网用户日益增多，大部分非洲买家参与过跨境消费且不排斥在非母语外国网站购物，这为非洲国家推动跨境电商发展提供了机遇。非洲大陆对轻工、纺织、服装、五金、钟表、床上用品、家电和电子产品的需求较大，由于非洲基础设施和物流网络等方面的建设较为薄弱，在非洲买家网购行为中，货到付款是非常普遍的支付方式。

非洲人口众多，其中南非和尼日利亚网络零售的发展速度居于非洲的领先位置，是非洲未来的关键市场和重要的新兴市场，当地越来越多的居民都已经参与到了跨境购物的群体当中。非洲市场潜力巨大。几十年以来中国同非洲国家及地区的关系密切，为中国卖家开拓非洲跨境市场带来了先机。

二、全球跨境电子商务市场平台

（一）北美：Amazon，eBay，Wish、速卖通、Newegg，Walmart，Wayfair，Esty

1. Amazon：作为美国最大的电商公司，全球有 3 亿多活跃用户，遍布全球的超过 175 个电商运营中心。亚马逊目前站点有美国站、加拿大站、墨西哥站、英国站、德国站、法国站、意大利站、西班牙站、荷兰站、瑞典站、波兰站、巴西站、澳大利亚站、日本站、印度站、新加坡站、中东站。

2. eBay：创立于 1995 年，遍布全球 40 个国家和地区的购物平台，以 B2C 垂直销售模式为主，主要有线上拍卖及购物网站两种模式，核心市场主要是欧美地区，以自发货为主。

3. Wish：北美及欧洲知名移动电商平台，是成立于硅谷的高科技独角兽公司。全球 B2C 电商，主打低价，有 90% 的卖家来自中国，是北美和欧洲最大的移动电商平台。

4. 速卖通：正式上线于 2010 年 4 月，是中国最大的跨境出口 B2C 平台之一，同时也是在俄罗斯、西班牙排名第一的电商网站。全球速卖通是阿里巴巴集团旗下电商业务之一，致力于服务全球中小创业者出海，快速连接全球超过 200 个国家和地区的买家。

5. Newegg：成立于 2001 年，总部位于美国洛杉矶，是一家深耕北美市场 21 年的知名科技品类电子商务平台，年营业收入超 20 亿美元。Newegg 主营消费 3C 电子类，为北美地区 4 700 万忠实高端买家提供丰富的电子产品、家居装备、家用电器、运动和户外设备等全品类产品，品种类高达 55 000 种。凭借高客单价、高复购率和低退货率稳稳占据北美市场主导地位。目前，大部分的买家是男性，但女性买家也在快速增长。

6. Walmart：成立于 2002 年，是专为家庭需求打造的平台，是世界上的家居零售商巨头。近年来持续在线上扩张，沃尔玛现在已是美国第二大电商平台。沃尔玛的零售业务遍布全球 28 个国家，主要销售家具和家居用品，产品涵盖了家具、装饰、家居装饰、家居用品等。

7. Wayfair：Wayfair 平台汇集了来自 23 000 多家全球供应商的 3 300 万件产品，服务着 2 540 万活跃的买家，每月有超过 1 亿次独立访问。截至 2022 年 3 月 31 日的 12 个月净收入达到了 132 亿美元。Wayfair 的市场覆盖了美国、加拿大、英国、德国、爱尔兰和奥地利，并且将在欧洲继续开拓新市场，在中国大陆的招商仅限企业入驻。

8. Etsy：Etsy 是以手工艺成品买卖为主要特色的网络商店平台，被誉为"祖母的地下室收藏"。Etsy 以 C2C 模式为主，用户超 4 600 万户，在全球已有超过 100 000 卖家在上面开店。对于卖家来讲，是可以个人直接入驻的，入驻材料主要需要邮箱、个人 PayPal、产品主图和描述以及双币信用卡。

（二）南美：eBay，Amazon（巴西）、速卖通、Linio

除了 Amazon、eBay、速卖通这 3 大全球性的跨境电商平台，Linio 在南美跨境电商平台也占有一席之地。

Linio：成立于 2012 年，总部位于墨西哥，是拉丁美洲最大的 B2C 电商平台。Linio 拥有超 2.7 亿人的巨大市场，卖家遍布 4 个国家，国际卖家可以在墨西哥、哥伦比亚、智利和秘鲁进行销售。主要销售类别包括电子产品、家居用品、时尚、健康与美容以及儿童与婴儿用品。

（三）澳大利亚：eBay，Wish，Amazon

澳大利亚电商市场，主流跨境电商平台主要有 eBay，Wish，Amazon。

（四）非洲：速卖通、Jumia，Kilimall，Amanbo

1. Jumia：非洲领先的跨境电商平台，成立于 2012 年，总部位于尼日利亚，由 MTN，Rocket Internet 及 orange 等非洲企业以及欧洲著名公司投资创立，业务覆盖阿尔及利亚、埃及、加纳、科特迪瓦、肯尼亚、摩洛哥、塞内加尔、突尼斯、乌干达、南非、赞多等 11 个国家，每个月访问量超过 1 500 万次。

2. Kilimall：Kilimall 是非洲本土电商交易平台，2014 年诞生于肯尼亚，是一家主打非洲市场的跨境电商平台，致力于将中国品牌引进非洲，将中国产品在非洲本土进行电商交易。产品涵盖电话、电脑、服装、鞋子、家用电器、书籍、医疗保健、婴儿用品、个人护理等各种类别，约有 1 000 卖家入驻。该平台日单量 700 单左右，月销售额近 1 000 万元人民币。Kilimall 目前仅覆盖肯尼亚全境和乌干达部分地区，与中国关系紧密的卢旺达、坦桑尼亚等东非六国市场是 Kilimall 未来的开拓方向。

3. Amanbo：Amanbo 是为中非贸易搭建便捷桥梁的，提供一站式 B2B2C 全链条立体数字营销的平台；社交联合营销（AMP）整合物流、资金、品控、代运营等行业资源，打造中非 B2B 电商生态体系，构建了一个 ONLINE + SOCIAL + OFFLINE（线上 + 社交 + 线下）全渠道营销体系，目前年 GMV 规模约人民币 10 亿元，国内外 B 端用户超 16 万户。

（五）欧洲：Amazon，eBay，Wish，Cdiscount，ManoMano

欧洲买家网购的产品类目主要是服装鞋子、家用电子、书籍、美妆产品和家用家具等。在欧洲跨境电商市场里，除了 Amazon 和 eBay 两大跨境电商平台外，还有一些比较有影响力的本地的跨境电商平台。

1. Cdiscount：成立于 1998 年，是法国名列前茅的综合品类电商平台，经销范围涉及文化产品、食品、IT 产品等众多品类，产品远销南美、欧、非洲等地。目前，Cdiscount 的国际业务主要分布在哥伦比亚、科特迪瓦、厄瓜多尔、泰国及越南，拥有 1 600 万买家。在中国大陆有招商，仅限企业入驻。

2. ManoMano：成立于 2013 年，欧洲第一家专注于 DIY、家居装修和园艺市场的电商平台，业务涵盖法国、意大利、英国、德国、比利时和西班牙 6 个国家，在全球拥有超过 2 000 个供应商和 160 万种不同的产品。

（六）俄罗斯：速卖通 AliExpress，eBay，Ulmart，Joom，UMKA

俄罗斯市场代表性的跨境平台主要有速卖通 AliExpress，eBay，Ulmart，Joom，UMKA。

1. 速卖通 AliExpress：俄罗斯是速卖通的第一大市场，速卖通是俄罗斯本地外来的第三方跨境电商平台。

2. Joom：Joom 平台成立于 2016 年 11 月，是俄罗斯知名的电商平台，成立之后即爆发式发展，成为全球发展速度最快的电商平台。平台定位为移动端购物平台，目标市场主要针对俄罗斯境内。Joom 平台对中国卖家开放，之后更是进入高速发展阶段，成为中国跨境卖家热衷的平台之一。

3. UMKA：俄语区最大的中国产品在线购物网站之一，UMKA 平台上拥有大量的产品，产品种类涵盖电子产品、家庭用品、影音器材、户外运动、汽车配件等。买家可以通过移动装置或电脑网站访问该平台。依托强大完善的仓配物流体系和境外管理团队本土化的核心优势，UMKA 为俄语区网民提供了优质产品、多种支付、及时派送、退换货物、专业客服等高标准的本地化的购物体验。中国零售商通过 UMKA 平台渠道可以简单、直接接触到俄语区 12 个国家约 3.5 亿的买家。

（七）日本：Amazon，eBay，Rakuten

日本乐天 Rakuten：成立于 1997 年，隶属于日本乐天株式会社旗下。乐天是日本知名的 B2C 网购平台，产品类目丰富，有着"互联网超市"之美称，拥有 4.6 万卖家、9 850 万用户，用户覆盖各年龄层和收入阶层，销售额达 170 亿美元。

当前包括亚马逊、eBay 在内，日本乐天是日本电商市场排名第一的平台，占据了 27.8% 的市场份额。其全球总交易额达到了 1 000 亿美元。乐天市场支持简体和繁体中文，也可以使用人民币、支付宝和 PayPal 支付，一般会用国际邮政快递 EMS 发货。

（八）中国台湾：Shopee

在中国台湾电商市场，主流跨境电商平台主要为 Shopee。

Shopee 中国台湾站：市场体量大，母婴用品、时尚品类、美妆护肤、家居用品、3C 品类等品类热销。

（九）印度：Amazon、速卖通、沃尔玛（Flipkart）

在印度电商市场，主流跨境电商平台主要有 Amazon、速卖通、沃尔玛（Flipkart）

沃尔玛（Flipkart）：成立于 2007 年，属于沃尔玛在印度的分公司。与竞争对手相比，Flipkart 在服装、时尚和电子产品领域拥有竞争优势。

（十）东南亚：Lazada，Shopee，eBay，速卖通

在东南亚电商市场，主流跨境电商平台主要有 Lazada，Shopee，eBay，速卖通，其中 Lazada，Shopee 最受欢迎。

1. Lazada：是东南亚排名前列的电商平台，成立于 2012 年。2016 年起成为阿里巴巴集团东南亚旗舰电商平台，销售电子产品、衣服、用具、书籍、化妆品等多品类产品，业务范围涵盖印度尼西亚、马来西亚、菲律宾、新加坡、泰国和越南等六地市场，目前活跃用户已经达到 8 000 万户。在中国大陆地区有招商，仅限企业入驻，卖家可以一份合同入驻 6 个站点。

2. Shopee：是东南亚及中国台湾的电商平台。2015 年于新加坡成立并设立总部，随后拓展至马来西亚、泰国、中国台湾、印度尼西亚、越南、菲律宾、巴西、墨西哥、哥伦比亚、智利等市场。Shopee 拥有商品种类，包括电子消费品、家居、美容保健、母婴、服饰

及健身器材等。2020 年 Shopee 总订单量达 28 亿份，同比增长 132.8%。在中国大陆地区有招商，仅限企业入驻。

（十一）中东：eBay，Souq（Amazon 中东站）

在中东电商市场，主流跨境电商平台主要有 eBay，Souq（Amazon 中东站）等。

Souq：埃及访问量最高的电商平台，业务覆盖中东北非，2017 年被收购。Souq 共有 3 个站点，分属埃及、沙特和阿联酋，还接受来自科威特、巴林、阿曼和卡塔尔等波斯湾国家的订单。

2013 年以后，跨境 B2C 市场的平台型电商强势崛起，亚马逊、速卖通、eBay 等第三方电商平台逐步成为主流，亚马逊、阿里巴巴国际站和速卖通的入驻率排列前三，Shopee，Lazada 两个面向东南亚市场的平台也成为中国跨境电商企业出海的重要选择。

中国跨境电商企业入驻平台情况见图 1-8。

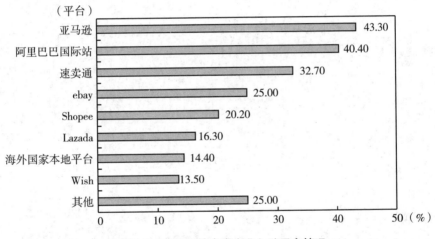

图 1-8　中国跨境电商企业入驻平台情况

☞ **任务演练：**

1. 概述美国跨境电商市场的消费特征。
2. 目前的跨境电商新兴市场有哪些？并分别概述其市场特征。
3. 概述东南亚电商消费市场的特点并分析其优劣势。
4. 概述当前主流跨境电商平台有哪些？
5. 了解各个国家及地区主要的跨境电商平台有哪些？

主流 B2C 跨境电商平台

视频：主流
B2C 跨境电商平台

■ 学习目标

1. 了解亚马逊针对中国卖家开放的站点。

2. 学习并掌握亚马逊的平台特点以及优势。

3. 掌握 Shopee 的平台优势，跨境店和本土店的区别、2022 年 Shopee 跨境店的入驻政策以及热销品类。

4. 掌握 Lazada 本土店与跨境的区别、平台优势以及热销品类。

5. 掌握速卖通 Aliexpress 的平台特点以及热销品类。

6. 掌握 eBay 的平台特点以及热销品类。

7. 掌握 Wish 的平台特点以及热销品类。

任务一 亚马逊热门站点及平台特点

任务目标

亚马逊作为当前覆盖面积最广的跨境电商平台之一，全球活跃用户多、开放站点多，是跨境卖家的首选平台之一。通过本节内容的学习，掌握亚马逊当前热门站点，了解亚马逊对中国卖家开放的站点，并熟知亚马逊平台的特点及优势。

一、亚马逊

亚马逊成立于 1995 年，原名 Cadabra，性质是网络书店，后以地球上孕育最多种生物的亚马逊河重新命名为 Amazon，总部设在美国西雅图。2001 年亚马逊从自营模式开始开放给第三方卖家入驻。2012 年，亚马逊看中中国强大的供应链优势，为进一步丰富平台产品，开始向中国卖家开放入驻，中国卖家由此开始在海外开疆拓土。根据亚马逊平台官方数据（见图 2 - 1），目前亚马逊平台开放给中国卖家的海外站点 18 个，全球活跃用户 3 亿多，会员用户近 2 亿，会员体系里更有数百万企业机构买家。

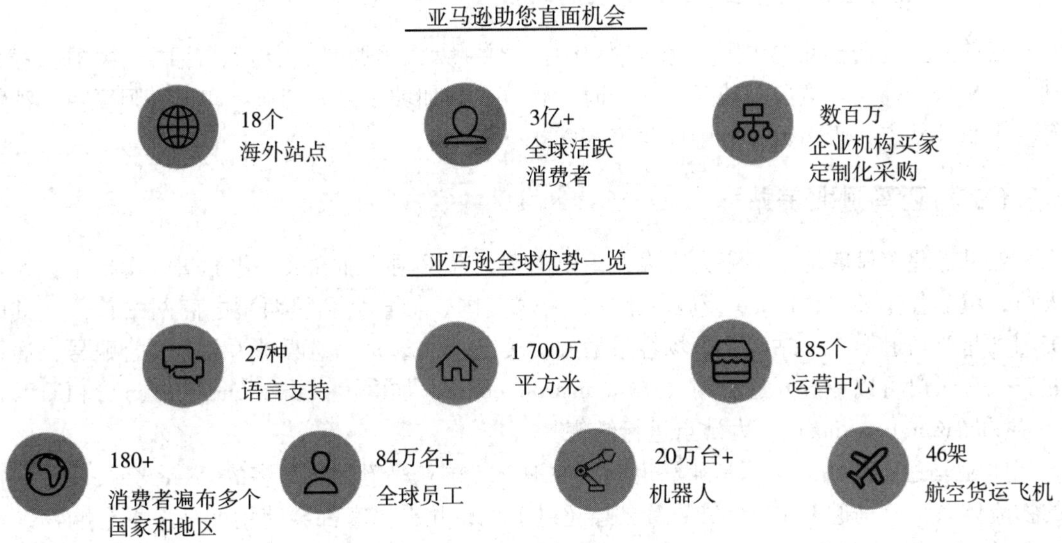

亚马逊助您直面机会

18个
海外站点

3亿+
全球活跃
消费者

数百万
企业机构买家
定制化采购

亚马逊全球优势一览

27种
语言支持

1 700万
平方米

185个
运营中心

180+
消费者遍布多个
国家和地区

84万名+
全球员工

20万台+
机器人

46架
航空货运飞机

图 2 - 1 亚马逊平台情况

当前亚马逊平台上，自营和第三方卖家并存的销售模式为买家提供了数百万种独特的全新、翻新及二手商品，图书、影视、音乐和游戏、数码下载、电子和电脑、家居园艺用品、玩具、婴幼儿用品、食品、服饰、鞋类和珠宝、健康和个人护理用品、体育及户外用品、汽车及工业产品等。

因商品丰富、发货时效快、客户服务好等特点，买家对亚马逊平台的黏性很高。会员的续订率、超高的复购率和买家的消费总额，推动着平台快速发展。现亚马逊在北美、欧洲、亚洲等多个国家和地区都是排名第一的网上购物平台，而且还每年保持着高速的增长（见图2-2）。

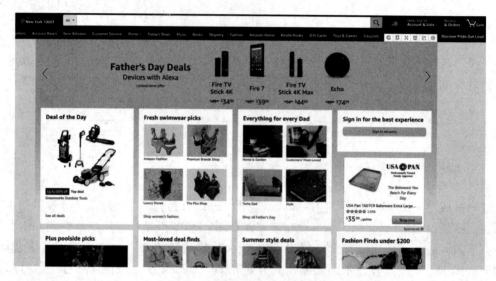

图2-2　亚马逊平台页面

（一）亚马逊针对中国卖家开放的站点

目前，亚马逊已面向中国卖家开放美国、加拿大、墨西哥、英国、法国、德国、意大利、西班牙、荷兰、瑞典、波兰、比利时、日本、新加坡、澳大利亚、印度、阿联酋、沙特等多个海外站点，吸引数十万中国卖家入驻。

（二）亚马逊北美站

亚马逊北美站跨境市场潜力巨大，主要消费区在美国、加拿大、墨西哥，囊括了近5亿人口，覆盖各年龄层，Prime会员占比高，稳居美国、加拿大和墨西哥电商网站首位，其中美国站是亚马逊第一大站点，市场容量最大。美国、加拿大、墨西哥为北美联合账号，通过北美联合账户可以一键开通美国（www. amazon. com）、加拿大（www. amazon. ca）和墨西哥（www. amazon. com. mx）三大站点进行销售。

1. 亚马逊美国站。美国是亚马逊的发源地，美国亚马逊拥有最多的Prime会员和最完善的物流体系，亚马逊Prime会员数量已经超过1亿，几乎每家都会使用亚马逊平台购物，亚马逊的FBA在美国可以做到2日送达，体量大、增速稳，是新手卖家首选站点。美国站的开店竞争较大，是最多卖家注册的网站，市场容量非常大，入驻的条件较低，每年都会有非常多人入驻美国站。品类相对齐全，电子产品、服装、美容、电脑、电器、保健、汽车、家装、玩具、小家电等多元品类在亚马逊美国站热销，为中国卖家提供巨大业务潜力空间（见图2-3）。

3.13亿	2.5亿	2.94亿
互联网用户	线上网购经历用户	移动终端用户
Internet Users	Users are connected to shop online	Mobile Users

图 2-3　亚马逊美国站用户情况

2. 亚马逊加拿大站。加拿大紧邻美国，买家需求和美国相似，且都为英语国家。赚得动、买得起、电商增速稳定，是一个年轻的亚马逊站点，其发展速度是亚马逊美国站的两倍以上。家具类、居家类、雪上运动、厨房等上百种相关品类在亚马逊加拿大站十分热销。加拿大站市场容量有限，竞争力相对较小，需要交税，对于新手来说，会比较容易出单，利润相对较高（见图 2-4）。

3 800万	3 700万	4.32万美金	80%	178美元
人口总数	互联网用户	（世界排名××）	有过网购经历	（比疫情前增长63%）
Total Population	Internet Users	人均GDP	Online Shopping	人年均网购消费额
		Capita GDP	Experience	Average online shopping spending

图 2-4　亚马逊加拿大站用户情况

3. 亚马逊墨西哥站。亚马逊墨西哥站是墨西哥本土增长迅速的电子零售商，墨西哥站汇集大量年轻买家。墨西哥站在购买力、物流、清关方面和美国站相比存在较大差距，但其电商增速迅猛，其发展速度甚至比亚马逊加拿大站更快。游戏办公、收纳存储、运动健身及户外类产品等相关品类在亚马逊墨西哥站十分热销（见图 2-5）。

1.3亿	30岁	8 100万	4 300万	5 100万
人口总数	平均年龄	互联网用户	线上网购经历用户	拥有通过广告购物经历的用户
Total Population	Average age	Internet Users	Users are connected to shop online	Users made a purchase based on an ad

图 2-5　亚马逊墨西哥站用户情况

（三）亚马逊欧洲站（www. amazon. co. uk）

亚马逊欧洲站是整个亚马逊的第二大市场。欧洲市场产品利润高，欧洲站开通后，一个销售账户即可面向英国、法国、德国、西班牙、意大利、瑞典、荷兰和波兰 8 大站点，站点覆盖人口超过 3 亿人，拥有数百万种丰富的选品，深受欧洲人民喜爱，在欧洲主流国家电商平台访问量排名中名列前茅，月访问次数超过 4 亿次。亚马逊欧洲站配套完善，运营成熟，市场体量和竞争激烈程度处于良性的平衡状态，对于很多亚马逊新手卖家来说欧洲站是一个不错的"试金石"。

亚马逊欧洲站热卖品类：欧洲各国经济发展水平高，有丰富的节假日，买家普遍慷慨富裕，注重品质生活，众多品类产品深受欧洲买家的喜爱，如家居、服饰、鞋类、运动用品、无线产品、电子产品、电脑及手机配件、厨房用品等。欧洲人重视环保实用，偏爱选择简单可回收可循环的产品包装材质（见图 2-6）。

玩具
母婴
相机
鞋类
美妆
厨房用品
电子产品
运动用品
无线产品
家居
服饰
Apparel
服饰
Electhronics
电子产品
Home
家居
Sports
运动用品
Wireless
无线产品
圣诞节
黑五&网一
2
4
6
8
10
12（月份）

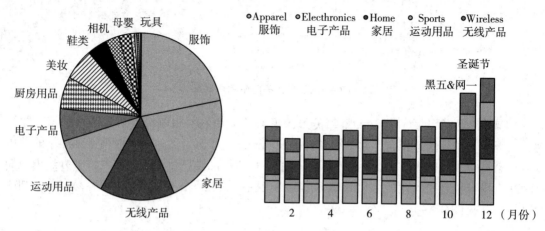

图 2－6 亚马逊欧洲市场热销品类

（四）亚马逊日本站（www. amazon. co. jp）

亚马逊日本站是距离中国卖家最近的成熟站点，货运便利，物流发达，日本的人口超过 1 亿人，71%的日本买家在线购物。日本人均网络消费力强劲，年人均网购消费 1 164 多美元。对中国卖家开放较晚，竞争仍不饱和，市场机会众多。亚马逊日本站 52%为中高买家人群，年收入在 500 万日元（约合人民币 30 万元）以上。比邻中国，物流费用较低且亚马逊全球开店团队为卖家提供多种政策扶持，如新品限时享免费仓储、免费广告、免费移除、免费退货处理服务等优惠，且提供官方日语客服与商品详情页的日语翻译和优化服务，促销活动资源多，对卖家支持力度大。

亚马逊日本站是一个对产品质量要求很高的站点，利润空间较大，虽然亚马逊日本市场没有美国市场大，但日本买家认真又忠诚，如果认可了商家及商品，就倾向于反复购买，容易建立忠诚度且较少发起退换货，退换货成本明显低于其他站点，非常适合中国卖家经营。

热卖品类：服装杂货、消费电子、厨房家电、家居家装在亚马逊日本站热销（见图 2－7）。

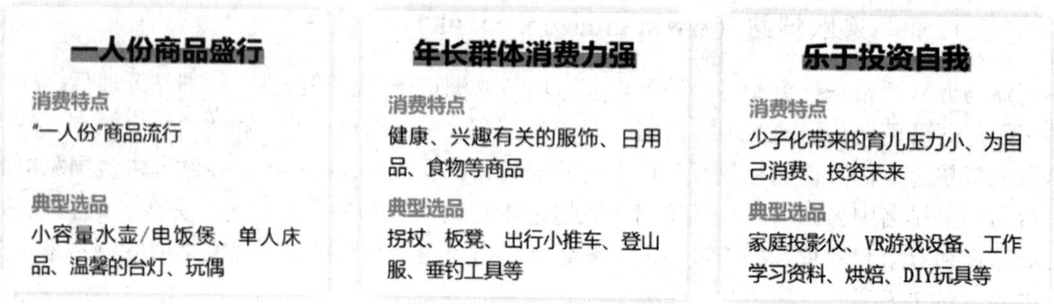

一人份商品盛行
消费特点
"一人份"商品流行
典型选品
小容量水壶/电饭煲、单人床品、温馨的台灯、玩偶
年长群体消费力强
消费特点
健康、兴趣有关的服饰、日用品、食物等商品
典型选品
拐杖、板凳、出行小推车、登山服、垂钓工具等
乐于投资自我
消费特点
少子化带来的育儿压力小、为自己消费、投资未来
典型选品
家庭投影仪、VR游戏设备、工作学习资料、烘焙、DIY玩具等

图 2－7 亚马逊日本站特点

（五）亚马逊澳洲站（www. amazon. com. au）

亚马逊澳大利亚站是亚马逊在 2017 年才启动的一个新站点，2018 年已经有部分卖家入

驻。作为南半球第一经济体的澳大利亚是全球人均 GDP 最富有的十大国家之一。人均 GDP 高，个人财富中位数位居世界前列。澳大利亚市场电商潜力巨大，买家倾向于网购，2020 年澳洲电商体量增长率高达 22.1%，高于美日欧市场。截至 2021 年，亚马逊澳洲站的整体流量增长近一倍，预计还会继续保持强势的流量增长。预计到 2025 年澳洲电商市场的消费用户数量将达到 2 070 万人。

Amazon 在澳洲还处于推广期，当前流量较少，但也意味着流量增速可观。亚马逊澳洲站相对成熟站点来说拥有更小的同行竞争，尚未饱和的蓝海意味着更容易获得流量转化。目前澳大利亚站点还有相当一部分产品类目空缺，对于那些新入驻亚马逊的中小企业和传统外贸公司需要转型来说是一个不错的机会。由于澳洲人均 GDP 高，消费力强大，在澳洲能明显感受到买家对高单价产品的接受能力。因此，对卖家来说，澳洲站现在还属于获客成本低的高利润、低竞争蓝海站点，可作为全球布局站点。

（六）亚马逊印度站（www. amazon. in）

印度人口 13.5 亿人，是世界第二大人口大国。随着互联网发展，网民数量从 2018 年起每年增加一个亿，2021 年达 8.3 亿人，庞大人口基数是印度电商体量的基础。

印度 GDP 连续六年涨幅超过 6%，2018 年高达 7.3%，GDP 总量与英国、法国基本相当，高速稳定的经济增长刺激消费升级，购买力提高。但现在的印度市场相当于 10 年前的中国电商市场，印度是个贫富差距巨大的国家，大部分民众相对贫穷，所以对产品价格异常敏感。

用中国的营业执照注册的印度站跨境店只支持 FBM 自发货模式，不支持 FBA 模式。目前印度站 FBA 必须要求有印度的公司才可以，不接受中国公司。印度站很多 listing 都是 FBA 模式，所以 FBM 竞争力相对会弱很多。电子 3C、手机配件及服饰品类是目前印度热销的品类，买家对产品价格异常敏感。亚马逊印度站目前还处于起步阶段，印度站的退货率及订单取消率高于其他成熟站点，只适合大公司做战略布局，不适合中小卖家去赚钱。

（七）亚马逊中东站（www. amazon. ae）

亚马逊中东站前身 Souq，是中东市场最大的电商网站，成立于 2005 年，总部在迪拜，是中东最大的电商平台。2017 年，Souq 被亚马逊收购，成为亚马逊的子公司，号称"中东亚马逊"。中东站目前开放给中国卖家的主要包括两个市场，即中东最发达的两个国家，阿联酋和沙特。中东的互联网渗透率高，其中阿联酋互联网普及率高达 100%，位居世界第一，沙特紧随其后占 92%。这两个国家作为能源输出大国，在当地轻工业也不发达，主要依赖于进口，大部分产品也是从中国进口的。

如果卖家要做中东市场，还需了解中东市场的买家喜好，同时也要考虑中东市场的宗教文化，包括男性和女性买家的差异。以下是中东的一些畅销品类：

1. 电子类产品、服装、家具（当下最热门的品类）。
2. 美妆、个人护理、运动户外登具（增长率非常快的品类）。

特别注意的是，阿联酋和沙特站点也和欧洲站一样，需要注册 VAT 税号。

（八）亚马逊新加坡站（www. amazon. sg）

亚马逊于 2019 年进入新加坡市场，新加坡作为东南亚的金融中心和国际贸易中转站，是东南亚较为成熟的电商市场。新加坡作为世界上最富裕的国家之一，人均 GDP 高达 9. 41 万美元，其中人均电商消费金额高达 1 222. 4 美元，比世界平均水平高 126. 4%。2019 年新加坡电商交易规模达到 50 亿美元，而电商行业整体依旧呈增长趋势，预计 2023 年将达到 86 亿美元。

新加坡具有高度的网络渗透率，新加坡站点的网购消费群体趋于年轻化，对网购市场的需求大。据 eMarketer 的数据显示，新加坡在线零售市场最热门品类分别是旅行产品、杂货家居、女装、电子产品及健康个护产品等。新加坡买家的商品需求与国内买家的相似，大部分新加坡人口是华裔，春节期间的迎新年商品在新加坡也有着巨大的购买需求。

新加坡具有更高的信用卡普及率，更加成熟的物流和运输网络。新加坡跨境市场潜力巨大。目前入驻亚马逊新加坡站点无月租费。

二、亚马逊的平台特点/优势

1. 亚马逊平台体量最大，业务覆盖全球，在加拿大、美国、法国、英国、德国、意大利、西班牙等发达国家市场中位居前列。

2. 亚马逊提供中文、日文、英文、葡萄牙语、西班牙语界面供用户注册。一套资料可以开通多个站点同时操作。

3. 买家群体庞大，用户黏性高、忠诚度高、消费频次高、消费能力高。

4. 品牌影响力大，具备强大流量优势。

5. 亚马逊平台平均利润率高，平台属性和消费群体较高的消费能力，使得用户在购物中对价格并不是非常敏感，反而更在意产品本身的质量和评价。卖家在保证品质的前提下，可以以较高的价格销售产品，获得较高的利润率。

6. FBA（强大的仓储物流系统和服务）：提供优质服务，为会员提供免费高时效的配送服务。选择 FBA 配送的平台卖家只需要负责出售产品，后期的打包、物流、退换货都由亚马逊提供统一的标准的服务模式，会产生一些服务费用包括存储费、配送费和其他服务费用，尤其是圣诞节等节日可提供包装服务。卖家也可以选择自己配送（FBM）。

☞ **任务演练：**

1. 简述亚马逊的市场情况。
2. 亚马逊对中国卖家开放的站点有哪些？
3. 亚马逊不断扩增新站点对卖家有什么意义？
4. 简述亚马逊的平台优势。

任务二 Shopee 平台特点及入驻政策

任务目标

Shopee 作为东南亚市场新兴的跨境平台，在东南亚地区的影响力不容小觑。通过本节内容的学习，理解并掌握 Shopee 本土店与跨境店的区别，熟悉 Shopee 平台的优势、跨境店入驻的相关政策以及热销品类。

一、Shopee 平台简介

成立于 2015 年，是东南亚市场新兴的跨境电商平台。Shopee 作为高速增长的领航跨境电商平台，业务覆盖新加坡、马来西亚、菲律宾、越南、泰国、中国台湾、巴西、墨西哥、哥伦比亚、智利等十余个市场，覆盖 10 亿多人口（见图 2-8）。根据 Shopee 平台官方数据显示，2021 年 Shopee 总订单量达 61 亿，同比增长 116.5%。Shopee 品牌影响力广泛，入榜 YouGov2021 全球最佳品牌榜第六，是位居前列的跨境电商平台。2021 年 Shopee 荣登全球购物类 App 总下载量第一、谷歌应用商店用户使用总时长第一及平均月活数第二，囊括东南亚及中国台湾市场购物类 App 平均月活数、用户使用总时长第一（见图 2-9）。

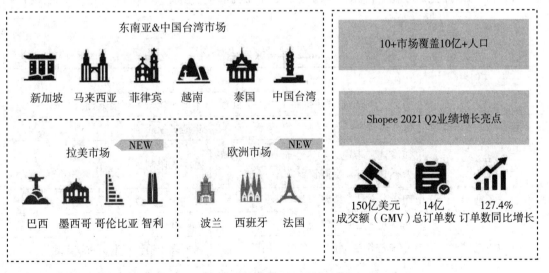

图 2-8 Shopee 平台情况介绍

稳居东南亚头部地位	拉美崭露头角	全球影响力领先
2021 Q2 东南亚与中国台湾市场 购物类App第一 平均月活数/使用总时长	2021 Q2 巴西购物类App第一 总下载量/使用总时长	2021 Q2 全球购物类App第一 谷歌应用商店下载量

图 2-9 Shopee 平台增长情况

二、Shopee 跨境店和本土店的区别

Shopee 平台根据注册资料的不同,从账号归属上,主要分跨境店和本土店。

跨境店:通过提交中国香港或中国大陆营业执照等相关材料在 Shopee. cn 等 Shopee 中国大陆招商官方渠道注册的电商店铺。

本土店:在东南亚站点使用当地的营业执照、身份证和银行卡等资料注册入驻的店铺。

以马来西亚站点举例来说,中国大陆卖家通过 Shopee 官方招商渠道在马来西亚站点开的店铺都是跨境店,而马来西亚当地人使用本地身份信息在马来西亚站点开的店就是本土店。

跨境账号和本土账号在平台佣金、物流、提现和流量倾斜等很多方面有所区别,如表 2-1 所示。

表 2-1 Shopee 平台账号对比

区别	跨境店	本土店
入驻方式	中国个体/企业营业执照 + 中国手机号	本地手机号 + 当地银行卡
一套资料开通店铺数	可开通多个站点	当地一家店铺
产品类目	如液体、带电、粉末、金属类产品海关不能通过,限制较多	基本无限制
平台佣金	佣金 + 交易手续费	无佣金,只收交易手续费
物流方式	Shopee 指定的自建仓	海外仓
提现方式	可绑定第三方收款回款收人民币	需办理当地银行卡,回款当地货币
流量	新店铺平台三个月流量扶持期,完成平台布置任务通过考试分配店铺客户经理	平台对本土店有流量倾斜,更多活动提报资格
风险程度	跨境店相较于本土店铺封店概率更小	主要风险是回款资金安全

三、Shopee 平台优势

1. Shopee 品类众多，市场前景好，专注移动端市场，顺应东南亚电商移动化趋势，消费力度大，买家群体大，社群粉丝众多，平台用户年轻化。

2. 平台政策扶持力度大，入驻门槛低，支持免费开店，支持多个首站选择，支持开通多家店铺，跨境、内贸、无经验卖家均可入驻。

3. 提供平台官方 SLS 物流，提供物流解决方案及运费补贴。

四、Shopee 热销品类

Shopee 受众群体比较广，深受女性用户喜爱的服装配饰、美妆、母婴、家居装饰、流行鞋包等品类始终热销；男性用户喜爱的 3C 数码、男装、户外用品等广受欢迎。此外，文具、宠物用品等小众类目也逐渐崛起。不同站点的热销品类见图 2 – 10。

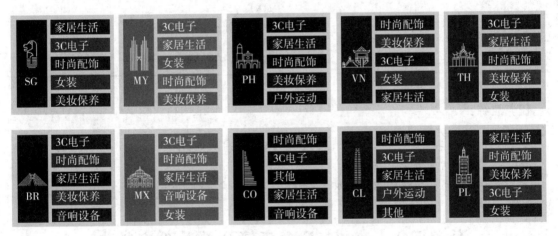

图 2 – 10　Shopee 部分站点热销品类

跨境电商大促活动是引流至关重要的渠道，是销售业绩增长绝佳机会点。Shopee 每月都有相应站点的一些活动，把握好全年大促增长，需先提前布局，备货及活动促销提报，每月促销活动见表 2 – 2。

表 2 – 2　　　　　　　　　　　　　　　**Shopee 全年大促日历**

1 月	2 月	3 月	4 月
春节大促（SG、MY） 元旦（ALL） 儿童节（TH）	狂欢节大促（BR） 情人节（SG，MY，VN，MX，CL，PL） 春节大促（SG，MY，VN，TH）	Shopee 3.3 大促（ALL） 女神节（VN，PL） 国际消费者权益日（SG，BR，MX，CO，CL）	Shopee 4.4 大促（ALL） 复活节（BR，MX，CO，CL，PL） 儿童节（CO，MX） 泼水节（TH）

续表

5月	6月	7月	8月
Shopee 5.5 大促（ALL） 斋月（MY） 劳动节（TH，BR） 母亲节（SG，MY，PH，BR） Hot Sale（MX）	Shopee 6.6 大促（ALL） 父亲节（SG，MY，VN，MX，CO） 儿童节（PH，PL） 巴西情人节（BR）	Shopee 7.7 大促（ALL） 冬季促销（BR，CO，CL） 返校季（BR，MX）	Shopee 8.8 大促（ALL） 父亲节（BR） 母亲节（TH）
9月	10月	11月	12月
Shopee 9.9 超级购物节（ALL） 中秋节（SG） 哥伦比亚情人节（CO）	Shopee 10.10 品牌购物节（ALL） 儿童节（BR）	Shopee 11.11 超级大促（ALL） 万圣节（ALL） 黑色星期五（SG，BR，MX，CO，CL，PL） 诸灵节、亡灵节（BR，MX） 网络星期一（BR，MX，PL） Buen Fin Sale（MX）	Shopee 12.12 生日大促（ALL） 圣诞节（ALL） 父亲节（TH）

☞ **任务演练：**

1. Shopee 本土店与跨境店的区别是什么？从不同角度进行对比说明。
2. 简述 Shopee 的平台优势。
3. Shopee 有哪些重要的大促活动？

任务三　Lazada 平台店铺分类及平台特点

░░░░ **任务目标** ░░░░

　　Lazada 是东南亚地区最大的在线购物网站之一，业务覆盖面积广、活跃用户数量多。本节任务的学习，旨在掌握 Lazada 本土店与跨境店的区别、平台优势及热销品类。

一、Lazada 平台简介

　　Lazada（来赞达）成立于 2012 年，是东南亚地区本土领先的电子商务平台，也是最大的在线购物网站之一。作为阿里巴巴集团的区域旗舰电商平台，Lazada 已成为新国货出海东南亚电商市场的首选电商平台，设立 30 多个东南亚仓储中心，业务覆盖印度尼西亚、马来西亚、菲律宾、新加坡、泰国和越南等国家，拥有 8 000 万活跃用户（见图 2－11）。2021

年 Lazada 年度活跃买家 1.3 亿、GMV 突破 210 亿美元，目标实现商品交易总额（GMV）1 000 亿美元，Lazada 年度活跃买家在过去 18 个月中增长了 80%，达到 1.3 亿；月活跃用户在过去 18 个月中增长超过 70%，达 1.59 亿。如今，它拥有最多的品牌和销售商，预计到 2030 年，Lazada 将为 3 亿买家提供服务。

| 2012年 成立 | 1份合同入驻 东南亚6大市场 | 8 000万 活跃用户 | 30+个 东南亚仓储中心 |

图 2-11　Lazada 平台简介

二、Lazada 本土店与跨境店

与其他跨境电商平台一样，Lazada 的卖家账号也有跨境和本土之分。

本土店就是指以泰国、越南、菲律宾、新加坡、印度尼西亚、马来西亚这六个国家的公民个人身份信息或者是当地公司注册开通的卖家账号，或者是以护照入驻的他国卖家。

跨境店，以中国电商卖家为例，如果中国卖家用中国公司信息在 Lazada 注册了账号，且一注册便是六个站点全开，这位卖家开通的店铺就是"跨境店铺"。

判定 Lazada 注册店铺是本土还是跨境，主要依据注册信息是东南亚各国当地信息还是海外信息。

三、Lazada 本土店与跨境店的区别

1. 购物体验区别。从 Lazada 平台本土店和跨境店用户购物体验上看，两者之间优劣势明显。

（1）排名优势：本土店铺有更多的流量扶持，在搜索栏中搜索商品最先显示出都是按本土店优先顺序排名的。

（2）售后优势：本土店铺若商品质量有问题，可以及时退换货，提供售后服务。跨境店铺因为跨境物流等问题很难为买家提供退换货等售后服务。

2. 入驻材料区别。本地企业入驻 Lazada 开店，需要提供企业执照和对公 P 卡，一个企业执照只能开一个店。本地个人入驻 Lazada 开店，需要提供身份证和银行卡。

非本土企业入驻 Lazada 本土开店，需要在当地注册公司，获取企业执照后，根据相应的步骤入驻。非本土个人入驻 Lazada 开本土店，需要提供个人护照和当地银行卡。

跨境店入驻 Lazada 开店，需要提供企业营业执照和企业支付宝账号，一张营业执照只能申请注册一次，一张营业执照能同时开通 Lazada 六个站点账号。

Lazada 目前的入驻申请如果被拒只能作废。

3. 商品售卖区别。受跨境物流及不同国家海关管控等因素的影响，跨境店铺在商品类

目选择上受到一定限制。跨境店铺很多商品都属于禁止销售类目，如充电宝、成人用品、电子电器等商品在 Lazada 跨境店铺禁止销售。而本土店铺受 Lazada 平台政策支持，支持"全类目商品自由上架"，本土店铺可支持的商品类目众多，选品空间广。本土店铺转化率相对跨境店铺更高。

4. 店铺佣金区别。Lazada 平台的本土店铺不收取佣金费用，跨境店铺收取 1% ~4% 佣金及 2% 的付款服务费（越南除外）。

5. 物流体系区别。本土店铺卖家可设立自己的海外仓储，或选择跟第三方海外仓合作，在当地有自己的货源地，可以从本地发货迅速到达卖家手中，节约跨境物流成本。本土店铺对资金要求成本相对较高，有一定的选品风险，需要提前备货，事先运输大批量货物至本土仓储存起来，本土店更适合做精品店。

跨境店铺的货源一般都在国内，物流时效慢，当买家下单后，将货物发往 Lazada 国内中转仓，再由 Lazada 官方物流统一收件后发往国外，到达各国再分拨进行尾程派送。签收率对比本土店更低。

综合来说，本土店铺和跨境店铺各有优劣，卖家需要结合自身情况综合考虑选择。

四、Lazada 平台优势

1. 市场前景大：Lazada 平台日均用户访问量达到 450 万次，拥有超过 2 万卖家，在东南亚电商市场中位居前列。

2. Lazada 平台物流系统完善，平台提供免费送货。

3. 支付方式及时灵活：Lazada 平台及时跟踪系统即物流配送中订单的状态，付款及时。

4. Lazada 全站点收取 1% ~4% 的佣金，平台不收取年费，账务处理费是固定的每笔订单总金额的 2%。在 Lazada 开店无任何前期收费（如上架费、月费等），后期在卖家产品成功售出后，平台会按产品品类收取相应的佣金和交易费用。新卖家只需要上传最少 5 个产品，经过审核后就可以开通账号并开始销售。

5. 重视品牌：Lazad 平台重视卖家品牌，鼓励支持卖家打造跨境出海品牌。

6. 不随意罚款、不会随意接受买家退货：Lazada 也有罚款政策，但更多的是通过减少订单的方式对卖家进行惩罚，比如店铺健康指标未达标，会在未来一周内降低一半的订单。此外还有暂停店铺、参加培训等惩罚措施。只有发生与产品描述不符、产品邮寄数量与订单不符、产品损坏等情况，Lazada 平台才会接受买家的退换货申请。

7. Lazada 支持在 PC 端和移动端上开设店铺，专注于移动电商，顺应东南亚电商趋势。

五、Lazada 热销品类

3c 电子、鞋服配饰、家居、美容美发、汽摩零配件、母婴玩具、户外运动用品等品类在 Lazada 平台较为热销。

☞ **任务演练：**

1. 简述 Lazada 跨境店的定义及其特点。
2. 分析 Lazada 跨境店与本土店的区别，并说出具体不同之处。
3. Lazada 平台具有什么独特优势？

任务四　全球速卖通 AliExpress 的平台特点

···· **任务目标** ··

　　速卖通作为中国最大、最活跃的跨境出口 B2C 平台之一，在全球覆盖面积广、用户活跃度高。通过本节内容的学习，主要掌握速卖通的平台特点及热销品类。
···

一、速卖通 AliExpress 简介

　　速卖通 AliExpress 是阿里巴巴旗下面向国际市场打造的跨境电商平台，是中国最大的跨境出口 B2C 平台之一，侧重点在新兴市场，主要的客体都是发展中国家，有着很高的知名度，用户活跃，产品品类丰富。全球速卖通面向海外买家，覆盖全球 230 个国家和地区，俄罗斯、巴西、西班牙等是其核心市场，通过支付宝国际账户进行担保交易，并使用国际物流渠道运输发货。

二、速卖通平台热销类目

　　服装服饰、手机通信、鞋包、美容健康、珠宝手表、消费电子、电脑网络、家居、汽车摩托车配件、灯具等。

三、速卖通平台特点/优势

　　作为最活跃的跨境电商平台之一，速卖通具有这样几个特点：
　　1. **跨越全球**：速卖通是全球第三大英文在线购物网站，支持世界 18 种语言站点，拥有全中文操作界面，适合初级卖家上手；
　　2. **类目齐全，流量瞩目**：囊括 22 个行业日常消费类目，产品备受海外买家欢迎，海外成交卖家数量突破 1.5 亿；
　　3. **入驻门槛低，政策扶持力度大**：超低佣金且无年费，适合无经验的新手卖家，同时速卖通支持免费刊登大部分品类且无起始刊登期限；
　　4. **供应链优势**：阿里巴巴供应商提供货源，卖家可以直接拿货销售；
　　5. **容错性较高**：卖家评级制度周期是 2 个月，一般情况下只有买家邮件投诉、物流、

售后和售卖假货、侵权会使店铺关闭或勒令整改（见图2-12）。

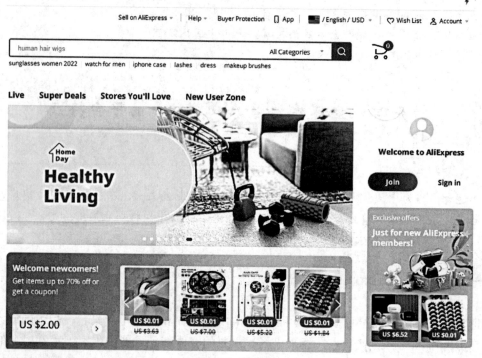

图2-12 速卖通

☞ **任务演练：**

1. 全球速卖通的侧重点和主要客体是什么？
2. 简述全球速卖通的平台特点。
3. 阿里全球速卖通适合什么类型卖家？

任务五 eBay平台的热销品类及平台特点

任务目标

与其他跨境电商平台不同，eBay支持个人/企业入驻，日均成交量高，入驻门槛低。通过本节内容学习，掌握eBay平台的热销品类、平台特点，了解eBay平台的相关入驻政策及平台收费标准。

一、eBay平台（www. eBay. com）及平台热销品类

eBay成立于1995年，1999年开始全球扩张，是一个可让全球民众上网买卖物品的线上

拍卖及购物网站。eBay 主要针对个人买家或小型企业，业务覆盖阿根廷、丹麦、爱尔兰、菲律宾、中国台湾、澳大利亚、芬兰、意大利、波兰、泰国、奥地利、法国、韩国、葡萄牙、土耳其、比利时、德国、马来西亚、俄罗斯、英国、巴西、希腊、墨西哥、新加坡、越南、加拿大、中国香港、荷兰、西班牙、中国、匈牙利、新西兰、瑞典、捷克、印度、挪威、瑞士等全球 190 多个国家和地区，共有近 3 亿用户，1.6 亿＋全球活跃买家，日均成交量超过数百万单。eBay 支持个人／企业入驻，收取一定的刊登费和成交费，每个国家不同。

eBay 平台热销品类：电子电器类、家居和花园用品、汽摩配件类、玩具类等品类在 eBay 平台较为热销。

二、eBay 平台特点/优势

1. 市场广，站点丰富：一个账号可用于多个站点经营，涵盖北美、欧洲、澳洲等多个地区，买家众多。

2. 有专业客服：卖家可通过电话联系或者是网络会话的形式进行咨询沟通"开店难题"。

3. 利润高，入驻低门槛：相较于其他跨境电商平台，eBay 开店的门槛较低，营业执照超过一年即可线上开店。

4. 定价方式多样：eBay 的定价方式多样，包括无底价竞标、有底价竞标、定价出售、一口价成交。

5. 排名相对公平：卖家可以通过拍卖获取更好的排名，提高曝光度。

三、eBay 入驻要求

1. 工商税务信息无异常的注册企业。

2. 申请账号需通过 eBay 卖家账号认证且连结到已认证的 PayPal 账号。

3. 准备一张双币信用卡（VISA，MasterCaed），信用卡开通网上银行方便日后操作。

4. 跨国认证：身份证资料、个人近照、地址证明资料（地址证明要和注册地址一致）。

5. 使用 Hotmail，Gmail，163 等国际通用的邮箱作为注册邮箱，以确保顺利接收来自 eBay 及海外买家的邮件。

四、eBay 平台费用

卖家入驻 eBay 需要了解在 eBay 上开店的费用。eBay 平台的收费主要有刊登费、成交费、月租费、广告费、手续费等费用。

1. 刊登费：eBay 对卖家的产品刊登是有条数限制的，对超出额度的，eBay 会按照收费标准收取 Listing 链接的刊登费用。刊登费一个月收取一次，上架收取一次费用，链接到期再收取一次费用。

2. 成交费：当卖家成功售出产品后，eBay 会收取一定的成交费（佣金）。eBay 成交费的收取是基于买家支付的费用来计算，包含了产品费用和物流费用。

3. 月租费：价格依据店铺级别，15.95～290.05 美元/月。

4. 广告费用：eBay 的广告费用按成交付费，不同于其他跨境电商平台按点击量收费的广告收费方式。

5. 手续费：eBay 平台与第三方支付平台 PayPal 合作支付体系，在提现时也是产生一定的手续费，即收取一定比例的 PayPal 费用。

注：每个国家站点可能存在差异。

☞ **任务演练：**

1. eBay 主要受众人群是哪些？
2. eBay 平台的特点/优势有哪些？
3. 简析 eBay 平台的入驻要求与平台费用。

任务六　Wish 平台的热销品类及平台特点

····· 任务目标 ···

专注于线上购物的 Wish 平台，以其支持多种语言、无站点之分等多重优势，吸引了巨大的受众群体。通过本节任务的学习，掌握 Wish 平台的热卖产品及平台特点。

···

一、Wish 平台（www.wish.com）

Wish 成立于 2011 年，总部位于硅谷，专注以线上购物中心的形式直接向全球买家提供高性价比的优质产品，是北美和欧洲最大的移动电商平台。Wish 支持全球多种语言，全球注册用户已突破 5 亿，月活跃用户数近 1 亿，已有超过 25 万卖家入驻，其中有 90% 的卖家来自中国。Wish 使用优化算法大规模获取数据，让买家在移动端便捷购物的同时享受购物的乐趣，以其高性价比、移动端、个性化、社交和娱乐的属性独树一帜，被评为硅谷最佳创新平台和欧美最受欢迎的购物类 App。

二、Wish 平台站点

Wish 无站点之分，一店即可轻松卖向全球 60 多个国家和地区。2022 年 2 月，Wish 从 79 个非核心市场退出，专注于包括美国、德国、英国、法国、意大利、巴西、日本、韩国等 61 个核心及重点新兴市场的发展，销售市场见表 2 - 3。

表 2-3   **Wish 业务覆盖国家及地区**

状态	数量	国家（地区）
Wish 仍支持销售的	61 个国家（或地区）	阿尔巴尼亚、安道尔、阿根廷、澳大利亚、奥地利、比利时、波斯尼亚和黑塞哥维那、巴西、保加利亚、加拿大、智利、哥伦比亚、哥斯达黎加、克罗地亚、捷克、丹麦、爱沙尼亚、芬兰、法国、德国、直布罗陀、希腊、匈牙利、冰岛、爱尔兰、以色列、意大利、日本、泽西岛、拉脱维亚、列支敦士登、立陶宛、卢森堡、北马其顿、马耳他、墨西哥、摩尔多瓦、摩纳哥、黑山共和国、荷兰、新西兰、挪威、秘鲁、波兰、葡萄牙、波多黎各、罗马尼亚、圣马力诺、塞尔维亚、新加坡、斯洛伐克、斯洛文尼亚、南非、韩国、西班牙、瑞典、瑞士、美属维尔京群岛、乌克兰、英国、美国
Wish 不再支持销售的	79 个国家（或地区）	阿尔及利亚、安圭拉、安提瓜和巴布达、亚美尼亚、阿鲁巴岛、阿塞拜疆、巴哈马、巴林、孟加拉国、巴巴多斯、伯利兹、百慕大、不丹、玻利维亚、博茨瓦纳、英属维尔京群岛、柬埔寨、开曼群岛、塞浦路斯、多米尼克、多米尼加共和国、厄瓜多尔、埃及、萨尔瓦多、斐济、加蓬、格鲁吉亚、加纳、格林纳达·危地马拉、圭亚那、洪都拉斯、印度、印度尼西亚、牙买加、约旦、哈萨克斯坦、肯尼亚、科威特、吉尔吉斯斯坦、马来西亚、马尔代夫、毛里求斯、蒙古国、蒙特塞拉特岛、摩洛哥、缅甸、纳米比亚、尼泊尔、尼加拉瓜、尼日利亚、纽埃、阿曼、巴基斯坦、巴拿马、巴拉圭、菲律宾、卡塔尔、留尼旺、俄罗斯、圣赫勒拿、阿森松和特里斯坦达库尼亚、圣卢西亚、沙特阿拉伯、塞舌尔、斯里兰卡、苏里南、斯威士兰、中国台湾、泰国、汤加、特立尼达和多巴哥、突尼斯、土耳其、阿联酋、乌拉圭、乌兹别克斯坦、委内瑞拉、越南、赞比亚

三、Wish 平台热卖品类

热卖品类繁多，涵盖时尚服饰、3C 电子、兴趣爱好、家居用品、时尚配饰、美容美妆、鞋靴箱包、母婴用品、汽配用品、手表等。

四、Wish 平台特点/优势

1. 移动用户多：有 98% 的订单来自移动买家端，目前是北美跟欧洲最大的移动电商平台。

2. 产品上新容易，页面操作简单：卖家上货架主要运用标签进行匹配。

3. 精准营销：Wish 平台有自己独特的预算规则，可以将产品精准推送到买家面前，帮助卖家更好地获得消费受众（Wish 推送的特色风格是买家先看到的会是图片，然后才是价格）。

4. 竞争相对公平，出单速度快，运营规则简单直接，产品初始权重分配一致公平，随着产品运营指标调整推荐权重分配流量。

5. 可以通过 Facebook 引流，帮助卖家扩大买家群体，营销定位更加清晰。

6. 个人可注册卖家，可绑定国内银行卡。

☞ **任务演练：**

1. Wish 平台以其什么属性独树一帜？
2. Wish 平台站点的特征是什么？
3. 简析 Wish 平台的特点/优势。

項目三

跨境电商平台账号注册及安全

视频：跨境电商
平台账号注册及安全

■ 学习目标

1. 了解亚马逊平台常见账号类型。
2. 明确自注册与全球开店、个人销售计划与专业销售计划的区别。
3. 了解跨境电商平台账号注册需要哪些相关资料。
4. 熟练掌握跨境电商平台账号注册流程。
5. 了解常见账号收款方式。
6. 熟悉跨境电商平台账号二审及 KYC 审核。
7. 跨境电商平台账号安全及其防范措施。

任务一　跨境电商平台账号及注册

任务目标

　　当前许多跨境电商主流平台的店铺都有本土店和跨境店之分，在注册卖家账号时也有许多不同之处。通过本节任务的学习，旨在需要了解亚马逊平台常见账号类型、区分自注册与全球开店、掌握个人销售计划与专业销售计划的区别、了解跨境电商平台账号注册需要准备哪些资料并且熟练掌握账号注册流程。

一、跨境电商平台账号及注册

（一）跨境电商平台账号

　　亚马逊、Shopee，Lazada，eBay，Wish 等跨境电商主流平台店铺有本土店和跨境店之分，卖家主要分为个人卖家和企业卖家两类，卖家账号主要分为个人卖家账号和企业卖家账号，各大跨境电商平台账号类别及账号注册流程不同，接下来以亚马逊平台为例详细讲解。

（二）亚马逊平台常见卖家账号类型

　　亚马逊常见的卖家账号主要分为三种：SC（Seller Central）、企业购（Amazon Business）和 VC（Vendor Central）。

　　1. SC 账号，大部分第三方卖家拥有的都是 SC 账号。在亚马逊的政策允许下，SC 账号卖家对产品的价格、促销、快递渠道等可以有自己的决定权，回款时间快，一般 14 天为一个回款周期。一般有两种方式注册，一种是自注册，即自行在亚马逊网站上注册；另一种是通过亚马逊全球开店中国团队招商经理，提交相关注册资料获取注册链接。

　　2. AB 账号。亚马逊企业购是亚马逊面向企业和机构买家的一站式商业采购站点，专注为企业长尾采购提供一站式解决方案。Amazon Business 全球九大站点积累了数百万家企业及机构买家，覆盖了医院、教育机构、世界 500 强企业、政府机构、实验室、日托中心等用户。根据 Amazon Business 美国的最新统计，近年来同期比较，各个不同细分市场买家在 Amazon Business 的采购额都获得了惊人的增长。

　　已对中国卖家开放的 Amazon Business 站点有：美国、加拿大、英国、法国、意大利、德国、西班牙、日本、印度。

　　作为企业卖家，可以使用企业竞争性特色定价规则来设置卖家的 B2B 单件价格和基于特色商品价格的最多五个数量级价格。当有多个卖家提供相同的 SKU 时，此规则类型很有用。

　　目前企业购账号的招商，对卖家资质要求门槛比较高，需有目标站点商标、工厂资质认证、产品认证等，并对卖家销售的产品品类有招商侧重，如工业品、办公用品、学校用品、商用家居、商用 IT 品类会更易申请。

3. VC 账号，VC 账号是亚马逊为拥有品牌的制造商和分销商创建的。亚马逊上所有自营类（by Amazon）的实物商品大部分都来自 Vendor Central。Vendor Central 是亚马逊内部邀请制，只有受邀卖家才可开通此类型账号。

此类型账号卖方主要是供应商的角色，其他的产品页面设定、市场营销、定价、配送物流、买家服务等都是由亚马逊来完成。这些产品还可以获得免费使用亚马逊特定项目的权利，如 LD 和 BD 秒杀活动自主申报、产品可增加多个类目节点，优先获取购物车等权益。此外，亚马逊的算法也更"偏爱"自己的产品，从而给产品更高的曝光率。但这些好处并非免费，虽然亚马逊不向 VC 平台的卖家收取年费，但是由于卖方只是亚马逊的一个供应商，利润率低，还款周期长，通常是在 60 天后且产品售价无定价权等（见图 3 - 1）。

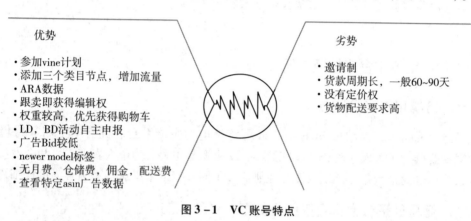

优势
- 参加 vine 计划
- 添加三个类目节点，增加流量
- ARA 数据
- 跟卖即获得编辑权
- 权重较高，优先获得购物车
- LD，BD 活动自主申报
- 广告 Bid 较低
- newer model 标签
- 无月费，仓储费，佣金，配送费
- 查看特定 asin 广告数据

劣势
- 邀请制
- 货款周期长，一般 60~90 天
- 没有定价权
- 货物配送要求高

图 3 - 1　VC 账号特点

二、自注册与全球开店

（一）自注册

自注册顾名思义就是自行注册账号，可通过亚马逊平台首页注册按钮自行完成，但自注册账号没有账号经理的扶持。如果注册账号时间处于亚马逊招商季的时间，更建议选择招商经理全球开店，不要选择自注册。

（二）全球开店账户

全球开店账户是亚马逊为中国卖家开设的一种官方商店方式，2012 年初正式引入中国，只有企业（包括内地公司、中国香港和中国台湾公司）才能通过中国官方招商经理通道注册账号。

1. 只能通过亚马逊全球开店项目的中国招商团队入驻亚马逊。
2. 全球开店账号只接受企业入驻。
3. 可以享受账号经理一个自然年度的扶持计划，可以定期参加培训等。
4. 全球开店计划意在筛选优质卖家入驻亚马逊平台，所以对卖家的资质审核比较严格。
5. 日本站的樱花计划还有额外的扶持：
（1）免费的 CSBA 亚马逊日语客服服务；

（2）日语 listing 的免费翻译及优化服务；

（3）无需品牌备案即可制作 A + 页面。

三、个人销售计划与专业销售计划

亚马逊账号申请注册有不同的方式，但账号注册通过后，卖家账号只分两种：个人销售计划和专业销售计划（见表 3 - 1）。

表 3 - 1   亚马逊卖家账户功能对比

卖家账户功能	专业	个人
月服务费 39.99 美元	是	否
售出一件商品按件支付 0.99 美元	否	是
在亚马逊目录中创建新商品页面	是	是
使用上传数据、电子表格和报告管理库存	是	否
使用订单报告和订单相关上传数据管理订单	是	否
使用亚马逊商城网络服务上传数据、接收报告和执行其他 API 功能	是	否
亚马逊为所有商品设置运费	否	是
卖家为非媒介类商品设置运费	是	否
将商品设置为不可售—如果卖家希望暂停销售一段时间（例如，由于家庭紧急事件、恶劣天气、节假日或休假等原因无法配送订单）	是	是
促销、礼品服务及其他特殊的商品功能	是	否
有资格在"购买按钮"中发布商品	是	否
能够对卖家的订单计算美国销售税和使用税	是	否
获得用户权限/向其他用户授予访问权限	是	否

1. 个人销售计划。个人销售计划无需店铺租金，费用是每卖出一个产品会收取 0.99 美元以及销售每个产品亚马逊所收取的销售佣金。个人销售计划不能创建促销计划和礼品服务。个人销售计划没有批量操作功能。个人销售计划没有上传下载订单相关报告的功能。个人销售计划发布的商品没有购物车（Buy Box）功能。个人销售计划没有向其他用户授予访问的权限。

2. 专业销售计划。针对专业销售计划，亚马逊平台每月会固定收取 39.99 美元的店铺月租费。专业销售计划可以使用促销、站内广告、秒杀等运营工具来增添流量，提升销量。专业销售计划可以批量操作上架产品、修改产品信息等。专业销售计划可以下载订单数据、业务报告、收付款明细，方便卖家数据分析、优化。专业销售计划可以通过完美的客户指标和具有竞争力的价格来抢获黄金购物车，提高销量。

两种销售计划之间是可以相互切换的。如果卖家注册时是专业销售计划（Professional），后续也可以降级为个人销售计划（Individual）；个人销售计划也可以在后台自助升级为专业销售计划，升级过程中，亚马逊平台会要求卖家重新填写提供有效的账户注册信息，有可能会触发二审，资料不齐全或是不符合要求，有可能导致账号审核不通过。鉴于以上情况，除非账号以后不再经营，否则不建议账号降级。

四、账号注册资料

1. 公司营业执照：确保没有在其他亚马逊账户中使用过，且需要在工商系统查询没有异常，一个企业营业执照只能注册一个亚马逊账户。

2. 法人身份证和护照：申请欧洲站时需要用护照，如果没有，可以提供身份证和户口本，在注册过程中需要填写，并提供照片。

3. 注册邮箱：国内邮箱即可（139 和 Gmail 邮箱不建议），确保邮箱从未在其他亚马逊账户中使用过。

4. 双币信用卡：可用于国际付款（VISA 或者 Master card，首选 VISA），信用卡在有效期内，且激活。账号注册过程中需要绑定，在没有销售额或是销售额不足情况下，信用卡用于扣取月租、广告费和其他亚马逊收取的费用。

5. 手机号码：确保没有在其他亚马逊账户中使用过，主要用于账号两步验证。

6. 收款账户：确保没有在其他亚马逊账户中使用过。可以是海外银行账户、亚马逊全球收款或第三方收款账户，一般中国卖家大多使用第三方收款账户，例如跨境珮、万里汇等收款平台，用于销售回款收款。

7. 账单：水电煤固话网络任一近三个月内的账单、公司对公账号银行对账单和受益人信用卡账单等（账号触发二审或是欧洲 KYC 会需要，提前准备好）。

8. 电脑：确保电脑没有登录过其他亚马逊卖家和买家账号。

9. 网络：网络确保没有被其他亚马逊账户使用过，建议最好是独立的网线，使用云服务器或是超级浏览器容易触发二审。

五、账号注册流程

跨境电商平台注册主要分为自注册和官方招商经理通道注册 2 种通道。中国卖家注册成为亚马逊全球卖家，需提前准备好开店资料，以下两种渠道均可注册：一种是通过亚马逊官方招商经理进行申请；另一种方式是直接打开亚马逊前台（amazon. com），选择页面下方"Sell products on Amazon"即可进行注册。

下面以美国站为例，来详细讲解亚马逊账号申请注册流程。

（一）联系招商经理注册

招商经理通道注册账号需要预提交资料（如公司名、首要联系人姓名、联系电话、邮箱、申请站点、销售品类等信息，若是企业购账号，还需提供工厂资质证书、商标证书等信息），招商经理初步审核之后，若资料无误，则会分配账号经理，发送注册链接到卖家邮箱，通过链接注册填写详细信息申请账号。

（二）自注册

准备好资料后前往亚马逊网站，在前台"Sell products on Amazon"链接，单击立即注册。需要注意的是，自注册成功后的账号无法再对接官方经理转化成亚马逊全球开店的账号，也不能享受相应的政策扶持。具体操作步骤如下：

1. 如图3－2所示，打开亚马逊前台（amazon.com），选择页面下方"Sell products on Amazon"。

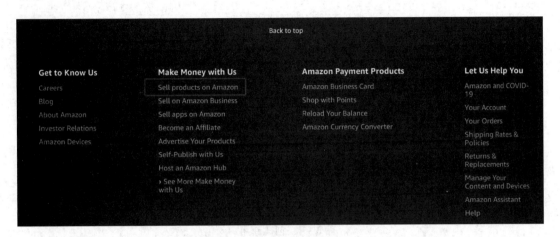

图3－2　亚马逊账号申请入口

2. 如图3－3所示，在打开的页面中单击"注册"按钮。

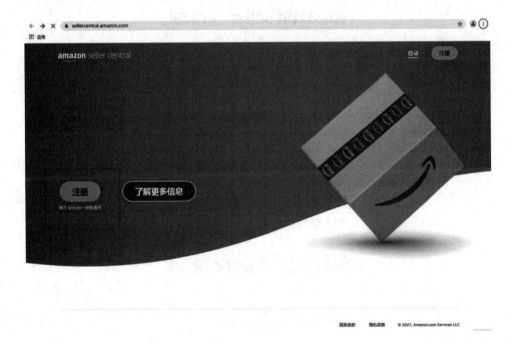

图3－3　注册按钮及月租费提示

3. 如图 3 - 4 所示，打开注册的页面，选择 "创建卖家的 Amazon 账户（Create your Amazon account）"。若通过招商经理通道，邮件链接打开直接到下方页面。

图 3 - 4　创建新用户

4. 如图 3 - 5 所示，正式进入注册页面，填写法人姓名、注册邮箱地址、账号密码。

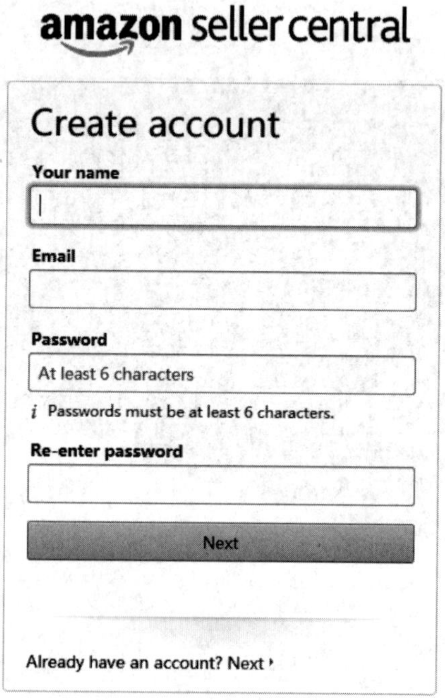

图 3 - 5　填写账号注册信息

5. 上一步填写的邮箱，会收到亚马逊发送的一封邮件，打开邮箱邮件，即可看到亚马逊发送的 6 位数字验证码，填写如图 3 – 6 所示，进行邮箱验证。

图 3 – 6　邮箱验证

6. 邮箱验证通过后，开始根据注册资料选择公司信息，如图 3 – 7 所示，中国公司地址选"中国"，业务类型下拉选择。

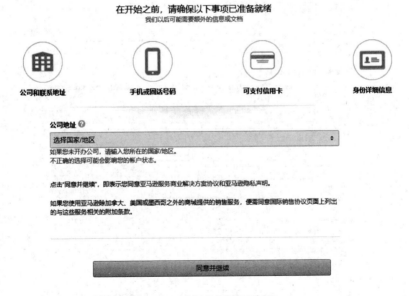

图 3 – 7　注册公司地区选择

7. 公司国家地区选择后，根据公司是"私有企业""国有企业"还是"上市企业"等不同情况选择公司类型，如图 3 – 8 所示，选择"私有企业"，再填写公司营业执照名称，中国大陆公司名称在"公司名称（英语或拼音）"这一栏建议填写拼音全拼小写无空格。

8. 依次填写公司的相关信息，如图 3 – 9 所示。

在开始之前，请确保以下事项已准备就绪
我们以后可能需要额外的信息或文档

公司和联系地址　**手机或固话号码**　**可支付信用卡**　**身份详细信息**

公司地址 ?

| 中国 | ⬍ |

如果您未开办公司，请输入您所在的国家/地区。
不正确的选择可能会影响您的帐户状态。

业务类型

| 私有企业 | ⬍ |

用于向州或联邦政府登记的企业名称

| 公司名称（英语或拼音） |

| 公司名称（中文） |

☐ 我确认我的营业地点和类型正确无误，同时我也了解此信息以后无法更改。

点击"同意并继续"，即表示您同意亚马逊服务商业解决方案协议和亚马逊隐私声明。

如果您使用亚马逊除加拿大、美国或墨西哥之外的商城提供的销售服务，便需同意国际销售协议页面上列出的与这些服务相关的附加条款。

[同意并继续]

图 3-8　公司营业执照类型和名称填写

公司信息 ▓▓▓▓▓▓

公司注册号码 ?

| |

公司营业执照注册地址或实际经营地址 ?

ⓘ 我们将邮寄一个地址验证码到您提供的地址，请用中文输入您的详细地址。英文或汉语拼音输入可能会导致邮寄延迟或失败。

| 中国 | ⬍ | 邮政编码 |

| 省/自治区/直辖市 | 城市 |

| 区 | 详细地址，如道路、街道、门牌号等 |

| 详细地址，如大厦、楼层、房间号等 |

☐ 我确认我的地址正确无误，并且我知道，在完成地址验证之前不能更改此信息。

PIN 接收方式
◉ 短信 ○ 电话
用于验证的电话号码

| ▓▓ ▼ +86 ▓▓▓▓ |

示例: +86 201 206 1000

SMS 验证语言

| 中文 | ⬍ | [发送短信] |

主要联系人

| 名字 | 中间名 | 姓氏 |

输入显示在您的护照或身份证上的完整姓名

[下一页]

图 3-9　公司相关信息填写

填写时需注意：

（1）公司注册号码：营业执照左上角的统一社会信用代码。

（2）公司营业执照注册地址或实际办公地址：这一栏建议直接填写实际办公地址，会触发明信片认证，亚马逊会寄送一个含有验证码的明信片快递到所填写的这个地址，因此地址要真实可接收到快递。

（3）接收 PIN 的选项指的是用哪种方式进行验证，可以选择 SMS（短信）或者电话验证。输入电话号码时，需要在电话号码旁边的下拉框中选择所在的国家或地区（中国大陆的电话号码选择"中国 +86"）。

（4）选择的如果是 SMS（短信）验证，卖家的手机会收到一条短信，输入短信中的验证码即可，如图 3 - 10 所示。如果选择电话，就会接到自动打过来的语音电话，把网页中显示的 4 位数字输入手机进行验证，若验证码正确，网页会显示认证成功。当系统验证出错时，请尝试用其他语言进行验证或者短信验证，3 次不成功则需等候 1 小时后才可重新验证。

图 3 - 10 短信验证

（5）短信验证通过后，填写主要联系人姓名，如法定代表人定名为"李三"，即如图 3 - 11 所示填写，中间名放空，填写完成，单击下一步。

图 3 - 11 填写主要联系人姓名

9. 如图 3 - 12 所示，依次填写法定代表人的身份证信息，出生年月日，身份证有效期等，填写完成单击"保存"，跳转到下一步。

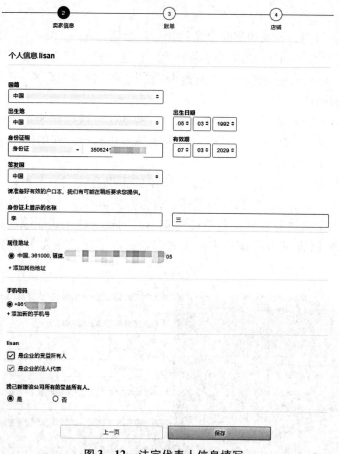

图 3 – 12　法定代表人信息填写

10. 填写收款账号信息填写，如图 3 – 13 所示，各选项含义如下：

（1）金融机构名称：根据卖家所用收款工具名选择，如使用万里汇收款可选 "World-First"。若使用的收款工具没有具体列出，可选择 "Other"。

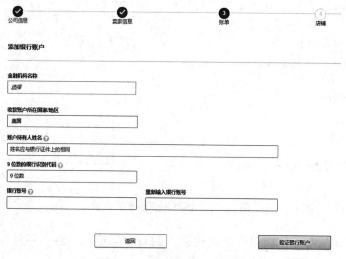

图 3 – 13　收款账号信息填写

（2）收款账户所在国家/地区：若使用第三方收款工具，则选择注册站点所在的国家，如美国站选择美国；若使用银行卡账号直接收款，则根据银行卡开卡国家填写。

（3）账户持有人姓名：收款账号持有人姓名。

（4）9 位数的银行识别代码：9 位数的收款路径号码，使用第三方收款工具收款，可以直接登录收款工具官网，在账号后台可以查询相应信息。

（5）银行账号：收款账号号码或银行卡卡号。

11. 收款信息填写完成验证后，跳转下一步，继续填写信用卡信息，如图 3 - 14 所示。

（1）信用卡卡号：输入用于扣款的信用卡卡号，需要使用卡面有 VISA 或是 Master 标识的双币信用卡，保证信用卡激活状态且额度大于 39.99 美元。

（2）持卡人姓名：填写信用卡持卡人名字拼音。若注册北美或日本站信用卡持卡人与账号注册人无须同一人；若注册欧洲站，信用卡持卡人须为法定代表人，公司账号也可以使用个人信用卡扣款。

（3）信用卡账单地址：地址会默认之前填写的公司地址。为减少信息交叉关联，建议可以使用默认的公司地址。

图 3 - 14　信用卡信息填写

12. 填写完成信用卡信息，单击下一步，设置店铺信息，如图 3 - 15 所示。

（1）店铺名称：店铺名，会展示在产品详情页购物车下方，可以选择和自己的商品商标名一致，也可以不同。店铺名要唯一性，输入店铺名后，系统会自动识别是否可用。如提示不可用，可以修改，直至系统提示可用为止。

（2）卖家的商品是否拥有通用商品编码：选"是"。

（3）对于卖家想要在亚马逊上销售的任何商品，卖家是制造商还是品牌所有者（或品牌代理或代表）：可根据实际情况填写，不影响账号商品售卖。

图 3 - 15　账号店铺信息设置

13. 账户信息验证，上传身份证正反面清晰彩色照片和公司营业执照照片，如图 3 - 16 所示，上传完成单击"提交"。

图 3 - 16　账户信息验证

14. 提交完成后，亚马逊会随机触发明信片或是视频，如图 3–17 所示，触发视频认证，单击"下一步"，如图 3–18 所示，可预约视频认证时间。

图 3–17　身份验证方式选择

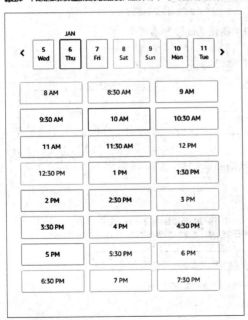

图 3–18　预约视频认证时间

15. 确认提交视频认证时间后，会有相关视频注意事项提示，如图 3 – 19 所示。视频认证需法定代表人持身份证及营业执照原件，在预约时间与官方验证人员视频通话，接受后在预约时间登录卖家后台账号，将直接跳转到图 3 – 20 所示页面，单击"加入视频通话"认证即可。

图 3 – 19 视频认证注意事项

图 3 – 20 加入视频认证

16. 视频认证完成后，若继续触发明信片认证，则会有如图 3－21 页面展示，把收到的明信片验证码填写，提交“下一步”即可。

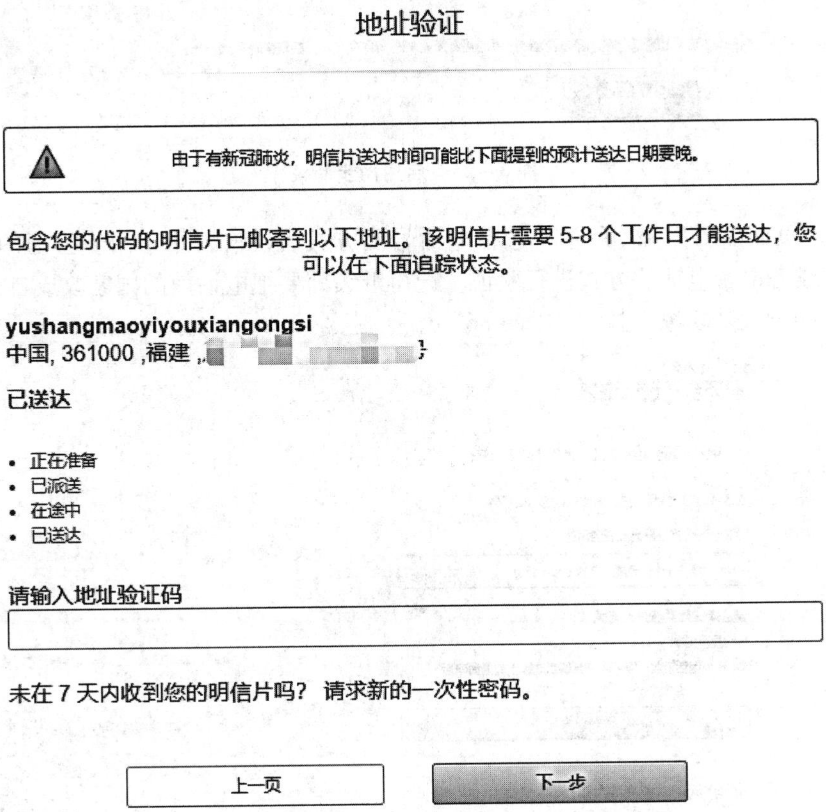
地址验证
由于有新冠肺炎，明信片送达时间可能比下面提到的预计送达日期要晚。
包含您的代码的明信片已邮寄到以下地址。该明信片需要 5-8 个工作日才能送达，您可以在下面追踪状态。
yushangmaoyiyouxiangongsi
中国, 361000 ,福建 ,
已送达
正在准备
已派送
在途中
已送达
请输入地址验证码
未在 7 天内收到您的明信片吗？ 请求新的一次性密码。
上一页
下一步

图 3－21　明信片认证

17. 明信片认证完成，选择站点，如图 3－22 所示。若为美国站，选择“转至北美商城”即可。

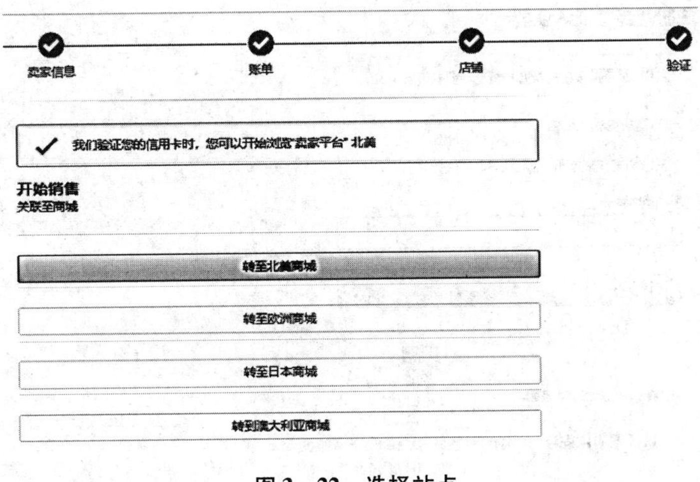
卖家信息
账单
店铺
验证
我们验证您的信用卡时，您可以开始浏览"卖家平台" 北美
开始销售
关联至商城
转至北美商城
转至欧洲商城
转至日本商城
转到澳大利亚商城

图 3－22　选择站点

18. 进入站点，开启两步验证。如图3－23所示，单击"启用两步验证"。

图3－23　启用两步验证

19. 验证页面如图3－24所示，选择电话号码方式后，输入用于两步验证的电话号码，并通过短信或者语音电话的方式进行验证。记得继续前要把电话前的国家改成自己所在的国家或地区（中国大陆卖家选择"中国＋86"）。

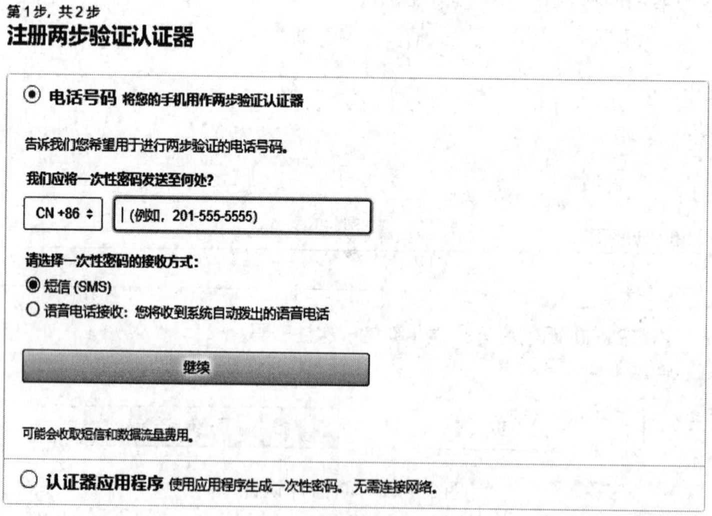

第1步，共2步
注册两步验证认证器

◉ **电话号码** 将您的手机用作两步验证认证器

告诉我们您希望用于进行两步验证的电话号码。

我们应将一次性密码发送至何处？

| CN ＋86 ⇕ | （例如，201-555-5555） |

请选择一次性密码的接收方式：

◉ 短信（SMS）

○ 语音电话接收：您将收到系统自动拨出的语音电话

继续

可能会收取短信和数据流量费用。

○ **认证器应用程序** 使用应用程序生成一次性密码。无需连接网络。

图3－24　绑定手机号

20. 输入短信或电话收到的验证码，如图3－25所示，单击"继续"。

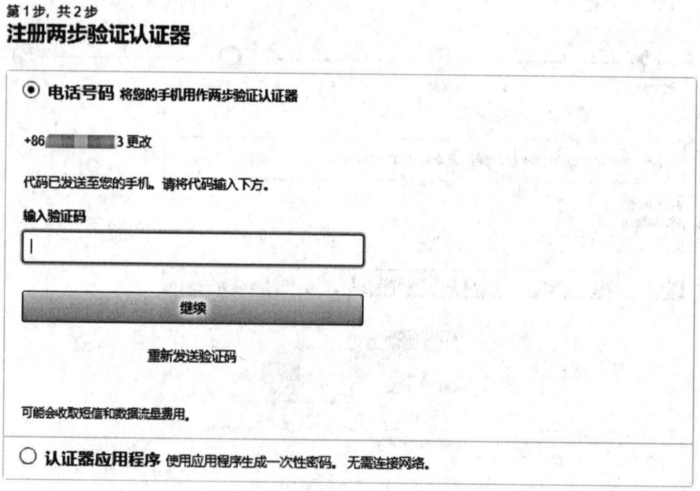

第1步，共2步
注册两步验证认证器

◉ **电话号码** 将您的手机用作两步验证认证器

＋86■■■■3 更改

代码已发送至您的手机。请将代码输入下方。

输入验证码

继续

重新发送验证码

可能会收取短信和数据流量费用。

○ **认证器应用程序** 使用应用程序生成一次性密码。无需连接网络。

图3－25　输入验证码

21. 如图 3 – 26 所示，单击"好，启用两步验证"，即可完成验证。

图 3 – 26 启用两步验证

22. 注册完成，可登录账号后台，后台页面如图 3 – 27 所示。

图 3 – 27 美国站后台

23. 继续完善税务信息，如图 3 – 28 所示，单击"提供纳税身份信息"。美国现行法律框架下，非美国公民在亚马逊平台上销售商品是免税的，但需要申请税务豁免。

注意
您需要提供税务信息
要开通"我要开店"账户，需要提供纳税身份信息。
提供纳税身份信息

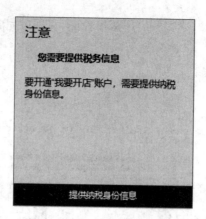

图 3－28　提供税务信息

24. 税务信息页面如图 3－29 所示，公司注册的账号，税收分类选择“业务”，美国常驻实体选择“否”，收益所有人类型选择“公司”。

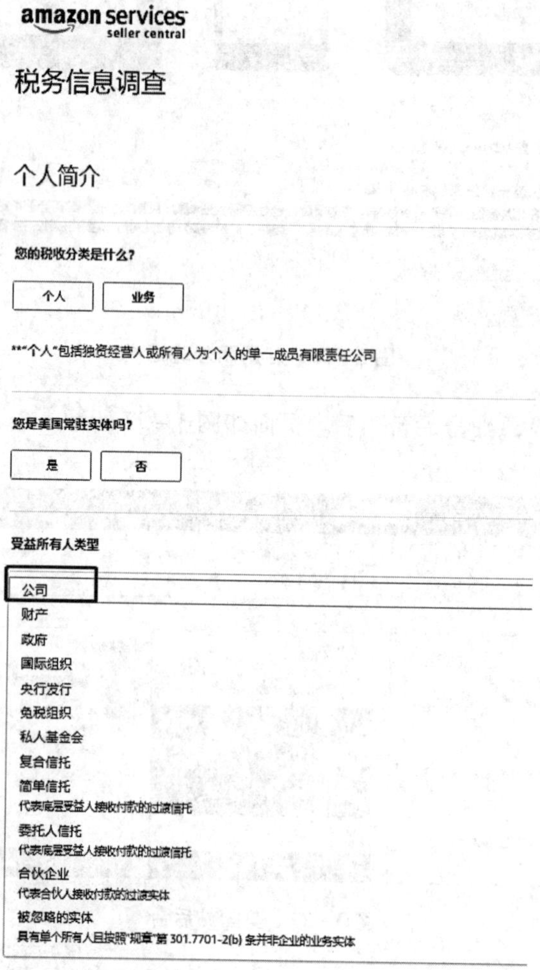

amazon services
seller central
税务信息调查
个人简介
您的税收分类是什么?
个人
业务
**"个人"包括独资经营人或所有人为个人的单一成员有限责任公司
您是美国常驻实体吗?
是
否
受益所有人类型
公司
财产
政府
国际组织
央行发行
免税组织
私人基金会
复合信托
简单信托
代表底层受益人接收付款的过渡信托
委托人信托
代表底层受益人接收付款的过渡信托
合伙企业
代表合伙人接收付款的过渡实体
被忽略的实体
具有单个所有人且按照"规章"第 301.7701-2(b) 条并非企业的业务实体

图 3－29　税务信息填写

25. 如图 3 – 30 所示，"组织名称"填写公司营业执照拼音全拼小写无空格，"组织所在国家/地区"下拉选择中国，"永久地址"填写公司营业执照地址，"邮寄地址"勾选"同永久地址"，填写完成单击"继续"。

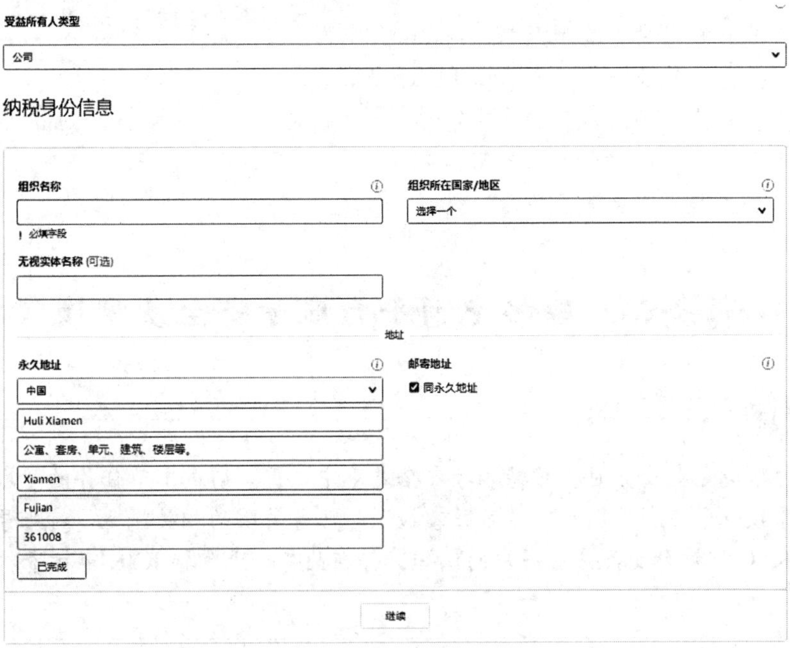

图 3 – 30　公司信息填写

26. 如图 3 – 31 所示，签名填写法定代表人名字拼音全拼，保存即税务豁免申报完成。

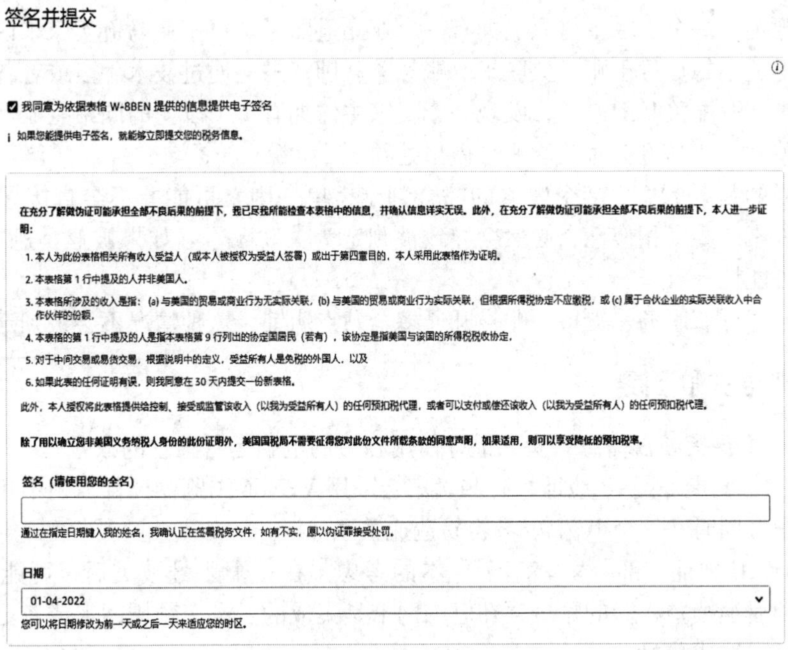

图 3 – 31　法定代表人签名

至此，账号注册完成。

☞ **任务演练：**

1. 简述亚马逊账号常见类型及其区别。
2. 简述亚马逊自注册与全球开店的不同之处。
3. 简述亚马逊个人销售计划与专业销售计划的区别。
4. 亚马逊平台账号注册需要准备哪些资料？
5. 熟练操作亚马逊平台账号注册流程。

任务二 跨境电商平台账号安全及审核

任务目标

在进行跨境电商业务时，维持账号安全是重中之重。通过本节任务的学习，能帮助卖家了解导致账号关联的因素、学习并掌握预防账号关联的相关措施、对账号二审以及欧洲站的 KYC 审核触发条件有一定的认知，并在此基础上掌握 KYC 审核资料、审核注意事项。

一、账号安全

亚马逊规定，一个卖家主体只能拥有一个亚马逊账号。对于亚马逊卖家来说，账号安全问题中最值得关注的莫过于账号关联了。账号关联即亚马逊通过技术手段或者各种交易数据的检测和核对，匹配关联因素后，发现一个卖家主体拥有 2 个以上的同站点亚马逊账号，就会被判定为关联，亚马逊会对关联账号做出处罚。

账号关联的判定是基于多个因素的综合判定，单一因素可能并不会直接导致被判定关联，但多个因素的高度相似性，必然会导致被判定为关联账号。如果被亚马逊检测出关联，封停账号的可能性极大。

亚马逊全球开店服务，支持一账号开通多个站点店铺，这种情况不会被判定为关联。

（一）账号关联因素

1. 电脑：主要指硬盘信息，卖家最好使用独立的电脑运营独立的账号。
2. 网络：主要指外网 IP 地址，有些卖家会采用 VPN 或浏览器插件，稍不注意，网络代理掉线，多账号同时在一个 IP 上登录容易造成关联。
3. 网卡 MAC 地址：部分卖家基于成本的考虑，在一个账号被关后，可能将电脑格式化，重装系统后继续登入新的账号，在电脑网卡是集成的、没有禁用网卡或者更换新的网卡的情况下，容易造成账号关联。
4. 路由器：路由器中物理地址很容易被亚马逊系统记录而导致账号关联。

5. 浏览器记录（浏览器指纹）：包括电脑设备系统、分辨率、系统时区、浏览器插件、操作版本、打字方式、打字速度、系统字体、网络通信协议、Cookies、亚马逊邮件 Flash、Java script 等方面。如果在这些方面相似度很高，也会被判定为关联。

6. 账户信息：注册人姓名、信用卡持卡人姓名、收款账号信息、公司信息邮箱地址、电话号码、密码等，尽可能都要不同，无规律可循。

7. 店铺产品信息（产品相似度）：店铺之间产品重复率最好不要超过30%。

（二）账号关联防范措施

如果被判定为关联，要么强制下架 listing，账号可能会存活下来；要么就是直接关闭账号，无申诉可能性，店铺资金全部被冻结。

1. 账号关联的后果：关闭其中一个或多个账号，保留一个。关闭所有账号。

2. 避免账号关联，需要卖家做到以下几点：保证 IP、路由器、网卡、系统、电脑只登录过一个账号。使用新的注册信息来注册新的账号，而且多个账号之间不能使用相同的税号信息和收款账号。各店铺之间的产品信息尽量不要重复。如果有重复，重复信息不要超过30%。尽量做到通过浏览器传输给亚马逊的数据都是不一样的。

二、账号注意事项

跨境电商市场发展渐趋成熟，各大跨境电商平台的政策规则日趋完善，卖家账号安全问题影响业务的拓展，是卖家的核心关切，各大跨境电商平台不断推出新举措来保障卖家合规运营。为进一步保障买家和卖家的正当权益。以亚马逊账号注册为例，亚马逊针对北美和日本的账号注册，通过二审来验证申请资料；针对欧洲站，会以 KYC 来审核卖家的资质。

（一）账号二审

跨境电商平台一般需要对账户注册资料进行审核。以亚马逊平台为例，平台账号审核主要分为亚马逊一审和亚马逊二审。

亚马逊一审是指卖家刚注册亚马逊时的审核，审核法定代表人身份证和执照等信息，换句话说亚马逊一审就是审核注册销售权限的。

亚马逊二审在内部全称是 Bad Actor Prevention（BAP），其实就是亚马逊对法定代表人、公司主体、营业场所之间真实性关系的审核，针对一些关联存疑、资料存疑、合规性存疑的账号，进行进一步审核验证的一轮审核。

二审阶段是由对应站点的亚马逊审核团队审核，一般是采用机器加人工相结合的方法进行工作的，所以有时候会出现提交同一份材料上去，审核的结果存在差异，建议卖家理性看待亚马逊二审。

对账户注册资料进行二次审核，不一定发生，不同站点不同时期二审触发概率不同。若触发二审，需提交近三个月内水费、电费、煤气、固定电话和网络宽带中的任意一种账单。账单需要公共事业单位开具，体现户名是法定代表人名或是公司营业执照名，地址是营业执照注册地址或是实际办公地址。若触发二审，没有特殊的应对技巧，提供的账单尽可能符合亚马逊对账单的要求，资料真实有效（见图 3-32）。

图 3 - 32 二审审核资料

（二）欧洲 KYC 审核

KYC 审核：KYC 全称 Know Your Customer，是亚马逊对在欧洲站开店卖家的资质审核。根据欧洲监管机构的有关要求，亚马逊需要对在包括英国、法国、德国、西班牙、意大利等欧洲国家开店的卖家进行身份核实。只有通过了资质审核才可以在欧洲站长期销售，是对账户持有人的强化审查。

KYC 仅限于欧洲站点，有别于其他站点二审，必然发生。

1. 欧洲站的 KYC 审核触发条件。

（1）被动触发。根据注册信息不同，卖家触发审核的时间将有所区别。有的在账号注册下来后的 24 小时内，就会收到审核的邮件通知；有的当店铺累计销售额大于 5 000 欧元时，才会收到一个审核通知，在销售额大于 15 000 欧元时，还未提交审核材料或材料提交有误，店铺就会面临封号。

（2）主动触发。在账号注册下来后的 24 小时内没有触发 KYC 审核，这个时候可以自主联系亚马逊审核团队或者招商经理主动提出进行 KYC 审核。

2. KYC 审核资料。KYC 审核所需资料如图 3 - 33 所示。

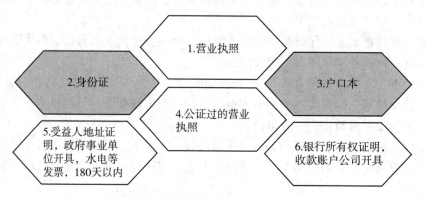

图 3 - 33 亚马逊欧洲 KYC 审核资料

（1）公司营业执照。中国大陆公司要求提供营业执照正本/副本；中国香港公司要求提供公司注册证明书 + 商业登记条例（两个文件需合成一个 PDF 文档）。需确保营业执照上登记的公司处于存续状态，可以到国家企业信用信息公示系统查询。中国大陆营业执照距离过期日应超过 45 天；中国香港商业登记证距离过期日应不超过 45 天。公司营业执照彩色扫描件或是清晰彩色照片。营业执照的红章一定要清晰，模糊的不要用，建议上传正本或电子版的营业执照。

（2）公司首要联系人和受益人的身份证件。首要联系人是有权限访问"我要开店"付款账户、代表账户持有人（注册的卖家）提供注册信息并发起支付和退款等交易的人。受益所有人是在公司通过直接或间接拥有股份等于或超过 25% 的自然人或法定代表人。

材料要求护照扫描件或身份证正反面彩色扫描件加户口本本人信息页。需确保身份证上的姓名必须与营业执照上法定代表人的姓名完全一致，并与注册的亚马逊账户上的姓名完全匹配。身份证必须在有效期内，由中国大陆/中国香港出具。

（3）公司首要联系人和受益人个人费用账单。亚马逊可以接受由当地政府部门签发的有效居留许可证或手机缴费增值税发票、公共事业账单或收据（天然气、水、电、电视、互联网、手机或固话）、主要联系人经银行盖章认证的个人账户综合信息查询凭证扫描件、银行卡/信用卡对账单或账单、房产或物业管理公司提供的账单等任何一种文件。如果该账单是在配偶名下，需同时提交结婚证复印件；如果账单是在公司房东名下，需提交正规的房产或物业管理公司的房屋租赁合同来证明，亚马逊不接受私人房东的租赁合同。

材料要求在 180 天内开具证明/文件，文件需要带有相关人员真实姓名、居住地址和签发日期的地址证明文件，文件可以是原件照片或彩色扫描件，不能是屏幕截图。提供的文件需要确保使用的是支持的语言（如简体中文或英文），文件上的姓名和地址必须与在卖家平台中的姓名和地址一致。

（4）银行账户所有人证明。亚马逊接受银行对账单、银行资信证明、支付服务提供商（第三方收款公司）提供的账户对账单里的任何一种文件。材料要求在 180 天内开具证明/文件，文件带有公司名称和银行账号，也带有银行业务验证码的印章以及银行的名称或徽标，不接受屏幕截图。

（5）公司章程。材料要求注册公司的最新版完整的公司章程，要求能准确体现全部股东姓名和股份分配的文件，需要所有受益人签字，加盖公司公章。

（6）授权函。对于首要联系人非公司法定代表人或者受益人的情况，亚马逊会要求卖家提供一份由公司法定代表人授权首要联系人实际运营该账户的授权函。材料要求在有公司抬头的公司专用纸张上，按照提供的范例撰写，由法定代表人签名，公司盖章，体现签署日期，没有时间限制或终止日期。授权函模板见图 3-34。

3. KYC 审核注意事项。个人卖家无法通过欧洲站资质审核。在提交审核之前，要注意材料的一致性以及证件的有效期。务必要真实填写公司和个人信息，并上传真实的材料。任何错填信息、伪造单据、篡改材料的行为都将无法通过审核，严重可导致账户将永久封号。

涉及公司的名字全部使用汉语拼音，以保证准确性。中国香港公司按照注册证书上的公司英文名称填写，千万不要自己翻译一个类似中文发音的英文名，亚马逊不会认可。

务必一次性交齐全部审核材料及信息。当上传完所有需要的材料信息后，再单击身份信息页面上的提交按钮，否则需要等待亚马逊审核过后，才能上传其余文档。

KYC 一般会有时效要求。建议卖家最好是在开始申请账号时就备齐 KYC 审核所需的全部资料。KYC 以卖家账户收到的审核团队通知邮件中的提交时间要求为准，如果通知邮件中未提及时间限制，则文件准备好后提交即可。一般来说，越早提供审核越容易，建议尽早

公司的信笺抬头

公司授权书/POWER TO ACT ON BEHALF OF THE COMPANY

签署本文件的＿＿＿＿＿＿＿＿（下称"公司"），
其正式代表为＿＿＿＿＿＿＿＿[添加签署人的全名和职务]，
证明＿＿＿＿＿＿＿＿[在此添加联系人的全名] 已获得授权在 Amazon Payments 开设 "我要开店" 付款账户、接受用户协议和其他政策、有权访问"我要开店"付款账户并代表公司且以公司的名义发起交易。

The undersigned＿＿＿＿＿＿＿＿ (herein after, the "Company"),
duly represented by ＿＿＿＿＿＿[add full name and function of the signatory here], confirms that
＿＿＿＿＿＿＿ is authorized to open a Selling on Amazon payment account with Amazon Payments, accept the User Agreement and other Policies, have access to the Selling on Amazon payment account and initiate transactions in the name and on behalf of the Company.

签署日期/Date：
签署人/By：

图 3 – 34 授权函模板

提交，以免影响账户审核。VAT 已经注册可以增加 KYC 审核的通过率。

☞ **任务演练：**

1. 导致亚马逊平台账号关联的因素有哪些？
2. 如何防范亚马逊账户关联？
3. 亚马逊账号二审和欧洲站 KYC 本质是审核什么？
4. 欧洲站触发 KYC 审核，需要提前准备哪些相关资料？

任务三 跨境电商平台收款方式

任务目标

不同跨境平台所支持的收款方式不同。通过本节任务的学习，掌握当前各跨境平台的主要收款方式种类，了解美国银行账户、中国香港银行账户和第三方银行账户收款的注意事项，熟知亚马逊全球收款不同阶梯的手续费。

一、账号收款方式

跨境收款主要有信用证、电汇、现金支付、银行账户收款、PayPal、信用卡收款等多种收款方式。速卖通平台主要以人民币和美元收款为主，绑定支付宝和银行卡就可以提现。Shopee 跨境账号主要以连连、Payoneer，PingPong 收款为主；Lazada 跨境店主要以 Payoneer

收款为主，只需一个 Payoneer 账户即可绑定所有 Lazada 站点收款。Wish 平台主要以联动优势（UMPAY）—直达中国账户、随时付（PayEco）、AllPay，Payoneer，PayPal、连连支付（LianLian Pay）或 PingPong—直达中国账户收款为主。eBay 平台主要以 PayPal 收款为主。

亚马逊平台目前常用的几种收款方式分别是：目标站点海外账户（下面以美国站为例）、中国香港银行账户、亚马逊全球收款及第三方收款账户。对于卖家而言，生意的最终目的是赚钱，把商品销售出去，收到货款才算订单完成，亚马逊平台的结款周期为 14 天，需要卖家绑定相应收款账号才可完成从平台到卖家的转款。跨境电商平台收款方式开通需要一定的资质，以亚马逊平台为例，下面为大家详解平台的收款方式。

二、美国银行账户收款

需要本人或是找中介公司代理注册美国公司，用美国公司资料在美国本地银行开户。

接收美国站款项时，无需任何费用，但是接收其他站点款项，亚马逊平台会将本地货币转换成美元入账，会有 3.5% 左右的汇损。

三、中国香港银行账户收款

需要本人身份证或是中国香港公司资料到中国香港本地银行开户，由于大量个人账户用于接收境外商业款项，中国香港各银行已在严控中国大陆个人开户，因此个人开户已经很难。如果需要用中国香港银行账户在亚马逊收款，可以通过注册中国香港公司，开设中国香港公司银行账户进行收款，相对比较安全，也容易操作。

收款过程中，亚马逊会先将接收到的货币转换为港币入账。因此，接收任何站点的款项都会有 2.5% 左右的汇损。虽然费用较高但由于很多中国大陆公司希望做出口退税，因此需要中国香港银行向中国大陆银行转账的流水记录。另外，部分商家有海外生意，会通过中国香港银行账户向海外公司支付货款，也会使用中国香港银行账户。

四、亚马逊全球收款

通过首信易通道，可直接绑定国内储蓄卡，使用人民币接收全球付款，直接存入国内银行账户。收款手续费如下：

第一阶梯（≥1 000 万美元），手续费 0.40%

第二阶梯（≥100 万美元 < 1 000 万美元），手续费 0.50%

第三阶梯（≥50 万美元 < 100 万美元），手续费 0.60%

第四阶梯（≥10 万美元 < 50 万美元），手续费 0.70%

第五阶梯（< 10 万美元），手续费 0.90%

以上几种属于直接银行账号收款，每个账号只能添加一家店铺进行收款。若绑定多个亚马逊账号，会导致账号关联，店铺被封。另一方面，由于很多国家和地区对银行账户监管严格，若账号长期有大笔金额的入账，会存在风险，因此很多的卖家也会选择使用第三方收款工具进行收款。

五、第三方工具收款

第三方收款工具如跨境珮、万里汇、Pingpong，Payoneer 等是当前卖家使用比较多的收款方式。这些收款服务机构有相应的支付牌照，拥有当地款项处理和资金分发的资质，安全性相对有保障。同时第三方收款工具还可以为卖家提供一个账号下的多个子账号收款服务，可以绑定多个不同账号，方便汇总收款，每个子账号不同，不会造成关联。

第三方收款工具的收款手续费大多在 0.3% 左右，相对于直接用银行账户收款，手续费比较低。很多的第三方收款除了收款服务外，还有很多其他增值服务，如供应链金融贷款等，给卖家提供更大的便利。

☞ **任务演练：**

1. 简述当前主要跨境平台的收款方式分别是什么？
2. 相较于其他收款方式，第三方工具收款的优势在哪里？

跨境电商平台前台页面介绍

视频：跨境电商
平台前台页面介绍

■ 学习目标

1. 了解 Amazon 五大榜单。
2. 熟悉 Deal 界面（限时秒杀、7 天促销、当日秒杀）。
3. 搜索结果页相关信息展示与学习。
4. 熟练掌握如何填写产品详情页，如产品变体、五点描述等。
5. 学习、辨别跨境电商平台常见商标标识。
6. 学习并掌握跨境电商常见产品标识码。

任务一 跨境电商平台前台页面模块

-------- 任务目标 ---------

　　跨境电商平台的前台页面，拥有着许许多多不同的功能。以 Amazon 为例，通过本节任务的学习，了解 Amazon 五大榜单、Deal 页面、搜索结果页面、产品详情页面的相关信息，并能学会熟练设置跨境电商平台前台页面各项功能。

一、跨境电商平台前台页面

　　跨境电商平台众多，各平台前台页面内容及功能不尽相同，产品琳琅满目。下面以亚马逊平台为例，详解亚马逊前台 PC 页面。

　　作为亚马逊卖家和运营人员，卖家每天需要关注自己商品的运营情况以及跨境市场变化，因此除了每天后台订单、推广、商品等相关工作外，大部分的时间需要放在前台页面，关注市场需求变化、卖家的商品排名、竞品的变化等。

　　以美国站为例，打开 Amazon.com，会自动识别国内 IP "China"，定位在中国，要搜索产品前，记得先把中国地址切换成美国常用地址。如果没切换地址，此时查看到的平台数据，只有针对配送到中国的商品信息，如图 4-1 显示。为了了解当地买家查看到的信息，需要修改定位，单击图 4-1 红色方框的"配送至中国大陆"会跳出图 4-2 页面。

图 4-1　前台页面定位

图 4-2　地址邮编设置

可百度一下目标站点邮编，如美国是五位数字邮编，填写后，单击图 4-2 的"设置"，跳出如图 4-3 所示页面，单击完成。

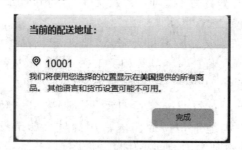

图 4-3　地址邮编设置

完成邮编修改定位到美国纽约，会展示如图 4-4 所示页面，此时查看其他数据，才是当地买家看到的页面。

图 4-4　修改成美国邮编后的亚马逊首页

二、Amazon 五大榜单

单击首页导航栏"Best Sellers"，进入亚马逊的热销榜单，即可查看其他几个榜单相关信息（见图4-5）。

图4-5 Amazon 五大排行榜

1. Best Sellers：销售排行榜单。前24小时的销量排行，官方按小时更新，但并不是严格按1小时更新一次。进入这个榜单，可以看到不同类目卖得最好的100条listing。

2. New Releases：新品销售排行榜单。一般为新品上架2个月内的产品会出现在该榜单，按小时更新，同样展示各个类目的新品热销前100条Listing。

3. Movers & Shakers：飙升榜单。过去24小时的销量上升最快的排名榜单，现在只有大类目还保留该榜单，按小时更新。一些时事热点社会事件产品，经常可以在这个榜单看到产品销量变化。

4. Most Wished For：心愿榜单。过去一段时间（具体时间不详）加入购物清单list的数量排行，按天更新。

5. GiftIdeas：礼品榜单。采用亚马逊礼品包装的销售排行榜，按产品礼品包装数排名，按天更新。在一些盛大节日来临前，卖家可以参考这个榜单备货。

三、Deal 页面

秒杀活动（Deals）是一个瞬时流量爆发点，是亚马逊平台推出的一种限时打折促销活动。亚马逊专门开辟了一个页面面向众多买家，是 Prime 会员最喜欢浏览的页面之一（见图4-6）。

图4-6 秒杀 Deal 页面入口

秒杀可以带来不错的流量和转化，如果产品能够参加秒杀活动，可以好好利用秒杀活动来导流，快速提升曝光量，提升排名，累积评论，加快资金回笼（见图4-7）。

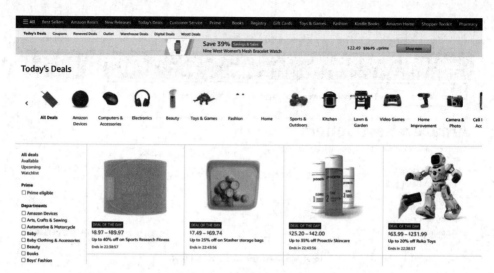

图 4 – 7　秒杀 Deal 页面

亚马逊有很多不同的秒杀活动，主要介绍以下三种：限时秒杀（Lightning Deals）、七天促销（7 – Day Deals）、镇店之宝的当日秒杀（Deal of the Day），如图 4 – 8 中标框显示。

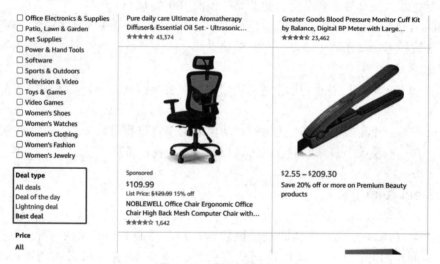

图 4 – 8　秒杀类型展示

1. 限时秒杀。秒杀（LD）是一种限时、短时间、高流量的展示活动，持续时间为 4 ~ 6 个小时，平台按照每个 ASIN 收费，非大促节日，美国站一般费用为 150 美元/ASIN，结束时间即恢复原价，还可以设置促销总量，售完为止。这样既有机会收获大流量并瞬间爆单，也没有需要准备大量库存的压力。当后台出现产品有 LD 推荐时可申请参加。

创建的秒杀信息通常会显示在专属的促销页面、搜索结果的商品列表页、商品详情页 Listing。

2. 七天促销。七天促销又称周秒杀（Best Deals）与秒杀类似，7 天促销（7DD）也是一种限时促销优惠，区别是在亚马逊促销页面上的显示时长不同。参与 7 天促销的商品将会在促销页面显示 7 天的时间（可能会根据具体的情况有所减少）。非大促节日，美国站一般费用为 300 美元/ASIN，创建 7 天促销，不仅有助于提升销量，还能有效减少库存积压。后台秒杀页面产品有推荐资格，可提报参加。

创建的 7 天促销信息通常会显示在专属的促销页面，搜索结果的商品列表页，商品详情页 Listing。

3. 镇店之宝。镇店之宝活动（DOTD，大促期间有时也称为 Spotlight Deal）是指参与活动的一个或一组高需求的商品，仅在指定的一天内设有大幅折扣的促销活动。参与镇店之宝活动的商品必须为热销单品，而作为促销中流量最高、申报要求也最严格的展示活动，大部分站点的镇店之宝目前实行邀请制，且必须通过账号经理申报。

创建的镇店之宝信息通常会显示在专属的促销页面、搜索结果的列表页、商品详情页 Listing。

特别需要注意，提报秒杀不光要考虑好促销价格，还要选好秒杀的时间，否则如果秒杀时间安排在了美国时间的夜里或凌晨，效果肯定是要大打折扣的。且并不是所有产品都适合秒杀活动，产品平时卖得越好，参加秒杀的效果会越明显；若是一些滞销款产品，更建议提报 Outlet Deals。总的来说，一般秒杀活动都能带来比平时更多的 2～3 倍的流量，卖家可以根据自己的产品情况选择合适的秒杀活动（见表 4－1）。

表 4－1　　　　　　　　　　　　Deal 几种方式对比特点及提报收费标准

活动名称	适用商品建议	最低折扣（30 天内）	促销频率	活动时长	费用
秒杀 Lightning Deal（LD）	更适用于热销单品或者快销商品	85 折	每周可以申报一次	不同站点时长不同	收费
7 天促销 day Deal（7DD 或 BD）	所有商品	85 折	7 天	7 天	收费
镇店之宝 Deal of the Day（DOTD）	参与活动的商品必须为热销单品	8 折	各站点有所不同	24 小时；库存售罄	免费
展示时间					
7DD > DOTD > LD					
展示效果（实际展示效果可能会发生变化）					
DOTD > LD > 7DD					
申请难度					
DOTD > 7DD > LD					
注：镇店之宝大促节日活动时长可能达到 48 小时。					

四、搜索结果页介绍

搜索页面，是指用一个关键词搜索后展示出来的页面，如用关键词"c-table"搜索出来的页面如图4-9所示。

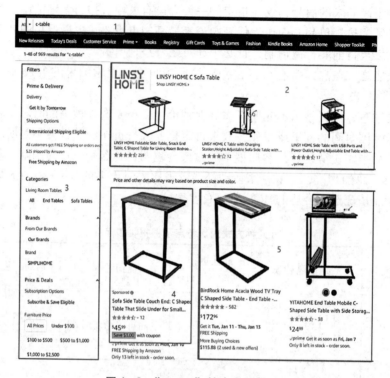

图4-9 "c-table"搜索页结果面

搜索框：框1所示，绝大部分的国外买家在亚马逊购物时都会首先选择在搜索框中输入自己意向产品的关键词，即通过亚马逊搜索框来进行意向产品的搜索和选择，关键词的搜索流量占据了亚马逊绝大部分的流量来源，是亚马逊站内流量最大来源入口。

品牌推广广告：框2所示，带"Sponsored"标志，账号必须完成品牌备案或是拥有品牌授权之后的产品才可创建的一个广告类型，通过单击付费的方式抢占流量位置。

属性栏：框3所示，不同产品属性栏展示的选项会有差异，一般会展示跟关键词相关的一些类目、品牌、价格区间、产品Review评分、折扣、变体（如颜色、形状、材质等）相关信息。用户寻找产品时可通过这些信息在不断地筛选下缩小搜索范围，最终找到产品，也是前台流量的一个入口。

商品推广广告位：框4所示，带"Sponsored"标志的都是广告位，商品推广中手动广告或是自动广告的产品都可能展示在这个位置，通过关键词单击付费方式获取的流量位。

搜索自然流量位：框5所示，没有带"Sponsored"标志，在关键词搜索结果中，自然排名的位置数量要远远多于广告位置的数量，所以关键词自然搜索流量也就占据了搜索流量更大的份额。自然排名位置的单击不会产生任何的CPC广告费，所以每一个亚马逊卖家运营产品最好的状态是希望自己 Listing 的所有关键词都能排在自然排名位置的首页。影响自然排名的因素很多，有单击率、销量、产品价格、Review 数量、产品评分、Bestseller 标志、Amazon Choice 标志等。

五、产品详情页介绍

买家通过各种方式搜索查找到自己需要的商品后，单击进入产品详情页，可进一步了解商品的品牌、功能、售价、评分等其他详细信息，满足买家需求的产品即可通过详情页直接添加到购物车（Buy Box）下单购买。接下来以图文形式详细介绍产品详情页各个模块。

1. 商品变体。变体指同款产品的不同型号，比如不同颜色、不同尺寸等，每个尺寸、颜色都将其称为一个变体，共同存在于一条 Listing 中。一般来说变体存在于多属性商品，多使用于服饰、箱包等商品的 Listing 之中。产品创建变体后，买家进入到产品详情页，可以看到这条 Listing 中的其他变体产品，可根据自己的喜好选择购买。

2. 产品五点描述。一般卖家在上架产品时，可根据产品的功能、材质、适用场景、售后服务等内容，如图 4－10 所示。在五点描述特性里，补充完善产品信息，让买家能进一步了解产品相关信息，如图 4－11 所示。

图 4－10　产品详情页 1

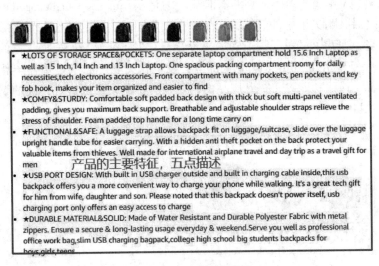

图 4－11　产品详情页 2

3. 产品配送时效。根据买家定位的地址，以及卖家商品配送方式（FBA，FBM）的不同，系统会计算出不同配送服务下的配送时效，并将预估时间展示出来。若是 FBA 配送，一般可两日达；若是 FBM 配送，则时效会受产品仓储区域不同影响，时效较慢，从中国发货，系统默认 14~28 天发货时效。

4. Buy Box 购物车。是买家浏览产品页面时看到的最方便的购买位置。亚马逊会挑选优质的卖家占据购物车的位置，没有购物车的店铺，买家需要单击跳转页面才可添加产品购物，亚马逊有大概80%的订单是直接通过购物车转化的，购物车是最大的转化入口。所以产品能否获取到购物车，也是卖家最关心的问题。亚马逊会根据卖家账号绩效、配送服务、商品价格、库存、售后服务、转化率等几个不同维度来判定是否给予 Buy Box 购物车。

5. 配送方式。亚马逊平台有两种配送方式，一种是自配送 FBM；另一种是亚马逊配送 FBA。以图 4-12 的店铺为例，此产品是第三方卖家 YoTwo 在售，此时商品做的是亚马逊配送，因此显示为 "Ships from Amazon"；若此时是自发货的话，则显示的是 "Ships from YoTwo"。

图 4-12　产品详情页 3

6. 关联推荐绑定销售。Buy it with 有时显示的是 Frequently bought together，经常有买家购买某个产品之后又购买了另外其他的产品，在大量同时购买的动作发生之后就会被系统获取并且展示出来，即看了又看、买了又买或者看了又买，是亚马逊根据买家的购买习惯自动生成的，如图 4-13 所示。Buy it with 大部分会发生在关联产品或是替补产品上，容易获取到这种关联推荐。这项功能对于提升产品的销量很有帮助，可以提升产品的曝光率，同时也增加了流量的入口。

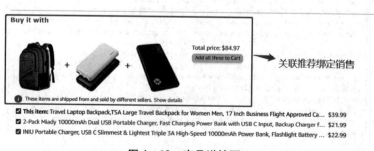

图 4-13　产品详情页 4

7. Products related to this item。亚马逊广告位，通过手动广告、自动广告投放的产品都有可能展示在这里，如图 4-14 所示。

图 4-14　产品详情页 5

8. 4 stars and above。4 星以上产品广告位是亚马逊系统推荐的投放自动广告的关联广告位置，筛选 Review 评分四星以上的产品展示。

9. 特别优惠和产品促销。当产品在做一些相关促销活动时，如"购买折扣""买一赠一"等，就可以把相应的促销活动展示在这个板块，买家有需要，则可以将关联做促销活动的产品直接加购绑定购买。若卖家店铺有在做一些热销产品的周边配套或是替补产品等都可以通过促销活动，给其他产品引流。

10. A + 页面。A + 页面即图文版商品详情页面，卖家可以通过 A + 页面使用额外的图片和文本进一步完善商品描述部分（见图 4-15、图 4-16）。若账号已经成功通过了 Amazon 的品牌注册（Brand Registry），就可以在品牌商品的描述页面添加图片和文字信息。A + 页面可以在原本形式单一的产品描述上，添加更多的文本和图像，详情页看起来更专业生动，使用 A + 页面可以提高 10% 以上的转化率；能进一步阐述品牌故事，提高品牌形象和宣传，有利于降低亚马逊广告推广成本；买家在购买前通过 A + 页面对商品有了详细透彻的了解，也会提升买家满意度，留下好评，减少买家的退货率和差评，增大品牌粉丝的基数、增加复购率。

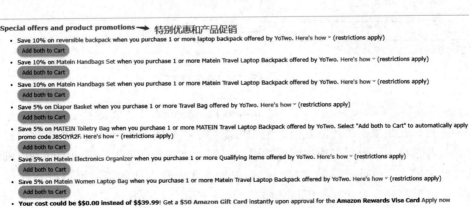

图 4-15　产品详情页 6

图 4 – 16　产品详情页 7

11. 产品信息（Product Information）。如图 4 – 17 所示，系统会自动调取商品上架时填写的产品尺寸和重量信息、制造商、上架日期和 ASIN 码等信息显示，当商品有订单转化后，也会根据商品订单量获取商品的类目排名显示。

Product information		
Color:Grey	产品信息	
Product Dimensions	19 x 14 x 7.8 inches	
Item Weight	2.4 pounds	
Department	Laptop Travel Backpack for Men Women	
Manufacturer	Everyworth	
ASIN	B07QN9NPKN	
Country of Origin	China	
Item model number	103501GRY	
Customer Reviews	★★★★★ ⌄ 2,405 ratings 4.8 out of 5 stars	
Best Sellers Rank	#25 in Laptop Backpacks	产品的类目销售排名
Date First Available	June 12, 2019	

Warranty & Support

Product Warranty: For warranty information about this product, please click here

Feedback

Would you like to tell us about a lower price? ⌄

图 4 – 17　产品详情页 8

12. 客户问答（Customer questions & answers），简称 QA，一个显示亚马逊的买家关于产品问答的平台，在买家购买产品之前，他们可能对于产品还有些担心或者想了解但是没有清楚描述的一些信息，买家可以通过问题的形式提问，亚马逊会将买家提问的问答以邮件形式发给卖家和之前购买过此商品的买家，收到邮件的卖家和以往的买家可以解答此买家的问题，有回复的问答就会显示在此版块，如图 4 – 18 所示，后续其他买家可以直接看到相关问答，在一定程度上也会影响产品的转化。

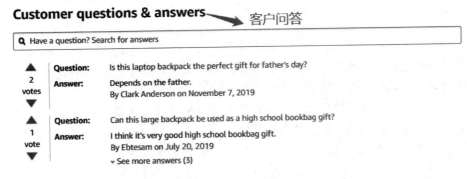

图 4 – 18　产品详情页 9

13. 产品评论（Customer Reviews）。产品评论是针对产品本身的评价，不涉及物流、客服质量，任何在亚马逊上购买过一次商品的买家都可以评价，影响客户对产品的判断，但不影响卖家绩效。如图 4 – 19 所示，评论可用打分、文字、图片、视频等方式展现，2019 年亚马逊将 Review 变成 Rating，买家可以只对产品打星级评分，不需要一定有文字评论。Review只影响本商品，不影响卖家账户里的其他商品，评分分为 1 ~ 5 星，1、2 星是差评；3 星是中评；4、5 星是好评。但对于卖家来说，4 星以下的评分已经会拉低整个产品的总评分。

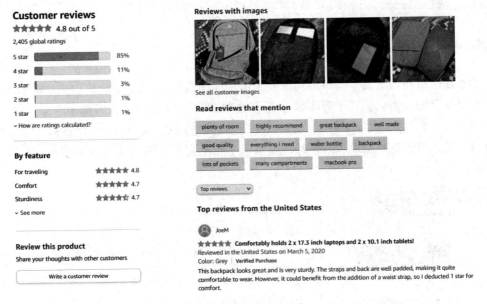

图 4 – 19　产品详情页 10

Review 对商品的转化是有极大的影响，新品刚上架没有 Rreview 的情况下，会导致产品的转化率不高。很多卖家都遭遇过收到一条差评后销量断崖式下降的情况，因此很多卖家在推广过程中，会非常重视 Review 的累积以及评分。亚马逊平台客户真实留评率不到 1%，且目前亚马逊对 Review 的获取，管控得也越来越严。亚马逊政策希望 Review 是客户真实购买产品使用后的真实感受和主动表达，不允许卖家以利益或返佣等形式引导客户留下虚假好评。若违规操纵评论，亚马逊会删除评论，给予卖家警告甚至直接移除卖家账号销售权限。

☞ **任务演练:**

1. 亚马逊五大榜单是什么? 分别说出其作用。
2. 亚马逊的秒杀活动有哪几种? 参与秒杀活动的好处是什么?
3. 如何区分亚马逊产品广告位和自然位?
4. 从亚马逊产品详情页可以看出, 对产品转化影响需要注意哪些要素?
5. 亚马逊产品添加 A + 页面有什么好处?
6. 亚马逊卖家拥有 Buy Box 购物车, 会给店铺带来怎样的好处?

任务二 跨境电商常见标识解析

任务目标

卖家在从事跨境电商贸易时, 经常会遇到各种不同的标识, 熟悉掌握每个图标背后的意义, 能帮助卖家更好地收获成功。通过本节任务的学习, 能帮助读者更好地了解各类跨境电商前台标识、了解常见产品标识码背后的含义。

一、前台各类标识解析

卖家在了解跨境电商平台页面构成及页面功能的基础上, 也需要去关注了解跨境电商平台前台页面上的各类标识。千万不要小瞧了这些图标, 每个图标背后都蕴含着"流量转化的密码", 这可以帮助卖家更好地运营。卖家是否注意过亚马逊前台页面上的小图标? 若是没有搞清楚, 可能就离爆单越来越远。亚马逊平台上有 5 个较为常见的小图标, 如图 4 - 20 所示。

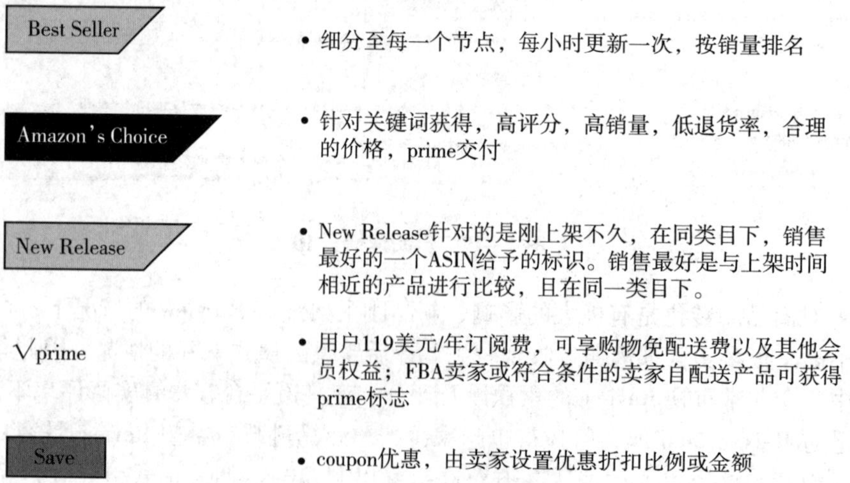

Best Seller	• 细分至每一个节点, 每小时更新一次, 按销量排名
Amazon's Choice	• 针对关键词获得, 高评分, 高销量, 低退货率, 合理的价格, prime交付
New Release	• New Release针对的是刚上架不久, 在同类目下, 销售最好的一个ASIN给予的标识。销售最好是与上架时间相近的产品进行比较, 且在同一类目下。
√prime	• 用户119美元/年订阅费, 可享购物免配送费以及其他会员权益; FBA卖家或符合条件的卖家自配送产品可获得prime标志
Save	• coupon优惠, 由卖家设置优惠折扣比例或金额

图 4 - 20 亚马逊标识解读

1. Best Seller 标识。亚马逊 Best Seller 是很多亚马逊卖家梦寐以求的一个标识，当产品在类目销售排行榜上获得榜单第一的情况下就能获得这个标识，如图 4-21 所示。亚马逊系统每小时更新一次，同类型销量第一的产品会出现在亚马逊的主要搜索页面，以及 Listing 的详情页。橙色的 Best Seller 会更容易让买家单击查看产品信息，不仅可以帮助引流和转化，还能够获得相应的流量扶持，获得此标签的产品，转化率有很大的提升。

图 4-21　搜索页 Best Seller 标识显示

2. Amazon's Choice 标识。Amazon's Choice 是亚马逊为了帮助买家在购物搜索时节省时间而推出的一个功能，通过关键词搜索结果才有的，获取到这个标识的商品，即表明该产品已经被亚马逊 Echo 收录到了语音购买的推荐里。当买家语音搜索这个关键词时，第一个展示的商品就是获取到这个关键词 Amazon's Choice 标签的产品，如图 4-22 所示。只有完成品牌备案、FBA 发货、产品信息完整、转化率高销量大的商品才能获取到这个流量标识。此标识是根据关键词的推广转化情况获取的。

图 4-22　搜索页 Amazon's Choice 标识显示

3. New Release 标识。New Release 针对的是刚上架不久，在同类目下，销售最好的一个 ASIN 给予的标识，如图 4-23 所示。销售最好是在同一类目下与上架时间相近的产品进行比较的结果。

图 4-23　New Release 显示

这个标识主要衡量的是新品的出单情况和出单潜力。亚马逊平台对新品有红利扶持期，所以想要获得 New Release 标识，就要好好把握好这个阶段的运营，做好选品，优化好 Listing，从而提升转化。

4. Prime 标识。有 Prime 标识显示的产品是指由亚马逊自营或是 FBA 配送或符合条件的卖家自配送的产品，如图 4-24 所示。当买家是亚马逊 Prime 会员，也就是每年给亚马逊支付 139 美元订阅费的用户时，在亚马逊平台购买带 Prime 标识的商品，亚马逊可以免配送费，且享受当日达或隔日达等快速配送服务。

图 4-24　Prime 显示

因为 Prime 搜索权重会更高，所以获得 Prime 标签的商品配送时效更快，买家会更愿意购买，转化率也会更高。

5. Save 标识。Save 折扣在页面中是绿色的标识，如图 4-25 所示，由卖家设置 Coupon 优惠折扣比例或金额。卖家可以到亚马逊卖家后台的"广告"-"Coupons"界面进行设置。

图 4 - 25　Save 显示

　　根据买家心理调查研究，商品有一定的折扣优惠，能更容易促进商品的转化。Coupons 可以选择百分比折扣或者现金折扣，当商品本身售价较低时，可以通过折扣比例方式，来吸引买家购买；产品售价高，直接优惠金额数额较大时，可以金额优惠方式设置。通过设置 Coupon，可以换取平台更多的流量和曝光。

二、常见产品标识码

　　除了跨境电商平台前台页面常见标识以外，在跨境电商平台上卖家售卖的每个产品都具有独特的标识码。准确区分并使用这些标识码对于新手卖家来说是一个逐渐熟悉的过程，下面以亚马逊平台为例，对这些标识码进行说明与区分。

　　亚马逊平台销售的每个产品都具有独特的标识符。对于亚马逊卖家来说，产品标识符包括 UPC，GTIN，ASIN，SKU，FNSKU 等。要准确区分并使用这些标识码对于新手卖家来说确实是比较头疼的，下文将对这些标识码进行说明与区分。

　　1. GTIN。GTIN 是全球贸易项目代码（Global Trade Item Number），这种编码叫 EAN/UCC - 14 代码结构，对应 ITF - 14 条码。全球贸易项目代码使每一个产品都能拥有自己的身份编码，帮助产品所有者以更加标准、规范的方法管理产品；帮助合作伙伴在物流、零售过程中更加准确、快速地交换数据；帮助买家更加便捷地获得产品信息。

　　GTIN 有四种不同的代码结构：GTIN - 8、GTIN - 12、GTIN - 13 和 GTIN - 14，其中 GTIN - 12 在北美就是常说的 UPC；GTIN - 13 就是常说的 EAN。

　　2. UPC（国际通用产品代码）。UPC 码是美国统一代码委员会制定的一种商品用条码，全称 Universal Product Code，由 12 位数字代码组成，每一个 UPC 码都不一样，是上传产品 add a product 的必填选项。UPC 码主要运用于美国、加拿大等地区，因为其应用范围广泛而被称为万用条码。

　　在亚马逊平台上销售产品，大多数商品都会被要求具有商品编码，才能在亚马逊平台上发布，创建和匹配商品页面所需的特定 GTIN（全球贸易项目代码）因商品分类而异，其中最常使用的就是 UPC 码。UPC 码需要费用购买，且每个产品对应一个 UPC 码，不可重复使用。

亚马逊会通过检查 GS1 数据库来验证产品 UPC 码的真实性，不符合 GS1 提供的信息的 UPC 将被视为无效。建议直接从 GS1 获取 UPC 码（而不是从出售 UPC 许可证的其他第三方），以确保适当的信息反映在 GS1 数据库中。

3. EAN（欧洲商品编号）。EAN 英文全称 European Article Number，是国际物品编码协会吸取了 UPC 的经验而制定的一种商品用条码，由代表 12 位数字的产品代码和 1 位校验码组成。使用 EAN 条形码的该协会成员国已有数十个，除欧洲外，亚洲许多国家也使用此码。

由于国际上存在这两种编码系统，因此，我国产品销往美国、加拿大应使用 UPC 码，而出口到其他国家和地区则需使用 EAN 码。在亚马逊平台上，北美站点上架商品使用 UPC 码；欧洲和日本使用 EAN 码上架。

注意：亚马逊要求每个卖家为每个产品 listing 注册一个 GTIN。在亚马逊平台上，当卖家账号完成了品牌备案或是获得品牌授权，可以申请 GTIN 豁免后，再去上架商品，即无须再购买 UPC 或是 EAN，只需上架时选择 GTIN 编码类型即可上架产品。

4. ASIN（亚马逊标准识别号）。ASIN 码是亚马逊平台的条形码系统，由一个 10 位数字的字母数字代码构成，用于标识亚马逊上的产品，产品上架保存后，亚马逊系统会自动给上架的新商品生成一个唯一的 ASIN 码。

注意：ASIN 存在于亚马逊不同站点中，所以卖家可以在不同的站点中为相同的产品提供不同的 ASIN。

5. SKU（库存单位）。SKU 是 Stock Keeping Unit 的缩写，指库存进出计量的单位或库存单位，是分配给产品的唯一的数字或字母数字代码。即 SKU 是指一款商品，每款都有一个 SKU，便于电商品牌识别商品。当一个产品有不同的颜色、尺寸等多个属性时，就有多个 SKU。比如一件衣服，有黑、白 2 种颜色，每种颜色都有 S、M、L 不同的码数，那么这款衣服就有 6 个 SKU。

在亚马逊平台中，SKU 是亚马逊卖家管理产品的唯一标识。不论卖家是自建新品还是跟卖已有产品，都需要一个对应的 SKU，每个店铺中的 SKU 不允许重复。卖家在刊登产品时，SKU 一栏可自行填写，通常建议根据唯一的标识信息（如产品属性、尺码、颜色等）来建立 SKU，例如，卖家可以把女性黑色 38 码鞋的 SKU 设置为 WM-BLACK－38；如果不填写的话，亚马逊会自动生成一个 SKU 编码，但自动生成的编码无规律可循，难以跟商品一一对应。为方便后续跟踪产品信息，更建议在刊登产品时，卖家自己编写 SKU。

6. FNSKU（FBA 产品标签编码）。不同于 SKU，FNSKU 是 FBA 的产品标签编码，只有做 FBA 的产品才会有，一个做 FBA 的产品 SKU 对应一个 FNSKU。FNSKU 标签就是在发到 FBA 仓库时，产品所需贴上的产品标签。

FNSKU 有两种条码生成格式：

一种是制造商条形码。这种格式生成的 FNSKU 码跟 ASIN 码一模一样，格式是 B 开头的标签。如果有多个卖家跟卖同一个 ASIN 的产品，他们的 FNSKU 可能都跟 ASIN 一样，就会造成库存共享，这就是为什么客户在 A 卖家店铺下单，而得到的货并不是 A 发到 FBA 的产品的原因。

　　另一种是亚马逊条形码。通过这种格式生成的 FNSKU 码，根据每个 SKU 码生成格式为 X 开头的标签。这种方式能有效地防止库存共享情况的发生。

　　FNSKU 在新品第一次转化为亚马逊配送时即生成相应的标签编码，后续无法修改，因此在第一次转化时需注意，建议默认首选"亚马逊条形码"格式。

☞ **任务演练：**

　1. 了解不同的亚马逊标识的作用。

　2. 掌握不同的亚马逊产品标识码的作用。

项目五

跨境电商平台卖家后台功能

视频：跨境电商
平台卖家后台功能

■ 学习目标

1. 学习并熟练掌握亚马逊后台账户信息设置。

2. 学习亚马逊后台其他设置功能。

3. 学习并熟练掌握亚马逊后台商品库存管理系统与订单管理系统。

4. 对亚马逊品牌旗舰店、增长建议与配送计划有一定程度的了解。

5. 学会分析亚马逊后台数据报告。

6. 熟练操作亚马逊绩效管理系统。

任务一　亚马逊后台基础功能设置

任务目标

　　在学习掌握了跨境电商平台前台的功能模块后，本节内容将要走进跨境电商后台的世界。如果说前台是开放给买家的"舞台"，那么后台就是卖家工作的"幕后基地"。通过本节内容的学习，需要学会熟练设置跨境电商平台后台的账户信息、通知首选项、登录设置、礼品选项、用户权限、物流等信息，这在跨境电商店铺运营中占有重要地位。

一、亚马逊后台设置功能简介

　　作为跨境电商平台的卖家和运营人员，每天的工作其实是有重复性和规律性的，在跨境电商日常店铺运营中最重要的部分即店铺后台的管理。卖家后台管理页面主要包括店铺动态、订单信息、商品信息、仓库、数据分析信息等统计和管理，一般具备店铺管理、产品管理、订单管理、物流管理、促销管理、数据分析、财务管理、绩效通知、账户管理、客服帮助中心、系统设置等后台的基本功能。以亚马逊平台为例，根据亚马逊后台功能的常用程度进行如下详解。

　　登录卖家账号，即可看到亚马逊卖家中心页面。亚马逊卖家中心一直在不断地完善后台的各项功能，卖家中心功能和页面可能会有所变化。一般来说，亚马逊卖家后台管理页面主要由目录、库存、确定价格、订单、广告、品牌旗舰店、增长、数据报告、绩效、合作伙伴网络、B2B等多个功能版块构成，如图 5-1 和图 5-2 所示卖家中心页面首页部分截图。

图 5-1　卖家中心页面右上角功能栏

图 5-2　卖家中心页面导航栏功能

　　如图 5-1 框 1 所示，可下拉选择站点，当前卖家一套资料可申请直接开通 13 个站点，不同站点可以通过这边直接切换管理。

　　图 5-1 框 2 所示，可下拉选择卖家中心页面展示的语言，亚马逊设置了如中文、英文、日语、法语等十几种语言可供卖家选择，亚马逊会根据语言翻译卖家后台管理页面。

图5-2展示亚马逊开放给卖家的相关功能，若卖家完成品牌备案，将额外增加一个品牌相关功能项。

接下来简单介绍卖家中心页面的一些主要功能。

亚马逊后台设置由账户信息、通知首选项、登录设置、退货设置、礼品选项、配送设置、税务设置、用户权限、您的信息和政策、亚马逊物流设置等部分组成，如图5-3所示。

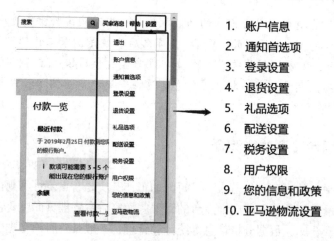

1. 账户信息
2. 通知首选项
3. 登录设置
4. 退货设置
5. 礼品选项
6. 配送设置
7. 税务设置
8. 用户权限
9. 您的信息和政策
10. 亚马逊物流设置

图5-3 "设置"下拉菜单显示

二、账户信息

亚马逊卖家账户信息如图5-4所示。

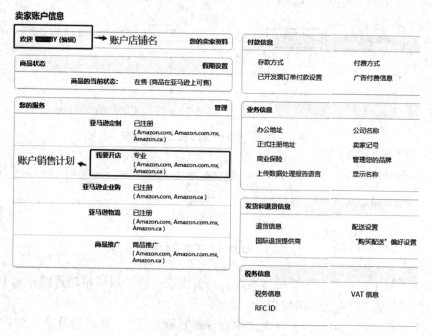

图5-4 账户信息页面

1. 您的卖家资料。显示站点店铺名称、店铺链接、电子邮件地址、电话号码,可以单击编辑去修改相应的内容。

2. 假期设置。账号注册成功后,销售权限开放时默认状态为在售。若店铺做 FBA 发货可不用去设置;若店铺主要做自发货,遇到国庆或是春节假期比较长,无法及时处理订单的情况下,可以修改假期设置为"不可售",listing 将处于不可售状态。如果放假回来,想要重新开始销售,则需要重新激活亚马逊卖家中心账户。

3. 您的服务。

(1) 亚马逊定制:注册开通亚马逊定制功能,卖家可以创建定制类产品,为买家提供个性化的定制,如文字、图片、产品配置等的特殊定制。

(2) 我要开店:可以实现账户的"专业"与"个人"两种销售计划的转化。

(3) 亚马逊企业购:新账号注册下来后即可单击申请开通,开通后商品可以在"库存"→"管理库存"页面设置针对亚马逊企业买家不同采购数量的阶梯价格,如图 5-5 所示。

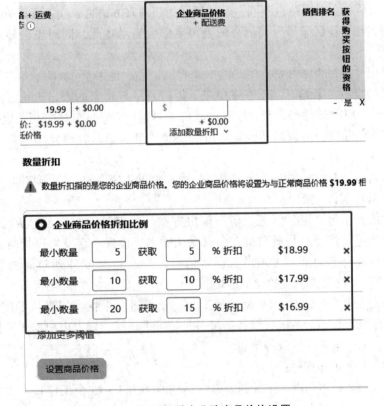

图 5-5 亚马逊企业购商品价格设置

(4) 亚马逊物流:新账号注册下来后即可单击申请开通,开通后产品就可以使用 FBA 物流配送。注意,此功能开通后,并不是所有产品都需要 FBA 配送,FBA 和 FBM 配送方式可根据卖家需求选择。

4. 付款信息。

(1) 付费方式:信用卡信息。当卖家销售额不足时,亚马逊的一些费用(如月租费、广告费、仓储费等）会从绑定的信用卡扣费。

（2）存款方式：亚马逊每隔14天给卖家转账一次。如果卖家的结算余额为正数，亚马逊会将款项存入绑定的存款账户。

（3）广告付费信息：设置默认的广告费用支付方式。

5. 业务信息。

（1）办公地址：可编辑添加公司实际办公地址，当触发审核需要提供账单时，可提供实际办公地址的相应账单。

（2）正式注册地址：公司营业执照注册地址。

（3）商业保险：亚马逊政策规定，当账户月销售额达到1万美元及以上，卖家需要为销售的产品购买商业责任险。亚马逊后台有提供部分保险公司可直接购买，若卖家自主选择其他保险公司投保，投保后提交相应保单信息即可。保险公司会根据卖家投保的产品类目、年销售额等信息不同，提供相应的保险报价。

（4）上传数据处理报告语言：专业销售计划的卖家，可以批量上传处理相关产品信息和订单信息，亚马逊会根据站点不同，默认翻译为当地官方语言，卖家无须修改处理。

（5）公司名称：注册账号时，填写的公司名称会显示在此，同时也会显示到前台的店铺信息里。

（6）卖家记号：每个账号都有唯一的一个卖家记号，是用于AMTU、第三方应用程序和XML上传数据的唯一卖家编码，能够将卖家上传的商品与卖家的账户进行匹配。如授权给第三方收款工具、ERP软件等，获得授权的软件工具即可以获取到店铺相关数据。

（7）管理您的品牌：可以跳转到亚马逊的品牌管理页面，管理此卖家账号的相关品牌信息。

（8）显示名称：展示相关账号卖家资料，跟"您的卖家资料"功能相同。

6. 发货和退货信息。

（1）退货信息：包含退货常规设置、解决方案、管理退货地址和退货计划设置内容。对于FBA发货卖家，按照亚马逊政策，已有默认的退货设置，在发生退货时，将直接退货到产品所在亚马逊仓库地址，无须设置退货信息；若是FBM卖家通过海外仓发货，可在"管理退货地址"一栏设置相应的退货地址。

（2）配送设置：主要针对FBM发货的产品。亚马逊会根据卖家默认的配送地址不同，提供不同的配送服务级别，系统有默认的配送时长可供选择，卖家可根据产品具体情况设置不同运费模式、配送运费、时效等信息。

配送服务级别有如下几种：

标准：所有卖家必须提供标准配送、默认运输时间为4～15个工作日，如果卖家符合缩短配送时间的资格，卖家也可选择3～5个工作日的运输时间。若配送地址设置为中国，卖家没有选择承运人配送服务，一般到美国的默认运输时间为14～28个工作日，此时间无法更改。

加急配送：默认运输时间为1～5个工作日，如果卖家符合缩短配送时间的资格，卖家也可选择1～3个工作日的运输时间。

隔日达：并不是所有卖家都有资格提供"隔日达"服务。卖家必须在亚马逊上开店超过90天，且必须有30天满足订单有效追踪率为99%、准时送达率不低于97%，卖家取消率低于 0.5%，才具体申请资格。

次日达：适用于亚马逊物流订单，不可用作亚马逊上卖家配送订单的美国国内配送设置。

国际：国际订单的配送时间为 2~28 个工作日。

国际加急配送：国际加急的配送时间为 1~5 个工作日。

卖家可根据不同产品设置不同配送模板，配送模板设置步骤如图 5-6~图 5-9 所示。

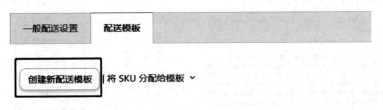

图 5-6　亚马逊配送设置-1

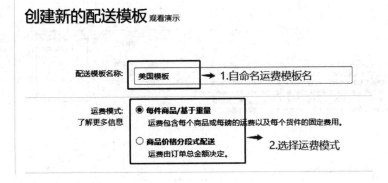

图 5-7　亚马逊配送设置-2

运费模式以"每件商品/基于重量"模式为例，设置每个订单运费 5 美元，订单里客户多购买一个商品，额外加 2 美元/商品，设置如图 5-8 所示。

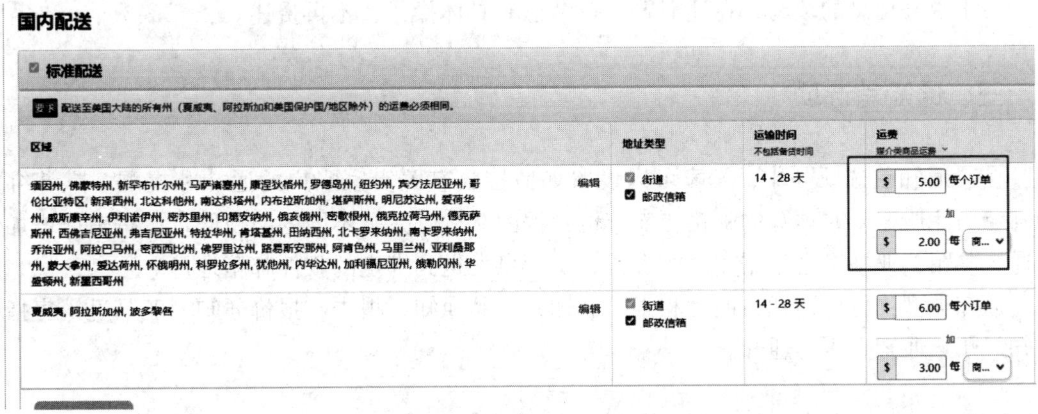

图 5-8　亚马逊配送设置-3

若默认配送地址为中国，亚马逊系统将会默认中国到美国的标准配送运输时间为 14~

28 天；若默认配送地址为其他国家或地区，运输时间会相应改变。

　　除标准配送外，亚马逊还提供其他配送选项服务：加急配送、隔日达、当日达，如图 5-9 所示。卖家可根据实际能配送到的时效选择相应的配送服务。注意：若是商品从中国配送到美国，隔日达和当天送达服务的运输时间物流一定送达不到，卖家记得取消；加急配送 3~5 天的运输时效需具体了解快递，若时效达不到，此服务不选。否则在规定的配送时效里没有及时妥投，会直接影响账号绩效。

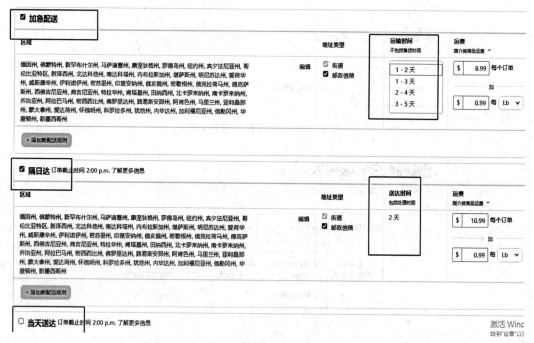

图 5-9　亚马逊配送设置-4

　　7. 税务信息。亚马逊的税务计算服务提供了一种方法来帮助确定和应用订单的销售税和使用税，适用于亚马逊配送的商品和卖家自行配送的商品。

　　关于税务信息的填写，在注册账号章节已有具体操作，不再赘述。

三、通知首选项

　　在"通知首选项"中，卖家可以设置如何接收有关卖家账户的通知和提醒。默认绑定的邮箱为注册账号时填写的邮箱，卖家可根据团队运营人员不同的岗位职责，编辑或增加信息通知邮箱，亚马逊会根据卖家的设置，将消息发送到绑定的收件邮箱地址。

　　通知类型：订单通知、退货和索赔通知、商品通知、报告、报价通知、亚马逊销售指导通知、账户通知、紧急通知。

四、登录设置

　　如图 5-10 所示，在"登录设置"中，主要展示的是有关账户的登录邮箱、绑定的手机号、登录密码以及两步验证绑定的验证方式。

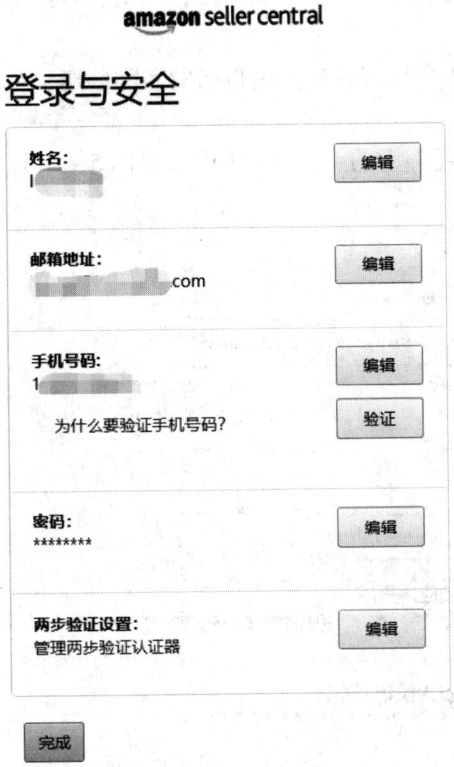

图 5-10 登录设置页面

卖家可通过此项设置，编辑修改账户登录密码、手机号、两步验证等，但不建议随便修改邮箱地址，有可能会触发账号审核。

五、礼品选项

"礼品选项"允许买家指明订单商品是否为礼品，默认情况下，礼品赠言和礼品包装选项均不启用。

FBA 发货的产品，亚马逊会为符合条件的商品提供礼品包装服务，买家下单时可根据自己礼品包装需求选择相应的包装。

FBM 发货的产品，要允许买家访问礼品包装和礼品赠言选项，卖家必须在卖家账户中启用"礼品选项"，并在卖家的库存文件中添加相应字段，以表明是否所有库存商品都提供礼品包装和/或礼品赠言。

六、用户权限

只有专业销售计划的卖家才可以使用用户权限功能。启用用户权限可以通过设置向其他人（例如员工、共有人或承包商）提供访问权限。根据授予的权限不同，用户也可以完成相应权限开通的如管理库存、处理发货确认等各项任务。

虽然卖家可以在自己的卖家账户中添加用户，但不能转让卖家账户，即使企业所有权发生变更亦是如此。

在这种情况下，新的账户所有者应使用自己的名称创建一个新的卖家账户。

新账户创建步骤如下：

1. 单击账户后台"设置"下的"用户权限"（见图5-11）。

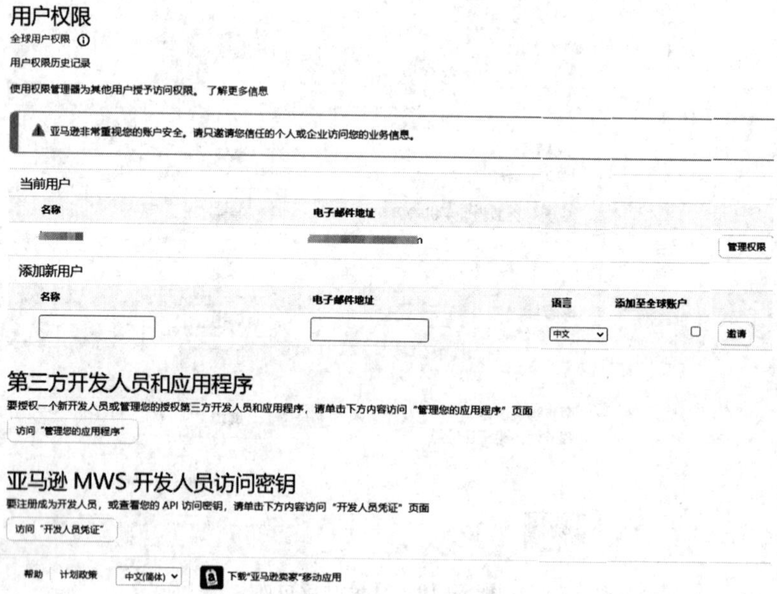

图5-11　用户权限页面

2. 在"添加新用户"栏，填写新用户的名称、电子邮箱，单击"发送邀请"。对要添加的所有新用户重复此操作。

3. 让新用户登录邮箱，通过邮件的邀请链接，单击进入账号用户和密码创建界面，设置新用户的账号和密码。

4. 回到主账号界面"Pending User"，选择"Confirm"。

5. 子账号设置成功，可在"当前用户"栏看到新用户信息。

6. 单击新用户的"管理权限"，为当前用户设置访问权限，编辑保存，即创建用户成功。

七、您的信息和政策

您的信息和政策包含了卖家个人资料、配送、隐私政策、礼品服务、税收、常见问题、自定义帮助页面和认证等信息，使用这些页面可以将有关卖家的业务和政策的自定义内容添加到亚马逊网站上，买家可以通过单击店铺页面看到相关政策。

个人资料：可以介绍卖家的业务和品牌信息等。卖家徽标可以上传企业徽标的图片或是品牌logo。

配送：填写卖家的配送政策和运费信息。

隐私政策：可以是对现有亚马逊网站政策的扩展。这不能违背亚马逊的政策。

常见问题：提供与政策或商品问题相关且未在其他帮助页面得到解答的答案。

自定义帮助页面：可以在此处为买家提供其他信息，如尺寸表以及特定于商品和特定于分类的其他详细信息。

礼品服务：可以说明是否提供礼品包装或礼品赠言服务。

退货和退款：卖家提供的退货和退款政策，包括有关如何退回商品的指导说明。

认证：如卖家企业是有认证的少数族裔企业、女性商业企业、退伍军人拥有的小型企业、LGBT 商业企业等，卖家可以通过参加认证计划，吸引 Amazon Business 客户发现产品，这一类型客户的许多人肩负着实现多元化或质量采购目标以及企业社会责任目标的任务，有利于提升卖家的产品转化。

八、亚马逊物流

主要是亚马逊 FBA 的一些相关设置。

1. 可选服务。如图 5 - 12 所示，主要设置是否需要亚马逊提供产品贴标和产品预处理服务。由亚马逊提供的产品贴标和预处理服务都需要费用，一般建议卖家发货时自行处理。

可选服务	
MWS 贴标服务 了解更多信息	已禁用
默认 - 贴标方 了解更多信息	卖家
默认 - 预处理方 了解更多信息	卖家

图 5 - 12 亚马逊物流可选服务

2. 库存配置选项。默认情况下，在卖家创建入库计划后，卖家的货件可能会被拆分为多个货件，根据要配送的商品和发货地来选择亚马逊运营中心，将每个货件发往不同的收货中心或亚马逊运营中心（称为"分布式库存配置"）。这种将库存分布到全国多个亚马逊运营中心的分配方式，能尽可能地避免库存较远的情况，方便购买商品的买家可以更快收到商品。

为更好地分布卖家的商品，亚马逊会通过一个收货中心来中转货件：该收货中心会接收商品并将其重新运输到配送网络中的其他亚马逊运营中心。任何收货中心或亚马逊运营中心成功接收商品后，商品即可出售。

库存配置例外情况，在注册"库存配置服务"后，大多数标准尺寸商品都将发往同一个收货中心或亚马逊运营中心。

但是，即使使用"库存配置服务"，仍可能会将属于以下分类的商品发送到不同的收货中心或亚马逊运营中心：服装、珠宝首饰、鞋靴、媒介类商品、使用制造商条形码追踪的库存、大件商品、需要亚马逊准备的商品、需要亚马逊贴标的商品、危险品等。且"库存配置服务"会根据产品尺寸不同，额外收取库存配置服务费用。

3. 亚马逊物流商品条形码首选项。FNSKU 码生成方式有两种选择，一种是制造商条形码。这种格式生成的 FNSKU 码跟 ASIN 码一模一样，格式是 B 开头的标签。如果有多个卖家跟卖同一个 ASIN 的产品，他们的 FNSKU 可能都跟 ASIN 一样，就会造成库存共享，这就是为什么客户在 A 卖家店铺下单，而得到的货并不是 A 发到 FBA 的产品的原因。

另一种是亚马逊条形码。通过这种格式生成的 FNSKU 码，根据每个 SKU 码生成，格式为 X 开头的标签。这种方式能有效地防止库存共享情况的发生，因此一般建议默认选择"亚马逊条形码"。

4. 不可售商品的自动设置。卖家启用此选项，亚马逊会根据 FBA 发货的产品不可售原因，匹配处理模式。若产品具有回收价值，亚马逊将尝试翻新后回收卖家不可售库存的产品。若无法回收，则会选择退换或是弃置的处理方法，每月两次（5 日和 20 日）处理不可售库存。

5. 可售库存自动设置。卖家可选择启用或禁用此设置。若启用此选项，亚马逊会处理在运营中心存放超过 365 天的库存，以及在运营中心存放超过 180 天且连续 6 个月或是更长时间内未售出的库存。卖家可以设置一个有效的退换地址，亚马逊将库存退换给卖家。卖家也可启用此设置后选择弃置处理方式，则亚马逊会销毁库存。移除或是弃置，都会产生相应的移除订单处理费用。

6. 亚马逊物流捐赠计划。加入亚马逊物流捐赠计划，卖家可以轻松地将在美国运营中心不想要的库存捐赠给所选的美国慈善组织。

7. 多渠道配送设置。卖家可以设置卖家名称，装箱单文本等多渠道订单配送的装箱单信息。

8. 配送计划和出口设置。加入美国亚马逊物流出口计划后，国际买家便可在 Amazon.Com 上订购卖家的亚马逊物流商品并将其配送至国际地址。加入亚马逊物流出口计划可帮助卖家将买家范围扩展至 100 多个国家/地区，且无须支付任何额外费用。亚马逊可生成报告以帮助卖家确定符合亚马逊物流出口条件的商品，配送国际订单，处理进口关税和清关，并将卖家的商品配送给国际买家的地址。国际买家支付国际运费和关税。

9. 订阅设置。订购省设置是亚马逊订购省向一些有着周期性使用规律的产品推出的优惠服务。亚马逊买家注册亚马逊物流"订购省"后，亚马逊将定期按计划配送买家经常使用的商品。订购者订购的商品可以享受由卖家提供的基本折扣，有 3 种基本的出资折扣可供卖家选择：0%、5% 或 10%。在单次配送中收到 5 件或更多订购商品的订购者符合套餐要求，亚马逊将在限定时间内额外出资提供 5% 的折扣。

☞ **任务演练：**

1. 了解亚马逊卖家后台设置相关功能。
2. 掌握亚马逊账户信息的更新修改。
3. 熟练掌握亚马逊配送模板的设置。
4. 掌握亚马逊用户权限功能的相关设置及使用。
5. 亚马逊物流设置选项中，哪些设置会有额外费用？

任务二 亚马逊后台商品管理

任务目标

亚马逊后台商品管理作为后台功能的重要环节，在跨境电商的日常运维中非常重要，可以说是直接影响到店铺的经济效益。通过本节内容的学习，掌握如何上传刊登产品、管理商品库存、改进商品信息质量、制定配送计划、确定商品价格等后台商品管理技能。

一、目录菜单

"目录"版块主要由目录、库存、确定价格、订单、广告、品牌旗舰店、增长、数据报告、绩效、应用程序和服务、B2B、品牌、学习等重要功能构成，"目录"下拉菜单如图 5-13 所示。"目录"版块主要用来上传刊登产品。

图 5-13 目录下拉菜单

1. 添加商品：打开上传商品页面，主要用于手动上传刊登商品。

2. 批量上传商品：当卖家同时有多个不同的商品需要上架时，可以通过这个功能下载商品上传表格，以表格的形式快速、大量地上传产品。

3. 补全卖家的草稿：用于打开未编辑完成的商品页面，上传的商品有缺失、无效信息需要补全或是有问题的已发布的商品，可通过此处修改编辑商品信息。

4. 查看销售申请：亚马逊有些特定商品需要通过类目审核后才可销售，如珠宝、钟表、医疗用品或是跟皮肤接触类的商品，需要提供相应的认证，在此可以查看所需的认证资料。

5. 改进商品信息质量：亚马逊有些特定商品需要通过类目审核后才可销售，如珠宝、钟表、医疗用品或是跟皮肤接触类的商品，需要提供相应的认证，可以在此查看所需的认证资料。

6. 上传图片：在此处可以修改上传商品图片。

7. 上传和管理视频：当账户完成品牌备案或是授权后，亚马逊系统开放此功能，卖家可以为商品上传视频，提高商品转化率。

8. 管理商品文档：在此版块能上传和管理安装商品手册，如商品尺码指南、安全信息、使用说明书等。

二、库存管理

"库存"版块主要由管理所有库存、管理卖家自配送商品、全球销售、亚马逊物流（FBA）、控制面板、亚马逊物流库存、库存规划、货件、机会、分析、亚马逊物流远程配送、仓储和配送等重要功能构成，"库存"下拉菜单如图 5 – 14 所示。

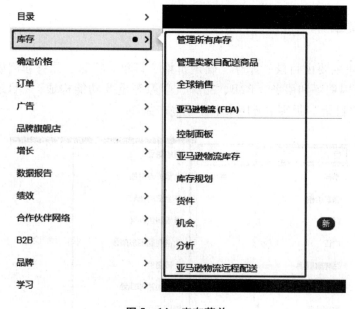

图 5 – 14　库存菜单

1. 管理所有库存。卖家可以在这里看到自己上传的所有商品的库存、售价、类目销售排名以及亚马逊收取的每件商品售出后的费用等情况。

2. 管理卖家自配送商品。卖家可以看到 FBM 发货的商品，以及亚马逊针对这些商品的一些改进计划。

3. 全球销售。借助亚马逊全球开店，卖家可以在北美、欧洲、亚太、中东和澳洲的任何商城中发布与销售商品。使用此服务可以一次性看到卖家在这些站点的商品销售摘要，如一周或是一个月的订单量等。

4. 亚马逊物流（FBA）控制面板。卖家可在此查看账号的亚马逊物流业务一览图，包括销售额、配送、库存和机会。

5. 亚马逊物流库存。亚马逊物流库存默认页面视图显示 ASIN 级别信息，以及改善储存在亚马逊运营中心的商品库存状况的建议措施。卖家可以在"亚马逊物流库存"页面查看所有商品的数据和建议，针对补货、减少冗余和超龄库存、修复无在售信息的亚马逊库存等情况采取相应措施（例如补货、减少冗余和超龄库存、修复无在售信息的亚马逊库存）。卖家还可以使用所有库存规划操作，从而节省管理库存的时间，帮助卖家在仓储或补货限制内优化库存、降低成本，并提高卖家的库存绩效指标分数。

6. 库存规划。主要用于管理现有亚马逊库存的使用情况；是否有冗余商品，什么时候需要补货，类似一个宏观提醒的功能。

7. 亚马逊物流货件。在此版块可以管理正在处理的所有货件以及已运往亚马逊的货件的详细信息。

8. 亚马逊物流机会。通过对账户中上架的卖家自配送 ASIN 的监测，筛选出在亚马逊物流计划中注册这些建议的高潜力 ASIN 来进一步拓展卖家业务。

9. 亚马逊物流分析。此页面汇总了卖家在特定时间段内的销售趋势。其中包括销售图表、一览表和卖家账户的畅销 SKU。卖家可以按商品、国家/地区以及日期范围筛选该页面。此控制面板目前涵盖了长达一年的历史数据。

10. 亚马逊物流远程配送。卖家可以向加拿大和墨西哥买家销售商品，而无须将库存发运到这些国家/地区。当卖家在加拿大和墨西哥站上注册该计划并创建商品时，亚马逊物流将使用卖家在美国运营中心的库存，直接配送到加拿大和墨西哥。考虑到跨境物流配送至加拿大和墨西哥的成本，远程配送销售会产生更高的配送费用。

三、确定价格

"确定价格"版块主要由定价状况、管理定价、自动定价、佣金折扣、协议定价等重要功能构成，"确定价格"下拉菜单如图 5 – 15 所示。

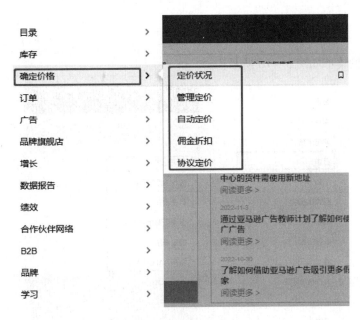

图 5 – 15 确定价格菜单

定价状况：亚马逊创建了多项定价规则，在这里有整体的解释，帮助卖家准确理解。

管理定价：此部分是可以看到所有在售商品的编辑页面，方便调整价格。

自动定价：可设置定价规则，管理产品售价。

佣金折扣：可以在此处查看亚马逊针对卖家账号商品提供的销售佣金折扣。

协议定价：管理卖家与亚马逊企业购买家的协议定价，可以在此设置针对 B2B 交易的时间段内的商品价格。

☞ **任务演练：**

1. 在亚马逊"目录"菜单，可以完成哪些操作？
2. 通过亚马逊"库存"菜单，主要用于管理哪些信息？
3. 何时补货，需要监控哪项信息？
4. 了解掌握亚马逊管理定价功能。

任务三　亚马逊后台订单管理系统

任务目标

商品上架后，若有订单产生，卖家可以在后台的订单管理系统中进行监管。通过本节的学习，旨在帮助卖家了解亚马逊后台相关订单管理功能。

一、订单

"订单"下拉菜单如图 5 - 16 所示。

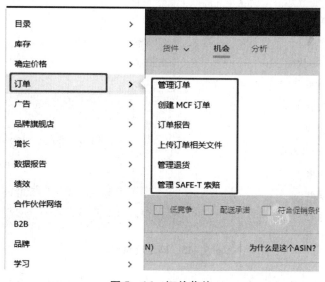

图 5 - 16　订单菜单

二、"订单"功能

"订单"板块主要由管理订单、创建 MCF 订单、订单报告、上传订单相关文件、管理退货、管理 SAFE-T 索赔等重要功能构成。

1. 管理订单：管理订单能够一键查看所有已经购买的订单和配送中的订单，可以通过不同的订单查询条件，迅速找到对应的买家订单。

打开此页面，如图 5 – 17 所示，可以查看筛选不同时间段，查看订单数量，管理已配送、取消和等待中的订单，展示每个订单的出单时间、买家信息、订单产品及采购数量等信息。

图 5 – 17 中，切换框 2，可查看卖家自配送订单详情。

图 5 – 17 管理订单

2. 创建 MCF 订单：通过此功能，可以直接创建多渠道配送订单。将存放在亚马逊仓库的商品，通过亚马逊物流配送到其他在线销售渠道（包括卖家自己的网站、社交媒体和其他商城）下的所有订单。

3. 订单报告：提供下载最长过去 90 天所有卖家自行配送的订单，都是以 Excel 表格的形式呈现，其中包括等待中的订单和待处理的订单（见图 5 – 18）。

4. 上传订单相关文件：通过平台提供的统一格式的表格模板，为配送、盘点、订单取消等功能进行批量修改，方便卖家高效地处理订单。

5. 管理退货：提供下载过去任何时间段的买家退货订单，并可以设置不同的搜索条件来快速地找到需要的买家订单（见图 5 – 19）。

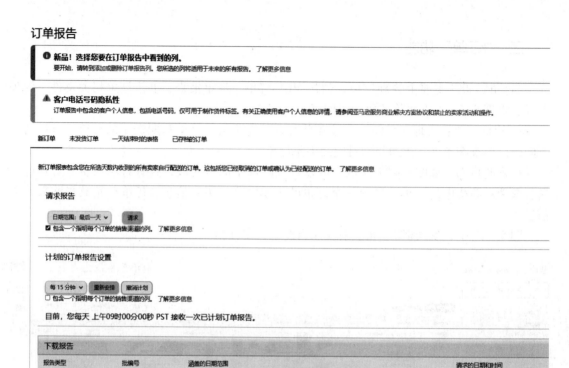

图 5 – 18 订单报告

图 5 – 19 管理退货

6. 管理 SAFE-T 索赔：客户申请订单退款，基本上亚马逊会自动退款给买家。但如果订单过错方不是卖家，卖家可以提出索赔，可能会获得相应赔偿，具体由亚马逊自行决定。通过此按钮，可以查看并回复所有与 SAFE-T 相关的消息。

☞ **任务演练:**

1. 了解亚马逊订单管理页面相关功能。

2. 学会通过亚马逊订单报告，分析某段时间出单情况。

3. 学会通过亚马逊管理退货页面查看相关退货订单及退货原因。

任务四 亚马逊平台广告活动管理

　　任务目标

　　推广促销活动能为店铺带来大量的流量曝光并提升转化。通过本节任务的学习，掌握亚马逊的相关引流推广活动类型。

一、广告

　　"广告"下拉菜单如图 5-20 所示。

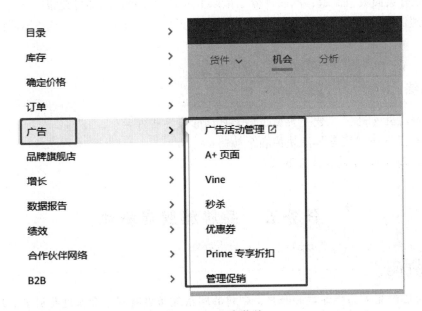

图 5-20　广告菜单

二、"广告"功能

　　"广告"板块主要由广告活动管理、A+页面、Vine、秒杀、优惠券、Prime 专享折扣、管理促销等重要功能构成。

　　1. 广告活动管理：在这里可以设置创建所有的站内广告活动，包括商品推广广告、品牌推广广告和展示型广告，卖家可以在这里下载广告报表，分析广告活动情况。

　　2. A+页面：完成品牌备案之后，可以创建品牌下 listing 的图文描述。使用 A+商品描述管理器向详情页面添加丰富的商品描述，该页面可以展示卖家的品牌并指导买家了解商品功能。

3. Vine：Amazon Vine 是一项买家评论计划，通过这项计划，卖家可以将其商品提供给受亚马逊邀请加入 Amazon Vine 计划的亚马逊评论者，Amazon Vine 成员可以获得由参与计划的卖家提供的免费产品。Vine 成员在收到商品后 30 天之内需要留评，Amazon Vine 写的评价是独立的，只要符合发表准则的，供应商不能影响、编辑、修改这些评价，亚马逊会对这个 review 进行审查。亚马逊只对完成品牌备案的账户开放此功能。

4. 秒杀：秒杀是卖家在做站内推广时常用的一种促销方式，参与亚马逊秒杀活动，可提高品牌和商品的曝光度，提升整个品牌的销量，在搜索结果中突出显示商品。可提报 Lightning Deals、7 - day Deals，前提是系统有推荐的商品才有资格提报，系统大概一周更新一次。

5. 优惠券：亚马逊后台针对商品自行设置的一个优惠券，可以选择百分比折扣或者现金折扣，买家可以领取优惠码，在购买中兑换使用，是当前使用率比较高的一种促销方式。

6. Prime 专享折扣：亚马逊 Prime 会员才可享受的促销折扣，一般在亚马逊大促的日子，会有专有页面吸引流量，产品评分三星以上或是无星级评定即可提报。

7. 管理促销：包含有社交媒体促销代码、购买折扣、买一赠一，多种不同的促销方式设置。

☞ **任务演练：**

1. 了解在亚马逊"广告"页面，卖家可以管理哪些内容？
2. 了解亚马逊"广告"版块的各个功能。
3. 亚马逊 Vine 开通有什么要求？

任务五　品牌旗舰店概述

任务目标

　　针对已经完成品牌备案的账户，创建品牌旗舰店更有利于卖家进行引流。通过本节的学习，了解品牌旗舰店创建的相关信息与重要性。

一、品牌旗舰店

"品牌旗舰店"主要由管理店铺构成，"品牌旗舰店"下拉菜单如图 5 - 21 所示。

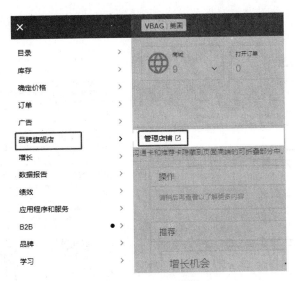

图 5-21　品牌旗舰店菜单

二、创建品牌旗舰店

已完成品牌备案的账户，可通过"管理店铺"功能，创建品牌旗舰店，做一个品牌店铺，全面展示品牌故事、品牌商品等。品牌旗舰店洞察信息控制面板包含系统为卖家的品牌旗舰店生成的各种指标，例如每日访问者数量、页面浏览量和销量。如果卖家在外部营销活动中推广品牌旗舰店，卖家还可以为相应的 URL 地址添加一个标记，用于分析品牌旗舰店的流量来源。

如图 5-22 所示，进入管理店铺页面，单击"创建品牌旗舰店"按钮，即可进入创建品牌旗舰店页面。

图 5-22　创建品牌旗舰店

1. 第一步：图 5 – 23 中填入"品牌显示名称"，上传"品牌 logo"，图 5 – 24 中选择商品显示模板，单击"下一步"。

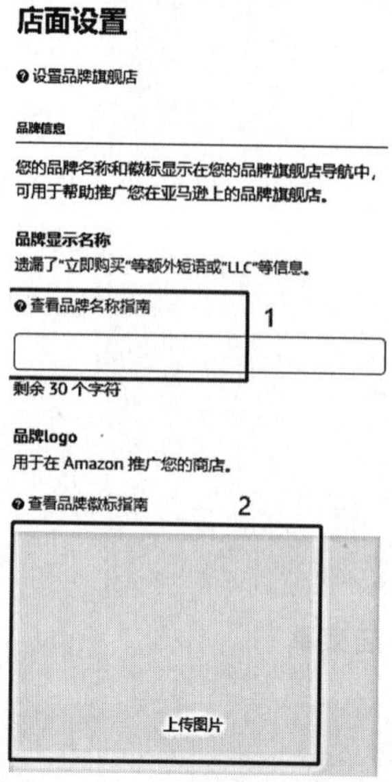

图 5 – 23　创建品牌旗舰店 1 　　　　图 5 – 24　创建品牌旗舰店 2

2. 第二步：如图 5 – 25 所示，创建主页页面，填写页面描述，选择主页展示模板。

图 5 – 25　创建主页页面

3. 第三步：如图 5 – 26 所示，根据选择的主页模板，完善页面各个模块相关展示信息。若品牌旗舰店有多页面展示，可继续创建页面模板，填充完善。

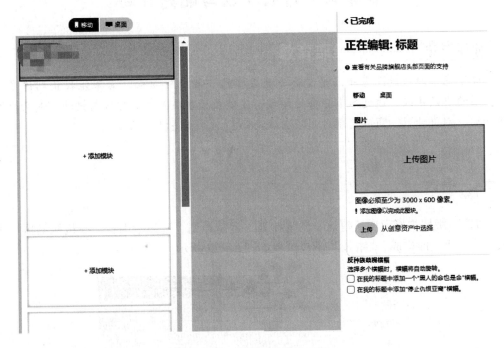

图 5 – 26　主页页面模块编辑

内容录入完成，单击提交，一般会有一定时间的审核期。由于审核是人工处理，所以具体的时间长度也要看亚马逊的进度，创建成功之后，根据店铺的需求，仍然可以去选择"编辑品牌旗舰店"，继续调整。

亚马逊自营品牌 Amazon Basics 的品牌旗舰店主页页面如图 5 – 27 所示。

亚马逊品牌旗舰店是亚马逊平台上的免费自助服务工具。卖家可以通过在上面设计自己的品牌店铺来灵活控制店铺的结构和内容，可以有效帮助商家给买家带来更好的用户体验。

品牌旗舰店给卖家带来的优势主要有以下几点：

（1）提升品牌影响力。亚马逊旗舰店可以帮助卖家传递品牌文化。通过制定店铺的模板和内容来推广产品和品牌文化，并添加视频、轮播图等元素来吸引买家，增强店铺的竞争力。

（2）提高曝光度和流速。商家可以打造自己的品牌独特性，也可以作为亚马逊广告的推广页面，增强曝光度，帮助店铺在亚马逊获得更有针对性的流量。

（3）产品发布渠道多。亚马逊买家可以在所有营销活动中使用亚马逊旗舰店，也可以与社交软件建立联系，为店铺获取更多的异地流量，带来更多的新老客户，促进订单的交易和转化。

☞ **任务演练：**

1. 了解亚马逊品牌旗舰店的作用。
2. 实操创建亚马逊品牌旗舰店。

任务六　增长建议与配送计划

任务目标

除了基础的功能设置外，通过亚马逊后台的"增长"页面，卖家能收获到许多官方提供的有效建议。通过本节任务的学习，了解关于发展业务的建议与措施、亚马逊配送计划、浏览计划、商品定制计划与商城商品指南等相关功能设置。

一、"增长"

"增长"版块主要由增长建议、浏览计划、定制计划、选品指南针、商机探测器、多渠道配送等重要功能构成，"增长"下拉菜单如图5-27所示。

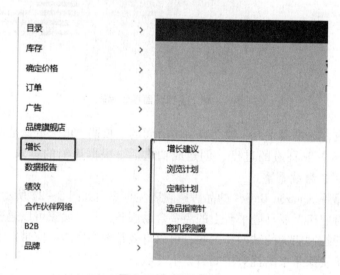

图5-27　增长菜单

二、"增长"构成

1. 增长建议。此页面会给卖家提供可以发展业务的建议与措施。亚马逊会根据多种因素为卖家生成定制列表，例如对商品销售潜力的评估，以及其他卖家在对类似商品完成建议操作后所获得的销售增长。相关建议按具体操作可能会对商品产生的提升潜力降序排列。如为商品创建"A＋页面"、添加视频、优化图片等建议。

2. 浏览计划。此页面可以查找计划并查看个性化建议，帮助卖家优先采取正确的措施，从而帮助卖家发展在亚马逊上的业务。

3. 定制计划。主要针对定制商品，卖家可以为亚马逊卖家提供按需定制的商品。借助定制计划，卖家可以提供需要定制的文本内容或是自己的图片来定制个性化商品（见图5-28）。

图5-28 定制计划

4. 选品指南针。通过此功能，卖家能够探索、评估商品在不同目标站点的商品机会，有利于全球业务的扩展（见图5-29）。

图5-29 选品指南针

可以看到选品指南针下面一共有三个版块：全球选品需求、新选品推荐和类目分析。

全球选品需求的主要功能是将卖家现有的产品扩展到全球来进行销售。根据卖家目前已经销售的商品，推荐是否有适合到其他站点销售的产品。

新选品推荐的功能是基于卖家已经销售的产品，亚马逊推荐同一类型的产品。卖家对销售的产品相对熟悉，亚马逊即推荐相同类型产品，对卖家做垂直类店铺来说，是个非常不错的选品方式。

类目分析所展示的内容，与卖家店铺中销售的产品没有关系。它是亚马逊商城中目前所有产品的分类集合，将卖家关注的指标进行排序分析。对于卖家选品提前了解某一类目的产品情况，相关指标和数据非常有用。对于所有类别、商品类型，以及商品类型关键词，亚马逊通过需求与竞争的排序可以让卖家很直观地看到各类产品的竞争情况，帮助卖家做选品参考。

5. 商机探测器。亚马逊商机探测器是亚马逊提供的一款工具，这款工具可以用来发掘买家对新商品创意的需求。可以帮助卖家了解亚马逊买家的搜索和购买行为，进而评估是否有买家需求并未得到满足。如果有，将为卖家提供一个通过新商品满足这些需求的机会。卖家可以了解亚马逊商城中关于买家需求和当前选择的最新准确数据（见图5-30）。

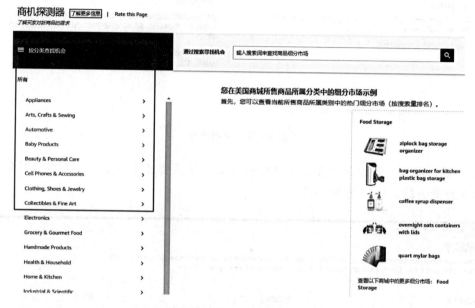

图5-30 商机探测器

通过商机探测器的细分市场搜索，卖家能够找出想要调研的细分市场列表，并进一步通过销售潜力分数、搜索量等数据，评估细分市场整体需求存量、增量及竞争度。商机探测器细分市场中，可以看到平均价格和价格带分布。通过对比细分市场的平均价格以及价格范围，判断出细分市场的价格带分布以及大致的毛利空间，从而找到适合卖家供应链成本情况同时符合卖家毛利率期望的细分市场。商机探测器的"买家评论见解"功能，能够显示细分市场所有客户评价好评和差评的内容汇总。根据不同的topic，分析用户关注哪些点，在新品开发时，对竞品做得不足的地方进行改善，从而打出品牌的差异化，有可能会帮助卖家找到新的用户群体。通过深挖他们的需求，能够进一步决定产品开发的方向。

细分品类的市场销量和销售额数据等，一直以来是跨境电商卖家的"刚需"。商机探测器可以帮助卖家了解市场体量（搜索量）、价格带、销量、转化率，挖掘市场现状和未来的增长趋势，再结合平台的榜单，然后借助工具来预估它的销量和销售额，来判断整个市场的规模和市场的竞争程度以及对新手友好程度，帮卖家剖析产品的入驻风险是否可控，验证自己的商业判断。

☞ **任务演练：**

1. 在亚马逊"增长建议"页面，卖家能收获到什么有效建议？
2. 掌握亚马逊选品指南针的使用。
3. 掌握亚马逊商机探测器，学会分析具体细分市场数据。

任务七　后台数据报告查询

任务目标

除了销售环节外，店铺的日常运营也离不开对后台数据进行分析。通过本节任务的学习，以亚马逊平台为例，掌握销售数据如何分析、下载，能有效帮助跨境卖家更好地分析在店铺运营中存在的问题，及时进行改进。

亚马逊数据报告主要是关于一些销售数据报告，如支付报告、库存报告、业务报告等，可以单击下载。"数据报告"下拉菜单如图 5-31 所示。

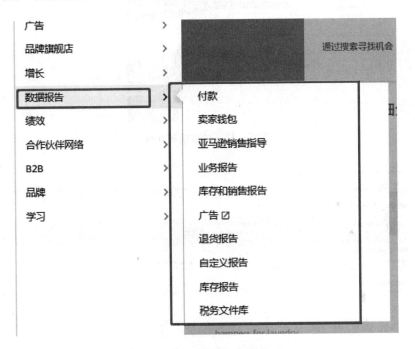

图 5-31　数据报告菜单

1. 付款。一键查看所有账单周期的结算情况，包括结算一览、交易一览、付款金额、日期范围报告等，可以查看每个订单的详细情况，如图 5-32 所示。

2. 亚马逊销售指导。一键查看所有发送到亚马逊仓库的库存情况，并且系统能够根据产品销售情况，给到合理的优化和提高库存效率的建议。

3. 业务报告。如图 5-33 所示，业务报告能看到单个产品每天的订购商品数、流量数据、转化率、买家访问数、页面浏览量、销售额等，也可以根据日期查看任意时间段的销售总额、订单数量，并且以坐标图的形式直观展现。

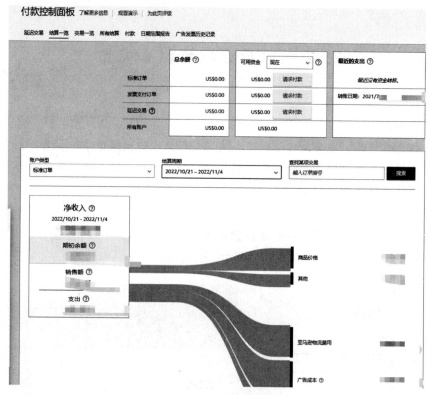

图 5 – 32　付款控制面板

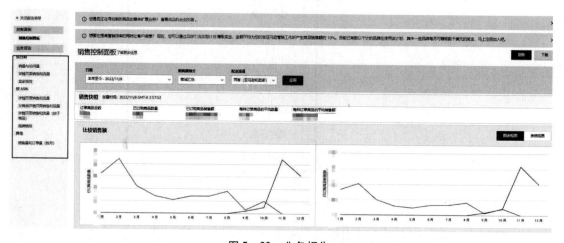

图 5 – 33　业务报告

业务报告（Business Report）的报告按照日期、ASIN 码和其他业务报告这三大版块来归类数据。业务报告（Business Report）这一大块业务报告的数据比较多，卖家常看的数据有以下几项。

（1）销售量与访问量（Sales and Traffic）：根据日期统计的"销售量与访问量"这部分的数据，以图像＋表格的形式表达，数据非常直观。在表格中，卖家可以看到具体某段时间内的销售额、销量、买家访问次数，订单商品种类数转化率等各类数据。

（2）详情页面上的销售量与访问量：在这项数据报告中，卖家应当重点读取关于销售量与访问量的数据。

（3）卖家绩效：这一块数据主要反映售后情况，包括退款、退货、索赔的数据。通过这块数据，可以知道用户体验好不好，卖家有没有将售后和客户服务做好。

（4）详情页面上的销售量与访问量（按子商品）：卖家可以主要查看子商品的买家访问次数、页面浏览次数、已订购商品数量、已订购商品销售额和订单商品种类数这几个反映listing销售量与访问量的数据。

（5）销售量和订单量（按月）：这块数据主要以月为单位，统计某个月已订购商品销售额、已订购商品数量、订单商品种类数、已发货商品销售额、已发货商品数量、已发货订单数量这些数据。可以知道哪个月比哪个月多了还是少了，方便卖家及时调整销售政策。

4. 库存和销售报告。此版块能看到所有发送到亚马逊库存的配送报告。报告分为"库存""销量""付款""买家优惠""移除数量"和"亚马逊全球物流"。

5. 广告。此按钮和广告活动管理中的下载报告界面相同，只是在这里通过直观的形式方便买家查找使用，这是卖家需要经常使用的一个功能。

6. 退货报告。可选择不同时间，下载该时间段内的退货报告，了解商品退货数据。

7. 自定义报告。借助自定义库存报告功能，卖家可以选择要在报告中查看的特定数据列。

8. 税务文件库。可一键生成销售税务报告，提供亚马逊配送服务的增值税发票，可以一键发送到卖家的邮箱。

☞ **任务演练：**

1. 了解在亚马逊后台"数据报告"页面，可以查看到哪些数据？

2. 若需要查询亚马逊平台上单个产品每天的订购商品数、流量数据、转化率、买家访问数、页面浏览量、销售额等，应如何查看？

3. 了解亚马逊业务报告相关报告，并分析相关数据。

任务八 绩效管理系统

任务目标

绩效，能最直观地反映一个店铺的成功与否。通过本节任务的学习，掌握"绩效"页面下关于账户状况、买家反馈、亚马逊商城交易索赔保障、信用卡拒付、业绩通知、买家之声等功能的相关操作。

一、"绩效"页面

主要管理账号绩效、订单反馈和卖家需了解的运营信息等信息。"绩效"下拉菜单如

图 5－34 所示。

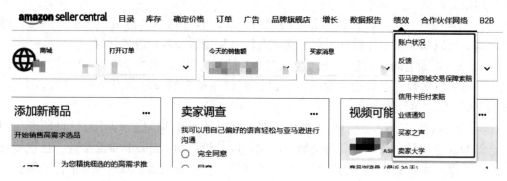

图 5－34　绩效菜单

二、"绩效"功能

1. 账户状况。此处关系卖家账号安全，非常重要，需要定期查看。卖家的账户绩效情况，包括订单缺陷率、商品政策合规性和配送绩效等都能在此处看到。

2. 反馈。买家给卖家店铺留下的 Feedback，是关于物流和配送时效的评价。此处也关系卖家账号安全，需要卖家做好售后服务。

3. 亚马逊商城交易保障索赔。是查看亚马逊平台买家和卖家之间纠纷的功能，类似于淘宝的申请官方介入，来判定谁对谁错。

4. 信用卡拒付索赔。此处主要是买家绑定的信用卡出现拒付的情况。当持卡人联系银行，表示对亚马逊上所下订单存在争议时，便会出现买家中止付款的情况，买家中止付款也被称为"付款争议"。买家提出中止付款的原因有很多，从没有收到所订商品，到未经授权使用信用卡等均有可能出现"付款争议"。

5. 业绩通知。此处可以查看到平台给卖家发送的所有重要信息，绝大部分是关于卖家店铺安全的邮件，如商品侵权、商品被下架、店铺被移除销售权等。

6. 买家之声。在买家之声版块，卖家可以了解买家满意度状况，查看买家对商品或者商品信息的反馈，并采取措施解决商品和商品质量问题。买家满意度状况分为极差、不合格、一般、良好、极好五个等级。买家满意度处于"不合格"和"极差"状态的商品，有可能被下架。

7. 卖家大学。亚马逊为支持卖家在亚马逊平台有更好的业务发展，卖家大学版块集合了亚马逊从开店、账户状况、选品、运营、品牌等内容的指导视频。新手卖家可以在卖家大学版块快速了解亚马逊相应的规则政策。

☞ **任务演练：**

1. 了解在亚马逊"绩效"页面，卖家可以管理哪些内容?

2. 了解亚马逊"绩效"版块的功能。

3. 卖家之声有哪几个等级?

任务九 亚马逊后台其他操作按钮

任务目标

除了以上所提到的基础功能设置外，在亚马逊后台还有合作伙伴网络、B2B、买家消息、搜索框、帮助等功能。通过本节内容的学习，掌握如何查找应用程序和服务、管理应用、探索服务、管理服务请求、开发应用程序、B2B平台信息、如何使用搜索框、寻求客服帮助等。

一、合作伙伴网络

主要展示亚马逊平台运营配套外部服务提供商信息。合作伙伴网络接入的应用程序是安全的，不会涉及卖家账号安全问题。"合作伙伴网络"下拉菜单如图5-35所示。

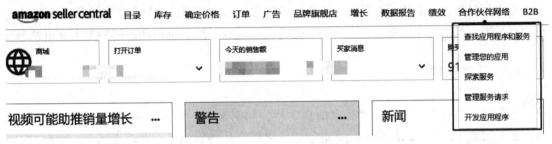

图5-35 合作伙伴网络菜单

"合作伙伴网络"版块主要由查找应用程序和服务、管理卖家的应用、探索服务、管理服务请求、开发应用程序等几大重要功能构成。

1. 查找应用程序和服务。可以根据不同的服务类别需求，如"发布商品""库存管理""配送""广告""财务"等，搜索相应的外部服务商。

2. 管理您的应用。此版块能管理对账号卖家数据拥有访问权限的第三方工具。如绑定的第三方收款工具或是ERP管理软件等，均能在此版块进行授权，并进行后续权限管理。

3. 探索服务。功能与"查找应用程序和服务"类同。

4. 管理服务请求。通过"合作伙伴网络"提请的相关业务服务，可通过此版块查看相应的服务进度。

5. 开发应用程序。如果卖家有自己的应用程序，需要填写相关的开发信息，完成填写并通过亚马逊审核后，才可添加新的应用程序客户端。

二、B2B

主要展示亚马逊平台B2B业务，亚马逊会员里有几百万企业买家，开通B2B业务，可以更好地针对这部分会员开展业务。"B2B"下拉菜单如图 5 – 36 所示。

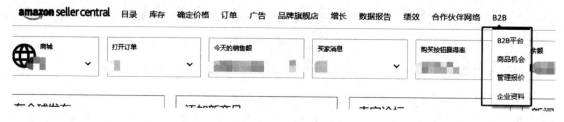

图 5 – 36　B2B 菜单

1. B2B 平台。在此版块可以看到亚马逊业务（Amazon Business）开店相关介绍、账号销售快照及 B2B 购买数量折扣影响报告等。

2. 商品机会。根据 Amazon Business 买家的需求信号探索销售机会，推荐合适的商品，通过发现新的 B2B 机会在亚马逊上销售商品，来扩展业务。

3. 管理报价。管理商品针对企业买家的报价情况。

4. 企业资料。跳转到"您的信息和政策"填写页面，可以补充填写企业的介绍信息及配送政策等。

以上就是卖家页面导航栏的几大功能，若卖家有完成品牌备案且是品牌持有人，亚马逊将为账号额外增加一个"品牌"导航栏，这部分功能在品牌备案版块再详细为大家讲解。

三、买家信息

在卖家中心右上角有一个"买家消息"栏，如图 5 – 37 所示。展示买家给卖家发的消息，如买家关于订单信息的咨询或是退换货、售前产品的问题等，要求卖家 24 小时之内回复。买家发送来的邮件，有提示时需要关注，及时回复。买家与卖家信息服务是允许卖家通过电子邮件与亚马逊商城中的买家沟通的。

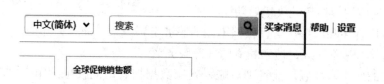

图 5 – 37　买家消息入口

注意：并不是所有消息都需要回复。想要标记无需回复的消息，可在沟通"回复"区域选中标记为"不需要回复"框，如图 5 – 38 所示。这样便可将消息排除在"联系回复时间绩效指标"（联系回复时间是衡量卖家在 24 小时内回复买家发起消息的百分比。及时高效地回复买家的询问是买家满意度的一个重要因素。亚马逊后台的研究表明，在 24 小时内收到回复的订单与在 24 小时后收到消息回复的订单相比，负面反馈率减少了 50%）之外。

卖家自配送的订单，所有买家消息邮件都需要卖家自己处理，卖家要及时回复买家消息；若是通过亚马逊物流（Fulfillment by Amazon，FBA）配送订单，亚马逊客户服务将代表卖家处理买家的消息，几乎没有什么需要卖家再继续回复的信息。

图 5 - 38　买家消息 "不需要回复" 按钮

四、搜索框

在卖家中心右上角有一个搜索框，如图 5 - 39 所示。卖家可以在这里搜索如亚马逊的政策、规则、各类费用和服务等相关内容。对亚马逊卖家来说，这是一个万能的搜索框，对亚马逊的各类服务不清楚，都可以在搜索框进行查询，有效帮助卖家快速全面了解亚马逊规则政策。

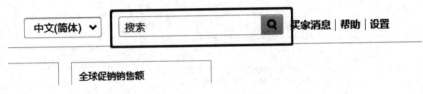

图 5 - 39　搜索框栏

五、帮助

在卖家中心右上角有一个 "帮助" 栏，如图 5 - 27 所示，此处是亚马逊开放给卖家寻找客服支持的地方。如关于账户的产品问题、物流问题、费用、广告、绩效问题申诉等，都可以通过帮助寻求对应的客服协助。具体操作步骤如下：

步骤一：单击图 5 - 40 所示的 "帮助" 按钮。

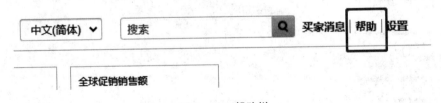

图 5 - 40　帮助栏

步骤二：选择图 5 - 41 的需要更多帮助中的 "获得支持" 按钮。

步骤三：如图 5 - 42，进来之后可以看到客服支持有两大服务选项："我要开店" 和 "广告和品牌旗舰店"，除广告投放推广和品牌旗舰店设置外，其他的问题都可选择 "我要开店" 一栏。

步骤四：如图 5 - 43，选择 "我要开店" → "您的账户" → "账户费用" 一栏进入的页面。亚马逊客服服务提供三种联系方式，分别是电子邮件、电话和在线聊天页面。可以具体描述所遇到的问题，选择合适的方式联系客服。

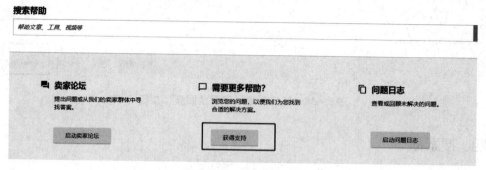

图 5 - 41　获得支持

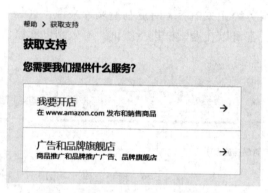

图 5 - 42　选择需要支持的服务项

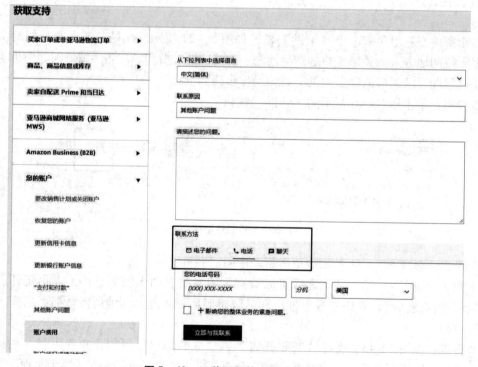

图 5 - 43　三种不同的客服联系方式

在帮助客服支持页面，亚马逊集合各个大类里卖家常见问题。若无法判定问题属于哪个，也可以通过自主描述，寻求客服帮助，如图 5 - 44 所示。

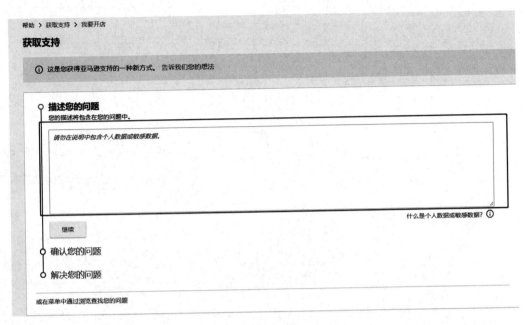

图 5 - 44 描述问题联系客服

☞ **任务演练：**

1. 了解亚马逊合作伙伴网络中可寻求的相关业务帮助有哪些？

2. 了解亚马逊客服，掌握不同问题的联系客服方式。

项目六

跨境电商平台选品

视频：跨境
电商平台选品

■ 学习目标

1. 了解跨境电商平台的几种模式运营模式。
2. 明确跨境电商平台中的选品思路、亚马逊选品依据。
3. 熟练掌握选品方法与产品开发技巧。
4. 辨析在跨境电商选品中常见的选品误区。
5. 了解并熟悉常见的产品安全认证。

任务一　跨境电商平台经营发展的几种模式

任务目标

　　跨境电商的平台不同，其运营模式也多种多样，不同的运营模式发展方向不同。通过本节任务的学习，旨在帮助读者能合理定位店铺的经营发展模式，以便在不同的发展阶段做出合理的运营规划。

　　各大跨境电商平台发展阶段和规划不同，其运营模式也不尽相同。大体分为铺货模式、精细化运营模式、精品模式、品牌化运营等多种运营模式，不同的经营模式有不同的规划和产品方向。卖家可以根据平台的发展策略，在不同的阶段通过不同的运营模式，扩大利润。不同运营模式下，店铺选品方式也存在差异。

　　以亚马逊为例，自 2012 年亚马逊对中国卖家开放招商，从一开始鼓励卖家入驻平台、丰富平台产品，到现在侧重品牌发展，不同时间段卖家在平台的运营模式划分为以下几种：铺货模式、精铺模式、精品模式及品牌化模式，接下来简单为大家介绍几种不同运营模式的差异。

一、铺货模式

　　借助 ERP 铺货软件，批量采集各大网站的信息，批量上传，每次都要上传几百几千个产品，靠概率出单，产品不用自己精选，listing 不用优化，只需套用模板上传产品，一般采取自发货的方式，每个账号有海量的 SKU。

　　铺货模式对于卖家来说，无库存积压风险，前期投入资金少，主要靠产品数量以量取胜，试错成本低，对于运营水平要求不高，上手快。但是人员工作量大，盲目上架容易产生侵权等风险，且产品的出单随机性强，可销售周期短，供应链繁杂不稳定。

　　近几年来大量卖家入驻亚马逊，平台竞争日益激烈，产品非常多样化、个性化。现在买家货比三家，变得非常挑剔，导致大批量粗放式上传产品，会导致出单的成功率越来越低。且亚马逊政策越来越完善，对知识产权保护越来越看重，铺货模式下的账户安全性相对地也越来越低，容易导致账号关停。

二、精铺模式

　　精铺模式介于铺货模式与精品模式之间，属于有方向目的的铺货，一般定位在某一个类目，多 SKU。卖家可以选择一个类目，假设是做家居类目的，就可以在前期适量铺货家居类的所有产品，前提是卖家能找到货源的产品。

　　精铺模式需要卖家少量备货到亚马逊仓库，通过 FBA 方式配送，库存风险相对较低。因为中国与日本的物流距离关系，目前 FBM 精铺模式也适合亚马逊日本站点。

相对于铺货模式，精铺模式需要卖家熟悉相关市场，能够快速响应市场需求，有一定的选品能力，需要选品、供应链、物流、运营各个环节的配合。相比铺货模式来说，成功概率较大，出单概率较高。精铺模式试错成本较低，快进快出，见效快，精铺模式前期资金投入比精品爆款模式少，对于资金不多的卖家，以精铺模式开展亚马逊业务，是相对较快的方式。

三、精品模式

精品模式就是把重点放在选品和营销上面的一种运营模式，即使是铺货模式做到后期也是往精品方面去发展。对于产品的选择，listing 页面的优化更加细致入微。

精品模式更适用于铺货或是精铺模式稳定后测试出哪款产品销量比较好，着重去打造这款产品，对产品进行包装优化，拍摄产品展示图、A + 页面、视频等，吸引更多买家的目光，提高产品的转化率，通过 FBA 发货模式，给买家提供更好的配送服务等。

精品模式更专注于每条 Listing 的精细化运营，不断优化产品，对运营人员的运营能力要求比较高，库存资金占比高，资金压力比较大，若选品不慎，可能满盘皆输。但精品模式可小团队运作，人效比高，办公成本相对较低，产品利润率也更高，对卖家深耕平台和长远发展更有利。

四、品牌化模式

从亚马逊平台的发展战略规划来看，卖家想要长远而稳定地发展则需要考虑品牌化发展，这也是当下大多数卖家的终极目标。

品牌打造需要卖家建立长期投入的决心，品牌打造前期投入的时间成本和精力成本更高，侧重于确定品牌定位和产品定位，建立产品结构模型，如区分流量款、利润款、形象款等，需要投入更多的研发成本和管理成本。但从投入产出比来看，形成品牌沉淀，当客户对卖家品牌有了认知之后，更容易带来复购，累计带来的效益是最高的，还可以降低获客成本，产品溢价高，最终获得品牌价值的长期回报，形成公司沉淀的最大资本。

亚马逊也为品牌卖家提供涵盖品牌打造全周期的产品和服务，包括品牌形象和展示、引流和推广、品牌分析与洞察、品牌保护等多个维度，并持续投入品牌打造工具以及产品的创新和优化，帮助卖家兼顾短期业绩的同时，实现长期品牌价值的积累。

总结几种运营模式的难度：品牌化模式＞精品模式＞精铺模式＞铺货模式；从长远规划发展和利润空间方面，品牌化和精品模式难度高，相对的利润也比较高，更有利于可持续性发展。

对于企业来说，想要确保店铺成功跨越重大拐点并实现可持续发展，只有跟着平台政策规划发展战略走，以最适合自身的方式进行运营，才能在充满不确定性的环境中，发展得更好。

☞ **任务演练：**

1. 熟悉亚马逊不同经营模式的优缺点及适配卖家类型。

2. 对于资金不多的创客，适合运用哪种运营模式开启亚马逊业务？陈述其理由。

任务二　选品的思路和误区

任务目标

　　"选品"好坏是决定店铺能否盈利的首要条件。在本节内容中，主要学习选品的思路与逻辑，了解跨境电商选品的依据和误区，做到正确选品、选好品，以亚马逊平台为例，进行讲述。

一、选品的重要性

　　在跨境电商平台，如何让店铺能从众多竞争者中脱颖而出，在跨境电商平台上持续盈利？答案就是"七分靠选品，三分靠运营"。

　　选品是店铺运营工作的一个很重要的环节，是打造店铺"爆款"的基础。选品即选产品、选品类（相关联的或可相互替代的产品或服务），根据买家需求选择相应品类里的产品。

　　选品是为了满足用户的需求，提高用户购买店铺产品的概率。用户需求是选品的基础，可以理解为，选品基于需求，选品即在匹配需求。用户产生了某种消费需求，才会寻找解决方案，并在其中挑选一种最合适的消费，而平台选品正好可以为买家提供合适的组合、合适的方案，节省买家的时间和精力。只有通过不同的渠道发掘买家需求，然后针对买家需求选择相关类目产品进行测试和打造"爆款"，才能抢占市场占有率，形成核心竞争力。

　　跨境电商卖家的选品已成为重中之重。对于跨境电商卖家来说，选品尤为重要。

　　以亚马逊平台为例，基于亚马逊"重产品，轻店铺"的特点，选品对于店铺来说具有重大意义。选对了产品方向至少有 50% 的成功可能性，而选错了产品方向则可能会收获100% 的失败。一个爆款好品可以产生巨大的销量和利润，而一个销量平平的产品，不仅没有销量，还要承担亏损。只有选好品、做成爆款，才能拥有巨大的利润空间。如果选品没选好，想要打造店铺爆款将会是一件比较困难的事情。选对产品，在运营过程中就能做到事半功倍；若是产品不对，卖家投入很多的精力、财力，用各种运营推广方法，可能都收效甚微。可见选品在亚马逊运营中，是一个多么重要的环节。

二、选品思路和依据

（一）选品思路

　　1. 利润导向。亚马逊平台上每一个产品的 Listing 都是带权重的，销量好、广告表现好、自然流量多，产品的转化率高，排名越靠前。如果产品迭代升级比较缓慢的话，一个好的爆款可以收获多年的收益，越到后面，越是纯收益，不需要怎么运营，支付基本的维持成本，就可以保持逐年的收益。

2. 从需求出发，跟随市场趋势。了解客户需求，卖家需要考虑自己手上的产品是否有足够大的市场空间。有足够的市场空间，才能有更高的投资回报率。如果市场已饱和或是无需求，卖家就很难在市场上占据一席之地。此外，卖家要关注目标站点的市场情况，假如卖家是想做亚马逊日本站的，就应当去了解日本买家的购物偏好、购物习性、需要什么样的产品等。

3. 产品竞争力。假如有好产品符合了市场客户真正的刚需，解决了客户需求的痛点，那这个产品就很容易引来平台给予的流量，同时对其他竞争对手的产品进行压制，具备顽强的生命力。反之，如果一款产品需要不断地采取主动营销的方式推广，通过不停地促销、广告和站外促销加持，那么运营成本就会大大增加，不仅无法给卖家带来利润，还会造成亏损甚至影响账户权重。

4. 产品差异化。亚马逊平台上不缺好产品，同时也挤满了中国卖家，但如果能在产品上做出细节上的差异化，真正做到同类型的产品，"人无我有，人有我优，人优我特"，突出产品的特别优势与差异化，就不会缺少盈利的机会。

5. 市场竞争分析。在决定把该产品作为意向产品前，卖家需要分析该产品的市场前景以及竞争激烈程度。从产品的销量情况、产品的销售排名，以及产品的评论数量、各个方面考量。

（二）选品依据

1. 市场容量。消费趋势和市场是瞬息万变的，跨境选品要以市场为导向，其中市场容量是一个非常重要的参量，卖家可以通过参考跨境电商平台上面同行售卖数量、市场销量来判断该款产品的市场容量。卖家所选择的产品市场容量越小，"爆款"打造的可能性越小。现有的市场需求量必须足够大，才能够保证有足够的购买者。所以，卖家在选品时尽可能选择市场容量较大的类目和产品。

2. 竞争热度。不同类目和产品的竞争热度不同。竞争热度往往与市场容量成正比，类目和产品所在的市场容量越大，竞争越激烈。同理，类目和产品竞争越小的产品，其市场容量也相对较小。卖家在选品时要注意避开红海类目，发掘竞争程度适中的类目和产品。除此之外，卖家还需要根据自身的实际情况考虑，如果利润空间足够，不妨优先考虑市场容量大的类目和产品；如果卖家想要在运营中有更快的突破，选择竞争热度低的产品自然是更有利的；如果一个产品市场容量足够而同时竞争热度也较为适中，并且产品自带竞争力，符合了市场买家的刚需，解决了买家需求的痛点，那这个产品很容易引来平台给予的流量，在销量上是很容易达到预期的，且该产品不需要不停地广告加持、站外促销加持就可以对其他竞争对手的产品进行压制。

3. 利润空间。产品能否产生利润是卖家选择的关键，要想在运营中取得成绩，就必须充分运用各种运营技巧。由于很多的运营技巧和方法都是需要资金投入的，因此，卖家在选品的时候一定要分析产品的市场价格和平台的竞品价格，计算一款产品的盈利空间，根据实际销售成本设置合理的产品定价。产品售价不宜过低，建议销售价格范围在 15～75 美元，价格太低影响卖家的利润；价格太高客户容易流失。关于利润，建议选择利润绝对值足够大的产品。卖家要在合理或已知的误差范围内，找到更可能盈利的产品，选定一个可以短期或者长期盈利的产品，选择利润绝对值足够大的产品，因为一个利润率高、利润绝对值低的产品，是不足以支撑起比如亚马逊站内广告这种主动型的运营手法的。

4. 资源优势。在选品中，卖家一定要充分考虑自己的资源情况。如果在某些品类和产品上具有资源优势，应当首先将其考虑在内。具有资源优势，可以更好地在节流方面形成壁垒，从而让自己拥有更强的竞争力。同时，具有资源优势的卖家，也意味着在产品品质和工艺水平改善上具有更多的可能性。

5. 个人偏好。卖家要对产品有兴趣、有足够的偏好，善于发掘产品的优点和特质，很好地把产品推到买家面前，才能在产品销售过程中愿意去攻坚任何问题。如此一来，把一个产品打造成爆款也就具有了可能性。

三、选品的常见误区和注意事项

（一）选品的常见误区

跨境电商市场这块"蛋糕"很大，但是机遇往往伴随着风险。跨境电商市场上的选品方法很多，但对于很多卖家而言，仍然会面临许多的困难，并踩误区。卖家应学习掌握以下跨境电商选品中常见的误区以及注意事项，以便在日常的运营中做到有效规避。

1. 脱离市场。忽略跨境买家的消费习惯、偏好、审美差异、文化壁垒，且分析用户痛点不精准。

2. 盲目跟风。盲目跟风热卖产品，忽略自身的资金、供应链等实际情况。处理不得当，容易造成大量库存囤积。

3. 产品同质化严重。卖家的产品与市场上的产品类似或者一样，产品在价格或者品质上不具备差异化特点，无法从众多竞争者中脱颖而出。

4. 侵权。在店铺日常运营过程中出现品牌侵权问题、图片侵权问题、专利侵权问题等。跨境电商平台十分重视并严厉打击知识产权侵权事件。一旦被发现侵权，产品会被下架，严重者，会被封号。

5. 安全认证。每个国家都有相关的认证体系。卖家忽略产品的安全认证问题，导致产品无法上架或者产品被下架。卖家在选择产品时，也需要充分考虑到产品认证的事情。

（二）注意事项

1. 产品要有利润率，毛利率低于30%的产品不建议入场。在亚马逊运营过程中有很多的开销：头程、关税、运费、仓储费、平台销售佣金、增值税、站内广告等，利润太低有可能亏本，特别是小卖家，没利润很难坚持下去。

2. 在供应链、运营水平等方面没有背水一战的实力，切忌盲目跟风。

3. 节假日/季节性产品不能成为店铺唯一爆款，需要做好店铺产品布局（时下销售款，四季款，不受季节影响产品）。

4. 忌拍脑门做事，顺势而为，做好数据分析，把握产品生命周期。

5. 红海产品不等于没有机会点，冷门产品不等于蓝海产品。在分析竞品的时候，数量多不可怕，主要是看竞品的运营情况和实力，要综合分析自己的能力之后再去决定选择还是放弃。

6. 选好品只是成功的第一步，运营也至关重要，不要认为选好品就不重视运营。

7. 整个类目评分低于 4 颗星的类目不要做，该产品具有不可调整的痛点，不要把自己当成救世主。

8. 卖家在选品的时候要权衡利弊，一定要极力避开这些误区，多花点时间用心去选择合适的产品，实践才是检验真理的唯一标准，可以多借鉴竞争对手的做法，但是不要盲目跟风，多尝试、多反思、多总结，最终形成自己的一套选品逻辑和标准。

四、选品参考及选品建议

（一）选品参考

有了选品的方向之后，接下来就是要从选品的产品特点以及物流各方面的条件去分析，选择有优势的产品。

1. 方便运输：体积小、重量轻的产品在仓储和物流上占有优势，还能减少物流费用，在运输速度上也更有效率。

2. 易损坏程度：不易损坏的商品，能够减少在运输过程中非人为损坏而导致的客户退款和投诉。

3. 客单价高：产品售价不宜过低，建议销售价格范围在 15 ~ 75 美元之间。价格太低影响卖家的利润，价格太高客户容易流失。

4. 季节性影响：不受季节变化影响的商品能够长期销售，季节性产品一年只能销售一小段时间，库存备货管控不好，容易血本无归。

5. 法律风险：亚马逊注重知识产权保护，卖家选品中要避免侵权，如版权、专利、品牌等方面的信息，不得出售假冒伪劣产品，确保产品没有侵权。

6. 市场容量：现有的市场需求量大一些，才能够保证有足够的购买者。

7. 产品竞争程度要适中，注意避开红海类目。

（二）选品建议

1. 选品时要确定好主营的产品线，最好以目前手上的已有资源为优先考虑产品。

2. 集中精力经营好一项产品，切忌广撒网或打游击战，避免两头皆空。

3. 要有试错意识，如果反复试销后产品依然不见起色，不要害怕亏本，要及时处理，更换方向。

4. 品牌方面，在亚马逊，已经严格要求产品必须要有品牌和商标。建议做好类目规划，尽早注册自己的商标。

5. 不要忽视小物件、冷物件，只要能为卖家带来盈利的产品，这个产品就是好产品。

选品，要以市场为导向，以数据为依据，只要平台数据显示有满足卖家当下运营预期的销量，只要在当前市场的价格之下核算之后利润还不错，就值得卖家去关注。可以尝试小步快跑迅速试错，多反思、多总结，最终形成自己的选品标准。

另外，需要随时关注消费趋势，市场是瞬息万变的，没有一个产品可以一直都是爆款，选品也要紧跟消费趋势，买家对什么感兴趣，店铺就上什么品。在当前跨境电商平台高速发展，越来越多跨境卖家入驻的市场环境下，若产品开发太慢或是供应链配合度太低，很容易被其他人赶超，甚至淘汰。

在选品过程中，不能只依靠个人的主观判断，更不要忘记应有的市场调研和数据分析。对于一个店铺的运营人员来说，选品应当是一项贯穿于运营始终的重要事项。

☞ **任务演练：**

1. 简析亚马逊平台的选品思路。
2. 亚马逊平台的选品依据是什么？
3. 识别选品常见误区。
4. 浅析卖家在选品的过程中，如何跳出误区？

任务三　常见选品方法

任务目标

选品的方法有很多种，根据不同跨境电商平台的调性选择适合的选品方法，更有利于选好品。通过本节内容的学习，以亚马逊平台为例，掌握站内榜单选品法、垂直类目深挖选品法、爆款周边关联选品法、供应商推荐选品法、跨平台选品法、社交媒体选品法、季节/节日选品法、选品工具选品法。

一、选品方法概述

跨境电商平台的选品方法有很多种，如站内选品、站外选品、类目选品、软件选品等。由于各大跨境电商平台特点不同，跨境电商平台的相关政策、规则不同，其热销品类、扶持品类、侧重的类目、商品的搜索排序规则也不尽相同。

卖家选品要以跨境电商平台特点为基准，采取适合相应跨境平台的选品方法。下面以亚马逊平台为例，详解亚马逊平台常见的选品方法。

二、常见选品方法

亚马逊平台常见的选品方法主要有站内榜单选品法、垂直类目深挖选品法、爆款周边关联选品法、供应商推荐选品法、龙头品牌卖家店铺跟进法、跨平台选品法、社交媒体选品法、季节/节日选品法、选品工具选品法等。

1. 站内榜单选品法。亚马逊平台的选品80%都是基于平台站内数据，站内产品的销售数据最能体现平台买家的需求，所以亚马逊平台提供的站内榜单选品最具参考意义。前面介绍的亚马逊平台五大排行榜单，也就是卖家常说的 Best Seller，New Release，Movers & shakers，Most Wished For，Gift ldeas，可以直观地体现平台热销和潜力的商品数据。

对新卖家来说 New Release 和 Movers & Shakers 这两个榜单的商品数据会更有参考意义。这两个榜单上的商品上市时间相对短，产品评论相对较少，竞争不太激烈，但是短期内上升快，说明近期市场需求高，市场容量足够大，可以快速获取当下流行趋势与信息。通过 New Release 和 Movers & Shakers 榜单数据可以找到上升潜力较大的产品，挖掘新兴产品。

Best Sellers 榜单有助于卖家了解亚马逊的热卖产品是什么，判断市场容量情况，追踪类目销售趋势，选出产品方向。卖家除了依据榜单数据来选品外，还需要再结合根据自身开发兴趣、资金、供应商资源优势、产品利润、产品市场情况、产品竞争情况多维度分析再做最终确定。

注意：如果卖家在 New Release 下面某一个类目，发现前 100 里面的产品某一款产品多次出现（比如 3 次以上），很有可能这个产品正好也是其他卖家集中全部精力打造的爆款。

2. 垂直类目深挖选品法。前文运营模式中介绍到的精品模式和品牌化模式，就可以更多使用垂直类目深挖选品法在某个垂直类目深挖开发产品。

一个店铺按照类目来定位经营，随着对产品的不断了解和调研，不但对行业、商品越来越专业，也能更好地管控供应链资源。这种模式最大的一个好处，就是有利于卖家对类目进行深度挖掘，而不是天天没有目的性，把所有类目走马观花看了一遍，却没有发现什么好的产品。从店铺方面来讲，垂直类目深挖选品法一方面可以合理规避店铺风险，另一方面是更有利于产品的全面布局和品牌化规划。

以家居厨房（Home & Kitchen）类目为例，如图 6 - 1 所示，可以看到该类目下有很多的二级类目甚至三级类目。沿着类目深挖，除了四件套，还可以有比如枕头、毯子、床、桌椅、装饰画等不同产品。亚马逊多年的买家购物数据调研，在品类上已经做了很好的细分，卖家在选品开发过程中，可以充分利用这种方式，增强在类目下的商品优势。

图 6 - 1　Home & Kitchen 热销榜单页面

3. 爆款周边关联选品法。如果卖家打造了一款热销的产品，可以考虑从这款产品周边相关配件或者关联性产品进行深度挖掘，最简单的就是做变体形式。比如开发其他颜色、其他尺寸、不同包装等。例如，一款床上四件套卖得很好，可以再开发不同的颜色或是图案的四件套产品做变体，如图 6 - 2 所示；或是如图 6 - 3 所示，瑜伽垫卖得很好，这个时候卖家也可以参考他的关联推荐（Frequently bought together），可以看到买家也经常有运动绑带和杠铃的需求，可以通过这种方式开发周边配套或是需求产品，也是一个快速开发产品的方式。

图 6 - 2　热销产品变体开发

图 6 - 3　关联绑定销售商品

4. 供应商推荐选品法。相比于卖家对市场的熟悉，很多行业供应商对产品和市场的熟悉一点也不逊色。一些有实力的供应商，往往可以从市场流行趋势、需求、其他销售渠道等精准获取市场动向，快速地研发新品。所以，作为卖家非常有必要多和供应商交流请教，也能有利于卖家对供应链端商品和其他卖家市场销售情况的了解。

5. 龙头品牌卖家店铺跟进法。行业大卖或是龙头品牌卖家，基本上都配备有专业的选品开发团队，能够对平台数据进行更专业的调研分析，掌握市场动向，开发的产品也更有数据支撑，选品成功的概率更大。作为新进小卖家来说，不管是对市场的经验还是人力配备上都有限的情况下，实时跟进这些卖家店铺产品，特别是新上架的产品，是减轻选品工作量的一个有效方式。

可以平时多关注一些类目品牌店铺，保持关注，每个周期浏览记录数据。若有发现新品上架，可以结合自身的供应链进一步调研，核算利润。若有利润及市场机会，抓紧时间快速切入。

6. 跨平台选品法。每一个爆款都有着自己的群众基础，产品在一个平台能火，在其他平台火爆的概率就比其他产品要高。同理，在某一个国家或区域火爆的产品在其他国家也可能火爆。如果卖家刚好发现两个平台之前的火爆程度不同步，同时分析觉得该产品在暂时没有火爆起来的平台上同样存在需求，那么就可以快速切入、打造、推动。

可参考不同国家和区域的本地平台与垂直细分平台，复制过来打造，如 Ebay、Walmart、速卖通等，都可以去看看有哪些 New arrival 产品及机会。也可关注一些众筹网站，如 Kickstarter，Indiegogo 或是一些品牌卖家独立站。

7. 社交媒体选品法。亚马逊运营当中累积 Review 是个重要的工作，很多卖家会通过很多社交媒体去发帖子，做测评。那么反过来想，其他卖家发帖的产品，肯定也是他们重点主推的产品，是否卖家也可以卖呢？另外各个社交媒体也会有相关用户讨论和热门的话题。若有热度讨论的产品出现，卖家也可以去快速论证，像早期爆火的指尖陀螺，就是从社交媒体发现的产品。所以建议卖家也可以多关注 Facebook，YouTube，Pinterest，Instagram 等社媒，参考同行发布的新品及红人推荐产品，看到眼前一亮的产品，可以利用选品软件进行数据分析，查找是否有相应的市场机会。

8. 季节/节日选品法。所谓季节性产品，即某些产品不是一年内销售稳定，可能是某一个季度销量激增，而在某个季节又比较低落。例如节日产品，就比如万圣节、圣诞节等节日，都有明显的节日特性商品。若卖家账户有完成的品牌备案，可以通过品牌分析功能，做如 Halloween 或 Christmas 这些节日搜索词搜索查询热销的一些商品，通过搜出来的词可以大概知道都需要什么类型的商品。

季节性产品一直是亚马逊卖家们热销产品品类，但是带来收益的同时也伴随着一定的风险。季节性产品卡对推广节奏特别重要，太早太晚都会错过时机，不太推荐新手卖家做季节性产品的原因就是节点很难把控以及库存备货量等原因。但是如果能把握好提前上架时间以及备货量宁少勿多不贪心，季节性产品其实更容易做，推广成本低、评论要求少，迎着季节性流量的增长，产品自身就很容易起来，还可以因季节性产生更多利润。

节日商品需要注意时间节点，节前抢流量先机，以销售旺季时间倒推物流发货时间，产品采购时间。如圣诞节产品 9～10 月开售，需 8 月开始发海运，7 月做好采购与检验。节末做好营销推广，避免库存堆积至第二年销售，提前止损，早卖早退。如平安夜 12 月 24 日晚，做圣诞节商品的大部分卖家，特别是库存比较多的卖家，每年的 12 月 10～15 日就会开始大折扣促销清仓。

9. 选品工具选品法。当前针对亚马逊平台选品，市面上推出了很多不同的选品工具，如卖家精灵、鸥鹭、Helium10 等。利用这些选品工具可以快速查看到相关产品的市场容量、搜索热度、销量、售价、Review 评分、品牌垄断度、价格变化等，快速便捷，不需要人工累积数据，就能帮助卖家快速了解当下市场趋势，以及客户群体需求。通过这些数据，做完市场分析，卖家就能了解产品的大体情况，继而考虑自身的供应链、物流等优势，核算利润，综合评估出产品是否适合卖家自身情况去销售。

选品工具采集的数据具有一定的滞后性且市场数据相对透明公开，卖家需要主观判断该产品所处的生命周期阶段（上升期、成熟期、衰退期），快速做出反应，否则容易造成销售不佳、库存积压等风险。

☞ **任务演练：**

　　1. 了解常见的亚马逊选品方法。

　　2. 熟悉几种不同的亚马逊选品方法，根据数据调研，选出一款产品，并阐述分析此产品的可行性。

任务四　常见产品安全认证

　　任务目标

　　想要在亚马逊上售卖产品，首先要保证产品是安全合规的。通过本节内容的学习，要了解当前常见的产品认证及其认证需求，每个国家的认证体系有所不同，因此卖家需要根据自己产品面向的目的市场来进行产品安全认证。

一、常见产品安全认证概述

　　随着亚马逊平台越来越完善，其平台规则也越来越多。亚马逊一向注重产品质量和安全问题，产品安全极大地关系着买家的安全问题，一旦卖家的产品出现安全问题，亚马逊绝不会轻易姑息，因此卖家要确保自己的产品是安全合规的。不同产品在入驻亚马逊平台时，需要满足其检测认证服务，只有通过相关的检测认证后产品才能正式在亚马逊上销售，否则产品将面临下架的可能。卖家在选择产品时，也需要充分考虑到产品认证的事情。

二、常见产品认证分类

　　目前常见的产品认证都有哪些？在此给卖家分享一下，美国、欧洲、日本国家（地区）市场常见的一些产品认证需求。

　　ROHS 证书：所有在欧盟地区售卖的电子类产品都需要进行 ROHS 认证。主要用于规范电子电气产品的材料及工艺标准，使之更加有利于人体健康及环境保护。ROHS 涵盖范围为 AC1 000V、DC1 500V 以下由目录所列出的电子、电子产品：家电、灯具、玩具、安防、通信、电动工具等。（欧盟）

　　EN71 证书：欧盟市场玩具类产品的规范标准。通过 EN71 标准对进入欧洲市场的玩具产品进行技术规范，从而减少或避免玩具对儿童的伤害。（欧盟）

　　CE 认证：CE 认证是欧盟法律对产品提出的一种强制性要求，它相当于一种安全认证标志。即只限于产品不危及人类、动物和货品安全方面的基本安全要求，而不是一般质量要求，大多在欧洲经济区销售的商品，都需要具有 CE 标志。包括 IT 类、音视频 AV 类、大家

电、小家电、灯具、工医科机械、仪器、USP电源类。（欧盟）

GS认证：所有在德国地区售卖的和安全相关的产品都需要进行GS认证。包括家用电器、电子玩具、体育运动用品、家用电子设备、家用机械、电气及电子办公设备、通信产品、电动工具、电子测量仪器、工业机械、实验测量设备及其他如头盔、爬梯等与安全有关的产品。

FDA证书：即食品、化妆品、医疗用品等品类认证，在亚马逊上销售这几类产品的卖家没有FDA认证是不可以在亚马逊上进行销售的。（美国）

CPC认证：美国消费产品委员会、美国海关或亚马逊等电商平台要求在美国市场销售儿童产品的责任方需提供儿童产品CPC认证证书及检测报告等相关文件。适用于所有为12岁及以下儿童设计，或以12岁及以下儿童为主要使用对象的消费品，例如：儿童玩具、儿童服装、儿童学习用品等。（美国）

UL认证：在美国属于非强制性认证，主要是产品安全性能方面的检测和认证，其认证范围不包含产品的EMC（电磁兼容）特性。主要针对的是充电器、移动电源、手机电池、灯具等电动工具的安全性。（美国）

FCC：美国联邦通讯对于电子产品的一种认证。FCC认证涉及美国50多个州、哥伦比亚以及美国所属地区，管理进口和使用无线电频率装置，包括电脑、传真机、电子装置、无线电接收和传输设备、无线电遥控玩具、电话、个人电脑以及其他可能伤害人身安全的产品。（美国）

PSE认证：所有在日本地区售卖的电器类产品（除去非使用插座的）都需要进行PSE认证。PSE认证是日本强制性安全认证，用以证明电机电子产品已通过日本电气和原料安全法或国际IEC标准的安全标准测试，包括电气用品、电线电缆等。（日本）

以上就是属于亚马逊比较常见的产品认证，但是每个国家的认证体系都有不同。详细内容可以查询相关资料或是在亚马逊后台打开CASE咨询客服。部分产品是不需要认证的，但是有认证的产品可以更好地获得买家的青睐。

亚马逊卖家主动了解销售国的法律法规和要求，更多地了解不同国家地区对于产品认证的要求，在选品阶段仔细确认供应商是否已经取得相关机构的认证来挑选合适的产品，不做伪造证书的行为，能为顺畅销售保驾护航，在一定程度上避免货物无法在平台上进行销售而造成的损失。

☞ **任务演练：**

1. 为什么要进行产品认证？
2. 了解亚马逊常见的产品认证。

项目七

欧洲税务

视频：欧洲税务

■ 学习目标

1. 了解 VAT。
2. 了解 EORI 与 VAT 的区别。
3. 了解 OSS 和 IOSS 的定义及其区别。
4. 了解 EPR 及需要注册 ERP 的产品。
5. 了解关于欧洲远程销售的相关信息。

任务一　欧洲财税

任务目标

随着跨境电商市场向精细化、合规化方向发展，越来越多的海外国家提出了更高的跨境电商业务税务监管及政策要求。欧洲地区对税务方面要求严格，欧洲财税合规对卖家来说至关重要，税务合规有助于卖家长久稳步经营，有助于卖家规避由于税务不合规引发的账号等风险。在本节内容中，旨在系统地了解欧洲税务相关信息，这有助于帮助跨境卖家的欧洲"出海"计划。

一、VAT 和 EORI

（一）VAT

VAT 即 Value Added Tax，是欧盟的一种税制，在欧洲境内，销售增值税（除特殊说明，以下简称"增值税"）由增值税注册商家就其在欧洲境内的销售进行征收，并向相关国家税务机关申报和缴纳。VAT 号成为欧洲站卖家标配。不同国家的 VAT 缴纳标准见表 7-1。

表 7-1　　　　　　　　　　　欧洲不同国家 VAT 缴纳标准

国家	增值税标准税率（%）
英国	20
德国	19
法国	20
意大利	22
西班牙	21
奥地利	20
波兰	23
捷克	21
荷兰	21
比利时	21
斯洛伐克	20
瑞典	25

1. VAT 注册资料。每个国家对 VAT 注册要求的资料不尽相同，如表 7-2 所示。个别国家对 VAT 注册有特殊要求，如波兰和捷克需要宣誓翻译；西班牙还需要海牙认证等。

表 7-2　　　　　　　　　　　　　　VAT 注册资料

所需提供的资料	英国	德国	意大利	法国	西班牙	捷克	波兰	荷兰
营业执照	√	√	√	√	√	√	√	√
法人身份证（护照）	√	√	√	√	√	√	√	√
POA 文件	√	√	√	√	√	√	√	√
注册平台账号信息截图等	√	√	√	√	√	√	√	√
64-8 文件	√							
海牙认证原件					√			

2. VAT 计算。计算 VAT，需要明确两个概念：进口税和销售 VAT。

（1）进口税。海关会对任何个人和公司进口到欧盟的商品征缴进口税，进口税包括：关税（IMPORT DUTY）和进口增值税（IMPORT VAT）。

$$关税 = 申报货值 × 产品关税税率$$

$$进口 VAT = （申报货值 + 头程运费 + 关税）× 税率$$

（2）销售 VAT。当货物进入欧盟五国（按欧盟法例），货物缴纳进口税；当货物销售后，商家可以退回进口增值税，再按销售额缴纳相应的销售税。不同类别的产品收取的增值税 VAT 费率不同。

$$销售 VAT = ［应税销售额/（1 + 税率）］× 税率$$

（3）VAT 计算。

$$实际缴纳 VAT = 销售 VAT - 进口 VAT$$

3. 欧盟电子商务增值税（VAT 新规）。

（1）欧洲废除 22 欧元以下免进口 VAT 税的福利政策。根据欧盟电子商务增值税（VAT 新规），从 2021 年 7 月 1 日开始，欧盟取消 22 欧元以下进口的免税额度，进口到欧盟的商品，无论价值如何均需缴纳增值税。2021 年 7 月 1 日之后，所有货值低于 150 欧元以下的商品，都必须通过 IOSS 进行 VAT 申报。卖家需要在自发货的包裹上贴有 IOSS 的编号。

（2）电商平台被视为卖家，需要承担税务义务。从 2021 年 7 月 1 日开始，平台实行销售 VAT 的代扣代缴制度。欧盟电子商务增值税法规要求亚马逊等在线商城代收代缴欧盟买家支付的销售增值税，并缴纳至欧盟税局。销售增值税被代收代缴之后，销售增值税部分最终是由消费者（买家）承担，卖家的成本不会增加。对于已经被代扣代缴增值税的销售，卖家无须重复缴纳增值税，但仍需依据要求完成相应的 VAT 申报工作。未被代收代缴的欧盟卖家同样需要完成增值税合规义务，需自行缴纳增值税乃至其他税种给到欧盟各国相应的税务机构。欧盟地区当前的增值税申报要求无论该笔交易是否被代扣代缴，卖家仍需要根据要求完成相应的增值税申报。

存放库存的欧盟国家/地区仍然需要满足增值税税号注册要求。卖家使用欧盟国家或英国作为货物仓储地，则需注册、申报和缴纳相应仓储所在国的 VAT。

4. 亚马逊增值税整合服务。自 2021 年 7 月 1 日起，亚马逊需要针对以下情形的卖家在亚马逊商城的 B2C 商品销售（面向个人消费者的销售）代收代缴增值税：

从欧盟境内库存配送至欧盟个人买家且公司注册地址在欧盟境外的卖家。

从欧盟境外库存直接配送货件价值不超过 150 欧元，遵守特定的报关和贴标要求的商品至欧盟个人买家的卖家。

卖家从欧盟境外的库存配送到欧盟境内的 B2C 销售，货件价值大于 150 欧元，不会被代扣代缴，卖家需自行缴纳增值税。卖家在欧盟国家/地区的 B2B 销售也不会被代收代缴，需自行缴纳增值税。

增值税缴纳具体情况根据卖家注册地、库存所在地、货件价值而定，由平台代收代缴或者卖家自行缴交，如表 7 - 3 所示。

表 7 - 3 　　　　　　　　　　　　增值税缴交情况　　　　　　　　　　单位：欧元

卖家注册地	库存所在地	货件价值	增值税缴纳
欧盟境外	欧盟境内	无论货件价值多少	亚马逊代收代缴
欧盟境外	欧盟境外	≤150	亚马逊代收代缴
		>150	卖家自行缴纳
欧盟境内	欧盟境内	无论货件价值多少	卖家自行缴纳
欧盟境内	欧盟境外	≤150	亚马逊代收代缴
		>150	卖家自行缴纳

从中国自发货的卖家，配送至欧盟被代扣代缴的 B2C 订单（货件价值≤150 欧元），确保一笔订单对应一个货件（请勿将订单拆分或合并），卖家需向物流承运商确认亚马逊代扣代缴此货件的 VAT，向物流合作伙伴提供 IOSS 编号、正确的货件价值（货件价值≤150 欧元）、亚马逊订单编号等信息，卖家的物流承运商负责向欧盟海关出示此信息，免除海关向订单买家征收进口增值税。如果卖家使用亚马逊物流（FBA）或亚马逊购买配送（通过卖家配送服务 - MSS），亚马逊将负责向承运人传达此信息或预填写任何所需的海关文件。

（二）EORI

EORI（economic operator registration and identification）是指欧盟的经济运营商注册识别号。EORI 主要用于货物进口、出口以及货物中转。EORI 号码是由欧盟成员国的海关颁发给企业或个人与海关交流的唯一必备数字标识，在欧盟国家凡是有经济活动，在欧盟海关注册登记的自然人或法人，尤其是有进出口业务的企业或个人必备的一个登记号。一国注册全欧盟通用，只要企业或个人通过注册地（增值税号注册地）所在海关登记获得 EORI 号码，那这个号码在全欧盟都可以流通使用。拥有 EORI 号码就代表卖家是一个有效并且合法的进出口经营体，经营者可以凭借这个号码去同任意一个欧盟国家的海关当局交流，这个号码也是进出口海关申报的必备号码。

货物出口到欧洲国家，清关时必须要有 EORI 号码。经济运营商（在欧盟海关注册登记的自然人或法人）需要使用他们唯一的 EORI 号码参与海关及其他政府机构的电子通信和国际货物运输。

（三）EORI 号和 VAT 号的区别

VAT 号与 EORI 号是卖家进行跨境贸易活动中货物出口至欧盟国家时必备的两个号码。VAT 号与 EORI 号的获取方式、通用情况、用途等方面存在一定的区别（见表 7 - 4）。

表 7 - 4   VAT 与 EORI 的差异

项目	VAT 号	EORI 号
全称	VAT Registration Number	Economic Operators Registration and Identification
适用范围	单个 VAT 号码只适用于单个国家	单个 EORI 号码可适用于所有欧盟成员国
注册机构	税务机关及海关总署（例如 HMRC）	税务机关及海关总署（例如 HMRC）
号码注册	需要提交详尽的 VAT 注册资料	VAT 注册成功后，注册 EORI 无需额外提交资料
进口清关	需要	需要
仓储调配	需要	不需要
商品销售	需要	不需要

1. 获取方式：欧盟 VAT 通常需要找具备相关资质的税务代理进行注册（个别国家可以直接在官网上上传信息资料进行注册），而 EORI 通常由税务代理在申请 VAT 税号时候一并申请。

2. 通用情况：一个 EORI 号可以在全欧盟国家内通用，而卖家根据实际情况可能需要在不同销售目的国注册不同的 VAT 号。

3. 用途：VAT 是增值税号码，多是用于缴纳关税、进口增值税，以及销售 VAT 的纳税申报。通常入关需要的是 EORI 号码，EORI 号码主要用于跨境贸易清关，是欧盟国家内清关必备的欧盟税号，特别针对国际进出口贸易企业及个人必备的一个登记税号，EORI 号码多数是在产品出口时的报关申报以及货物清关时使用。一旦经济实体拥有 VAT 号码，则需要在海关处激活成为 EORI 号码。

EORI 和 VAT 号码两者的关系并不需要同时存在。无论申请方是否有 VAT，如果进口方要以进口的名义将货物进口到欧盟国家，同时想要申请对应国家进口税的退税费用，都需要提交 EORI 登记号，同时申请进口退税也需要有 VAT 号。

当卖家注册的是英国企业，且年营业额小于 85 000 英镑，那可以不必注册 VAT 税号；但当货物涉及进出口时，仍需要注册一个 EORI 号用来做货物清关。当卖家的货物是当地采购，再卖出去，不涉及进口时，卖家不需要注册 EORI 号，只需要注册当地的 VAT 税号。

英国脱欧后，卖家原本申请的注册地为英国的 EORI 号码在欧盟是失效的。卖家如果仍需要在欧盟国家开展贸易活动，则需要申请一个新的 EORI 号码。

企业或个人在自己的货物到达欧盟国家任何海关或离开海关之前都需要向海关提供该企业或个人的 EORI 号码进行申报。企业从非欧盟国家进口物资，在向欧盟海关做申报时也需要提供 EORI 号码，甚至当企业或个人需要从欧盟之外的国家引进机械设备、参展用品、样品、办公用品等物品时也需要提供该号码，即使该企业或个人平时并不从事进/出口业务。欧盟各国海关之间进行产品流动信息交换时也需要此号码。

EORI 号码在做货物海关申报时需要提交，这关系到卖家是否是合法清关，甚至还会影响到后续是否能进行退税的问题。跨境电商卖家在 VAT 合法经营的前提下，想要退某一笔进口增值税时，首先要用自己的 EORI 号码清关。不管是亚马逊还是其他跨境电商平台，只要发货到欧盟国家，都需要用自己的 EORI 号码进行清关。

二、EPR 的概念与注册标准

如果跨境卖家的目标市场是亚马逊德国站/法国站，则必须注册 EPR。

（一）EPR

EPR 实际是生产者责任延伸的简称。生产者责任延伸（EPR）是一项环境政策，以确定生产者的责任。EPR 要求生产者（生产者是将须符合 EPR 要求的产品引入适用国家/地区的第一方，无论是通过在国内制造还是进口的方式。请注意，生产者并不一定是制造商）对其在市场上推出的产品的整个生命周期负责，即从商品设计开始到商品生命周期结束（包括废弃物收集和处理）。根据生产者责任延伸法规的规定，责任主体必须在整个商品生命周期内降低其商品对环境产生的影响。总体而言，EPR 旨在通过预防和减少产品包装和包装废弃物、电子产品以及电池等产品对环境造成的影响，从而改善环境质量。

EPR 明确规定，产品制造商、进口商和分销商对其生产或投放到市场的产品在废物回收上承担财务和组织责任。德国 EPR 和法国 EPR 是其立法形式的实践。

2022 年，亚马逊强制要求所有德国站、法国站的卖家必须提供 EPR 注册号。自 2022 年起，如果卖家要在法国或德国销售商品，亚马逊将有义务确认卖家在销售商品所在的国家/地区是否符合生产者责任延伸（EPR）的要求。如果无法向亚马逊证明符合 EPR 的要求，亚马逊会采取暂停 EPR 商品分类下不合规商品的发布等措施。

（二）注册 EPR 的情况

什么产品注册什么 EPR，具体根据产品属性/类型来判断。

EPR，可以通俗地理解为一个统称，它对于德国市场来说，指的是常说的德国合规三法，即 WEEE、电池法、包装法。对于法国市场有 7 个类别，但具体实施暂时未有明确政策，卖家可以暂时先观望。即产品所属哪个类别，相对应的需要向亚马逊提供生产者责任延伸（EPR）注册号码（见表 7-5）。

表 7-5　　　　　　　　　　　　需要注册 EPR 的类型

类目	德国	法国
包装	√	√
废旧电池和蓄电池	√	√
废旧电子电气设备	√	√
家具	×	√
纺织品	×	√

续表

印刷纸	×	√
轮胎	×	√

德国三大类主要是：包装、废旧电池和蓄电池、废旧电气电子设备。

法国七大类主要是：包装、废旧电池和蓄电池、废旧电气电子设备、家居、纺织品、印刷纸、轮胎。

例如：

1. 德国售卖的产品带有锂电/锂离子电池的电子配件类，则注册德国 EPR：= 包装 + 废旧电气电子设备（WEEE）+ 废旧电池和蓄电池

2. 法国售卖服装，则注册法国 EPR：= 包装 + 纺织品

注意：德国 EPR、法国 EPR 的注册号不通用，卖家需要分别注册。

所有卖家都要注册包装法。尽管没有二级包装（运输中用于保护产品的运输箱/袋），但基本上所有产品都离不开一级包装（如面霜的外壳）。

☞ **任务演练：**

1. 了解 VAT 及需要申请 VAT 的情况。
2. VAT 应如何计算？
3. 简述 EORI 号与 VAT 号的区别。
4. 了解 EPR 及 ERP 主要针对国家。
5. 掌握需要注册 EPR 的产品。

任务二　IOSS 与 OSS

任务目标

出口到欧洲市场的跨境卖家，除了要了解 VAT 与 EORI 外，对 IOSS 与 OSS 的申报也要有一定程度的了解。通过本节内容的学习，了解 IOSS 与 OSS，以及其申报的重要性。

一、OSS

OSS，全称 One-Stop-Shop，即"欧盟一站式申报平台"，指的是单一欧盟市场 VAT 申报体系。OSS 是在欧盟税改后推行的一站式申报服务，从 2021 年 7 月 1 日起，只要注册地址在欧盟境内的公司卖家，都可以通过"Union-OSS"，在自己所入驻的国家，为自己在欧盟境内进行的远程销售统一申报增值税。

OSS VAT 旨在减少欧盟国家电子商务行业的税务欺诈，简化 VAT 申报流程及保护本土

企业公平竞争而实行的一种新的税法体系，OSS 申报系统在 2021 年 7 月 1 日实行。由欧盟本土发货给欧盟的买家时，可以选择在任何一个欧盟国家使用 OSS 系统进行所有 27 个欧盟国家的申报。欧盟本土公司，欧盟远程销售为 10 000 欧元（包括所有 27 个欧盟国家）OSS VAT 申报属于自愿注册。如果卖家有本土欧盟公司，可以在公司所在地国家开通 OSS VAT 申报系统，进行所有欧盟销售的 VAT 申报。欧盟以外公司不再受远程销售限额的影响，按照收货国的税率来进行 VAT 核算。

OSS 适用商品配送地或服务提供地所在成员国的增值税税率，通过注册成员国的 OSS 门户，按季度提交增值税申报表，按季度向注册成员国缴纳增值税。欧盟内远程销售商品或提供服务，应向买方收取增值税。所有 OSS 销售记录需至少保留 10 年。

二、IOSS

IOSS，全称 Import One-Stop-Shop，即"欧盟一站式进口平台"，指的是进口一站式申报体系。IOSS 平台旨在帮助卖家更加便捷地完成税务合规要求，IOSS 简化欧盟或非欧盟的卖家远程销售的进口货物，同时 IOSS 对于卖家来说也同样便利。IOSS 申报模式下，物流灵活，通关便捷，货物可以通过任何成员国进口到欧盟。且货物进口到欧盟时，所有产品的售价中包含了所有税赋成本，买家在整个交易流程中仅需支付一次，在收货时无须担忧 VAT、清关费等额外的税费。

欧盟成员国均有其 IOSS 站点，卖家可以自行选择站点注册。IOSS 适用于欧盟境内、外国家发货。公司注册地址在欧盟境内的卖家可以在其本国为在欧盟全境进行的远程销售统一申报增值税。欧盟境内卖家仅需在其企业注册国使用 IOSS 对相关交易进行申报，而无须在多个销售目的国分别注册 VAT。非欧盟本土企业不能自行注册。如果卖家公司成立地在中国等欧盟境外国家/地区，则不适用 IOSS，即非欧盟境内卖家需通过欧盟境内代理中介，需要指定一个在欧盟设立的机构来履行 IOSS 注册的相关义务和连带责任，在 1 个欧盟成员国注册 IOSS，并进行相关交易的申报。欧盟境外国家发货，每月申报一次 IOSS，每月向 IOSS 申请地申报缴纳销售增值税。比如中国卖家的自发货配送给欧盟买家，就需要用 IOSS 申报。

IOSS VAT 的申报只针对于货值低于 150 欧元以下的商品，确保进口货值（整个包裹）不超过 150 欧元。卖家要确保一笔订单对应一个货件，不要将订单拆分或者合并。

平台可以代扣代缴 VAT，亚马逊等电商平台必须在货物销售时收取买家的 VAT 增值税，通过 IOSS 进行每个月的 VAT 增值税的申报。为了让欧盟海关正确识别卖家订单（货件价值 ≤150 欧元）已经被亚马逊等平台代扣代缴，海关申报单中必须有 IOSS 编号，包裹需提供 IOSS 相关信息。如果货件价值不准确或者未提供 IOSS 编号，可能会导致订单买家被要求支付额外的欧盟税费和关税以签收商品。

如果卖家已通过亚马逊等平台代扣代缴，则无须重复注册 IOSS 来纳税。超过 150 欧元的产品不能通过 IOSS 申报，只能向产品出售国的税务部门缴纳。独立站/自建站卖家无法进行平台代扣代缴 VAT，需要注册 IOSS 进行每个月 VAT 申报。

卖家使用 IOSS 的注意事项：

卖家需要在有仓库的国家注册 VAT 税号并进行申报，卖家必须在有 VAT 号的国家申请 IOSS 号码，在发货给欧盟的买家时，须在包裹上面贴有 IOSS 号码，以确保货物顺利清关；

IOSS 仅适用于托运价值 150 欧元以下的商品，确保进口货值（整个包裹）不超过 150 欧元；

IOSS 申报的产品要求销售的商品从欧盟以外地区发货、或途经欧盟境外国家运输至欧盟境内，且销售的商品非特殊产品（如酒类和烟草）的征税对象。

注册 IOSS 后，提供产品税号（IOSS VAT identification number）及纳税金额，保证其真实性和准确性；在欧盟边境申报货物时，需提供 IOSS 增值税识别号；

确保按商品配送地所在国的增值税税率，向欧盟境内的买方收取增值税，在交易中显示买方支付的增值税税额，在发票上尽量用欧元显示买方支付的价格；

通过注册成员国的 IOSS 门户，向出售商品的欧盟成员国按月度提交增值税申报表，按月度缴纳增值税；

按照法律规定，IOSS 税号所有人（或者责任人）要做相应的销售记录。卖家需要对 IOSS 上申报的销售数据进行良好记录并长期留存，所有 IOSS 销售记录需至少保留 10 年。

三、OSS 与 IOSS 的区别

OSS 与 IOSS 在用途目的、适用区域、订单要求、商品要求等方面存在区别。

用途目的：OSS 旨在避免新政后超出远程销售阈值需要在目的国注册和申报 VAT，而设置的一个简化申报体系；IOSS 旨在缓解清关时缴纳进口增值税的繁琐过程，通过 IOSS 来对清关货物直接放行，后期通过 IOSS 税务代理统一账户申报和缴纳税金，而设置的一个简化系统。

适用区域：OSS 针对的是欧盟内跨国交易；IOSS 针对的是欧盟境外发往欧盟境内的自发货订单。

订单要求：OSS 针对的 B2C 订单；IOSS 针对企业对消费者（B2B）的销售订单，IOSS 要求进口产品申报货值不超过 150 欧元。

商品要求：OSS 要求商品在平台销售，商品在某个国家有仓储并且通过仓储国给欧盟其他国家进行远程配送；IOSS 要求商品单品价值低于 150 欧元。

根据卖家的不同情况，OSS 与 IOSS 的适用情况不同，如表 7-6 所示，卖家视具体情况选择。

表 7-6　　　　　　　　　　IOSS 与 OSS 的适用情况

类型	IOSS	OSS
欧元盟卖家	不适合	适合
非欧元盟卖家（电商平台 eBay/Amazon 等）	不适合（商品单品价值低于 150 欧元的自发货的交易，由平台提供 IOSS 账号信息）	不适合（在电商平台上销售的非欧元盟卖家不可以申请 OSS 账号）
非欧元盟卖家（经营独立站）	①不适合：商品单品价值高于 150 欧元 ②适合：商品单品价值低于 150 欧元，且为自发货运输	适合在欧元盟其中一个国家有仓储的卖家：只需要在仓储所在国注册 VAT 及 OSS，可申报所有的本地销售及跨国远程销售

★非欧元盟卖家、单个订单商品价值低于 150 欧元，从非欧元盟国家库存直邮到欧元盟消费者手里，卖家需按照交付目的地（欧元盟买家所在的国家）税率计算和缴纳增值税。

☞ **任务演练：**

1. 了解 IOSS 的优势。
2. 卖家使用 IOSS 需要注意哪些注意事项？
3. 了解 OSS 与 IOSS 的区别。
4. OSS 与 IOSS 如何选择？

任务三 了解欧洲远程销售

任务目标

除欧洲市场的税务相关问题外，可通过本节任务的学习，了解欧洲远程销售的定义、欧洲远程销售限额等相关知识。

一、欧洲远程销售的定义

远程销售（distance selling），指的是商家将储存在一个欧盟国家的商品运输并销售至另一个欧盟国家的个人买家。根据欧盟相关规定，如果商家从一个欧盟国家运送到另一个欧盟国家的商品销售额超出了该国家（个人买家所在国）的远程销售起征点，则商家必须在个人买家所在国进行增值税（VAT）注册。商家有责任在该国家申报和缴纳增值税（VAT）。

二、远程销售阈值

远程销售阈值即远程销售限额，是针对欧盟企业将产品远程销售给其他欧盟国家买家的销售模式所制定的基本税务规则（见表 7-7）。

表 7-7　　　　　　　　　　欧洲税务适用情况　　　　　　　　　　单位：欧元

发货地	欧盟境内（FBA/海外仓）	欧盟境外（MFN）	
货件价值	不限	≤150	>150
增值税缴纳	亚马逊代扣代缴		自行缴纳
IOSS 相关信息	不需要	需要	不需要
法国限制销售	不限制		限制销售
新的远程销售阈值（10 000）	不适用		
Union - OSS	不适用		
税号注册义务	哪国放库存，哪国注册税号		

每个欧盟国家都有一个对应的远程销售限额。在远程销售限额内，欧盟企业只需要在产品发出国缴纳增值税，可免注册对方国家 VAT。但如果超过了对方国家的远程限额，就需要注册对方国家 VAT 税号，有义务在对方国家税务局进行每月的申报并缴税。

远程销售的限额是针对一个自然年内（1月1日至12月31日）所累积欧盟内跨国销售额的额度。欧盟境内远程销售阈值起征额自 2021 年 7 月 1 日起，适用于欧盟全境的新起征额为 10 000 欧元。新的欧盟境内远程销售阈值仅适用于从成立地在欧盟境内的卖家公司配送至其他欧盟国家/地区个人买家的销售，不适用于在卖家公司注册地址所在国家/地区境外进行的销售；新的欧盟境内远程销售阈值不适用于亚马逊代收代缴增值税的销售。

如果卖家公司成立地在中国，从欧盟境内库存配送至欧盟个人买家，亚马逊将代收代缴相应增值税，则不适用新的欧盟境内远程销售阈值 10 000 欧元。由于亚马逊会代收代缴卖家在欧盟境内配送的 B2C 销售，卖家在亚马逊商城的销售无须考虑新远程销售阈值带来的影响，但卖家存放库存的欧盟国家/地区仍然需要满足增值税税号注册要求。

三、亚马逊欧洲站物流方式

亚马逊在欧洲有很多站点，包括英国、德国、法国、意大利、西班牙、荷兰、瑞士、波兰等。为了帮助卖家更好地测试不同市场的产品，扩大业务范围，亚马逊推出了两种欧洲站库存共享方式：EFN 和 Pan-European，以及一种多国库存物流方式 MCI。

（一）欧洲统一配送（EFN）

EFN 是亚马逊欧洲配送网络（European Fulfillment Networks）的简称，也称为亚马逊欧洲统一配送，是亚马逊欧洲多国实现库存共享的另一种服务。使用亚马逊 EFN 服务的卖家，只需将商品库存储存在一个国家中，当其他站点产生订单时，亚马逊物流会进行跨国配送，完成订单。

亚马逊欧洲站卖家只需要注册使用亚马逊 FBA 服务，就可以使用该服务，无须另行注册，也无须额外支付服务启用成本或费用。

亚马逊欧洲站卖家只需要使用相同 ASIN 将商品信息上传到各个欧洲站点，并在所有站点中都将商品转换为"亚马逊配送"，就可以自动使用 EFN。当 ASIN 在其他站点出单后，亚马逊 EFN 将使用销售母国的库存配送来自其他欧洲站点的订单，从而最大限度地提高卖家对库存的控制力度和库存的灵活性。

卖家在使用 EFN 时，如果在库存存放的站点出单，仅需依照当地配送费用标准进行支付。

当其他非仓储国站点的买家购买了对应商品，除了出单站点的配送费之外，卖家还需要支付跨境配送费用。

英国虽然已经脱欧，但亚马逊将在英国和欧盟之间重新启动欧洲配送网络（EFN）。卖家能够使用存储在其国内配送中心的亚马逊物流库存来配送合格商品的跨境订单，但 EFN 成本将发生变化。

（二）泛欧计划（Pan-European）

泛欧计划简称 Pan-EU。Pan-EU 是亚马逊在欧洲地区所设置的库存仓储国家，针对拓展欧洲地区的卖家推出的仓储配送解决方案。

参与 Pan-EU 的卖家，可以将 SKU 和 ASIN 等信息一致的产品同时在欧洲其他站点国发布符合要求的产品 Listing 并上架。参与 Pan-EU 的卖家可以将产品放置在欧洲其他站点国中任一国家的 FBA 仓，当产生订单后，亚马逊会安排提货、包装、配送和客服等方面的工作。这对于跨境卖家来说，发货便捷，且卖家只需要支付相应的产品仓储费、平台服务费和配送费，无须承担欧洲物流网络（EFN）跨境费用。参加 Pan-EU 的条件，如表 7-8 所示。

表 7-8 　　　　　　　　　　　　　　Pan-EU 商品和报价资格要求

合规要求	商品必须符合在欧盟各国境内配送的要求
	商品必须是"亚马逊物流欧洲整合服务管理库存"页面列出的亚马逊欧洲商城均允许销售的商品，并且没有地方法律和规格兼容性的问题
管理要求	至少有一个 ASIN 满足在其所存在的所有欧洲站点都有在售商品
	同一 ASIN 的所有 FBA 报价必与相应的库存池关联，即商品在欧盟境内各站点必须具有相同的 FNSKU
	所有 FBA 报价对应的商品必须是新品
贴标要求	一个库存池中具有相同 ASIN 的所有商品必须统一贴标或者统一不贴标
条码要求	无需贴标的混杂商品库存必须带有适用于所有亚马逊欧洲站点的 EAN/UPC 条形码
装箱要求	混杂商品不得存放于多个国家/地区的运营中心内

启动 Pan-EU，卖家需在卖家平台提供至少两个增值税税号，或者至少启用两个库存放置国家/地区，并在所有必需的店铺中发布商品。卖家可通过在更多的国家/地区注册增值税税号，或手动开启更多仓储国家，允许亚马逊在更多国家/地区销售和存放卖家的商品。

卖家在本国店铺所在国家/地区之外的其他国家/地区储存商品，需要进行额外的增值税注册、申报以及缴纳义务，以及 Intrastat 和其他报税要求。卖家应负责卖家的税费代收和缴纳，以及所有必需的相关税务申报。

卖家在参加 Pan-EU（亚马逊欧洲整合服务）的国家使用 FBA 仓库必须注册该国 VAT。开通 Pan-EU 之后，跨境电商平台可能根据它们的发货规则将非欧盟卖家的产品发到不同国家的仓库。对于参与 Pan-EU 的卖家，建议最好注册欧洲所有站点国家 VAT。

如果卖家开通 Pan-EU 计划，对应仓库的税号都要补齐，即欧洲所有站点 VAT 都需要注册、申报和缴纳。参加亚马逊 Pan-EU 后，欧洲 VAT 税金计算：计税销售额 = 本地发货收货 + 本地发欧盟国家（未超远程阈值）+ 欧盟异地发本地（超过本地阈值）。

（三）亚马逊多国库存计划（MCI）

MCI 是亚马逊多国库存计划（Multi-Country Inventory）的简称，是指在亚马逊多个国家持有库存，是亚马逊 FBA 提供的一项欧洲地区的国际库存配置方案。通过 MCI，亚马逊欧洲卖家可将商品直接发送到欧洲多个目标销售站点的亚马逊 FBA 仓库。

MCI 是亚马逊物流（FBA）提供的另一种国际配送方案，有助于提升商品竞争力，促进国际销量的上涨。借助多国库存，卖家可以将最畅销的库存直接发往买家所在的国家/地区，缩短商品与买家的距离。当买家订购你的商品时，亚马逊可以更快地配送和送达。

亚马逊 MCI 计划的实质就是在多个欧洲站点建立相同 ASIN 的库存，并为每个站点的 SKU 发库存，将货物储存在多个 FBA 仓库中，亚马逊会根据消费者下单的地点就近发货，大大提高物流配送速度。

参与 MCI 计划，没有额外的启用费用，欧洲站卖家只需要按照各站点的实际情况，支付符合当地标准的 FBA 仓储费和配送费即可。此外，因为需要在销售国建立 FBA 库存，因此无论卖家选择在哪些国家储存货物，都需要注册这些国家的 VAT，并交纳税费。

目前，亚马逊在欧洲站推出了亚马逊物流欧洲整合服务（Pan-EU）、欧洲配送网络（EFN）、多国库存（MCI）等多种物流配送服务，几种方式的区别如表 7 – 9 所示。

表 7 – 9 亚马逊欧洲物流服务

项目	亚马逊物流欧洲整合服务（Pan – EU）	欧洲配送网络（EFN）	多国库存（MCI）
头程入库运输	一国入仓		多国入仓
库存管理	灵活选择库存仓储国家/地区，亚马逊仅在卖家选择的库存仓储国家/地区储存您的商品	卖家的商品仅储存在入库的国家/地区	商品储存在入库的所有国家/地区，卖家需要同时管理多个国家/地区的库存
增值税（VAT）	·在库存仓储国家/地区，需注册增值税税号 ·其他远程配送的目的地国家/地区无增值税注册要求		在库存仓储国家/地区，有增值税申报义务，需注册增值税税号
尾程配送	·在库存仓储国家/地区，可以快速配送给买家 ·其他国家/地区的订单，亚马逊会通过 EFN 的方式进行配送，时间相对较长	·在库存仓储国家/地区，可以快速配送给买家 ·其他国家/地区的订单需跨境配送，时间较长	在库存仓储国家/地区可以快速配送给买家
配送	·在库存仓储国家/地区，仅需支付当地配送费 ·其他国家/地区的订单配送需跨境运输，需要支付跨境运输费用和当地配送费		在库存仓储国家/地区，仅需支付当地配送费

受英国脱欧影响，亚马逊自 2020 年 12 月 28 日起暂停跨英国与欧盟新海关边境运输。卖家在英国可正常使用 FBA 和欧洲配送网络（EFN）；在欧盟国家/地区可继续使用 Pan-EU。

☞ **任务演练：**

1. 了解什么是欧洲远程销售及远程销售阈值？
2. 了解什么是欧洲整合服务，欧洲整合服务有哪些要求？

項
目
八

视频：品牌
申请及备案

品牌申请及备案

■ 学习目标

1. 了解跨境电商知识产权侵权相关知识，包括版权侵权、专利侵权、商标权侵权等。

2. 了解跨境电商知识产权保护面临的问题、常见知识产权侵权行为及其规避方法。

3. 了解跨境电商平台商标注册的重要性，掌握商标注册的相关流程。

4. 了解品牌备案以及品牌备案的优势，熟练掌握品牌备案的流程与获取品牌授权的方法，熟练运用品牌工具功能。

任务一 跨境电商知识产权保护

┈┈┈ **任务目标** ┈┈

在跨境电商活动中，知识产权保护是卖家品牌公信力的保证，随着跨境电商平台规则的不断完善，平台对知识产权保护效应不断提高。通过本节内容，主要学习并掌握跨境电商中常见的几种容易侵权的类型及其规避方法等内容。

┈┈┈

一、知识产权概述

知识产权是指智力创造成果：发明、文学和艺术作品以及商业中所用的标志、名称和图像。知识产权分为两大类：

工业产权，包括专利、商标、工业品外观设计和地理标志。

版权，包括文学作品（如小说、诗歌和戏剧等）、电影、音乐、艺术作品（如绘图、绘画、摄影作品和雕塑等）以及建筑设计。与版权相关的权利包括表演艺术者对其表演享有的权利、录音制品制作者对其录音制品享有的权利，以及广播组织对其广播和电视节目享有的权利。

在跨境电子商务活动中，知识产权已成为传递品牌信赖力的标识，买家主要通过专利、商标、版权识别消费产品的信息、可靠度，并进行比较。在无法目睹货物的情况下，绝大多数买家只能通过知识产权辨别在万里之外的卖家的信誉和产品品质。

二、跨境电商知识产权侵权

知识产权保护受地域限制，大部分是采取先注册先保护原则，可防止品牌被抢注、技术被复制等情况，当前亚马逊等平台也对知识产权日益重视。下面就以亚马逊平台为例，为大家详解跨境电商侵犯知识产权的常见风险及其防范和解决措施。

在跨境电商平台上，卖家的一些侵权行为主要有版权侵权、商标侵权、专利侵权这几种表征。

1. 版权侵权。版权即著作权，包括盗图、盗用视频、文字作品侵权以及其他版权侵权情形。版权是唯一的一个创作完成后就自动在全球获得保护的知识产权。在跨境电子商务中，版权保护的是图案本身，无论图案用在什么地方，一旦登记成功就终身受保护，并且是绝对权利。

2. 商标权侵权。商标权遭遇侵权主要有以下几种情形：销售侵犯注册商标专用权的产品；在相同或类似产品上使用与他人注册商标相同或者近似的商标；商标被注册为域名；商标被使用于企业名称等。在跨境电子商务行业中，跨境电商平台上商标权保护的问题最为突出，也最需要解决。"商标侵权"主要表现在上架产品展示他人商标，构成与他人商标近似或混淆以及其他商标侵权情形。以亚马逊平台为例，商标侵权情形常见表现为 listing 标题关键词使用了别人的文字商标、产品本身或者外包装图上带有别人的文字商标或者图形商标、产品描述或是使用说明书等带有别人的文字商标。

知识产权是无形资产，可转让或授权，且因为有地域性，因此注册商标会有目标国。查询商标是否有被申请注册或是商品是否有专利，可在各国商标网查询。

世界知识产权组织：http：//www. wipo. int/portal/en/。

美国商标查询：http：//www. uspto. gov/patent。

欧盟商标查询：http：//www. epo. org/。

日本商标查询：http：//www. jpo. go. jp/。

德国商标查询：http：//www. dpma. de/。

欧洲内部市场协调局：https：//oami. europa. eu/ohimportal/en/。

澳大利亚商标查询：http：//www. ipaustralia. gov. au/。

加拿大商标查询：https：//www. ic. gc. ca/eic/site/icgc. nsf/eng/home。

英国商标查询：https：//www. gov. uk/。

新西兰 NZ：http：//www. iponz. govt. nz/cms。

3. 专利侵权。

专利侵权：侵犯发明、实用新型和外观设计专利权。以生产经营为目的生产、使用、销售、预销售、进口拥有专利的产品，都属于侵权行为。

在跨境电子商务中，涉及专利侵权的行为类型主要是销售专利产品或者使用其专利方法。通过跨境电商向国外出口的产品，针对不同的产品向国外申请专利，处理方案不一样，要区分是技术含量高的产品出口还是技术含量普遍的传统产品出口。若该产品属于技术含量较低的产品，则不需要申请专利；如果产品属于技术含量高的产品，则可以申请专利保护。在此过程中，应注意对知识产权进行管理和维护。如果该产品是公司的重要专利产品，该产品的技术内容在同类产品中是创新的，且该产品具有可观的市场前景，则强烈建议企业申请国外专利，来保护自己的研究成果。例如科技公司，花费了数亿元研究了一个产品，如果没有专利保护，别人抄袭他的技术后，可以自立门户打造自己的品牌，而有了专利后，别人则需要付专利费。

对于亚马逊卖家来说，为什么注册了商标还要申请专利？

因为商标和专利的保护范围不同，注册自己的商标品牌可以有效防止跟卖，保护自建 listing，增加 listing 可信度，使自己的 listing 能被更精准地搜索，防止他人篡改 listing 里面的内容，既能保持自己的利润空间，也能有效制止同品类企业侵权，在保护自身商业利润的同时保护公司的无形资产。与商标品牌不同，专利保护的是这个产品本身的创新设计，专利一般分为发明专利、外观专利和实用新型专利（仅中国以及日本等部分国家有）。申请专利需要具备新颖性、创造性和实用性。只要是对产品的形状、图案或者其结合色彩与形状、图案所做出的富有美感并适用于工业应用的新设计，如手机、手表、电视、电脑、茶壶、汽车等，只要符合上述条件，都可以申请外观设计专利。

外观设计的载体必须是产品，不能重复生产的手工艺品、农产品、畜产品、自然物不能作为外观设计的载体，也就是说这些非产品的载体不能申请外观设计专利。

平台上其他卖家不是以商标的名义投诉，而是以这个产品包装的外观设计专利向平台提出异议，这样即使卖家拥有了产品商标，也同样有可能会被亚马逊平台判定侵权。所以，想要对知识产权进行完备的保护，不能只在一个领域上注册或申请，要进行知识产权的整体保护，制定相关战略。很多亚马逊卖家为了更有效全面地保护产品销售权益，符合条件的产品一般都会同时申请产品商标和外观设计专利。

三、跨境电商知识产权保护

1. 跨境电商知识产权保护面临的问题。

（1）各方侵权认识不足。一是买家辨别能力低，平台对境外产品信任度高，对境外高品质产品需求量大，但境外产品也存在侵犯知识产权问题；二是卖家知识产权保护观念淡薄，尊重他人知识产权、维护自身合法权益的意识和能力普遍缺乏。

（2）海关对侵权行为认定困难。跨境电商这种新型业务形态有别于传统的进口货物，呈现出境内境外两头复杂的特点。即产品境外来源复杂，进货渠道多；境内收货渠道复杂，且多为个人消费，无规律可言。这会给知识产权确权带来一定困难，确权的数量、难度也会大大增加。

（3）侵权责任划分困难。跨境电商涉及境内外电商平台、卖家、支付、报关、仓储、物流等一系列企业，而电商平台又可分为自营型电子商务平台与第三方电子商务平台，主体多元，形式多样，结构复杂。从一般的电子商务到跨境电商的知识产权保护责任划分问题一直争议不断，责任难以划分。

（4）国际（地区间）争端解决困难。一是司法管辖权认定困难。跨境电商参与者处于不同的国家或地区，几乎任何一次网上活动都是跨国家（地区）的，很难判断侵权行为发生的具体地点和确切范围，司法管辖区域的界限变得模糊、难以确定。二是立法差异较大。在跨境电商中，还没有国际组织统一的立法指导，各国（地区）根据实际需要，制定了不同的标准，我国有关立法在知识产权的保护方面还存在很多分歧。三是维权困难。跨境电商涉及大量的中小电商企业甚至是个人卖家，部分卖家缺少对境外法律法规的认知，且跨国家（地区）诉讼费用高昂，在出现涉及侵权问题时，维权困难。

2. 跨境卖家容易遇到的几种侵权行为及规避方法。想要尽可能地规避侵权行为，卖家应先排查检索产品侵权信息，找到可能侵权的产品，修改产品侵权的信息，做好防范风险的准备。针对跨境卖家容易遇到的几种侵权行为，提出如下建议：

（1）不要随意使用一个名字。

①任意使用大品牌商标名字，收到侵权投诉，赔偿高额赔偿金；

②未经查询，就直接使用了某些名字，与已注册的品牌高度相似，侵犯他人商标权，链接下架，店铺被封。

措施：跨境电商品牌化是一个必然的趋势，平台对于打假的力度也会越来越强，大家千万不要投机取巧，不要使用大品牌名字，选择自己的品牌，做好品牌沉淀；在使用任何品牌名字之前，咨询相关的代理机构，做好商标查询，并加以注册保护，避免无意侵权他人商标权。

（2）品牌注册类目与保护产品不匹配。尼斯分类一共有 45 个类目，例如，灯具—第 11 类；服装—第 25 类。

假设，yifeng 在日本注册了电竞产品相关的鼠标、键盘、耳机、散热器的第 9 类类目，后期又延伸开发电竞椅子，但是并没有加注申请第 20 类，就会存在较大隐患。

措施：检测品牌注册所选择的小类是否都涵盖保护了销售的产品，若无，尽快加注申请保护；若公司有开发新的产品，第一时间联系代理，进行查询，加注申请，做好品牌布局。

（3）品牌注册地域（国家）与使用地域（国家）不匹配。品牌在美国注册，销往欧盟国家的产品也直接采用美国品牌，欧盟站点收到提供品牌授权的邮件，美国商标并不能为欧盟的销售产品提供品牌授权。因为，商标注册及保护具有地域性。

措施：产品销售在哪个国家（地域），要注册对应国家（地域）的商标。

☞ **任务演练：**

1. 跨境电商中的知识产权侵权主要有哪几种表现形式？
2. 掌握基本的商标查询方法。
3. 简述几种跨境卖家常见的知识产权侵权行为及其规避方法。

任务二　跨境电商平台接受的商标类型

任务目标

商标作为一个品牌区别于其他品牌的载体，拥有许多不同的类别。在本节内容中，主要学习商标的基础概念、主要类别、标记/注册类型等要点信息。

一、商标 Trademark

商标是一种标明某产品或服务系由某人或某一公司所生产或提供的显著标志。商标是品牌的载体，是公司、产品的名片。如果说商标是一个产品或者服务区别于其他产品或者服务的显著标志，商标所树立的形象就是品牌。

商标是品牌的一个载体，受法律保护，一个品牌可以有多个商标，商标具有法律效力且区分国家，中国注册的商标，在其他国家不适用。商标的注册是区域性的，在特定国家注册是受到特定国家区域保护的，企业可以用商标来保护自己的知识产权。在中国大陆境内注册的商标只能在中国大陆境内获得保护，同理在出口国（地区）当地注册的商标，也只能在出口国（地区）获得保护。所以产品通过跨境电商出口海外，也需要到注册海外商标知识产权。

二、商标类别

商标是区别产品或服务的一种标志，每一个注册商标都是指定用于某一产品或服务上的。注册申请时需根据商标所使用的产品或服务范围来选定大的分类。注册商标的专用权，以核准注册的商标和核定使用的产品为限。

如表 8 – 1 所示，尼斯分类将商标类别分为 45 大类，其中 1 ~ 34 类为产品类别；35 ~ 45 类为服务类别。

表 8 – 1   商标类别：尼斯分类

1 类—化学原料	11 类—灯具空调	21 类—厨房洁具	31 类—饲料种籽	41 类—教育娱乐
2 类—颜料油漆	12 类—运输工具	22 类—绳网袋篷	32 类—啤酒饮料	42 类—网站服务
3 类—日化用品	13 类—军火烟火	23 类—沙绒丝	33 类—酒	43 类—餐饮住宿
4 类—燃料油脂	14 类—珠宝钟表	24 类—布料床单	34 类—烟草烟具	44 类—医疗园艺
5 类—医药	15 类—乐器	25 类—服装鞋帽	35 类—广告销售	45 类—社会服务
6 类—金属材料	16 类—办公用品	26 类—纽扣拉链	36 类—金融物管	
7 类—机械设备	17 类—橡胶制品	27 类—地毯席垫	37 类—建筑修理	
8 类—手工器械	18 类—皮革皮具	28 类—健身器材	38 类—通讯服务	
9 类—电子产品	19 类—建筑材料	29 类—食品	39 类—运输贮藏	
10 类—医疗器械	20 类—家具	30 类—方便食品	40 类—材料加工	

注：标颜色的为热门类目。

通过跨境电商向国外出口产品，还需要在国外办理商标注册和知识产权保护登记。在中国大陆注册的商标只能在中国大陆受到保护；在出口国当地注册的商标也是如此。跨境电商产品在全球范围内流通，当产品通过跨境电商出口国外时，在出口国进行商标注册是非常有必要的。

三、商标标记/注册类型：

商标标记/注册主要分为 R 标和 TM 标。

R 标（register trademark）：商标标识，即已经注册成功的商标，且已获得商标专用权，在其右上角或右下角标注"圆圈 R"或"注"注册标记显示。

TM 标（trademark）：商业标记，即注册商标标识，指未注册过或正在申请受理中的商标，标注"TM"标记，常见于国外商标。

商标注册可向当地国家申请商标保护，但是 R 标和 TM 标二者受法律保护的力度是不同的。R 标具有排他性、独占性、唯一性等特点，属于注册商标所有人所独占，受到注册地相关知识产权法律的强制性保护，任何企业或个人未经注册商标所有权人许可或授权，均不可自行使用，否则将承担侵权责任。TM 标，申请注册商标时，享有使用在先的权利，没有法律的强制保护性，表示正在使用这个图标时只表明这是一个商标。TM 标仅保护自己使用，不能投诉别人；R 标可投诉别人。R 商标的价值大于 TM 商标。

商标标记一般在产品标识的右上角或右下角，但并非一定要在商标上标记使用。

四、商标类型

商标包括文字、图形、字母、数字、三维标志和颜色组合，以及上述要素的组合，均可作为商标申请注册。商标常见类型主要有文字商标、图形商标、文字＋图形组合商标3种显示类型，图形商标不能在亚马逊平台进行备案。卖家应结合自己所经营的业务类型，选择合适的商标类别，设计商标的样式。

商标申请可以分开申请也可以组合申请。商标分开申请后可以分开使用，也可以组合使用，不过会产生相应的叠加费用，但是商标组合申请不可以拆开使用。比如HUAWEI，如果组合申请，若英文不通过的话，会连同中文一并驳回；如果单独申请，中文通过即可发证，英文不通过的话也不会影响到中文商标。对于跨境电商卖家来说，建议分开申请。

☞ **任务演练：**

1. 了解商标对跨境电商卖家的作用。
2. 了解常见的商标类型及注册类别。

任务三　商标注册的重要性与申请流程

------- **任务目标** -------

在了解完常见商标的类型有几种后，在本节任务中，旨在系统地学习商标注册的申请流程，以及在商标注册过程中常见的问题。

一、商标注册的重要性

对于跨境卖家来说，商标是产品和品牌跨境出海的助推器，在抢先市场、品牌保护、防止被抢注、平台入驻权益等方面发挥着重要的作用。

抢先市场：商标体现了企业的品牌名称，拥有注册商标标识的产品更容易被买家认可和信赖，注册商标可以提高产品和品牌的市场价值。在跨境电商平台上，成为第一个获取品牌的人，能快速建立市场优势，形成买家对品牌的认知。买家依据商标辨识度购买产品，能够提高产品的附加价值，建立市场壁垒，从而提高产品的销量与排名，使得品牌效益最大化。

品牌保护：注册商标是品牌获得法律保护的重要手段。当商标权受到侵害时，有权维护自己的权利，对使用类似品牌销售同一产品的其他卖家提出投诉，对侵权人提出申诉，要求对方立即予以撤销类似品牌销售，维护自身品牌重大利益。在跨境电商平台获得销售市场品牌专用权，是防御他人侵犯自己商标权的有力工具，能有效防止被侵权。在跨境电商平台上，如果发生卖家商标被他人侵权的行为，可以要求对方产品下架甚至封店。

防止被抢注：防止商标抢注，防范被指控侵权，降低可能的国外应诉和应诉成本。避免因被恶意抢注，对自己品牌造成损害。

平台入驻，获取更多权益：卖家在跨境电商平台经营时，商标也可以受到平台的保护。亚马逊、eBay、Walmart、速卖通等平台入驻需要持有相关的商标。拥有商标的卖家在入驻平台时可以获得更多的权益。

在亚马逊平台上，注册商标为卖家提供了一些优势：

1. 拥有商标注册证书后，便可进行亚马逊备案，申请 UPC 豁免，可以使用 GTIN 取代 UPC，避免了 UPC 重复性高，购买耗费等一系列问题。

2. 拥有商标后，别人就不会肆意跟卖卖家的产品，在保护自建 listing、增加 listing 可信度、使自己的 listing 能被更精准搜索的同时，还能投诉跟卖，保护 Listing。

二、商标注册的要求

跨境电商平台商标注册举足轻重，卖家在注册前要关注了解跨境电商平台可接受的商标类型、商标要求、商标信息等。以亚马逊平台为例，为大家介绍卖家需要注意的商标注册事项。

在亚马逊平台上，品牌备案、加入品牌旗舰店、上 A + 优化店铺、防跟卖、参加透明计划、上传产品等，都需要持有本土国家注册成功的商标。

在亚马逊平台上注册商标，可以通过申请品牌备案（TM 标也可备案）。不管是使用待处理 TM 商标还是 R 标，亚马逊品牌注册目前仅接受基于文本或基于图像的商标：

1. 亚马逊品牌注册接受"基于文本的商标"。

2. 由文字、字母或数字组成的基于图像的商标。

跨境电商平台重视商标保护，对入驻平台的商标提出了一定的要求。亚马逊平台要求入驻商标符合以下情形：

正在申请中的商标受理通知书（TM）或者商标注册证书（R）；

商标有做变更、转让和续展的，需要提供变更、转让、续展等商标证明；

可以是自然人或法人申请的商标；

商标不得与其他品牌商标相似或相同，必须便于识别，有鲜明的特点；

注册商标必须是只包含无任何设计、图形或中文的纯文字的"标准字体"商标；

注册商标需与销售产品的商标文字或图形一致；

法律规定不予注册商标的情形除外。

三、商标注册建议

在跨境电商平台上，卖家可以注册商标来保护自己的品牌。商标作为跨境电商平台的第一道坎，在注册的过程中有许多需要注意的地方。以亚马逊卖家为例，在亚马逊平台上商标注册需要注意：

1. 核名建议。

（1）不建议使用与店铺名称或者与产品描述相关的词汇组合作为商标名称申请的。

（2）假设卖家要申请保护的产品是电子产品，商标名称就不要用"power""smart"等相关词汇来组合命名，否则审查员会认为卖家的名称与产品相关，以与产品描述类似而没有显著性为由驳回卖家的商标申请。

2. 分类建议。商标保护的是申请类目下的产品，要申请保护什么产品就要申请该产品对应所属的国际产品分类；商标类目与亚马逊产品类目不同，注册商标以国际产品分类为主，而且这个商标类目没有统称，都是以序数词来命名每个大类的，产品属性相关的为一个大类。

3. 提交资料。提交资料也有不同的区别，就拿美国商标申请为例，申请类型分有意向申请和已使用申请。

前者为商标未在市场中使用，预申请注册使用；而后者是已在市场上使用这个 logo，且印在卖家的产品或网站上使用后，再到商标局做申请注册。

4. 持有人。分为个人申请和公司申请，要问有什么区别，其实区别是不大的。

（1）个人申请：提供姓名与地址信息。

（2）公司申请：提供公司名称、地址与法定代表人信息。

注：个人申请必须是非自然人，也就是需要个体户营业执照，商标归个人所有，后期与营业执照无关。公司申请商标，需要公司营业执照，商标归公司所有，不归公司法定代表人所有。

四、商标注册信息

商标注册在不同国家（地区）需要提交的注册信息存在差异，以美国、欧盟和日本为代表进行不同国家（地区）商标注册信息的讲解。卖家在美国、欧盟和日本注册商标需要哪些信息？

1. 美国商标：申请人的英文姓名和地址；产品或服务申请；商标样本；身份证副本（个人）或营业执照副本（企业）；最初在美国使用的日期和证据。

注：美国商标申请分为有意向申请和已使用申请。前者为商标未在市场中使用，预申请注册使用；而后者是已在市场上使用这个 logo，且印在卖家的产品或网站上使用后，再到商标局做申请注册。美国商标意图需要在再次提及之后第五年使用。

2. 欧盟商标：申请人的英文姓名和地址；产品或者服务项目；商标图纸；身份证副本（个人）或营业执照副本（企业）。

3. 日本商标：申请人的英文姓名和地址；产品或者服务项目；商标图纸；身份证副本（个人）或营业执照副本（企业）。

五、商标注册申请流程

商标注册申请流程一般分成以下几个阶段：查商标名字→签合同→付款→做申请材料→递交到商标局→商标局受理回执→商标进入审查阶段→商标进入公告阶段→下证。

以注册美国商标为例，商标注册主要为以下几个阶段：

1. 商标确认。

（1）提供卖家的商标名称，告知注册类别，在提供商标名称前需先查一下商标是否有疑似商标，预估一下商标注册通过率，一般商标近似性较低、有七成以上通过率可以考虑申请注册。

（2）商标名字和类别确定之后，安排签合同及付款。商标注册费用视情况而定，卖家申请注册的类别越多，需要缴纳的费用就越高，具体费用根据以卖家选择代理机构的报价为主。商标可以跨类别申请，美国商标一次只能申请一个分类。一般来说，商标注册按照类别收费，两个分类的应用相当于两个商标的应用，需要支付额外费用；欧盟商标一次可以申请三个分类，如果额外分类也需要支付额外费用。

2. 提出申请。在申请时需要先提交申请，将申请材料提交到美国专利和商标局。美国专利和商标局收到注册申请后，会进行形式审查以确定其是否符合商标注册的基本要求。如果符合，会签发日期并在提交申请两个月后发给申请人一份受理通知书。

3. 审查阶段。在提交申请四个月后，美国专利和商标局的审查员将负责审查并决定该商标能否注册。如不能，审查员会发函注明退回理由或者需要做的改动。申请人必须在收到信后六个月内答复，否则该申请即终止。

4. 异议阶段。如果没有被退或申请人答复理由成立，该商标即会被印制在商标公告上。此后30天为异议期。

5. 发证阶段。如申请基于商标在先的实际使用且没人提出异议，美国专利和商标局将在公告12个星期后颁发注册证书。如商标注册申请基于申请人将善意使用该商标的声明，将在12个星期后颁发通知书。申请人在6个月时间内可以使用此商标并提交使用声明，或者申请6个月延展期。

卖家可以通过商标局官网查询商标是否注册成功。1～2个月左右，在商标局官网查询到申请信息就可以打印TM标并使用，一般跨境电商平台是需要拿到受理通知书后才能允许入驻和使用的（见表8-2）。

表8-2 商标注册流程及时效

申请主体	受理回执（工作日）	审查期（月）	公告异议期（月）	至拿到证书总时长（月）	有效期（年）	所需资料
美国商标	3	4～5	3	8～10	10	1. 商标图样（如无图样，仅需提供文字）；2. 一张营业执照副本扫描件（公司申请）或个人身份证复印件正反面（个人申请）；3. 所选分类
欧盟商标	5～7	1～2	3	5～6	10	
日本商标	5～7	4～5	3	8～10	10	
英国商标	5～7	1	3	4	10	
加拿大商标	10	9～18	3	12～24	10	
澳大利亚	5	4～5	3	8～10	10	

对于跨境新手卖家而言，商标注册与店铺注册应是同时进行的事项。当卖家的商标注册完成时，商标可以为卖家的跨境贸易提供更多便利。各个跨境电商平台商标注册流程存在一定差异，那么商标在跨境电商平台上该如何进行注册呢？以亚马逊平台为例详解商标注册准备工作。

1. 做好准备：卖家需要确保在开始商标注册之前准备好以下内容。

（1）清晰、真实的产品照片：清晰、真实的产品包装和品牌照片，确保商标等清晰可见；

（2）卖家的线上商店链接：卖家将使用的核心产品属性（这些属性可以是目录号、制造商号、型号或样式号）；

（3）卖家的品牌名称和logo。

2. 确保卖家的所有线上内容都展示了相同的logo、品牌和联系方式，一致性的内容将有助于加快注册流程。最好保持卖家的网站尽可能简单，因为这有助于亚马逊员工快速查找和验证信息。一旦卖家有了品牌备案账号并进行设置，就可以随时回头并使卖家的网站更加精美或专业。

注：注册商标一般要经过漫长的申请、审查时间，拿到注册商标证书后，商标使用者享有专用权，企业可以通过商标树立品牌，推广企业。每个国家（地区）商标的注册申请时间不等，商标申请时间和流程是无法加急和控制的。

六、商标注册常见问题

既然注册商标如此重要，那么跨境卖家在申请商标时需要掌握哪些关键要素呢？

1. 商标注册的成功率以及时效性。由于商标审查的严格性和复杂性，商标查询的盲点，不同审查员对商标近似的不同判断以及商标的审查期和公示期异议都会影响商标的通过。商标申请无法保证百分之百成功。如果商标被驳回或者被异议，要具体看驳回原因或者异议的原因，选择相对应的解决方法。

2. 商标设计的颜色要求。商标可以设计颜色，但建议用黑白色申请商标。如果采用黑白颜色来注册商标使用，在使用商标时，可以用任何颜色来修饰图样本身，不会影响任何商标权利。但若使用彩色商标来注册商标使用，那么后期只能使用该颜色的商标。彩色图样申请的商标，使用时需要改变颜色的，需要重新提出注册申请。

3. 如果在中国注册的商标，是否可以放在亚马逊等跨境平台上使用。商标注册具备区域性保护的特点。如果卖家的产品注册为中国商标且在美国或欧盟其他地区无跟卖家注册相同商标的，它也可以销售到跨境电商平台。但是如果在美国或欧盟其他地区有跟卖家注册相同商标的话，那么卖家的商标是不可以使用的。

4. 禁止作为商标注册的标志及元素。仅有本商品的通用名称、图形、型号的；仅直接表示商品的质量、主要原料、功能、用途、重量、数量及其他特点的；其他缺乏显著特征的。

5. 禁止作为商标使用的标志及元素与国家名称、国旗、国徽、军旗、军徽、军歌、勋章等相同或者近似，与政府间国际组织的名称、旗帜、徽记相同或者近似的，同中央国家机关的名称、标志、所在地特定地点的名称或者标志性建筑物的名称、图形相同的，与表明实施控制、予以保证的官方标志、检验印记相同或者近似的；夸大宣传并带有欺骗性的，容易使公众对商品的质量等特点或者产地产生误认的；带有民族歧视性的，有害于社会主义道德风尚或者有不良影响的；商标缺乏显著特征：仅有本产品的通用名称、图形、型号的，仅直接表示产品的质量、主要原料、功能、用途、重量、数量及其他特点的。

6. 商标是否可以转让。商标可以转让，商标注册人有权在注册商标的有效期内，按照法定的程序，将商标的专用权转让给另一方。商标转让流程：申请→受理→审查→公告→核发转让证明。

注意：商标转让人和受让人应当签订转让协议，并共同向商标局提出申请。受让人应当保证使用该注册商标的商品质量。转让注册商标的，商标注册人对其在同一种商品上注册的近似商标，或者在类似商品上注册的相同或者近似商标，应当一并转让。

☞ **任务演练：**

1. 阐述商标注册对跨境电商的战略意义。
2. 掌握商标注册所需资料及相关注册流程。
3. 了解商标注册中常见问题及解决方法。

任务四　品牌备案的重要性与申请流程

-------- **任务目标** --------

卖家完成产品的商标注册后，需要在跨境电商平台上进行相关报备后，平台才可识别判定商标，并针对品牌卖家账户开放相关品牌运营推广功能。成功打造品牌，有利于保护商品不受侵权，并提高商品的溢价及复购率。在本节的内容中，主要了解什么是品牌备案、进行品牌备案的优势，掌握品牌备案的具体流程、品牌授权方法，学会使用完成品牌备案后拥有的具体功能。

一、品牌备案

品牌备案是指跨境卖家进行了品牌注册后提交相关资料在跨境电商平台进行备案。备案后，卖家在对品牌拥有完全控制权的同时，有助于保护品牌并且能够使用更多行销工具。注册当地品牌是跨境电商平台卖家运营店铺的一把利器，品牌备案能够有效保护卖家品牌安全，防止不正当的跟卖和侵权行为。

以亚马逊平台为例，亚马逊品牌备案，即为亚马逊的卖家注册品牌之后向亚马逊提交备案。亚马逊品牌备案能够提供给品牌持有者一层保护。

二、品牌备案的优势

不同跨境电商平台的品牌备案优势不尽相同。以亚马逊为例，卖家通过亚马逊品牌备案，除了防止侵权、抢先市场、享受更多平台权益以外，还能够在平台上更好地保护自己的品牌。亚马逊卖家在亚马逊商城销售品牌产品，可以帮助品牌所有者创立和发展业务，同时带来一流的卖家体验，还能在流量为王的亚马逊运营中，给店铺带来更多的转化机会。

品牌备案不仅能够保护卖家品牌安全，防止不正当的跟卖和侵权行为，还能给店铺带来更多的转化机会。如图 8 - 1 调查所示，当前亚马逊平台买家，在购买商品时，品牌也是影响转化的一个重要因素。此外，买家也会通过亚马逊平台发现新的品牌和产品，品牌卖家销售增速也会大于整体卖家销售增速，通过平台，也能快速地推广沉淀品牌效应。

74% 的亚马逊消费者在选择商品时，认为品牌是一个重要的考虑因素[1]

80% 的消费者通过亚马逊发现新品牌和新商品[2]

约 **53%** 的亚马逊消费者，相较于别的网站，更愿意在亚马逊站点上，去购买自己不熟悉的品牌[3]

图 8-1 品牌带来的流量

除了买家购买时品牌的流量和转化影响外，亚马逊平台也针对完成品牌备案的卖家提供更多的品牌权益，除品牌打造、品牌数据分析外，还有很重要的品牌保护功能。这些功能有助于多维度展示和推广商品，提升转化和流量；利用开放的数据卖家可以进一步优化营销计划，优化投入产出；开启全方位的品牌保护功能，更好地保护卖家的商品免除被跟卖和被侵权假冒的风险，有效保护品牌商品销量。具体的品牌权益见表 8-3。

表 8-3   品牌卖家权益

品牌商权益	品牌工具
品牌打造	品牌旗舰店
	A + 页面
	视频广告
	品牌推广
	展示型推广
品牌分析	亚马逊品牌分析报告
	品牌控制面板
	Am 日 zonAttributian
品牌保护	自动品牌保护
	举报侵权行为
	Transparency 透明计划
	ProjectZer0

对于亚马逊卖家来说，品牌备案除了能够更好地保护卖家品牌外，亚马逊卖家还能够享有 UPC 豁免权益。亚马逊卖家在上架商品时，无论是 FBA 发货还是 FBM 发货的商品，都需要填写商品编码上架。前文已有介绍关于 UPC 码，此编码需要付费购买。若完成品牌备案，亚马逊平台政策可以申请豁免 UPC。对于卖家来说，即可以节省一笔费用。

完成品牌备案的店铺，卖家可以在亚马逊账号后台搜索框直接搜索“UPC 豁免”，如图 8－2 所示。

帮助
UPC豁免
如何发布没有商品编码（UPC、EAN、JAN 或 ISBN）的商品
手工商品。您是商品的制造商、品牌所有者或出版商，想要销售这些商品，但是没有在商品上提供条形码。例如，自有品牌商品或手工商品。您想要销售商品零件，但这些零件没有全球贸易项目代码。例如，汽车零件或手机配件。您想要销售包含多件商品的捆绑套装。例如，包含皮带和钱包的套装，或包含两件衬衫的套装。注意：1. 要了解哪些分类在发布商品时不需要商品编码，请详细参阅分类要求和 UPC 豁免概览。注意：2. 如果计划发布的商品所在的分类受限，您除了要获得全球贸易项目代码豁免外，还需要获得相应分类的批准，才能发布
属于 管理库存 › ... › 商品发布要求：商品编码（全球贸易项目代码）

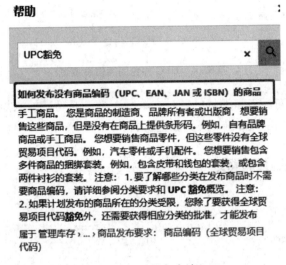

图 8－2　UPC 豁免申请入口

选择搜索结果“如何发布没有商品编码（UPC，EAN，JAN 或 ISBN）的商品”，即可进入图 8－3 页面，选择单击框标示的“申请全球贸易项目代码豁免”。

如何申请全球贸易项目代码豁免
您可以在此处申请全球贸易项目代码豁免。在申请之前，请确保您拥有以下信息：
• 商品名称和最少两张（最多九张）图片，这些图片用来展示商品的各个角度和商品包装。确保符合以下指南：
○ 在申请过程中输入的品牌名称应与商品和/或包装上提供的品牌名称完全匹配。
○ 图片应是商品和包装的真实图片，这意味着在点击图片时，所显示的商品和包装需拿在手上或放在桌子上。
○ 包装和/或商品上带有永久性品牌标识。
○ 商品和/或商品包装上不应有 GS1 批准的条形码。如果有 GS1 批准的条形码，您可以使用条形码发布商品，而无需申请全球贸易项目代码豁免。
在您获得商品图片后，请按照以下步骤申请全球贸易项目代码豁免。
1. 在申请全球贸易项目代码豁免页面中，点击【选择】按钮，然后从弹出列表中选择相关的【商品分类】。
2. 在【品牌/出版商】字段中输入品牌或出版商名称。对于无品牌商品和捆绑商品，请输入通用。提示：您可以申请多个豁免（最多 10 个）：点击【+ 添加更多品牌/出版商】，可以在同一分类下添加品牌或出版商，点击【+ 添加更多分类】可以添加新分类。

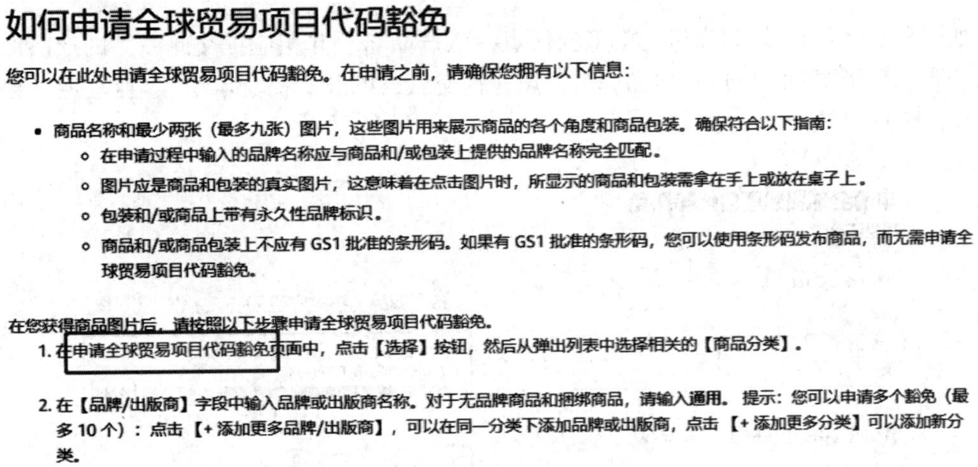

图 8－3　申请全球贸易项目代码豁免

单击进来即为“申请全球贸易项目代码豁免”，可选择商标注册的商品类目、填写商标名，单击“申请更多分类”就能一次性申请多个类目的代码豁免，如图 8－4 所示。这些信息填写完成后，“检查资格”按钮会激活变亮，即可单击按钮，进入下一步。

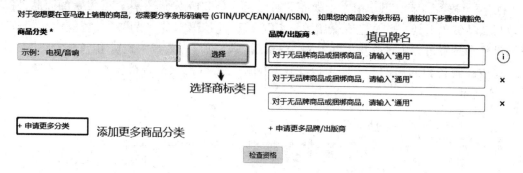

图 8 - 4　UPC 豁免品牌信息填写

如图 8 - 5 所示，商标名和类目信息对应填写正确，亚马逊检测豁免资格状态中"√"，则可单击"继续提交证明"按钮，提交相应资料。

图 8 - 5　UPC 豁免资格

如图 8 - 6 所示，填写商标分类里的任意一款产品名，并相应提交此商品的产品图、包装图三张，三张图中需要展示出品牌名，填写提交后，单击"提交申请"，亚马逊平台会根据提交的信息审核。

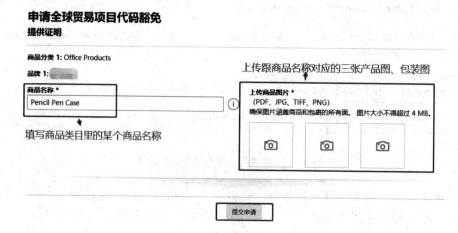

图 8 - 6　UPC 豁免产品信息提交

审核通过后，即会发 UPC 豁免审核通过的邮件通知到账号注册邮箱，以后即可在备案品牌对应的商品分类中使用"GTIN"编码类型上架产品，无须购买 UPC。除了品牌备案的账号可申请 UPC 豁免外，被品牌授权的账号也可以申请。

很多亚马逊新手卖家觉得做品牌备案这件事非常麻烦，但是在运营中，品牌备案能够更好地保护卖家的品牌安全，防止不当的跟卖和侵权行为，还能够享有平台的品牌权益，可以助力卖家更长远的业务拓展。

三、品牌备案流程

第一步：进入到备案的店铺后台，单击"品牌旗舰店→管理店铺"，如图 8-7 所示。

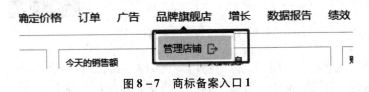

图 8-7 商标备案入口 1

第二步：进入品牌旗舰店页面后，如图 8-8 所示，选择框中的"亚马逊品牌注册"。

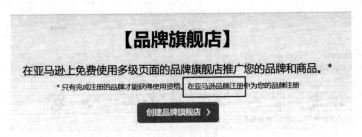

图 8-8 商标备案入口 2

第三步：进入品牌管理页面，单击"注册新品牌"即可进行品牌备案，如图 8-9 所示。

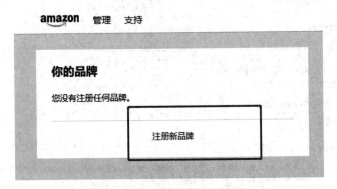

图 8-9 亚马逊品牌备案页面

第四步：开始备案商标，单击"注册新品牌"，即会跳出如图 8-10 提示页面，备案前需提前准备好商标申请号和显示商标名的产品图，备案时需填写。

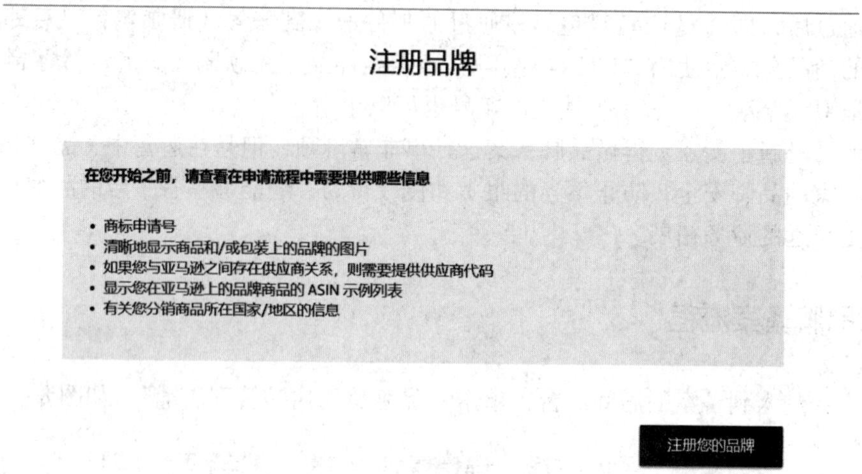

注册品牌

在您开始之前，请查看在申请流程中需要提供哪些信息

- 商标申请号
- 清晰地显示商品和/或包装上的品牌的图片
- 如果您与亚马逊之间存在供应商关系，则需要提供供应商代码
- 显示您在亚马逊上的品牌商品的 ASIN 示例列表
- 有关您分销商品所在国家/地区的信息

注册您的品牌

图 8 – 10　品牌注册所需资料提示

第五步：品牌信息填写页面，具体信息填写见图 8 – 11。填写商标名称、选择注册的商标所在地区商标局，填写商标注册号或序列号，提交商品图片，提交。

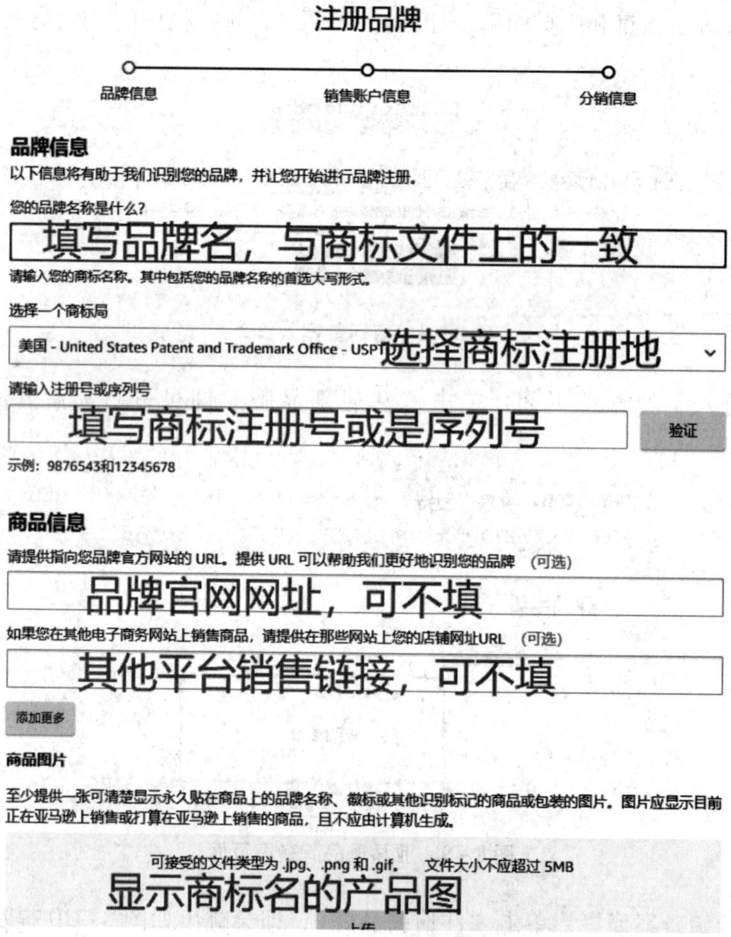

注册品牌

品牌信息　　　　销售账户信息　　　　分销信息

品牌信息

以下信息将有助于我们识别您的品牌，并让您开始进行品牌注册。

您的品牌名称是什么？

填写品牌名，与商标文件上的一致

请输入您的商标名称。其中包括您的品牌名称的首选大写形式。

选择一个商标局

美国 - United States Patent and Trademark Office - USP　选择商标注册地

请输入注册号或序列号

填写商标注册号或是序列号　　验证

示例：9876543和12345678

商品信息

请提供指向您品牌官方网站的 URL。提供 URL 可以帮助我们更好地识别您的品牌　（可选）

品牌官网网址，可不填

如果您在其他电子商务网站上销售商品，请提供在那些网站上您的店铺网址URL　（可选）

其他平台销售链接，可不填

添加更多

商品图片

至少提供一张可清楚显示永久贴在商品上的品牌名称、徽标或其他识别标记的商品或包装的图片。图片应显示目前正在亚马逊上销售或打算在亚马逊上销售的商品，且不应由计算机生成。

可接受的文件类型为 .jpg、.png和.gif。　文件大小不应超过 5MB

显示商标名的产品图

图 8 –11　品牌信息填写

第六步：销售账户信息填写，具体信息填写见图 8 – 12。若之前并没有作为供应商向亚马逊销售商品，没有供应商代码，则选"卖家"。品牌的商品类别根据实际商标申请时的类目选择。

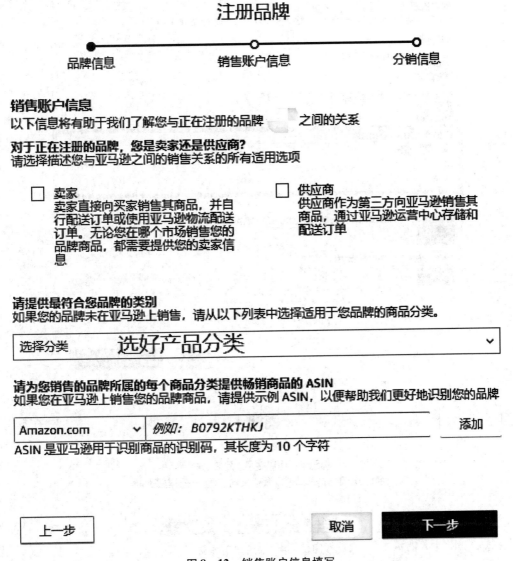

图 8 – 12　销售账户信息填写

第七步：分销信息填写。分销信息可以按图 8 – 13 所示，选"是"，分销地可不填，然后点提交即可。

填写完成，即会跳转到如图 8 – 14 所示界面。需注意，到此，备案还没结束，提交之后，亚马逊会进行审查，在品牌管理页面可以看到，如图 8 – 15 所示。审查时间一般在 1 ~ 3 个工作日内，如品牌信息填写无误，亚马逊会给卖家的邮箱发送一封邮件如图 8 – 16 所示，卖家在后台以 Case 的形式回复，只需要在后台注意并及时跟进即可。

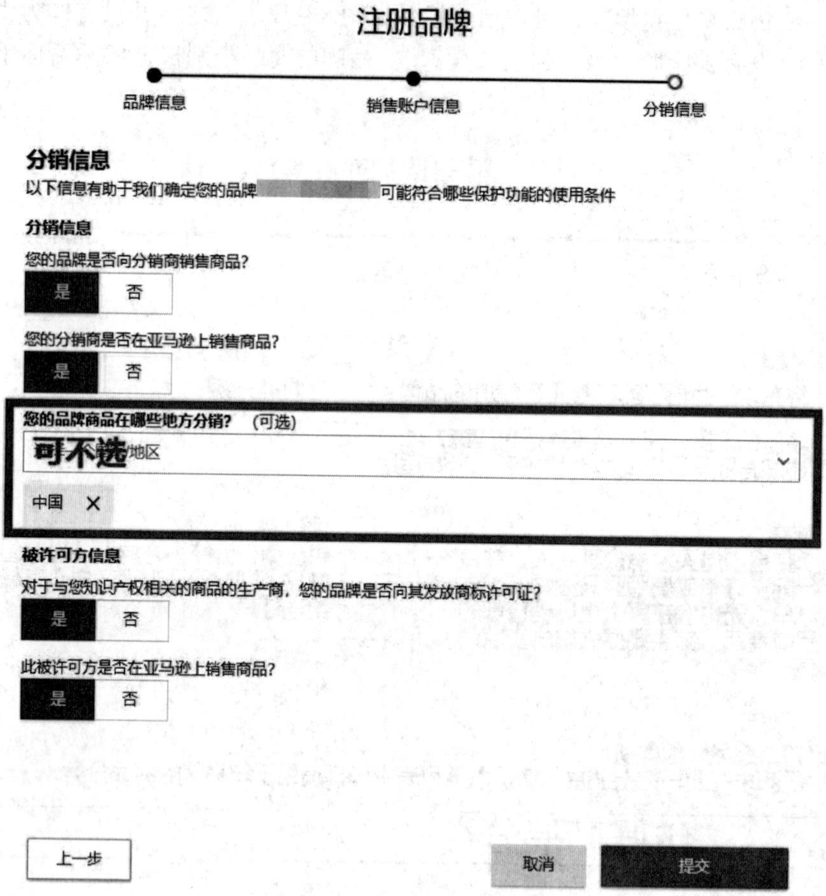

注册品牌

品牌信息 ———————— 销售账户信息 ———————— 分销信息

分销信息

以下信息有助于我们确定您的品牌 ▓▓▓▓▓▓ 可能符合哪些保护功能的使用条件

分销信息

您的品牌是否向分销商销售商品?

| 是 | 否 |

您的分销商是否在亚马逊上销售商品?

| 是 | 否 |

您的品牌商品在哪些地方分销? (可选)

可不选 地区 ⌄

中国 ✕

被许可方信息

对于与您知识产权相关的商品的生产商,您的品牌是否向其发放商标许可证?

| 是 | 否 |

此被许可方是否在亚马逊上销售商品?

| 是 | 否 |

| 上一步 | | 取消 | 提交 |

图 8 – 13 分销信息填写

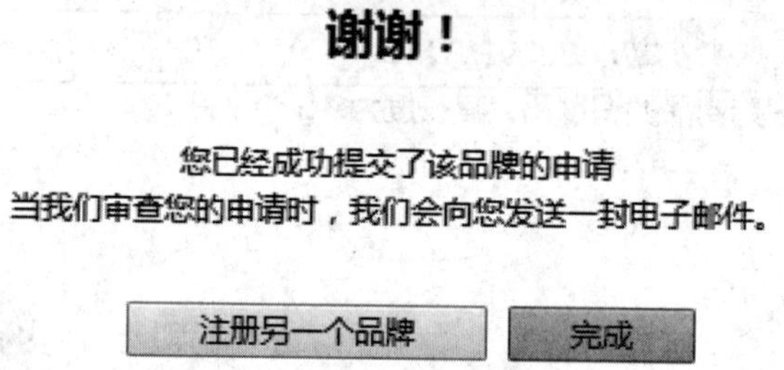

谢谢!

您已经成功提交了该品牌的申请

当我们审查您的申请时,我们会向您发送一封电子邮件。

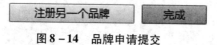

| 注册另一个品牌 | 完成 |

图 8 – 14 品牌申请提交

图 8 – 15 品牌审查中

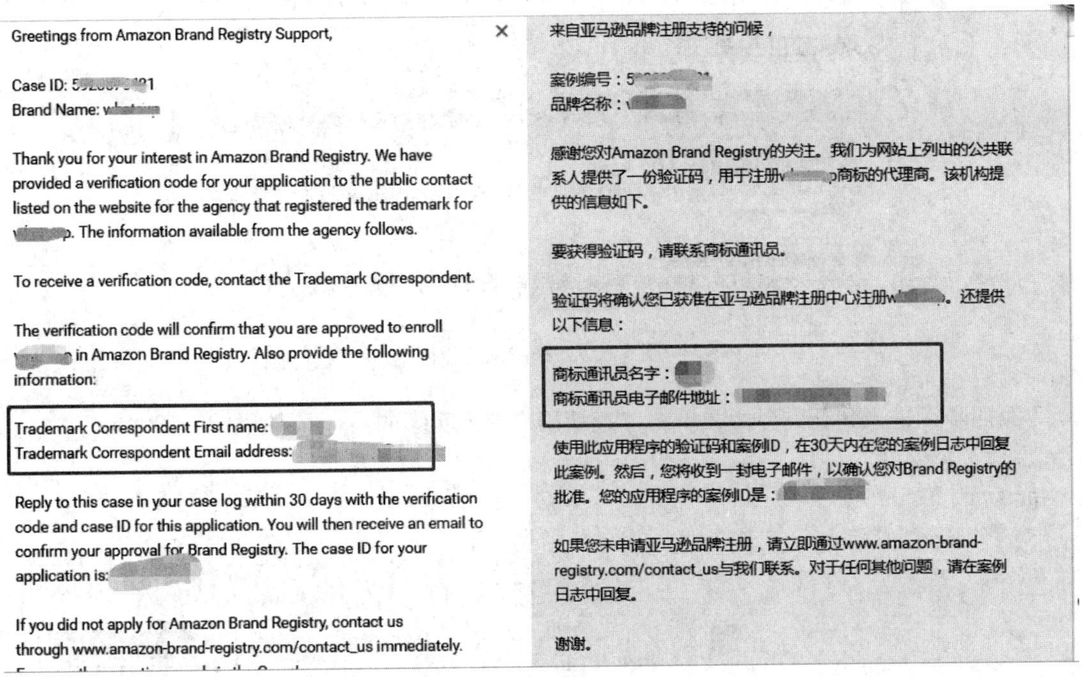

图 8 - 16 亚马逊品牌注册邮件

邮件大意为：

官方会向卖家注册商标的邮箱里发送一个验证码，卖家需要将此验证码回复到注册品牌备案的邮件中去。

取得验证码并回复邮件之后，亚马逊会通过邮件告知卖家的品牌备案已经完成，这时整个备案流程才成功结束。

至此，卖家就能够使用品牌备案的所有功能了。

四、品牌授权方法

除了品牌备案外，品牌授权也是备受跨境电商卖家关注的焦点问题。在跨境电商平台上，品牌可以进行授权。一个商标可以有多个分销商，因此一个品牌可以授权给多个不同的账号使用。不同跨境电商平台的品牌授权规定和流程不同。

以亚马逊平台为例，在亚马逊平台中，一个品牌只能在一个账号备案，其他账号想要使用此品牌，可以通过授权的方式，从品牌备案账号给其他账号设置品牌权利。在亚马逊平台上，具体品牌授权步骤操作如下：

第一步，进入到备案的店铺后台，单击"品牌旗舰店→管理店铺"，页面见图 8 - 7。

第二步，单击"亚马逊品牌注册"，见图 8 - 8。跟品牌备案流程一样，单击"亚马逊品牌注册"进入到品牌管理页面。

第三步，在品牌管理页面中，如图 8 - 17 所示，单击"用户权限"进入设置页面。

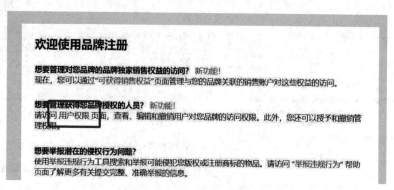

图 8 – 17　品牌用户权限

第四步，进入到新的界面，单击"邀请用户加入卖家的品牌"，如图 8 – 18 所示。

图 8 – 18　邀请用户加入卖家的品牌

第五步，进入授权界面，如图 8 – 19 所示，按照要求填写需要授权亚马逊 B 店铺的品牌账号邮箱及姓名，以及需要授权 B 店铺的品牌名，选择品牌授权的管理角色权限，最后单击最下方的发送邀请。

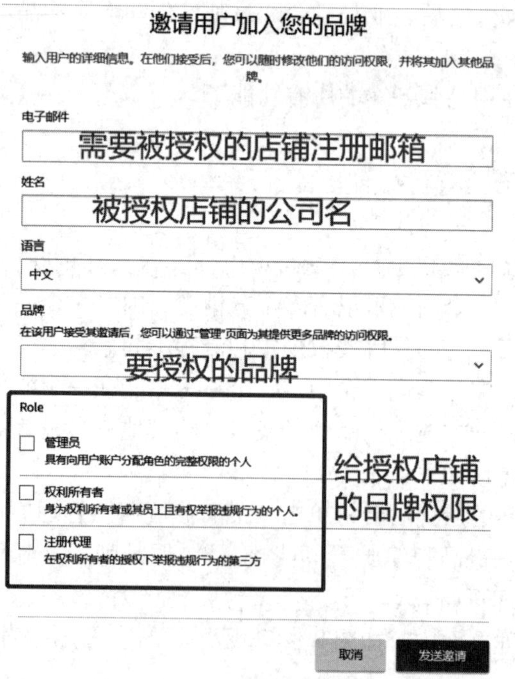

图 8 – 19　填写授权账号信息

第六步，到被授权的店铺所登录的网络环境里面，登录被授权店铺的注册邮箱，会收到一封这样的邮件，如图 8 – 20 所示，单击"单击此处"进入品牌注册邀请。

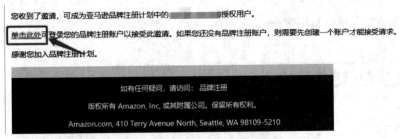

图 8 – 20 "单击此处"进入品牌注册邀请

第七步，被授权的店铺会收到一封邮件，单击"接受邀请"，如图 8 – 21 所示。

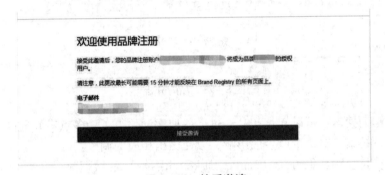

图 8 – 21 接受邀请

第八步，跳转的新界面，再次单击确认，大概 15 分钟时间，品牌授权成功。

五、品牌工具功能解读

在跨境电商平台上，完成品牌备案的卖家可以使用平台上的品牌工具更好地运营和保护品牌。以亚马逊平台为例，完成品牌备案的店铺，亚马逊会开放相应的品牌功能给到卖家，如图 8 – 22 所示。

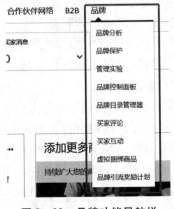

图 8 – 22 品牌功能导航栏

1. 品牌分析。亚马逊为品牌商提供的品牌分析报告，如图 8 - 23 所示，能为卖家提供额外的洞察数据报告，聚合了客户搜索和购买行为的数据，卖家可以精确获取买家群体画像，辅助制订业务运营的改进方案，有助于改进产品及广告推广方式，改善客户消费体验、提升口碑，帮助提高转化和销售额。

图 8 - 23　品牌分析

亚马逊关键词搜索：可以知道产品通过哪些搜索词赢得了最多点击并提高了转换率；也能看到目前的营销策略对销量产生的影响，以便做出相应的调整。

市场篮子分析：购物篮分析（market basket analysis）的数据显示了客户会同时购买卖家的哪些产品，以及关联购买的详细数据，可以发现交叉销售和捆绑销售的机会，甚至发现存在销售潜力的新品。

商品比较和替代购买行为：通过了解以下信息来全面地"知己知彼"，提高产品竞争力。可以通过此功能，了解哪一种竞品最常用来与卖家的产品相比，以及买家查看卖家的产品后，他们最终的购买选择。

人数统计：在这一版块，图表会显示属性、年龄、家庭收入、教育水平、性别和婚姻状况等买家的，可以选择报告的日期范围并导出到 CSV 做深度分析，深挖的信息对做下一阶段的产品差异化有好处。比如，卖家从"年龄段"这栏发现买家里的年轻人比例在增多，那卖家可以考虑做得更时尚一些，或者出个"青春版"的子体。在"家庭收入"这栏，卖家若发现高收入人群在增加，可以考虑开发"高配版"产品，或者尝试提升价格。

2. 品牌保护。如图 8 - 24 所示，品牌保护功能主要为卖家提供两种品牌保护方式：一种是主动防止假冒商品的功能，即亚马逊的透明计划项目；一种是举报涉嫌违规行为，可以通过后台品牌客服通道举报侵权仿冒产品。

透明计划（transparency）是亚马逊为品牌商和买家提供的一项新的服务。它会对每一件商品进行追踪从而保护品牌商和买家免受假货侵害。此项服务可以事先主动防伪保护，避免假货商品评论，能提供检验商品真伪的功能并曝光更多品牌信息。开启透明计划保护后，其他卖家在上架相同的商品时，必须提供该商品对应的、正确且唯一的 transparency 代码，才能顺利上架。每个产品对应的 transparency 代码都是独一无二的，卖家不能提供与品牌、产品或版本不符，或使用过的代码，保护验证闭环对 FBA 与自发货均适用。当前产品使用

品牌保护

使用"品牌注册"管理和保护您的品牌：
- 注册新品牌
- 管理您的商标
- 管理您的用户访问权限
- 联系品牌支持

在"亚马逊品牌注册"中注册品牌可解锁一套工具，使用这套工具可以更好地管理您品牌的商品信息，发现并举报涉嫌违规的行为，以及防止假冒商品流入买家手中。

主动防止假冒商品
Transparency 是一项商品序列化服务，有助于防止假冒商品流入买家手中。

确定您要保护的品牌商品，然后向 Transparency 注册对应的 ASIN。系统将生成唯一代码，应用到您已注册的每件商品中。然后，在商品送达买家之前，亚马逊通过扫描方式确认其真伪。如果某个商品未通过此项真伪检查，亚马逊会立即将其搁置，等待进一步调查。

要了解更多信息，请转至 Transparency。

开始使用

举报涉嫌违规的行为
"举报违规行为"是一个自助工具，供品牌所有者举报侵犯其知识产权的商品和商品详情页面之用。

您可以使用我们的自定义搜索功能，通过搜索文本和图片来发现涉嫌侵权的行为。完成搜索后，该工具会提供简单的引导性工作流程来帮助您举报涉嫌侵权的行为，随后由亚马逊进行审核并采取相应措施。了解如何提交完整而准确的违规报告。

"提交历史记录"页面会记录您过去六个月通过"举报违规行为"工具提交的报告历史记录。转至您的提交历史记录。

举报违规行为

图 8 – 24　品牌保护

此服务，需要购买 Transparency 代码，会有标签费用产生。

　　卖家进行了亚马逊品牌注册的，可使用"举报违规行为工具"举报涉嫌侵犯知识产权、版权、商标的行为。此工具仅支持潜在知识产权侵权的举报，卖家需要清楚地了解要举报的侵权类型，选择不正确是不能举报成功的。"举报违规行为"的侵权类型有三种：商标侵权、版权侵权和专利侵权。

　　版权侵权是指卖家未得到版权所有者的授权，擅自将他人所有版权的照片或作品上传到商品详情页。

　　商标侵权指的是卖家使用某种特定的标志或易混淆的近似标志，导致买家对所售商品是否是商标所有者的商品产生混淆。

　　专利侵权指的是卖家在他人专利有效期限内制造、使用、提供销售、销售，或将发明进口至专利注册国的行为。

　　特别需要注意的是如果举报"商标侵权"，卖家必须先确认举报的 ASIN 产品详情页面是否使用卖家的商标。如果详情页面不包含卖家的商标，该举报是无效的。如果要举报商标或专利的侵权行为，则卖家的注册商标或专利必须在卖家举报侵权行为的国家/地区完成注册。

　　选择好具体的举报违规的类型后，要提交所有所需内容，否则可能会按"不完整的举报"被亚马逊拒绝，所以卖家要在"提供更多信息以帮助亚马逊了解卖家的问题"一栏用英语填写相关信息。

　　举报违规行为具体操作可见图 8 – 25，在框 1 中可以填入想要举报的产品标题或是品牌名或是 Asin 码，即可匹配出相应的产品，如框 2 中选中要举报的产品，可在框 3 中选择相应的举报行为，根据不同的侵权类型，填写提交相关材料。

　　3. 管理试验。通过管理试验工具，卖家可以创建两个不同版本的内容，它们将随机显示给亚马逊买家。可以使用此工具，为商品提交替代 A + 商品描述、标题和图片，在整个试验中，一组访问者可以看到产品描述的版本 A，另一组可以看到版本 B，这意味着试验不随时间轮换显示产品描述，两个版本的产品描述将始终显示在试验过程中，但它们将显示给不同的买家群体，试验组的买家可以在任何可用位置看到卖家的产品描述。试验结束后，卖家可以比较两个版本的产品描述，查看哪个版本更有效，然后发布获胜的产品描述。通过试验，卖家可以了解如何创建更好的产品描述，以吸引买家并提高销量。

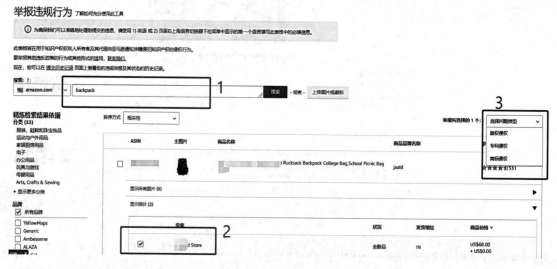

图 8-25　举报违规行为

4. 品牌控制面板（Amazon Brand Dashboard）是一个进行数据汇总并加以呈现的界面，如图 8-26 所示。通过这个便捷操作的界面，能够更有效地管理影响客户体验的健康指标，帮助卖家监控品牌健康状况并增加流量和转化，还能查看店铺的商品评价。

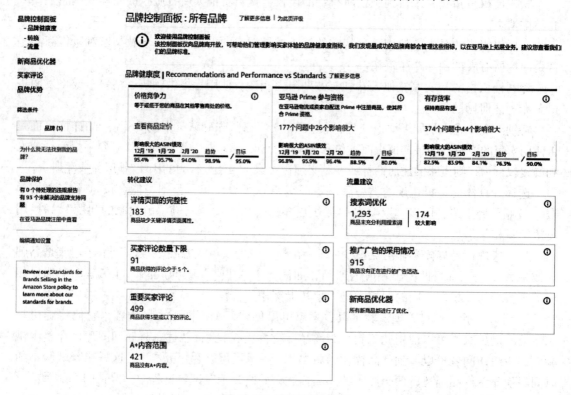

图 8-26　品牌控制面板

Amazon Brand Dashboard 有这几个关键区域：品牌健康度、客户评论和新商品优化器。

（1）品牌健康度有三大指标：有竞争力的价格、Prime 资格、库存率。

有竞争力的价格：此功能会调查其他零售商，并在其他地方以较低价格提供产品时提醒卖家。还会报告在过去 30 天内并非以最低价格获得的浏览量。

Prime 资格：在此版块，可以查看过去 30 天内针对具有 Prime 资格的产品页面浏览量所占的百分比。如果拥有不合格产品的网页浏览量，则可以看到这些浏览量的数字细分。

库存率：此标签将让卖家知道是否有任何产品缺货。如果出现缺货情况，该工具会告诉卖家来自缺货产品的页面浏览量。

（2）买家评论：通过品牌控制面板上的"买家评论"页面，品牌所有者可以方便地追踪其品牌商品的所有新买家评论。关注买家的看法非常重要，这样有助于发现并纠正商品信息缺陷、发现并举报滥用行为，或者对买家评论发表评论。

（3）新商品优化器：新商品优化器（针对过去 60 天内创建的 ASIN）将作为一项新的权益提供给卖家平台上的品牌使用。页面展示卖家在过去 60 天内发布的商品并提供 ASIN 创建日期、最佳时间状态、操作。

（4）搜索词优化：为了帮助买家在亚马逊上发现商品，卖家可以选择提交搜索词，搜索词应是买家可能在其搜索中使用的关键词。注册品牌的卖家，可以使用 ASIN 搜索词优化工具来确保自己商品的搜索词符合亚马逊的最佳实践。在搜索词优化版块能直截了当地看到卖家的 Listing 哪些没有优化 Search Terms，那么就能根据提示点击运行搜索词优化。通过优化或是亚马逊广告推广，有助于提高商品详情页面的流量。

（5）A＋页面：使用 A＋商品描述管理器就能向详情页面添加丰富的商品描述，品牌卖家可以利用"A＋内容"中的添加独特品牌故事、增强版图片和文本添加位置等功能，在原本形式单一的产品描述上，添加更多的文本和图像，使详情页看起来更专业、更生动，让买家更有代入感。

5. 品牌目录管理器，是专供品牌方使用的工具，其中列出了在亚马逊上销售的此品牌的所有商品。借助该工具，品牌卖家可以了解是谁在销售卖家的商品、买家体验如何，以及对于没有品牌方直接报价的商品预计会有哪些销售机会。目前，只有被指定为"品牌代理"的卖家才能使用品牌目录管理器。

如图 8 - 27 所示，品牌目录管理器可以展示产品零售报价、品牌报价、卖家数、平均评分、潜在机会等信息。通过了解每个产品的平均评分情况，就能获取产品在买家当中的受欢迎程度。通过对客户满意度的记录，就能进一步分析，使卖家更加精准地为客户服务，增加客户的满意度，从而达到利润的上升。通过查看未来十二个月的"潜在机会"，即预估销量，就能了解市场的容量以及该款产品市场的竞争水平。

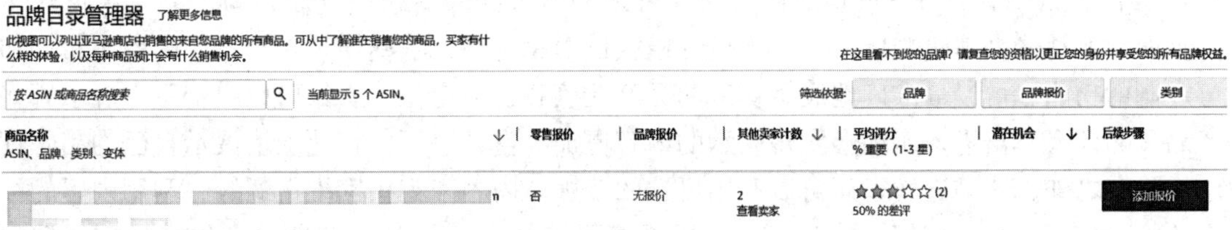

图 8 - 27 品牌目录管理器

6. 买家互动。买家互动功能："管理您的买家互动"工具允许品牌所有者直接向亚马逊商店中的买家发送电子邮件，有助于与亚马逊买家建立忠诚的关系、提高品牌的知名度并推动销售。通过买家互动功能进入发送邮件页面（需把后台页面切换为英文），卖家可以给客户发送营销邮件，把卖家的产品推荐发送到客户的邮件里，但是他们必须是关注者，需要卖家利用帖子等工具，不断地吸引更多的粉丝。

7. 虚拟捆绑商品。品牌商可以利用虚拟捆绑商品工具，创建由 2 ~ 5 个互补的 ASIN 组成的虚拟捆绑商品。捆绑之后的商品组合，会在主要商品的详情页上占据 C 位显示。买家在看完商品图片和描述后，就能立即看到捆绑的商品，起到相互引流的作用。

使用虚拟捆绑工具，目前不收取任何费用，可任意组合现有 FBA 库存 ASIN，而不产生额外库存。如图 8 - 28 所示，虚拟捆绑可以捆绑同一账号下任意产品，不限产品关系，促进爆品引流虚拟捆绑折扣，不影响成分 ASIN 之后参与促销价格。

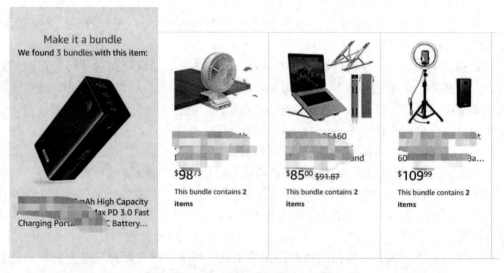

图 8 - 28　虚拟捆绑商品前台展示

8. 品牌引流奖励计划，是亚马逊新推出的，旨在让客户满意、同时提高营销效率并赚取奖金的计划。不同于联盟计划主要面向社媒红人、博主、媒体网站、Deal/Coupon 网站，品牌引流奖励计划是面向亚马逊品牌卖家的，用以激励品牌卖家通过站外的渠道为自己的 Listing 引流，并奖励卖家平均产品销售额 10% 的佣金。带来的流量越多，获得奖励的机会就越大，奖金将按月存入销售佣金中。换言之，卖家做站外，亚马逊会给 10% 的奖励（见图 8 - 29）。

9. 品牌旗舰店。备案成功之后卖家就可以创建自己的品牌旗舰店，为产品目录创建多个页面。亚马逊品牌旗舰店中有许多设计模板供卖家选择，这些模板具有不同的商店布局和可定制的功能，可以最准确地展示卖家的品牌故事和价值定位。卖家可以决定重点展示哪些产品，当别人单击进入店铺会发现展示的内容更加丰富，也可以在此版块展示自己的品牌理念。除此之外，亚马逊卖家还可以利用可选的多媒体内容来为买家推送通知，利用内置的社交功能，如社交分享按钮，或整合广告以提高品牌知名度，并推动高质量的流量到他们的 Listing，达到宣传品牌、提高销量的效果（见图 8 - 30）。

图 8-29　品牌引流奖励计划

图 8-30　品牌旗舰店

最重要的是，品牌旗舰店版块的内容只属于卖家，不会掺杂其他卖家的产品或者广告，而且内容可以随时修改调整。

亚马逊品牌旗舰店应具备的功能：

（1）获得一个专享的亚马逊品牌链接；

（2）创建多个页面用于展示多种类型的商品；

（3）预设的四个模板（选取框、标注、商品网格、空白）及桌面端模板；

（4）通过亚马逊搜索和产品页面将用户导入店铺；

（5）通过头条搜索广告将用户导入店铺（页面顶部、页面左侧、页面下方）；

（6）店铺社交分享功能，方便站外推广引流；

（7）提供广告报告功能；

（8）提供流量数据报表功能。

品牌旗舰店能实现很多促销推广的目的，如新品推广、产品关联销售、打折促销等。

10. 品牌客服通道。完成品牌备案后，可在品牌管理页面找到如图 8 - 31 所示的品牌注册客服人员的通道。

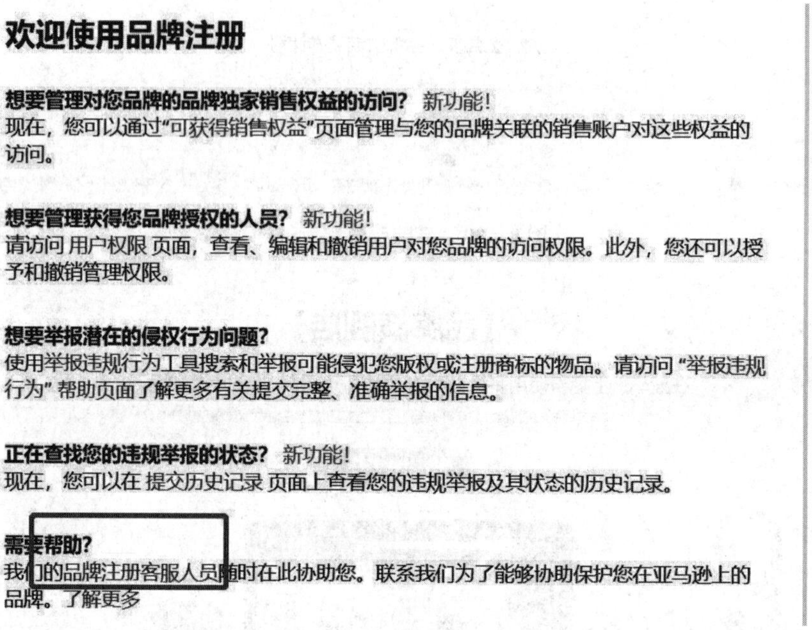

欢迎使用品牌注册

想要管理对您品牌的品牌独家销售权益的访问？ 新功能！
现在，您可以通过"可获得销售权益"页面管理与您的品牌关联的销售账户对这些权益的访问。

想要管理获得您品牌授权的人员？ 新功能！
请访问 用户权限 页面，查看、编辑和撤销用户对您品牌的访问权限。此外，您还可以授予和撤销管理权限。

想要举报潜在的侵权行为问题？
使用举报违规行为工具搜索和举报可能侵犯您版权或注册商标的物品。请访问 "举报违规行为" 帮助页面了解更多有关提交完整、准确举报的信息。

正在查找您的违规举报的状态？ 新功能！
现在，您可以在 提交历史记录 页面上查看您的违规举报及其状态的历史记录。

需要帮助？
我们的品牌注册客服人员随时在此协助您。联系我们为了能够协助保护您在亚马逊上的品牌。了解更多

图 8 - 31　品牌注册客服人员入口

单击进入客服页面，可看到如图 8 - 32 所示服务项目：举报违反知识产权的行为：如专利、版权、商标侵权，可通过此提交；举报违反市场政策的行为：如商品变体不正确、商品与描述不符、商品评论违规等；Project Zero：用于注册并询问 Project Zero 计划，完成 R 标备案，申请加入此计划，可自动保护品牌商品；撤销违规行为举报：要撤销违规行为举报并恢复卖家之前举报的卖家的商品时使用，提交撤销通知的人必须与举报违规行为的人为同一人。否则，将会被拒绝。商品信息问题：如遇无法发布商品、提示商品页面错误、商品变体错误等情况，也可通过品牌客服通道让客服团队协助解决；更新您的品牌资料：当卖家想要修改与自己的品牌注册账户关联的用户特权和访问权限或者更新与卖家自己的品牌相关的信息（例如为不同的商城或地区添加新商标）时使用；技术问题：如果品牌注册网站上的某个页面无法正常显示，或者卖家在使用品牌注册时遇到错误，请通知亚马逊。此选项也可用于申请销售权益。提交此请求时，卖家必须说明申请的功能/工具/权益（A + 商品描述、品牌旗舰店和 Amazon Vine 等），以及缺少这些权益的品牌；升级之前的举报：此流程供卖家跟进之前提交给亚马逊的侵权问题。如果想要对之前所提交的侵权问题的结果提出申诉或进行上报，引用之前提交的投诉编号，可以上报追踪到正确的问题。

图 8-32 品牌客服通道

11. Vine。Amazon Vine 计划是亚马逊向品牌卖家推出的专属评论计划，它是卖家新品快速获得高质量评论的一条捷径。测评人负责免费使用亚马逊卖家提供的产品并为这些商品发表真实的买家评论。

参加 Vine 计划的卖家可以免费提供商品给 Vine 发言人。作为交换，卖家可以获得 Vine 发言人的评论。每个商品最多可获得 30 个 Vine 评论，Vine Voice 的 review 相对普通的 review 权重会更高，并且每条评论都会有 "Vine Customer Review of Free Product" 标记，这将极大地促进商品的排名和转化率。

参加 Vine 计划的商品要求：成功备案亚马逊品牌且 Listing 商品详情页评论少于 30 条，商品处于新品状况，商品使用 FBA 配送，且拥有库存，在注册 Vine 时商品已成功发布。亚马逊规定成人用品无法参与。

自 2021 年 10 月 12 日起，亚马逊针对每个注册的父 ASIN 收取 200 美元的注册费，并在注册时显示注册费用。对于每个父 ASIN，将在商品的首条 Vine 评论发布日期 7 天后向卖家收取费用。如果没有收到评论或第一条 Amazon Vine 评论发布时已经超过向 Vine Voice 发布产品之日后的 90 天，亚马逊不会收取注册费。

如图 8-33 所示，单击进来即为 "申请全球贸易项目代码豁免"，可选择商标注册的商品类目、填写商标名，单击 "申请更多分类" 就能一次性申请多个类目的代码豁免，如图 8-34 所示，这些信息填写完成后，"检查资格" 按钮会激活变亮，即可单击按钮，进入下一步。

如图 8-35 所示，商标名和类目信息对应填写正确，亚马逊检测豁免资格状态中 "√"，则可单击 "继续提交证明" 按钮，提交相应资料。

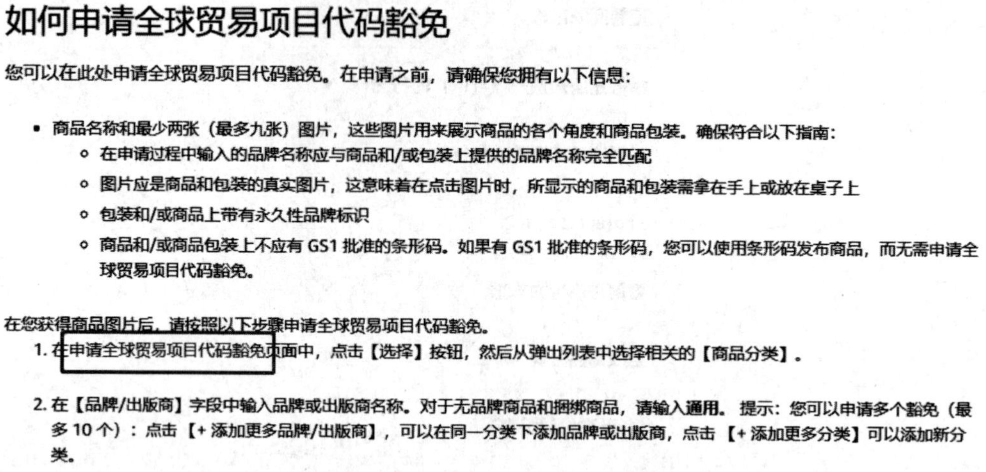

如何申请全球贸易项目代码豁免

您可以在此处申请全球贸易项目代码豁免。在申请之前，请确保您拥有以下信息：

- 商品名称和最少两张（最多九张）图片，这些图片用来展示商品的各个角度和商品包装。确保符合以下指南：
  - 在申请过程中输入的品牌名称应与商品和/或包装上提供的品牌名称完全匹配
  - 图片应是商品和包装的真实图片，这意味着在点击图片时，所显示的商品和包装需拿在手上或放在桌子上
  - 包装和/或商品上带有永久性品牌标识
  - 商品和/或商品包装上不应有 GS1 批准的条形码。如果有 GS1 批准的条形码，您可以使用条形码发布商品，而无需申请全球贸易项目代码豁免。

在您获得商品图片后，请按照以下步骤申请全球贸易项目代码豁免。

1. 在申请全球贸易项目代码豁免页面中，点击【选择】按钮，然后从弹出列表中选择相关的【商品分类】。

2. 在【品牌/出版商】字段中输入品牌或出版商名称。对于无品牌商品和捆绑商品，请输入通用。 提示：您可以申请多个豁免（最多 10 个）：点击【+ 添加更多品牌/出版商】，可以在同一分类下添加品牌或出版商，点击【+ 添加更多分类】可以添加新分类。

图 8 - 33　申请全球贸易项目代码豁免

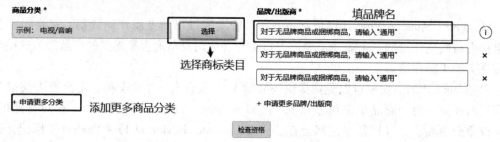

图 8 - 34　UPC 豁免品牌信息填写

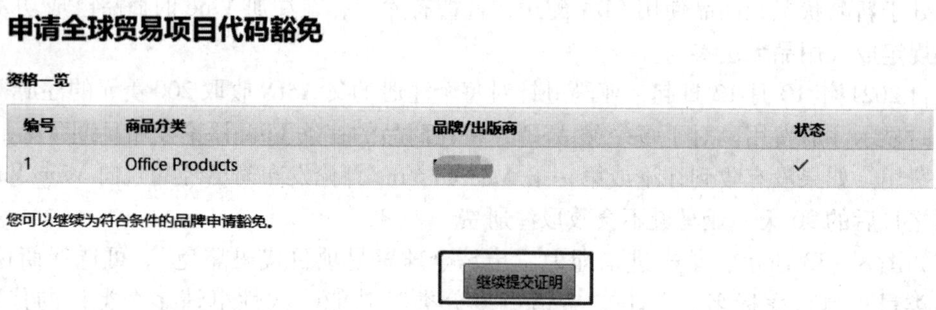

申请全球贸易项目代码豁免

资格一览

编号	商品分类	品牌/出版商	状态
1	Office Products		✓

您可以继续为符合条件的品牌申请豁免。

图 8 - 35　UPC 豁免资格

　　如图 8 - 36 所示，填写商品分类里的任意一款产品名，并相应提交此商品的产品图、包装图三张，三张图中需要展示出品牌名，填写提交后，单击"提交申请"，亚马逊平台会根据提交的信息审核。

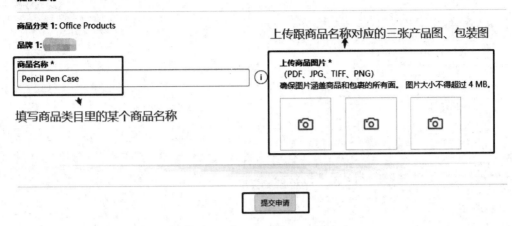

图 8 – 36 UPC 豁免产品信息提交

　　审核通过后，即会发 UPC 豁免审核通过的邮件通知到账号注册邮箱，以后即可在备案品牌对应的商品分类中使用"GTIN"编码类型上架产品，无须购买 UPC。除了品牌备案的账号可申请 UPC 豁免外，被品牌授权的账号也可以申请。

☞ **任务演练：**

1. 实操完成商标的品牌备案和授权。
2. 熟练使用亚马逊品牌分析功能，优化店铺商品。
3. 实操申请 UPC 豁免。

项目
九

产品上架

视频：产品上架

■ 学习目标

1. 了解打造 Listing 的相关要素。

2. 掌握产品标题、关键词、五点描述、详情描述、A +
页面及产品视频的编辑技巧。

3. 学习并熟练掌握单个产品上传、批量上传、跟卖上传
等不同产品上架操作方法。

4. 了解产品变体，并学习产品变体合并、拆分、创建
操作。

任务一 跨境电商平台产品上架要素详解

任务目标

对跨境电商平台卖家来说，上架产品是开始跨境电商平台运营工作的第一步，在进行产品上架前，需要提前了解有关产品上架的要素。在本节内容中，以亚马逊平台为例主要学习并掌握与产品上架有关的标题、关键词、搜索关键词、图片、产品描述、A+页面和产品视频等相关要素。

一、产品上架要素概念

跨境电商平台运营工作开展首先需要做的就是上架产品，这对跨境电商平台卖家来说是最基本的，只有熟练地掌握了上架产品这一流程才可以进行后续的操作，很多卖家售卖产品的时候不清楚跨境电商平台对于产品的上架规则，盲目上架，很可能会触碰到平台政策红线，导致店铺被扣分，影响到店铺运营。

二、标题

好的商品标题一方面可以让客户准确理解该 Listing 是什么样的产品，有什么功能，是否能满足客户的需求；另一方面可以让亚马逊搜索引擎准确抓取到产品关键信息，最好标题每个词都可以被单独搜索，尽可能多地包含重要信息，这样就能为产品带来更多的流量，更大概率地被买家搜索到。

标题的写法参照格式：品牌名+核心关键词+功能词+属性词（产品尺寸、材质、颜色等）+其他。尽量简洁明了，重点突出客户关注的信息，具有可读性，不要大量堆积关键字在标题上，应当做到主语不重复，同义不同词，组词美观，卖点明确，才有利于搜索引擎抓取核心关键字。

标题书写的一些注意事项：

1. 如多件商品捆绑销售，请在商品标题后面添加（pack of X）。

2. 每个单词首字母大写（a，an，and，or，for，on，the 之类的词除外），请勿全部使用大写字母。

3. 使用阿拉伯数字（"2"而不是"two"）。

4. 拼写出测量单位（"6 inches"而不是"6"）。

5. 请勿使用符号，如~！* $? _ ~｜｝[ ] # < > | * ; / ^ ¬ ｜。

6. 请勿使用环境依存文字或颜文字。

7. 请勿包含商品价格或促销信息，如"打折"或"免运费"。

8. 请勿使用主观性评价用语，如"热门商品"或"Best Seller"。

9. 请勿在商品名称中包含您的卖家名称。

三、关键词

关键词是产品在亚马逊平台身份识别器，是最直接的搜索流量来源，一般关键词可以分为核心关键词、长尾词、精准关键词等，找到与自己产品相关的关键词，然后将这些关键词按照一定的优先顺序嵌入 Listing 中，是产品上线前最重要的工作之一。

关键词来源有很多方式，有免费和付费方式，以下简单列举几种。

1. 亚马逊前台搜索框。亚马逊前台搜索框是站内流量最大的来源。当客户在亚马逊的搜索框输入某个关键词时，亚马逊会根据买家搜索量的大小和匹配程度，把与这个词相关的搜索量最高的一些词展现出来，如图 9 - 1 所示。

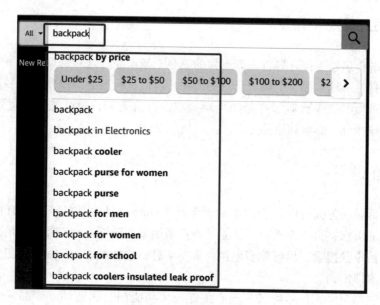

图 9 - 1 搜索框下拉词

这些词是按照搜索量的大小和相关程度来进行综合排序的。下拉展示的词与卖家的产品相关，可以直接复制作为产品的一个关键词。

2. 竞品的详情页。可以调研品类 Best Sellers Rank 里面竞品排名靠前的产品，它们的标题、五点描述、A + 页面、Q&A、Review 等版块的内容，获取相关的关键词或是 review 中买家给的评价中常提到的高频词、产品词。

3. 分类节点关键词。亚马逊平台不断地细化产品的分类，很多类目产品的细分类目节点名，就是产品的核心关键词，可直接作为产品的关键词使用。

另外，也可关注竞品中 Amazon Choice 标签展现的关键词。

4. 品牌分析之亚马逊关键词搜索。完成品牌备案的卖家，可以在后台开放的品牌分析功能中使用关键词搜索功能，输入一个产品词，设定时间段，即可搜索出相应的词，或者用竞品 ASIN 反查，如图 9 - 2 所示。搜索频率排名越靠前，热度越大，可以想办法嵌入 Listing 中，提高曝光度。

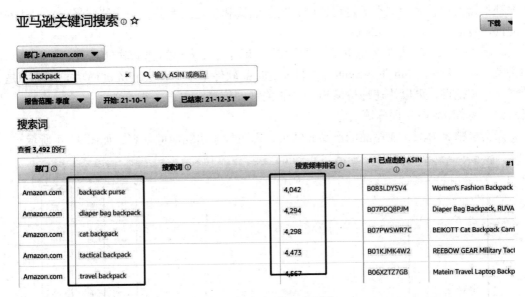

图 9 - 2 亚马逊关键词搜索

5. 广告推荐词及后期广告报表词。当卖家在创建产品的"手动广告—关键词投放"活动时，系统会根据产品已有信息，给出相关关键词推荐，如图 9 - 3 所示。自己填写关键词，系统也会根据卖家输入的词，来自动推荐一些产品的关键词，这些关键词是按照搜索量和相关性来综合排名的。

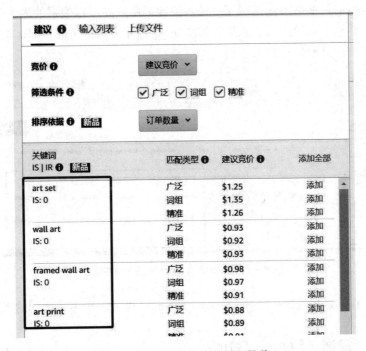

图 9 - 3 亚马逊广告关键词推荐

当广告开启一段时间后，会生成相应的广告报表，可以下载报表，筛选那些点击率和转化率都不错的词，因为这类关键词已经经过了购买和转化的考验，是后续应当重点关注和培养的词，可以进一步优化 Listing。

6. 选品工具。随着跨境电商业态的发展，市面上可选择的选品软件数量越来越多，比如卖家精灵、鸥鹭、Jungle Scount 等。目前的选品软件基本上都会有关键词功能，特别是关键词反查和挖掘，可以快速地检索出相关的关键词信息，包含关键词的月搜索量、月销量、商品数、售价、review 评分等信息。

以卖家精灵为例，在竞品的产品详情页，即可检索出相应的信息，如图 9-4 所示。

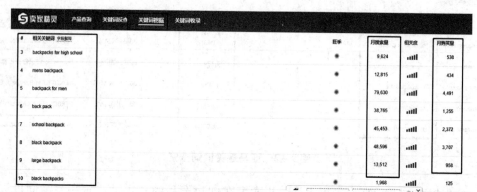

图 9-4 卖家精灵关键词挖掘

7. 关键词工具网站。关键词工具分收费性和免费性工具。Merchant Words（www. merchantwords. com）关键词搜索分析工具数据较为全面，几乎覆盖了亚马逊的主流国家站点，用户可以根据自己的目标站点选择国家，输入关键词后就能根据搜索的词匹配出相关的精准词、长尾词等，并且可以导出报表数据，如图 9-5 所示。Merchant Words 工具是付费工具，卖家可以根据需求按月或是年购买。

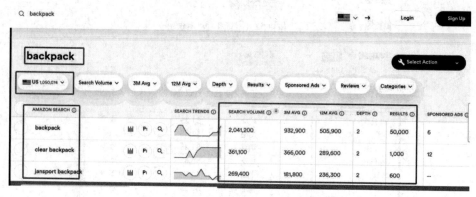

图 9-5 Merchant Words 关键词挖掘

除此外，像谷歌趋势（trends. google. com/trends）也可以作为关键词的来源。

四、搜索关键词（Search Term）

搜索关键词（Search Term）具有一定的搜索权重，是在上传产品信息时填写的一个信息项，如图 9 - 6 所示。

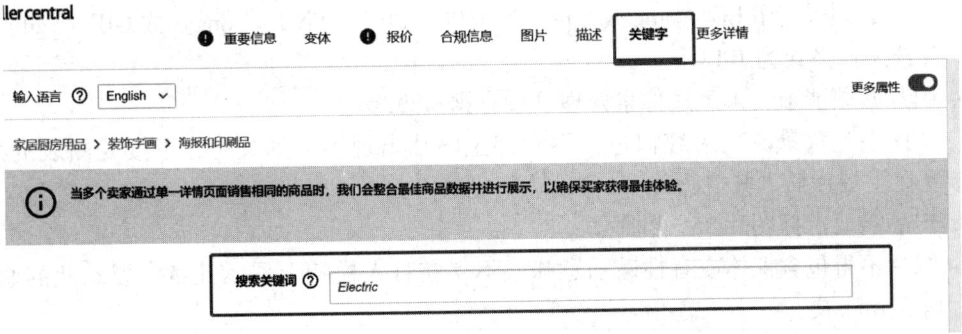

图 9 - 6 Search Term 填写位置

亚马逊的搜索引擎在匹配客户搜索的关键词时，优先匹配标题的信息，然后匹配搜索关键词填写的信息。亚马逊会在抓取后，根据与买家搜索需求的匹配度，筛选展示出符合条件的产品展示给买家。因此搜索关键词会直接关系到卖家商品的曝光量，匹配度越高，被买家看到的概率往往也越大。

搜索关键词不展示在前台，主要是给搜索引擎抓取的，因此在书写时不同词无须加标点，可以直接用空格隔开。搜索关键词长度不得多于 250 个字符，不要重复堆砌同一个单词，建议输入没有列入商品标题但可以让买家搜索到的关键词，如同义词、近义词、缩写等，但禁止包含别人的品牌和 Asin。

五、图片

要创建一个好的亚马逊 Listing，标题、描述、关键词和图片这四大因素一个都不能少。高质量的商品图片可激发买家的想象力并促使他们购买卖家的商品。因此提高商品图片质量，尤其是主图的品质也是优化 Listing 的重要步骤。

在亚马逊平台上，大部分的买家通过关键词搜索来筛选匹配的产品，在搜索页展现的产品信息中，图片占据很大的篇幅，因此清晰立体的图片，更有利于客户单击来到 Listing 的详情页，他们除了看产品描述和产品评论之外，大部分的时间都花在了浏览产品图片上面。产品图片信息量多，买家很大可能就会购买卖家的产品。

在亚马逊平台中，上传产品图片分主图（Main Images）和辅图。主图 1 张，辅图 8 张，共 9 张，但在产品页面直接展示的只有 6 张辅图，其余 2 张需要点击图片界面以查看。每个产品拥有一张或多张清晰直观，并且便于理解的图片是亚马逊要求卖家在上传 Listing 时的一个硬性指标，图片是否具有吸引性也是能否为自己的 Listing 带来更高转化率的一个重要因素。不同角度、不同细节的图片给客户在浏览过程中带来的感受和信息量也是不一样的，很多时候客户在购买产品的时候，因为未接触到实际产品，可以说购买的就是产品图片，所以产品图片一定要引起卖家的重视。

产品图片的具体要求：

1. 要在详情页面达到最佳缩放效果，文件最长边的分辨率最好不小于 1 600 像素。事实证明，缩放功能有助于提高销量。

2. 图片最长边的分辨率不得超过 10 000 像素。

3. 图片必须采用 JPEG（.jpg 或 .jpeg）、TIFF（.tif）、PNG（.png）或 GIF（.gif）文件格式。首选文件格式为 JPEG。

4. 图片必须清晰，未经过像素处理且没有锯齿边缘。

5. 主图图片背景颜色为纯白色，不允许主图片出现多余的文字，不接受图表的形式，也不接受在主图片插入其他图片。

6. 产品需要占据图片 85% 的地方。

7. 图片不得包含裸体或有性暗示意味。不得在真人模特上展示儿童、婴幼儿的紧身连衣裤、内衣和泳衣。

8. 图片不得包含任何亚马逊徽标或商标、亚马逊徽标或商标的变体，或者任何容易让人混淆的与亚马逊徽标或商标相似的内容。

六、产品描述

在亚马逊平台上，产品描述主要分为五点描述和长描述。

1. 五点描述。五点描述主要让客户清晰地了解这个产品卖的是什么，能给客户带来什么帮助和便利。卖家在写产品描述时可以选择将产品优势、解决痛点和适应范围等信息，分段进行论述，文字不要太长，使用简单的单词和语句表达出来即可，买家依靠商品要点来了解重要的商品特征和特殊信息。通过为商品提供具有相关性且完整的信息，有助于提高卖家的商品曝光度，并为提高销量带来积极影响。

如图 9 - 7 所示，Key Product Features 是产品的五点描述，可通过下方"add more"再添加，一行填写一个点，可再添加四行。

图 9 - 7 商品描述

196

五点描述书写要点：

（1）简洁生动，拒绝长篇大论。

（2）套装应列明套装中所包含的商品和每个商品的尺寸。

（3）质保信息。

（4）要点中始终使用阿拉伯数字，请勿使用书写数字。

（5）请以句首字母大写的方式书写要点（无标点符号）；长度限制为 256 个字符（根据商品类别有所不同）。

格式：总结词 + 详细描述：

总结词：突出产品最重要的以及产品具备的最能吸引买家的特点；

详细描述：偏向采用句子形式表达，以便埋更多的关键词；

关键词变换同义不同词，减少重复；

信息条理有序，不重复；

卖点结合市场 Listing 分析，将买家最注重的放在前面。

2. 长描述（Product Description）。Product Description 是亚马逊产品 Listing 的长描述，它是对于产品核心卖点和参数的一个补充。对于没有品牌的 Listing 来说，长描述的内容可以由几块内容组成：售后（打消客户的后顾之忧）、主要特性、产品参数、注意事项（减少无故退货）、包装配件。信息填写如图 9 - 8 中框的 Product Description，在前台的显示如图 9 - 8 所示。对于品牌 Listing，卖家可以利用 A + 页面有效提升转化率，图文版的品牌详情页面比纯文字的描述效果更好，A + 页面可在后台导航"广告 > A + 页面"进入编辑。

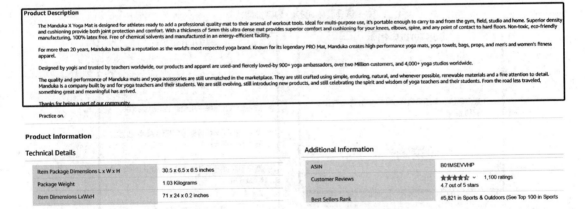

图 9 - 8 Product Description 前台显示

Description 本身可能字数相对比较多，正常情况下买家没有那么多时间或是耐心去完完全全看完，卖家需要认真、仔细把 Description 做到位，尽量用核心关键词去做引导，全方位有条理地罗列出来，让买家能更好更直接地找到想关注的点，一定要避免将其写成商品说明书，简单易懂的语言才能为产品带来更好的转化。

七、A + 页面

所谓 A + 页面就是图文版商品详情页面，通过它卖家可以使用额外的图片和文本进一步完善商品描述部分。如果已经成功通过了 Amazon 的品牌注册（Brand Registry），卖家从现在开始就可以在卖家的产品描述页面添加图片和文字信息了。如图 9 - 9 所示，可以进入开始编辑产品 A + 。

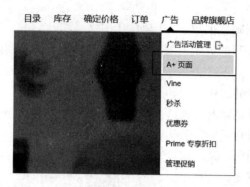

图 9 - 9　A + 页面入口

给产品添加 A + 图文页面首先有助于提升产品的转化，促进买家重复购买；其次可以宣传产品以及品牌故事，将买家与卖家的品牌故事、价值观以及品牌独特之处联系起来，还能打消买家的购买疑虑，避免不良的差评。除此之外，添加 A + 页面还可以提高产品被发现的概率。

如图 9 - 10 所示，A + 内容类型有品牌故事及基础商品描述两大版块内容。

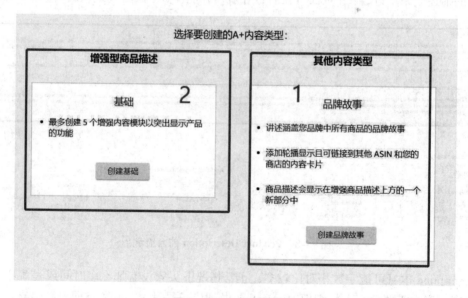

图 9 - 10　A + 内容类型

品牌故事功能，卖家可以分享自己独特的故事，从而在竞争中脱颖而出并与自己的客户建立联系。借助这项功能，卖家可以在名为"来自品牌"的详细信息页面上的专用插槽中，使用引人入胜的视觉内容，将品牌故事的元素与产品功能分开突出显示，如图 9 - 11 所示。

图 9 – 11　A + 品牌故事

利用 "A + 商品描述" 功能，可以更改品牌 ASIN 的商品描述以及有关商品特性和用途的更多详情，用于扩充主商品详情页面中的要点和图片。这些信息可以主动回答买家的问题，从而帮助买家做出购买决定。据亚马逊平台数据调查显示，使用 A + 页面的商品可以增加 5% 的销售额。A + 商品描述版块的内容见图 9 – 12；前台显示见图 9 – 13。

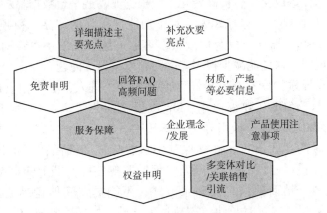

图 9 – 12　A + 页面内容可展示信息

图 9 – 13　A + 商品描述展示

在原有 A + 功能基础上，亚马逊又在卖家平台上推出了高级 A + 功能。与基本 A + 商品描述相比，高级 A + 商品描述在详情页面上占据了更多版块并使用了更丰富的媒体内容，如交互式悬停热点模块、多个视频模块、高级对比图、详情页面上的较大图片、轮播模块和问答模块，补充了这些营销信息的详情页面能够为买家提供更好的购物体验，进一步提高买家参与度。

目前卖家想要使用高级 A + 功能，需要卖家商品目录中所有 ASIN 必须包含已发布的基础 A + 品牌故事，且卖家在过去 12 个月内必须至少提交 15 个基础 A + 内容项目且状态为"已核准"。亚马逊每月月底根据卖家账户情况，授予卖家高级 A + 访问权限。若卖家符合标准，将收到通知，即可使用此功能。

八、产品视频

已经进行品牌注册的卖家，可以在亚马逊上传产品视频。视频可以更加直观地展示产品，对买家而言，点开一款产品时，如果有视频说明，就可以在几秒钟内有效地了解产品的价值，那可以有效地促进成交率、提高转化率。根据亚马逊平台数据显示，在网页上放置主图视频的产品，其转化率可以提高 20%。对于功能性很强的产品，视频可以更好地介绍，避免了之前冗长的 Listing 描述，以及后续很多客服问题。视频中可以对产品的使用方式、注意事项进行详细说明，这样能减少很多售后问题以及退货问题。

产品视频可以在导航"库存—上传和管理视频"中进入，上传相应视频。视频格式要求 . mp4 或 . mov，小于 5GB（建议使用 480p 或更高的分辨率），内容不能包含任何 URL（包括社交媒体链接和用户名），或引导用户离开亚马逊商城的内容。另外，还需确保卖家的视频采用的是商城的主要语言，并确保其中包含标记的商品；不得包含商品价格、促销信息、折扣声明（包括"便宜""实惠""促销"等字样）或具有时效性的信息；不能含有自己、公司或者分销商的信息及联系方式；不能提及其他竞品或者是授权的字眼；不得出现其他品牌标识。视频时长建议不超过 1 分钟，标题不超过 100 个字符，需要包含产品关键词。

☞ **任务演练：**

1. 确认自己要做的产品，参考亚马逊平台上此产品的搜索结果页前十及 Best Seller 榜单前十，整理相关关键词表。

2. 掌握标题、搜索关键词、五点描述、详情描述的书写要求及格式。

3. 以表格形式，列出自己要做的产品的类目、标题、搜索关键词、五点描述、详情描述及价格。

4. 熟悉亚马逊对产品图片的相关要求。

5. 掌握亚马逊 A + 页面的相关模块及编辑技巧，注意产品视频的要求。

任务二　跨境电商平台产品上架操作流程

▶ **任务目标**

　　各个不同的电商平台，产品上架操作方法有差异，产品上架方法也有多样性。在本节任务中，主要以亚马逊平台为例，介绍几种不同的产品上架方式及其具体操作流程。

一、单个产品上传

　　第一步，进入卖家后台，单击导航栏库存（Inventory）下面的添加新商品（Add a product），如图 9 – 14 所示。

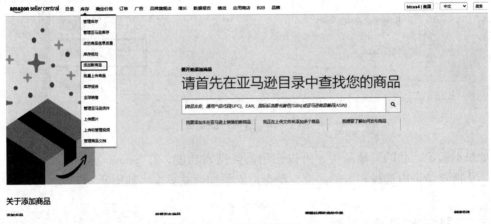

图 9 – 14　添加新商品入口

　　第二步，自建 Listing，即可打开在 Add a product（添加新商品）页面单击 I'm adding a product not sold on Amazon（我要添加未在亚马逊上销售的新商品），如图 9 – 15 所示。

图 9 – 15　上传商品页面 1

第三步，在 Browse 中选择产品详细的类目，按照产品的类目层级，一级一级选择，直到细分类目，选中产品想要放置的类目，单击"Select"即可进入产品信息上传页面，如图 9 – 16 所示。

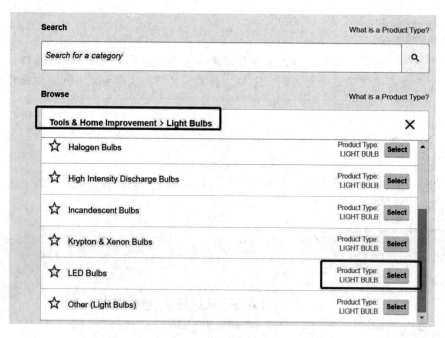

图 9 – 16　选择产品类目

如果不确定产品的商品品类，可以使用品类搜索功能，在 Search 搜索框中输入产品关键字，从搜索结果中选择相应的品类，单击进入添加商品页面，如图 9 – 17 所示。

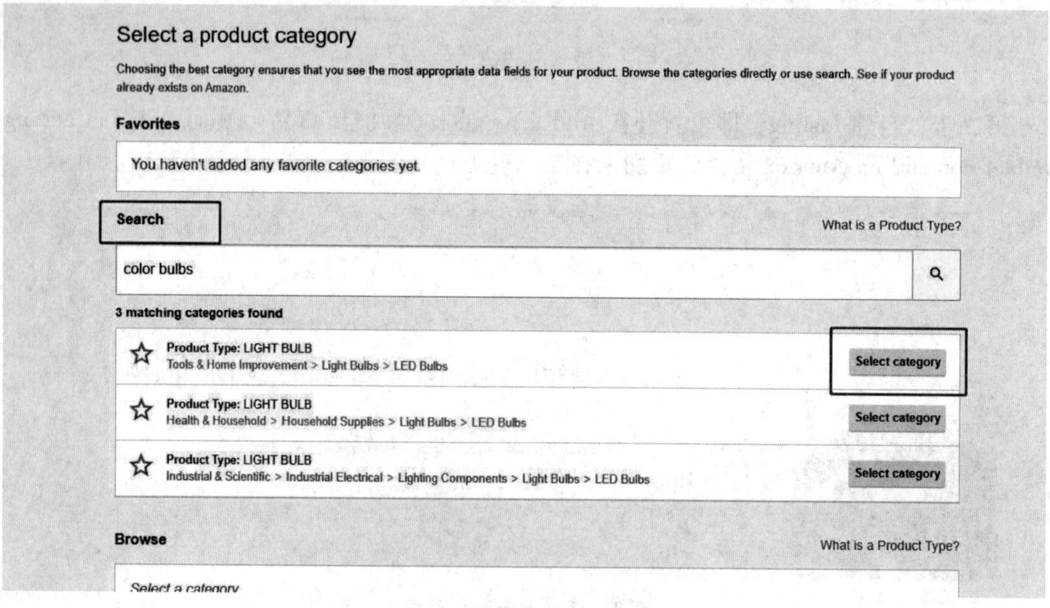

图 9 – 17　搜索商品选择类目

第四步，进入商品信息填写页面，填写商品信息。打开右上角的"高级视图"按钮，可展开更多的详细填写内容，如商品重要信息、变体、报价、合规信息、图片、描述、关键字、更多详情等。

商品上传页面中带"＊"号的信息是商品的必填项，按照要求规范填写，其他为可选项，不同类目商品上传所需填写信息不同，如图9－18所示。

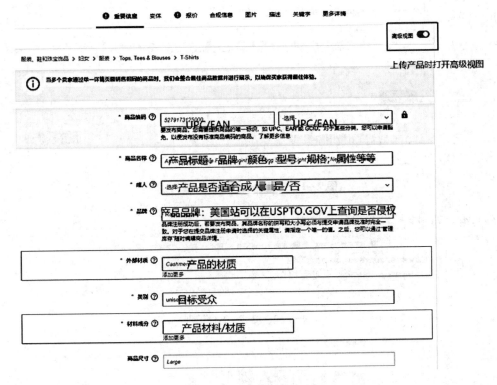

图9－18 "重要信息"填写

商品编码：亚马逊规定商品上传需要一个商品编码，若未完成品牌注册，使用UPC上传；完成品牌注册可申请UPC豁免，使用GTIN上传。

商品名称：即产品标题，根据前文要求填写。

品牌：上传商品时需填写品牌，根据注册的品牌正确填写，买家可在前台通过搜索品牌，查找到这个品牌的产品。

外部材质：如图示例为T-shirt的上传页面，T-shirt的制作材质，可以填写在此栏。

第五步，变体信息栏目为非必填项目，如图9－19所示。变体是指同款产品中有不同的变量，如尺码或是颜色等的不同，如示例的T-shirt，一般有不同的颜色和尺寸，则可以通过变体一栏添加多种属性。若产品是单体，没有其他变量，此栏可跳过不填。不是所有产品都有变体，一般鞋服箱包类较常存在变体。

具体的变体填写如图9－19所示，可以先根据产品的变量选择变体主题（如尺寸、颜色），接下来再填写具体的变量值（颜色变量如White、Black等），单击添加变体，即可设置不同变体的售价、库存等信息。

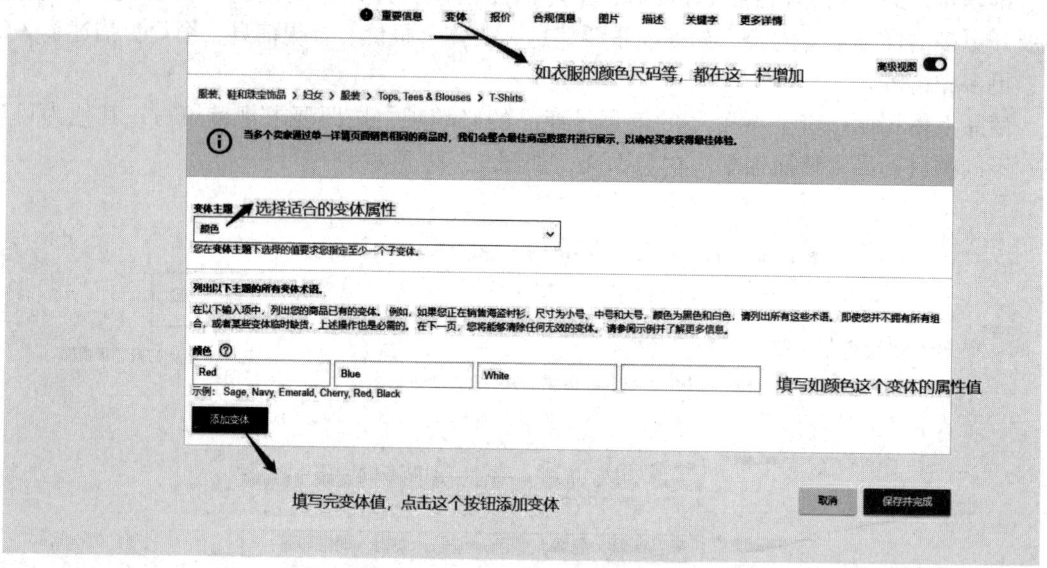

图 9－19 “商品变体信息”填写

第六步，如图 9－20 报价信息填写。

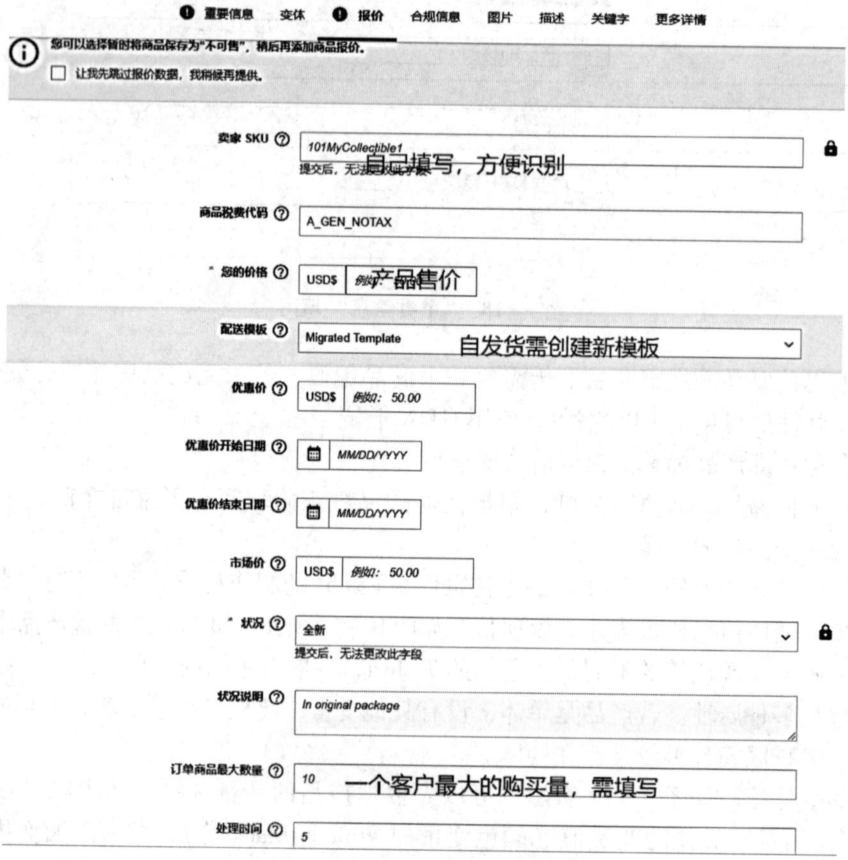

图 9－20 “商品报价信息”显示

卖家 SKU：若不填写，系统则会自动生成一串代码，建议卖家自定义填写，按照一定规律编辑，如 T-shirt-black，后续运营和仓储人员可通过此 SKU 明确知道是哪款产品，有利于管理优化。

商品税费代码：若中国卖家注册美国账号，注册时税务已填写非美国公民，不缴税，默认 NOTAX 即可。

您的价格：产品的售价，若商品有变体，则在变体栏里填写售价；若单一商品，填写准确的销售价格。

配送模板：若商品选择 FBA 配送，无须填写；若 FBM 自配送，可以在上架商品前先在"设置—配送设置"中设置此商品的运费配送模板后，在此选择对应的模板。

优惠价：若商品做限时促销，可以在此填写促销优惠价，价格需比"您的价格"中填写的价格小，并选择相应的"优惠价开始日期"和"优惠价结束日期"。

状况：商品的状况，一般有"全新""二手"等不同状态，一般上新选择"全新"。

订单商品最大数量：设置买家一次加购的产品数量。亚马逊平台默认买家一次可加购 999 件，因此建议卖家根据买家真实需求设置一个合理值，以防被竞争对手恶意加购，无库存可售卖。

处理时间：主要针对卖家自发货给的一个备货时间，备货时间是指从买家下单到卖家将订单商品交付给承运人这一过程所用的时间，卖家可根据实际所需备货时间填写，亚马逊会根据填写的备货时间加上运输时间作为订单总配送时间。若是 FBA 发货的产品，此栏无须填写。

第七步，如图 9-21 商品合规信息填写。主要针对产品含有电池类的，需在此栏填写产品所含电池信息，如电池数量、成分、容量等信息。产品不含电池则跳过，无须填写。

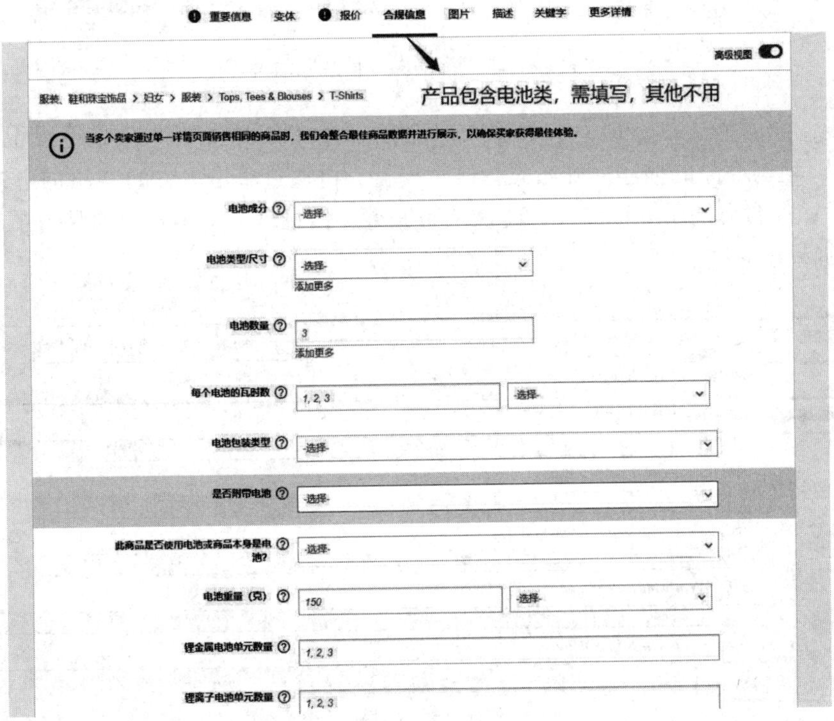

图 9-21 "商品合规信息"显示

第八步，商品图片上传，如图 9 – 22 所示。亚马逊后台产品图片可上传 1 张主图和 8 张辅图，前台会显示 1 主图和 6 张辅图。主图纯白底，辅图则无颜色要求，卖家可以根据产品特性多方面展示，如场景图、尺寸图、安装图、细节图等。

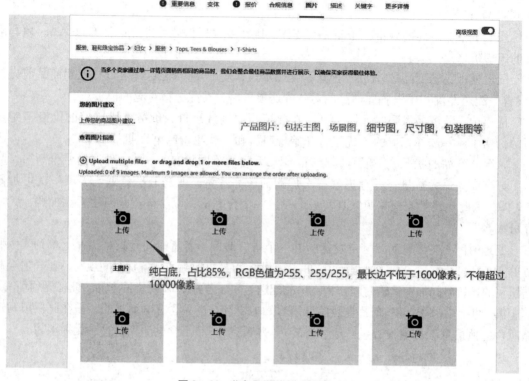

图 9 – 22　"商品图片信息"填写

第九步，商品描述信息填写，如图 9 – 23 所示。"产品说明"项填写商品的长描述，"分项描述"填写商品的描述，开始只会显示一行，可通过单击下方的"添加更多"选项一行一行显示，前台可展示五行描述，建议填写完整，信息越完整客户对商品越了解清晰，有利于商品的转化。

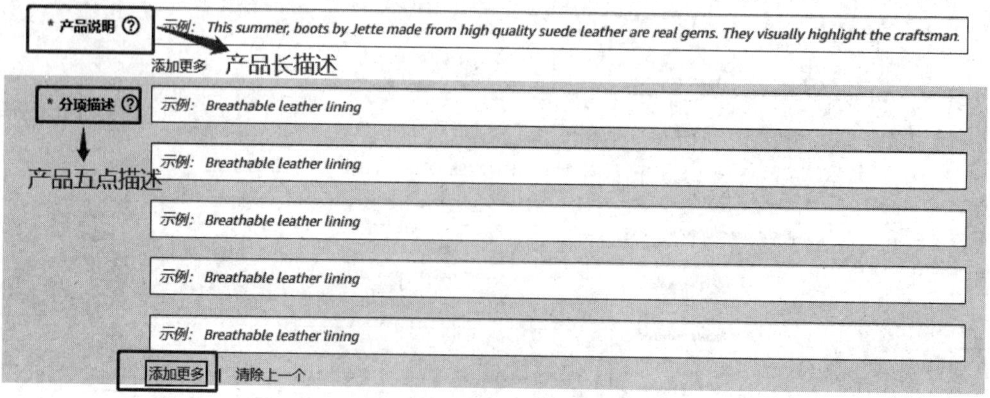

图 9 – 23　"商品描述"填写

第十步，商品关键字信息填写，如图 9 - 24 所示。"搜索关键词"会限制字符数，把最核心的关键词写上，不需要逗号，不用考虑语法，单词之间不要重复，只需空格隔开即可。

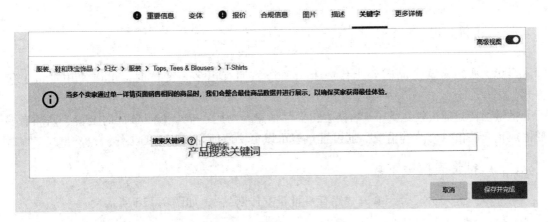

图 9 - 24 "商品关键字"填写

第十一步，商品更多详情信息填写，如图 9 - 25 所示。在此页面里的信息非必填项，主要包含如商品重量、尺寸、材质、款式、适用人群等，可根据对产品的了解，进行一些数据补充。亚马逊系统会根据填写的信息，调取显示在前台商品详情页，有利于客户进一步了解商品的相关信息。

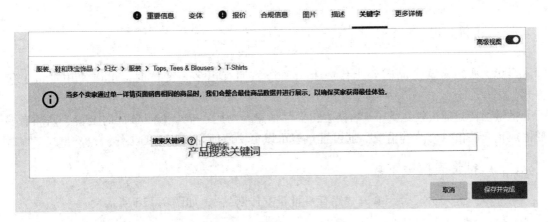

图 9 - 25 "商品更多详情"填写

第十二步，保存及创建。确认所有必填信息都填好后，屏幕下方的"Save and finish"按钮，会由灰色变成橘黄色，单击"Save and finish"即可完成商品创建。

创建成功后在"库存—管理库存"页面就能查看此商品的信息，可再单击各个 SKU 后面的"编辑"按钮，进一步编辑修改。

二、批量上传

当卖家有很多款产品需要上传或者一款产品拥有很多个变体时，可以使用批量上传方式。

批量上传是通过使用 Excel 表格上传商品信息，常用在多个 Listing 同时上传、商品有多变体或是商品信息修改等情况。通过批量表可以更快速地完成相应的工作。

（一）批量表模板下载

第一步，进入卖家后台单击"库存—批量上传商品"，如图 9 - 26 所示。

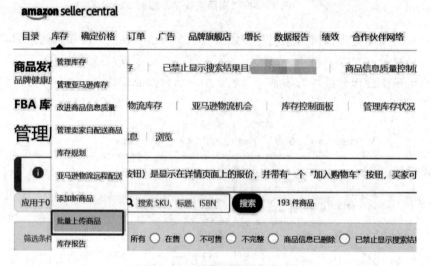

图 9 - 26　批量上传商品入口

第二步，选择上传的商品所在分类，类目选择方式如图 9 - 27 所示。已知产品所在类目，可通过商品分类工具，一层一层选择对应的产品类目，最后小类目里，单击"选择"，如图 9 - 28 所示。若找不到产品层级类目，可使用页面中的"搜索工具"一栏，使用产品的核心关键词搜索，系统会自动匹配出相关类目，卖家再选择产品想要放置的类目节点，选择即可。

第三步，单击 Standard 按钮下载模板。生成批量表的步骤如图 9 - 29 所示，步骤 1：选择到最小类目；步骤 2：选择商品上传的站点，如美国；步骤 3：选择模板的类型，建议用"高级"模式，会有完整的商品信息项；确认后进行步骤 4：单击"生成模板"，即可下载相应的模板。

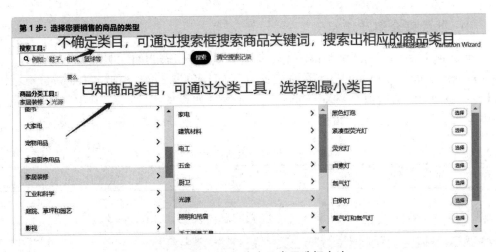

图 9 – 27　批量上传商品类目选择方法

图 9 – 28　批量上传商品：选择产品小类目

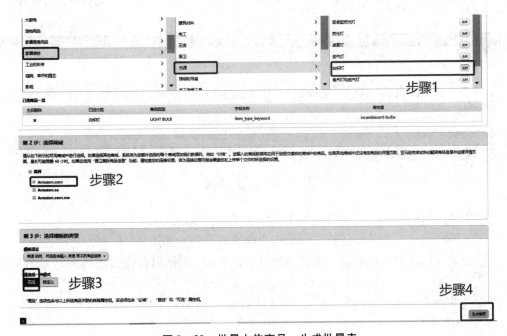

图 9 – 29　批量上传商品：生成批量表

（二）批量表介绍及填写

1. 批量表介绍。批量上传商品模板文件包含很多工作表，如说明（Instructions）、图片要求（Image）、例题（Example）、数据定义（Data Definitions）、模板（Template）、浏览数据（Browse Data）、有效值（Valid Values）七个表，如表 9－1 所示。其中，只有模板表是需要填写的；其他表格起解释说明和引导作用，是为了更好地更清晰地填写模板表。

表 9－1　　批量表子表格菜单

说明	图片要求	例题	数据定义	模板	浏览数据	有效值

说明（Instructions）：关于批量库存文件表的总体说明，如图 9－30 所示。

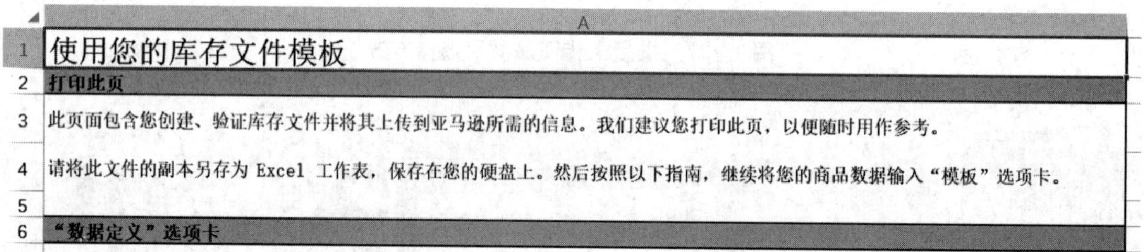

A

1	使用您的库存文件模板
2	打印此页
3	此页面包含您创建、验证库存文件并将其上传到亚马逊所需的信息。我们建议您打印此页，以便随时用作参考。
4	请将此文件的副本另存为 Excel 工作表，保存在您的硬盘上。然后按照以下指南，继续将您的商品数据输入“模板”选项卡。
5	
6	“数据定义”选项卡
7	“数据定义”选项卡包含您在填写“模板”选项卡时可以使用的各种可接受值。我们建议您打印“数据定义”表以用作参考。
8	“数据定义”选项卡还指明了某个字段是“必填”还是“可选”字段：
9	必填：必填字段是您在亚马逊目录中创建商品时至少要提供的属性值。在您为相应行选择商品类型后，必填单元格将在模板中以红色高亮显示。如果您未在必填字段中输入有效值，您的商品将无法添加至目录。您可能还需提供其他数据，具体取决于您在此模板的其他位置输入的值（例如，如果您提供了包裹长度，则必须提供包裹尺寸计量单位）。
10	可选：可选字段为买家提供在制定购买决策时有用但非关键的商品信息。在您选择商品类型后，可选字段将在“模板”选项卡中以蓝色高亮显示。我们建议您为商品提供尽可能多的“可选”商品数据。在某些情况下，我们标记为“可选”的字段可能对于您的商品或业务至关重要，或者您的卖家协议要求必须提供这些数据。
11	
12	有效值和分类树指南
13	如“数据定义”选项卡中所示，有些字段要求您使用“有效值”选项卡中的术语。这些术语特定于商品属性，用于对商品分类和通过搜索等方式查找商品。
14	“推荐分类节点”对应的单元格要求您对要发布商品的分类使用分类树指南（BTG）中的有效值。分类树指南特定于分类，其中包含一些规则，亚马逊使用这些规则将商品分配到我们网站上的各个分类。这些值以下拉菜单的形式显示在“模板”选项卡中，您可以在“浏览数据”选项卡中查看这些值的映射。
15	分类树指南还能作为单独的 Excel 文件提供，可从该页面下载：https://mai.amazon.cn/gp/help/1641。在分类树指南中，您可以找到推荐分类节点和亚马逊控制的术语之间的映射，从而允许商品在这些分类中显示。在适用于您分类的分类树指南中，找到最适

说明　图片要求　例题　数据定义　模板　浏览数据　有效值　+

图 9－30　批量表说明

图片要求（Image）：关于亚马逊的图片标准要求，如图 9－31 所示。

例题（Example）：有关如何输入商品信息的填写示例，如图 9－32 所示。

数据定义（Data Definitions）：关于模板（Template）表格里各项值的解析，如图 9－33 所示。

模板（Template）：填写商品信息和产品数据，是最终需要上传的表，如图 9－34 所示。

浏览数据（Browse Data）：下载表格的这个路径和类目值，要求对应要发布商品的分类使用分类树指南（BTG）中的有效值，如图9-35所示。

有效值（Valid Values）：包含在填写"Template"选项卡时可以使用的各种可接受值，如图9-36所示。

图 9-31　批量表图片要求

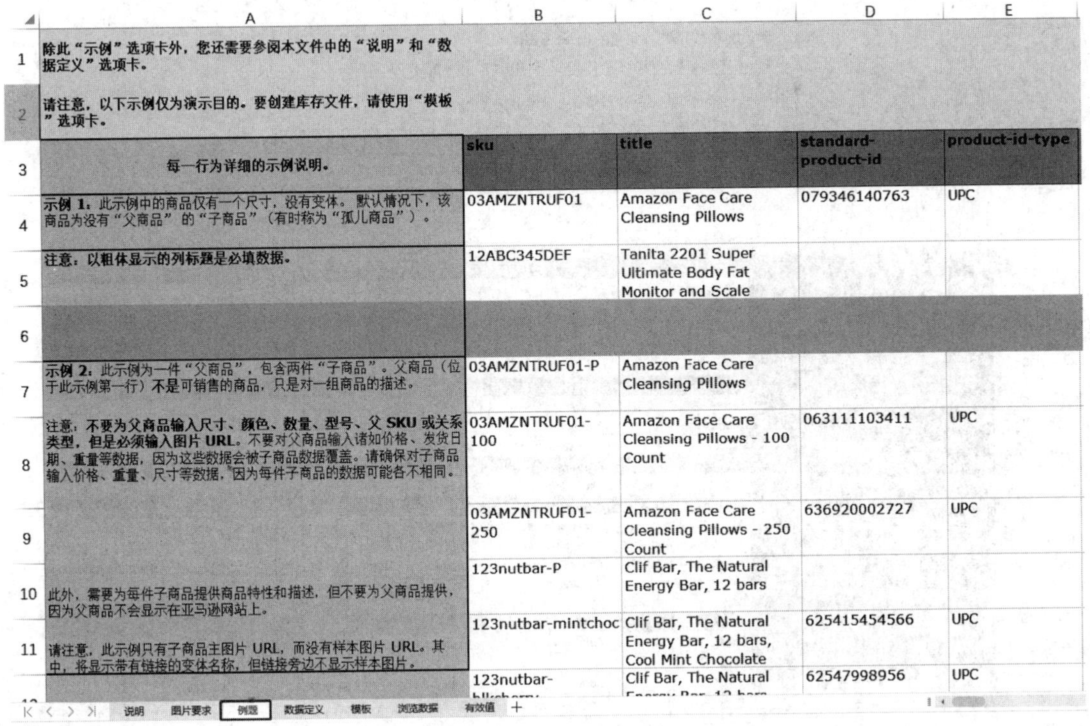

图 9-32　批量表例题

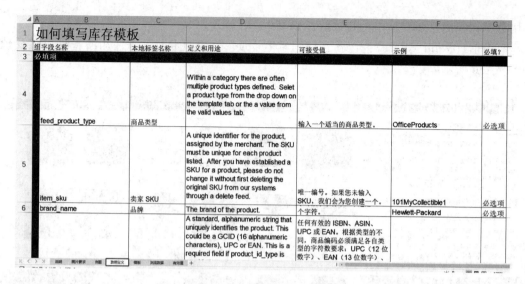

图 9 – 33 批量表数据定义

图 9 – 34 批量表模板

图 9 – 35 批量表浏览数据

	A	B	C	D	E	F	G
1	必填项						
2	商品类型		officeproducts				
3	品牌		Bifollion				
4	商品编码类型 - [officeproducts]		GTIN	EAN	GCID	UPC	ASIN
5	产品类型关键字 - [officeproducts]		office-environment-tables				
6	商品是否有保质期 - [officeproducts]		Yes	No			
7	变体信息						
8	父子关系 - [officeproducts]		Parent	Child			
9	关系类型 - [officeproducts]		Accessory	Variation			
10	商品变体主题 - [officeproducts]		inkcolor	itemweight	Material	model	NumberOfItems
11	基本产品信息						
12	更新删除 - [officeproducts]		Update	PartialUpdate	Delete		
13	商品发现信息						
14	用途 - [officeproducts]		Business Gifts	Entertainment	Automobiles	Microphone Feature	Mini Sized
15	适用人群 - [officeproducts]		Professional Audience	Unisex Children	Teens	Men	People
16	其他属性其他属性 - [officeproducts]		Behind-the-Neck Feature	Color Display Feature	Microphone Feature	Mini Sized	Computer Accessory Attributes
17	主题关键字词 - [officeproducts]		Winter	Autumn	Fathers Day	Summer	Spring
18	色表 - [officeproducts]		black	blue	bronze	brown	gold
19	未分组						
20	Furniture Finish - [officeproducts]		Black	Cherry	Espresso	Multi-Colored	Natural
21	运营中心货架期单位 - [officeproducts]	Days					
22	抽屉类型 - [officeproducts]		broiler	none	oven	storage	warming
23	产品大小						

图 9 – 36 批量表有效值

2. 模板（Template）表填写注意事项。如图 9 – 33 所示，首先进入数据定义（Data Definitions）表，查看各个字段解释。A 列为组名称；B 列为字段名称；C 列为本地标签名称；D 列为定义和用途；E 列为可接受值；F 列为示例；G 列提示该字段是否为必填项（Required 必选项，Optional 为可选项）。其中 A 列组名称主要分为必填项（Required）、图片（Images）、变体信息（Variation）、基本产品信息（Basic）、商品发现信息（Discovery）、未分组（Product Enrichment）、产品大小（Dimensions）、配送（Fulfillment）、合规信息（Compliance）、报价（Offer）、b2b（B2B）。

（1）必填项（Required）。如图 9 – 34 所示，进入模板（Template）按照数据定义（Data Definitions）的要求填写必填信息，每行一个商品。以表 9 – 2 为例，填写部分必填信息。

表 9 – 2　　　　　　　　　　　　　　　　批量表必填信息

TemplateType = fptcustom	Version = 2022.1013	Template Signature = QkFDS1 BBQ0s =	settings = attributeRow = 3&content LanguageTag	请用英语填写此模板。前三行仅供 Amazon.com 使用。请勿修改或删除前三行中的任何数据		
Product Type	Seller SKU	Brand Name	Product ID	Product ID Type	Product Name	Category（item-type）
backpack	bag – parent – 1013	ABCD			Travel Laptop Backpack	laptop-computer-backpacks
backpack	bag – 10 – 156 – gery	ABCD	658858 896342	UPC	Travel Laptop Backpack Grey 15.6 Inch for Men	laptop-computer-backpacks
backpack	bag – 10 – 17 – red	ABCD	658858 896346	UPC	Travel Laptop Backpack Red 17 Inch for Women	laptop-computer-backpacks
backpack	bag – 10 – 156 – blue	ABCD	658858 896348	UPC	Travel Laptop Backpack Blue 15.6 Inch for Men Women	laptop-computer-backpacks
backpack	bag – 10 – 17 – black	ABCD	658858 896349	UPC	Travel Laptop Backpack Black 17 Inch for Women	laptop-computer-backpacks

商品类型（Product Type）：根据表格下载时选择的类目，表格自带对应商品类型有效值，下拉选择即可；

卖家 SKU（Seller SKU）：商品的 SKU，建议按照一定的规则编写，SKU 一旦确定就无法更改，以 T-shirt 为例，如父体的 SKU 可编辑为 "shirt – 0316"，表示是 3 月 16 日上传的一款 T-shirt，某个子体如白色 T-shirt S 码，可以编辑其 SKU 为 "shirt – 0316 – white-s"；

品牌（Brand Name）：品牌名填写跟备案时一致的商品商标名；

商品编码（Product ID）：根据 Product ID Type 选择的编码类型填写，根据 ISBN，ASIN，UPC 或 EAN 等类型的不同，商品编码必须满足各自类型的字符数要求：UPC（12 位数字）、EAN（13 位数字）、EAN8（8 位数字）、GTIN（14 位数字）。若是选择 UPC，则此栏填写的 UPC 码需要通过正规渠道购买；

商品编码类型（Product ID Type）：有 GTIN，UPC，EAN，GCID 和 ASIN 码可供选择，当产品没有品牌备案时，美国站可选 UPC 编码类型上传，完成品牌备案并申请 UPC 豁免则可用 GTIN 编码类型上传。EAN 一般用于欧洲站。只有商品已经存在，使用批量表修改商品信息时才可使用 ASIN 码类型；

商品名称（Product Name）：商品的标题，按照前文说明的，首字母大写，连词小写书写商品名称；

制造商（Manufacturer）：填写商品的制造商；

制造商零件编号（Manufacturer Part Number）：填写商品的制造商零件编号；

产品类型关键字（Category（item-type））：商品所在类目细分类目，表格自带下拉有效值；

您的价格（Category（item-type））：填写基于商品状况的价格；

库存数量（Quantity）：卖家自配送商品，卖家输入能提供的真实可售商品的数量，整数填写。如果首次提交商品信息时该输入项留空，商品将显示为"缺货"。库存数量输入项只适用于子商品或独立商品且该输入项不适用于亚马逊物流商品，亚马逊配送商品请勿输入数量，卖家可以在一个单独的栏中提交运营中心编号。该输入项填写真实售卖的子体，不填写父体。

商品是否有保质期（Is Product Expirable）：注明商品是否有保质期，通常在商品的包装上标注。根据商品的有效期实际情况，从有效值列表中选择；

主图片 URL（Main Image URL）：商品的主图片所对应的 URL。必须对所有商品提供该 URL。图片应该为 72dpi，且最长边分辨率至少为 500 像素。首选的图片文件格式为 JPEG（jpg），而且 URL 必须完整有效（即包含 http://）。

（2）图片（Images）。可以上传商品不同视图的其他图片，或者可以调动情绪的其他图片。

（3）变体信息（Variation）。父子关系（Parent Child）：即某件商品与其他或类似商品的关系。选择父商品或子商品。"父商品"仅指定其子商品共有的属性，是不可购买的虚拟商品。"子商品"定义父商品可能存在的规格、口味等变体，是可购买的、真正销售的商品。如果填写了以下任意栏，则该项为必填项：变体主题、口味、尺寸；

父 SKU（Parent Sku）：如果该商品为子商品则填写与其关联的父商品的 SKU，为父商品则不填写；

关系类型（Relationship Type）：描述相关商品间的关系，通常属于存在不同的颜色或尺寸等变体类型，即该项一般选择填写"变体"，存在商品变体关系的父商品，不填写该项信息；

商品变体主题（Variation Theme）：描述父商品根据颜色、尺寸等参数来划分不同的子商品。对应划分参数选择一个合适的变体主题，如填写颜色、尺寸。

以表 9 – 3 为例，填写变体时需要注意，父产品 SKU 行表格若填"Parent"，子产品 SKU 行填"Child"，Parent SKU 行就填子产品行写上"父 SKU"，Relationship Type 填"Variation"，Variation Theme 填写要变体的内容，按颜色或尺寸，或颜色尺寸，或风格等级，变体的内容一定要写，如表 9 – 3 所示。

表 9 – 3   批量表商品变体信息

变体信息			
Parentage	Parent SKU	Relationship Type	Variation Theme
parent_child	parent_sku	relationship_type	variation_theme
Parent			color-size
Child	bag-parent – 1013	Variation	color-size
Child	bag-parent – 1013	Variation	color-size
Child	bag-parent – 1013	Variation	color-size
Child	bag-parent – 1013	Variation	color-size

（4）基本产品信息（Basic）。

更新删除（Update Delete）：新品上传选择 Update，产品部分更新选择"Partial Update"，删除商品或者删除部分商品信息选择"Delete"。

商品描述（Product Description）：关于商品的文本长描述，不是关于待售商品状况的说明。把准备好的描述文字填写进去即可。

版本（Edition）：关于商品版本或版次，为可选项。

型号（Model）：关于商品的型号，为可选项。

（5）商品发现信息（Discovery）：会影响买家在站点上浏览或搜索查找买家产品的方式。

（6）未分组（Product Enrichment）：可以创建丰富的产品列表。

（7）产品大小（Dimensions）：用来表明产品的大小和重量。

（8）配送（Fulfillment）：提供亚马逊配送或卖家自配送订单的相关配送信息。

（9）合规信息（Compliance）：记录商品对销售所在国家或地区消费法律的合规情况。

（10）报价（Offer）：根据实际情况选择填写，填写有助于买家了解购买商品的报价信息。

（11）B2B：根据实际情况选择填写。

商品信息输入完毕后确认所有必填信息都正确添加，并且 UPC 和 SKU 没有重复，即可保存。

3. 批量表上传流程。产品信息填写并保存完成后，即可回到亚马逊账户后台，打开导航栏"库存—批量上传商品"，进入批量上传页面。

选择"上传卖家的库存文件（Upload Your Inventory Files）"后，可看到如图 9 – 37 所示页面，单击"浏览文件"，选择到填写完成保存好的批量表。

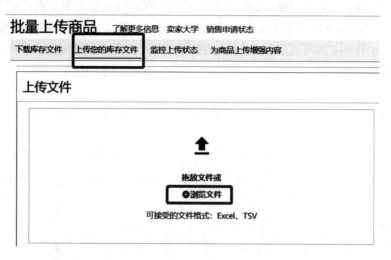

图 9 - 37　批量表上传

亚马逊识别到文件后，即可有图 9 - 38 所示页面，选择处理报告格式为 "Excel"，单击上传。即可跳转到 "监控上传状态" 页面。

图 9 - 38　批量表选择完成后页面

"监控上传状态" 页面如图 9 - 39 所示。批量表上传需要一定的时间，每一次上传，亚马逊会自动为此次的上传生成一个编码并在页面下方有相应的上传进程。

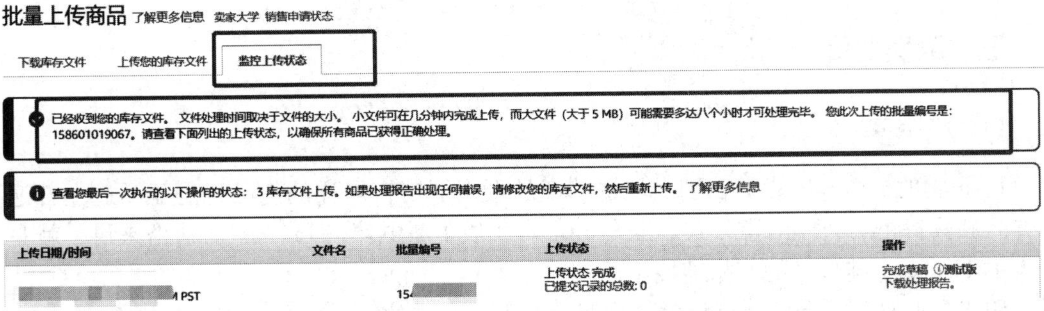

批量上传商品 了解更多信息 卖家大学 销售申请状态

| 下载库存文件 | 上传您的库存文件 | 监控上传状态 |

已经收到您的库存文件。文件处理时间取决于文件的大小。小文件可在几分钟内完成上传，而大文件（大于 5 MB）可能需要多达八个小时才可处理完毕。您此次上传的批量编号是：158601019067。请查看下面列出的上传状态，以确保所有商品已获得正确处理。

查看您最后一次执行的以下操作的状态：3 库存文件上传。如果处理报告出现任何错误，请修改您的库存文件，然后重新上传。了解更多信息

上传日期/时间	文件名	批量编号	上传状态	操作
M PST		15	上传状态 完成 已提交记录的总数: 0	完成草稿 ⓘ测试版 下载处理报告。

图 9 – 39　批量表上传监控页面

当看到"上传状态"显示"完成"时，可以在"操作"一行中下载处理报告。处理报告中会显示具体的数据处理情况，在"上传数据处理一栏"可看到具体的错误提示，如表 9 – 4 所示。可根据错误提示做好信息更正，再重新上传，直至处理报告显示成功，如表 9 – 5 所示，即可在导航"库存—管理库存"中查看到相关上架的产品 Listing 信息。

表 9 – 4　　　　　　　　　　批量表处理报告数据错误提示

上传数据处理一览

已处理的记录数	3
有错误的记录数	3
告记求数量	0

错误类型	错误信息范例	影响的码性名称 （ExCel 列）	错误数量
300060	无法通过 URL http：//www. companyname. com/images/1252. main. jpg 访问该媒体。请确保此 URL 正确且该媒体可公开访问		3
		总错误数量	3

总错误和警告数量	3

表 9 – 5　　　　　　　　　　批量表成功上传

上传数据处理一览

已处理的记录数	3
有错误的记录数	0
告记求数量	0

总错误和警告数量	0

三、跟卖上传

（一）跟卖

1. 跟卖的概念。跟卖即在别人创建的产品页面下销售同样的产品，是亚马逊上普遍存在并且独具特色的一种出售方式。亚马逊跟卖实质上是共享"Listing"。通俗来讲，就是在别人的 Listing 上挂自己的产品链接。

跟卖是亚马逊平台的独有特色，是亚马逊平台允许的一种销售方式。从平台层面来说，亚马逊考虑到同一款产品，可能有多个不同的分销商，为了避免同一款产品被多个不同卖家重复发布在平台，导致买家购物体验差的情况，因此允许符合平台跟卖规则的其他卖家通过跟卖的形式，将商品链接挂在已有的其他卖家的商品详情页上，以供买家直接对比选择，为买家提供更优质价廉的产品，方便买家快速寻找所需商品。

2. 跟卖的前提。亚马逊设立跟卖规则的初衷是鼓励同一个品牌的不同代理商进行价格竞争，让利买家，增加亚马逊平台吸引力。想要跟卖，必须满足"有同样的产品"这个前提条件，"同样的产品"即商品品牌、图片、标题、产地、颜色、型号、参数、材质、包装等完全一致，只有符合物品一致性原则才能进行跟卖。对于同一个制造商而言，卖家要有相应的经销资格，需满足此条件，跟卖才是可允许的。

3. 跟卖的影响。不同卖家的相同产品展示在同一条 Listing 上，所有卖家共享此商品页面的流量，不同的跟卖者只需要提供自己商品的 SKU、价格、配送方式、库存数量和产品的新旧状况即可。

对于被跟卖的商品，所有的卖家共享流量，也意味着所有卖家都会争抢销量和购物车，占有购物车（Buy Box）的卖家成交概率更高。购物车是亚马逊根据平台的算法，参考销量、转化率、售价、配送方式、账号绩效等因素来进行分配的。

对于商品的原卖家来说，商品被跟卖后，此商品的多个卖家在一款产品下一起显示，且跟卖者无须像原有的卖家一样投入大量的精力和财力就可一起分享流量。因为跟卖者投入少，很多的跟卖者会通过低价的方式来抢占购物车，卖家之间的竞争更激烈，一旦打价格战，产品的利润会越来越低。且很多无良的跟卖卖家，为了抢占流量，可能跟卖的商品质量差、货不对板，客服和物流表现差，导致商品收到一堆差评，影响整体的商品销量。因此对于商品原有卖家来说，为了保护自己的商品，会使用多种不同的方式赶跟卖。如果卖家没有足够好的经验和准备，建议不要选择跟卖。因为跟卖的风险还是很大的，在跟卖的过程中卖家会遇到各种下架的情况发生：

若卖家跟卖的 Listing，申请了商标备案或者拥有专利，而卖家没有获得授权，被商品原有卖家投诉会导致卖家的账号受限制或者被封号。

跟卖的 Listing 被商品原有卖家修改了而卖家迟迟没有察觉到，可能会造成发错货而被买家投诉，影响卖家的账号表现。若商品有很多库存，那就更麻烦了。

虽然跟卖的风险很大，但是跟卖的人仍然层出不穷，还是天天在亚马逊做着跟卖的事情。因为跟卖不需要自己创建 Listing 的页面，想卖就卖，不想卖就下架，可谓是省时省力又省心。新手卖家跟卖的话，还能快速出单，增加流量，进而提高销量。

良性跟卖对于跟卖者来说，销量和流量是最大的收益。如果抢到黄金购物车，那么这个

Listing 就相当于变成卖家的 Listing 了。

（二）跟卖上传

对于新手卖家而言，账号在审核期间是不稳定的，不建议立刻跟卖。刚开始，可以先自己建立 Listing，上传产品进行销售，对 Amazon 操作方面的规则有了一定的了解和熟悉之后，待账号相对稳定时再选择跟卖。那么卖家要如何创建跟卖产品呢？

跟卖上传的流程：

第一步，进入卖家后台，单击屏幕左上角库存（Inventory）下面的添加新商品（Add a product），具体如图 9 - 14 所示。

第二步，跟卖已有的商品，可在打开的 Add a product（添加新商品）页面搜索框中输入想要跟卖商品的名称或是 ASIN 码，如图 9 - 40 所示，再单击框 2 中的搜索符号。

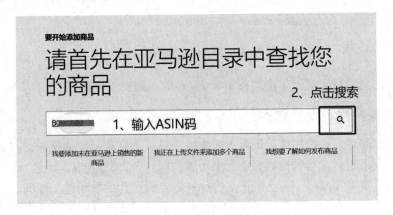

图 9 - 40　跟卖商品搜索

第三步，单击搜索之后，进入如图 9 - 41 页面。会搜索出 ASIN 码匹配的要跟卖的商品，选择商品的跟卖状态，商品状态有"全新""收藏品""二手"，一般中国卖家只能销售"全新"的商品。选择完即可单击"销售此商品"，进入跟卖 Listing 的信息填写。

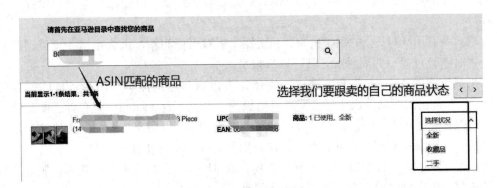

图 9 - 41　跟卖商品状况选择

第四步，填写商品跟卖的相关信息，如商品的 SKU、售价、库存数量、商品状况、配送模式等，如图 9 - 42 所示。

图 9-42　跟卖 Listing 信息填写

第五步，信息填写完成，单击"Save and finish"按钮，即完成跟卖的步骤。

（三）规避风险，安全跟卖

首先，跟卖时可以选择那些已经有人跟卖的产品，最好有稳定的货源，产品质量有一定的保障。若他人跟卖后没有被投诉，那卖家可以选择这个产品进行跟卖。

其次，跟卖要真实诚信。自己的产品实物一定要跟图片的展示是一样的，不能买家收到货，发现产品和图片完全不符合。跟卖了别人的产品，就算产品的质量或者细节没有别人做得好，但最起码跟卖的产品要与被跟卖的产品是一样的。在跟卖期间，每天都要对跟卖的 Listing 进行检查，查看 Listing 是否被修改或者拥有了品牌保护，避免侵权投诉。

如果收到警告信要求停止跟卖否则投诉的情况下，先要及时进行处理，将产品下架。然后告诉对方已经下架了，接下来就可以通过品牌查找途径来确认产品是否可以继续跟卖。

如果卖家的账号有做 FBA 的话，最好不要轻易尝试跟卖，以免账号被封，库存被亚马逊封存。

注意：没有 100% 安全的跟卖策略，只要跟卖就有可能犯错。因为申请一个美国品牌只需要一周时间，可能一两周后对方就可以举报卖家。

如果想长期做 Amazon 平台，建议卖家还是自己做自己的品牌与商标，自己做自己的 Listing，开发自己的产品，这才是长期发展的做法。自己创建 Listing，拥有自己的品牌，注册商标以保护自建的 Listing。保护自建的 Listing 还有以下三个好处：第一，可以防止别人跟卖；第二，可以保持利润的空间；第三，防止别人篡改 Listing 里面的内容。

防止跟卖的方法：注册商标、专利、版权；测试购买，然后向亚马逊投诉；服务商赶跟卖；警告信；R 标可以加入亚马逊的透明计划等。

四、产品上传变体管理

跨境电商平台卖家在上传产品时，可以对产品的变体进行合并、拆分、创建等操作。

（一）变体

变体是产品之间相互关联的产品集，是同一个产品的不同属性（大小、颜色、尺寸、式样）归集。简单地说，变体是能在同一个 Listing 页上点击购入的产品。良好的变体关系商品信息可让买家根据不同的属性（尺寸、颜色或其他特性），通过商品详情页面上提供的选项比较和选择商品。

父/子关系有三项要素：

父商品是一个产品的集合，父体不具备销售意义，只是作为一个绑定节点存在。

子商品与每个父商品相关联，具有变体属性的产品，真实售卖的产品。

变体主题父商品与子商品之间的关系，用于界定每个关联子商品之间的不同。根据卖家上架商品所设置的分类，变体主题也会有所不同。

创建变体的好处：

流量叠加：当一个商品有变体，买家在搜索到它时，进入产品详情页后可以从其他选项中选择更适合自己的产品，实现了不同属性产品之间的互相引流，能够有效提升产品的曝光度，利于单量的增加。

Review 和 QA 共享：可叠加，Listing 可以获得更高的权重，获得更多的曝光和流量。

提报活动可省钱：提报秒杀或是 Vine 计划，可以按父 ASIN 提报，一次费用可以多个子体一起参与。

（二）变体合并、拆分、创建操作

1. 合并变体。单体创建变体合并，首先要先创建一个父商品，填写所有必填项，比如 Product Type，SKU，Brand Name，Product Name，Item Type Keyword 等信息。选择变体主题，并在变体主题填写对应的变量值。

父商品首次上传，填写 Update；若子商品新建全部选 Update；若合并现有子体则子体更新方式选 Partialupdate，且子商品的 Product ID Type 选择 ASIN，子商品的 ASIN 可以在导航"库存—管理库存"中找到（见表9-6）。

表9-6 合并变体信息填写

变体信息				基本产品信息
Parentage	Parent SKU	Relationship Type	Variation Theme	Update Delete
parent_child	parent_SKU	relationship_type	variation_theme	update_delete
Parent			Color	Update
Child	bag-parent－1013	Variation	Color	Partial Update
Child	bag-parent－1013	Variation	Color	Partial Update
Child	bag-parent－1013	Variation	Color	Partial Update
Child	bag-parent－1013	Variation	Color	Partial Update

2. 拆分变体。想要解除父子变体关系，将子商品变成独立商品，可在 Manage Inventory

页面找到此父子变体商品，复制父子商品的 SKU，ASIN 信息，下载相应的批量表，将复制的父商品和子商品的 SKU，ASIN 粘贴在模板 SKU，Product ID 列，并且补充 Product ID Type，Update Delete。在 Update Delete 列，父商品填写 Delete，子商品填写 Partial Update，保存后上传此库存文件即可更新。

拆分：Update Delete 列，父商品填写 Delete，子商品填写 Partial Update，如表 9 – 7 所示。

表 9 – 7　　　　　　　　　　　　　　拆分变体表操作

Template Type = fptcustom	Version = 2022. 1013	Template Signature = QkFDS1 BBQ0s =	settings = attributeRow = 3&content LanguageTag	请用英语填写此模板。前三行仅供 Amazon. com 使用。请勿修改或删除前三行中的任何数据				基本产品信息
Product Type	Seller SKU	Brand Name	Product Name	Product ID	Product ID Type	Item Type Keyword		Update Delete
feed_Product_type	Item_SKU	Brand_Name	item_name	External_product_id	External_product_id_type	Item_type		update_delete
backpack	bag – Parent – 1013	ABCD	Travel Laptop Backpack			laptop – computer – backpacks		Delete
backpack	bag – 10 – 156 – gery	ABCD	Travel Laptop Backpack Grey 15. 6 Inch for Men	B06P6FXKP2	ASIN	laptop – computer – backpacks		Partial Update
backpack	bag – 10 – 17 – red	ABCD	Travel Laptop Backpack Red 17 Inch for Women	B065K885FX	ASIN	laptop – computer – backpacks		Partial Update
backpack	bag – 10 – 156 – blue	ABCD	Travel Laptop Backpack Blue 15. 6 Inch for Men Women	B08963NXY4	ASIN	laptop – computer – backpacks		Partial Update
backpack	bag – 10 – 17 – black	ABCD	Travel Laptop Backpack Black 17 Inch for Women	B08YB96C49	ASIN	laptop – computer – backpacks		Partial Update

3. 新增变体，即在原有多变体的 Listing 里再继续增加子商品，如原有一款 T-shirt，本来只有 S、M、L 三个尺码，现在要新增 XL 尺码进去，即可通过表格，新增一个子商品。

为父商品添加一个新商品，子商品必填信息需全部填写。Update Delete 列中原有父体跟子体选择 Partial Update，新增子体选 Update，如表 9 – 8 所示。

表9-8 新增子商品操作

TemplateType = fptcustom	Version = 2022.1013	Template Signature = QkFDS1 BBQQs =	settings = attribute Row = 3&content LanguageTag	请用英语填写此模板。前三行仅供 Amazon.com 使用。请勿修改或删除前三行中的任何数据				变体信息			基本产品信息
Product Type	Seller SKU	Brand Name	Product Name	Product ID	Product ID Type	Item Type Keyword	Parentage	Parent SKU	Relationship Type	Variation Theme	
feed_product_type	item_SKU	brand_name	item_name	external_Product_id	external_Product_id_type	item_type	Parent_child	Parent_SKU	Relationship_type	variation_theme	Update_delete
backpack	bag-parent-1013	ABCD	Travel Laptop Backpack		ASIN	laptop-computer-backpacks	Parent			color-size	Partial Update
backpack	bag-10-156-gery	ABCD	Travel Laptop Backpack Grey 15.6 Inch for Men	B06P6FXKP2	ASIN	laptop-computer-backpacks	Child	bag-parent-1013	Variation	color-size	Partial Update
backpack	bag-10-17-red	ABCD	Travel Laptop Backpack Red 17 Inch for Women	B065K885FX	ASIN	laptop-computer-backpacks	Child	bag-parent-1013	Variation	color-size	Partial Update
backpack	bag-10-156-blue	ABCD	Travel Laptop Backpack Blue 15.6 Inch for Men Women	B08963NXY4	ASIN	laptop-computer-backpacks	Child	bag-parent-1013	Variation	color-size	Partial Update
backpack	bag-10-17-black	ABCD	Travel Laptop Backpack Black 17 Inch for Women	B08YB96C49	ASIN	laptop-computer-backpacks	Child	bag-parent-1013	Variation	color-size	Partial Update
backpack	bag-10-17-blue	ABCD	Travel Laptop Backpack Black 18 Inch for Women	658858896352	UPC	laptop-computer-backpacks	Child	bag-parent-1013	Variation	color-size	Update

☞ **任务演练:**

1. 实操演练亚马逊单个产品上传的具体步骤。

2. 下载并完成亚马逊产品批量表格的填写及发布。

3. 了解跟卖,以及跟卖的前提,实操演练跟卖上传的具体步骤。

4. 掌握什么是产品变体? 父体与子体的关系?

5. 实操变体合并、拆分、新增子体操作。

项目十

跨境电商配送方式

视频：跨境
电商配送方式

■ 学习目标

1. 了解跨境电商物流的概念特点及主要的运输方式。

2. 掌握亚马逊 FBA 和 FBM 两种产品配送方式。

3. 了解物流配送服务及相关费用信息，辨析 FBA 物流
功能、服务、费用标准。

4. 学习创建配送订单、移除配送订单以及多渠道配送
订单。

5. 了解影响亚马逊账户库存绩效指标的因素，掌握提升
IPI 分数的技巧。

任务一　跨境电商常用物流模式

任务目标

　　相较于传统物流，跨境物流受到政治、地缘因素的影响更大，因此也衍化出了更多种类的物流模式。在本节内容中，主要学习跨境物流的相关环节特点、跨境物流主要的运输方式，学会根据不同的需求选择合适的跨境物流模式。

一、跨境物流概述

　　跨境物流：是指跨越不同国家或地区之间的物流服务，把产品从一个国家（地区）运送至另外一个国家（地区），不光面临着货物运输的困难，进出口两国之间的海关往往也有着重重阻力，需要经过国内运输、双清报关、目的国内运输才能最终配送至买家。相比国内传统电商物流模式，跨境电商增加了进出口报关、清关等环节，跨境运输航程比较长，跨境电商涉及国家和物流环节众多，跨境电商物流的产业链条较为冗长，其中，揽、干、关、仓、配每一个环节都是重资产基础设施的投入。

　　跨境出口电商相较于传统出口贸易，在减少产品流通环节、提高产品流通效率方面具有显著优势（见图10-1）。

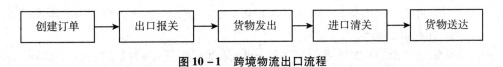

图10-1　跨境物流出口流程

　　由于全球不同国家/区域情况复杂，国与国之间不同的经济、政治、文化环境，也导致了众多不确定因素的出现。基础设施资源分散，存在干线运输资源分散、各国末端派送能力薄弱的问题。跨境物流的标准化程度低，且区域优势明显，跨境物流业务往往集中在本土或者周边地区和国家。有着强大物流效率、库存周转能力和完整供应链布局的企业完全拥有强劲的竞争势能。

二、跨境电商物流运输方式

　　1. 海洋运输（海运）。在国际跨境货物运输中，运用最广泛的是海洋运输。海运运输是使用船舶通过海上航道在不同国家和地区港口之间运送货物的一种方式，包括海运整箱和海运拼箱。目前海运量在货物运输总量中占80%以上。

　　电商渠道的定义会分为两种方式：

　　（1）货运卡车交货，顾名思义，是从起点到目的地国家的海上运输，然后通过卡车（海卡）到达目的地。

计费标准为：按照方数＝长×宽×高/1 000 000 的计算方式进行计算（长、宽、高单位为：厘米）。

在物流成本上海运是相对省钱的一种方式，运输过程也相对稳定，适合大公司货物运输。

（2）海运和快递派送相结合，从起点到目的地国家的海运，然后是到目的地的快递，也叫海派。

在费用的计算上和空运专线是相同的，运输费用较低，时效上强过海卡运输方式。

海运的优势是运量大，运费低，不过海运受自然条件和气候影响，航期不明确，运输风险大，物流时效慢。

2. 铁路运输（铁运）。在国际跨境货物运输中，铁路运输是仅次于海洋运输的主要运输方式。铁运目前表现最直观的是"一带一路"铁路专列运输：从国内出发，通过中东，链接欧洲的商务运输为国际贸易客户提供铁路进出口物流服务。

铁路运输时效快，中国与欧洲之间的平均海运时间为一个月左右，铁路运输的时间可以减少两个星期；受限制小，铁路运输在运输的过程中受天气等自然环境的影响比较小，运输风险比海上小，中转少，时间准确性高，运输量大，安全性比较高。

计费标准与空运相同，铁运时效优于海运，可以控制在半个月以内，在价格上也较空运快递有一定的优势。

3. 航空运输（空运）。航空运输是指使用飞机作为运输工具进行货物跨境运输的一种运输方式。国际空运的运输主体是各大航空公司，一般只能送到机场，产品需要进行出口商检（有的货物不需要商检）。国际空运是在体积重量和实际重量之中取其大者计算费用（注：体积重量是按长×宽×高÷6 000 这个公式计算的，其中长、宽、高都是按厘米来计算。体积大的货物叫抛货，也叫泡货，如枕头这类产品，实际重量只有 5 公斤，体积重量甚至达到 22 公斤，则以体积重量来核算运费）。

空运价格组成：由航空公司收取的 Airfreight 运费；根据不同机场情况收取不同的燃油附加费，目的地的价格不一样。

空运运输速度快、货运质量高、且不受地面条件的限制等，但价格昂贵，增加成本。

跨境物流小件的一般选择快递或空运，一般不需要报关、清关，能够提供门到门服务。

大宗一般是使用海运或铁路渠道发货，需要单证，清关，时间相对较慢，但价格便宜，是跨境物流主要选择的运输方式。

三、跨境电商常用物流模式

跨境物流链条长、环节多、成本高、时效存在不确定性，电商卖家需求也较为多样，由此衍生出多种物流模式。一般而言，B2C 跨境出口分为跨境直发和海外仓两种模式。

（一）跨境直发模式

跨境直发模式是指物流服务商完成出口货物门到门的全流程物流环节。跨境直发物流服务产品因包裹可追踪能力、时效要求、计费方式的差异，在产品价格方面与海外仓有明显区别，电商卖家可根据自身的实际运输需求进行选择。跨境直发模式主要包括邮政小包、专线物流、商业快递三种类型。

1. 国际邮政物流。跨境邮政包裹是指通过万国邮政联盟（Universal Postal Union，UPU）体系实现货物的进出口运输，邮政网络覆盖全球。邮政物流包括中国邮政小包、中国邮政大包、中国香港邮政小包、EMS、国际E邮宝、新加坡小包、瑞士邮政小包等。其中，邮政小包、国际E邮宝及EMS最为常用。

（1）国际E邮宝（EUB）。E邮宝是中国邮政速递物流为适应跨境电商轻小件物品寄递需要推出的经济型国际速递业务，利用邮政渠道清关，为中国卖家提供发向美国、加拿大、英国、法国和澳洲包裹寄送服务。E邮宝主要针对轻小件物品的空邮产品，只收2千克以内货物，支持按总重计费，50克首重，续重按照每克计算，免挂号费。主要路向时效7～10个工作日；墨西哥20个工作日；沙特、乌克兰、俄罗斯7～15个工作日。

优势：美国路向速度快并且价廉物美，全程提供物流跟踪信息。

劣势：欧洲路向价格略贵。

适用产品：轻小件物品。

（2）中国邮政小包。邮政小包是各国邮局依托全国邮政现有网络开展的业务，主要分为经济类（平邮）和挂号类两种，所寄产品重量限制在2千克以内。由于邮政小包价格便宜，因此处理优先级低，同时考虑成本因素，运输并非直达，时效慢且跟踪查询能力差，服务水平欠缺等问题明显。正常情况的时效为16～35个工作日左右货物可到达目的地；节假日、政策调整、偏远地区等特殊情况的时效为35～60个工作日到达目的地。

优势：价格便宜。

劣势：处理优先级低；运输并非直达；时效慢且跟踪查询能力弱；服务水平欠缺。

适用产品：2千克以内轻量级产品。

（3）EMS。特快专递邮件业务。在各国各地区的邮政、航空、海关等部门均享有优先处理权，可发货敏感货物（非易燃易爆、侵权产品、有价证券、现金等禁限寄物品）。

优势：时效快，全程提供物流信息。

劣势：价格较贵。

适用产品：适合高货值、重量高的产品。

2. 国际商业快递。国际商业快递模式是指在两个或两个以上国家（或地区）之间所进行的快递、物流业务。以国际快递形式承运进出境货物、物品，快速、高效且安全，并提供全程跟踪查询。目前，国际商业快递主要有DHL，UPS，FedEx，TNT四大商业快递巨头。其中UPS和Fedex总部位于美国；DHL总部位于德国；TNT总部位于荷兰。

（1）德国敦豪国际公司（DHL）。DHL是全球知名的邮递和物流集团Deutsche Post DHL旗下的公司，业务遍布全球220个国家和地区，是全球国际化程度最高的公司。DHL国际快递速度快，轨道齐全，安全可靠，在快递、空运、海运、陆运、合同物流解决方案及国际邮递等领域提供了专业性服务。作为全球第一的海运和合同物流提供商，DHL可以为买家提供从文件到供应链管理的全系列物流解决方案。DHL在发往欧洲、日韩区域上，价格更有优势，具有清关快、派送快、时效高等特点。全球时效一般为2～5天。

（2）美国联合包裹运送服务公司（UPS）。UPS快递中文名为美国联合包裹运送服务，它是目前全球最大的快递公司，世界上最大的几家快递承运商和包裹快递公司之一。在全球200多个国家地域中设立了分点收货，拥有众多的网点，覆盖面广泛，派送收件非常迅速，尤其是在美国、加拿大、英国地区。UPS 的服务地区主要为美国和欧洲，其中美国地区占据 90% 左右。但随着中国跨境电商的崛起，UPS 近几年来在亚洲市场中的占比也有了很大提升。适合发小件，在全球地区发货 3~6 天内派送完毕。

（3）美国联邦快递集团（Federal Express，FedEx）。FedEx 即美国联邦快递集团，是全球最具规模的快递运输公司，隶属于美国联邦快递集团，在全球开设多个分公司，服务全球 220 个城市。FedEx 在欧洲、东南亚、南美地区的时效上相对较好，发往东南亚的货物甚至能达到隔天送达，时效性极高。主要的服务地区是美国，占据了整体业务的 80%，它最大的特点就是快递多采用空运的方式，物流运送高效便捷。

（4）荷兰天地公司（Thomas National Transport，TNT），世界四大商业快递公司之一，是一家国际知名的物流企业，总部位于荷兰。TNT 的电子查询网络在全球最为先进，向全球超过 200 个国家提供了邮政、快递和服务，欧洲地区的市场占有率最高。在欧洲、亚洲和北美洲等地，可以针对不同买家的需求，提供 9 点派送、12 点派送、隔天派送、收件人付费快件等服务内容。TNT 对货物的限制也比较多，敏感货物不适合使用 TNT 快递渠道发货。价格相对较高；综合时效相对慢一点，参考时效为 3~7 个工作日。

3. 专线物流。国际物流专线，指运营不同国家（地区）间点对点的货运线路，专线物流模式下物流服务商集中大批量卖家包裹，集中发往某一特定国家或地区，其运输线路、运输时间、物流起点与终点、运输工具都是固定的，专线物流一般是通过空运、海运、包舱等方式将货物运输到国外，再通过合作公司进行目的国的派送。中国目前已开通中俄专线、中美专线、中欧专线、中澳专线等物流专线。

（二）海外仓模式

海外仓是指出口商或跨境电商在海外买家所在国家或地区设立的仓库，是建立在海外的仓储设施。海外仓模式是基于对现有市场上所有的物流运输方式进行整合，为卖家在销售目的地进行货物仓储、分拣、包装和派送的一站式物流服务体系。海外仓模式包含头程运输、仓储管理和本地配送三个环节。跨境电商卖家通过海运、空运或者快递等运输方式将出口货物运输至目的地国海外仓储中心进行存储、"备货"，并根据当地的销售系统订单，及时从当地仓库直接进行分拣、包装和配送（见图 10-2）。

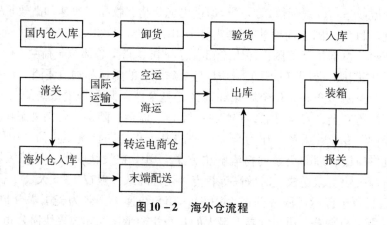

图 10-2　海外仓流程

海外仓主要包括平台海外仓（自营/合作）、卖家自建海外仓和第三方海外仓三种类型。

1. 平台海外仓。比较典型的是亚马逊FBA，由亚马逊提供包括仓储、拣货打包、派送以及收付款、退换货等一系列的电商服务。作为全球最大的电商零售平台之一，亚马逊的仓库大多靠近机场，配送货效率很高，而且有着多年的物流经验，物流问题比较少。但是相比其他海外仓，亚马逊仓储的费用也相对较高。

2. 卖家自建海外仓。卖家也可以自建海外仓，自行解决通关、报税、物流配送等一系列问题，公司可以自己掌握系统，自己进行管理。自建海外仓风险和成本更高，且没有规模优势很难拿到当地的优惠配送价。该模式适用于规模较大的出口跨境电商企业。

3. 第三方海外仓。跨境电商与第三方海外仓的合作方式有两种，一种是租用；另一种是合作建设。租用的话会有租用费、物流费等；合作的话一般只有物流费用。第三方海外仓有利于提高单件产品的利润率，而且稳定的供应链也有助于产品的销售，带动买家体验，提高回购率（见图10-3）。

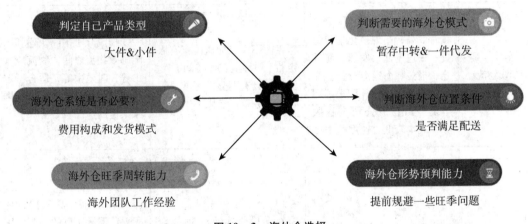

图10-3 海外仓选择

但是，这种模式也有一定的弊端，比如存货量预测不准可能会导致货物积压，货物追踪出现问题可能会导致产品丢失等。

（三）跨境物流模式选择

在疫情防控的严峻形势下，跨境直邮模式屡遭阻碍，快递物流出货难，码头拥堵、国际燃油价格变动，跨境物流成本高。与跨境直邮模式相比，海外仓优势明显，受到越来越多跨境卖家的欢迎，规模迅速增长。据商务部数据显示，2021年中国海外仓数量已超2 000个，总面积超1 600万平方米，外贸新业态实现新增长。

长期来看，跨境直发模式和海外仓模式相互补充、并存发展，共同助力卖家跨境出海。不同的跨境物流均有优劣，跨境卖家需要根据物流匹配度、物流价格、物流时效、派送安全性、物流服务这五个因素来综合考虑选择适合的优质物流（见表10-1、表10-2）。

表 10 – 1　　　　　　　　　　　　　　　　跨境物流模式对比

物流类型	优势	劣势	适用范围
邮政物流	覆盖面广、邮政网络配送、派送范围无死角；邮政清关，报关资料相对较少，查验率和被税风险低；物流成本低、物流性价比高	时效性差、货品难追踪、丢包率高	小件零星包裹，低价值量跨境商品配送，适合产品体积较小、卖价和利润空间较小、服务要求不高、时效要求不高的快递
国际快递	范围广、派送网络健全、清关能力强、派送时效快、派送安全、包裹妥投率高、丢件率低、跟踪信息准确、优质服务（门到门）	物流成本高、特殊商品不能递送，覆盖面有限	高货值、高质量的产品，一些价格高、利润高、体积小、时效苛刻的产品
专线物流	区域针对性强，配送国家区域时效高，高规模化集包集货，丢包率低，发货、海外仓、报关、海运/空运运输、目的国清关、海外配送等环节统一由物流公司全程服务，成本较低、速度适中	覆盖面不大，配送国家有限定性，国际（地区间）物流专线具有明显的区域局限性，服务范围有限	专线物流介于国际快递和国际邮政物流之间，物流成本中等，时效中等，适合特定线路的货物，配送至特殊国家渠道的产品
海外仓	海外仓发货，物流成本低、物流时效快、物流服务好、售后退货/换货/重发等问题解决方便，客户满意度较高	海外仓设立本土化挑战较高，支付海外仓储费，对海外仓储库存量有要求，海外仓滞销库存难以处理；风险多、对海外仓运营者要求高	畅销品、高利商品、尺寸、重量大的商品： （1）高利润、高风险，体积大且重量超重的物品，国内小包无法运输或者运费太贵（如灯具、户外产品等）； （2）低风险、高利润，日用快清品，非常符合本地需求，需快速送达的产品（工具类，家居必备用品，母婴用品）

表 10 – 2　　　　　　　　　　　　　　　　跨境物流模式选择

物流类型	成本	时效性	丢件率
邮政物流	低	低	中
专线物流	中	中	低
商业物流	高	高	低
平台海外仓	中高	高	低

续表

第三方海外仓	低	高	低
自建海外仓	高	高	低

☞ **任务演练：**

1. 简述几种不同的物流方式特点及优势。
2. 阐述海外仓几种不同的服务，及选择海外仓的优劣势。
3. 举例不同的产品和时效需求，如何选择合适的跨境物流模式？

任务二　跨境电商平台产品配送方式

任务目标

　　跨境电商平台不同，使用的物流配送方式也不同。在本节的内容中，主要学习亚马逊平台 FBM 和 FBA 两种不同配送方式，熟悉亚马逊 FBA 提供的服务及相关费用收取标准。

一、跨境电商平台产品配送方式

　　跨境电商平台的物流方式以官方自建物流，海外仓平台的物流方式运输为主。其中速卖通 AliExpress 以自发货和海外仓物流运输为主；Lazada 以 Lazada 官方物流、LGS 全球配送和自发货为主；Shopee 平台以自建的 SLS（Shopee Logistics Service）物流体系为主；Wish 平台以直发物流、海外仓、FBS 为主；亚马逊平台以 FBA 官方物流和 FBM 自发货为主。本节以亚马逊为例，详细讲解其产品的发货模式，亚马逊产品主要分两种发货模式，一种是亚马逊配送，简称 FBA；另一种是卖家自配送，简称 FBM。

二、FBM

　　FBM（Fulfillment by Merchant）即卖家自配送。FBM 就是由卖家自行发货的一种运营模式，俗称自发货模式。亚马逊在自发货模式中仅仅是作为一个销售的平台，库存、包装、配送、客户服务等一系列流程都由卖家自行负责。当客户下单之后，卖家才将自己的商品从国内的电商平台采购下来（无货源）或者是将卖家自己生产的产品通过物流运到国际转运仓，再由国际转运仓运到国外客户的手里。虽然 FBM 有益于卖家的业务，但是也需要花时间在处理物流等相关烦琐的一些问题上，卖家们适不适合 FBM，完全取决于所卖产品以及卖家的类型。

　　1. FBM 卖家订单处理流程：确认买家订单→打印订单标签→打包发货→国内运输→出口报关→跨境运输→目的国进口清关→目的国运输→配送给买家。

2. FBM 卖家常用的发货方式：邮政包裹；国际快递；国际专线（专线物流）；海外仓配送。

根据所出售产品的不同（种类、重量、尺寸、安全性）、买家配送要求、配送成本和淡季旺季等因素选择卖家最适合的物流渠道发货。

3. FBM 自发货如何降低物流成本。

（1）选品：同等价值的产品，小体积的物流费用会更低，利润率更高，所以在大体积产品和小体积产品之间，卖家应更多地考虑小体积产品。

（2）优化打包方式：卖家可以完善包装箱的产品组合、气泡袋的选择、透明胶的粘贴次数等，减轻重量，节省费用。

（3）与物流机构合作，争取折扣：卖家可以寻求与配合度高的物流商进行合作，也可以基于自身销量和订单，与物流商签订长期合作协议，长期合作一般可以拿到比较低的折扣。

（4）多种物流方式相结合：例如，小件产品可以使用 E 邮宝物流渠道发货，500 克以上或者 E 邮宝邮费超过 100 元的，使用 DHL 物流渠道发货。

（5）产品搭配销售，减少发货次数：一般有两种做法，一种是同款产品，多件销售享优惠价，比如 3 件 8 折；另一种是互补性产品，可以推荐客户一起购买，比如电脑和鼠标。

4. FBM 退货处理。

（1）若卖家已经点击确认发货，但是产品还没有寄出去，买家申请退货的情况，可以通过订单信息联系买家，了解具体退货原因。如果买家执意要退货，直接在订单管理页面退款即可。

（2）如果已经点击确认发货，产品已经寄出，买家申请退货，可以先联系买家，询问具体想退货的原因。如果买家执意要退货，需让买家拒收，然后在订单管理页面给买家退款。如果有海外仓的话，也可以与客户协商，收到产品之后退货到海外仓，具体根据沟通情况协调解决方法。

三、FBA

FBA（Fulfilled By Amazon）即亚马逊物流发货，是指由亚马逊提供包括仓储、拣货、包装、配送、客服和退货在内的所有高标准物流服务。针对亚马逊物流订单的买家服务、全球销售，提供亚马逊合作承运人计划、多渠道配送、亚马逊物流贴标服务、亚马逊物流预处理服务、亚马逊物流重新包装服务、库存配置服务、人工处理服务等物流服务。简单来说，Amazon FBA 就相当于 Amazon 官方的海外仓。客户下订单后，Amazon 提供拣货打包、配送、收款、客服、退货处理一条龙物流服务。同时，也会收取一定的费用。

（一）FBA 配送

亚马逊物流 FBA 配送即亚马逊将自身平台开放给第三方卖家，卖家将商品批量发送至亚马逊运营中心，由亚马逊负责帮助卖家存储。当商品售出后，由亚马逊完成订单分拣、包装和配送，并为这些商品提供买家咨询、退货的服务，亚马逊则收取相应服务费用。

亚马逊 FBA 配送具有速度快、提供全天候客户服务的优点。使用亚马逊物流的商品，一方面会被自动标记 Prime 标志，提升产品的曝光量；另一方面，针对符合要求的订单，卖家们还可以享受免费配送服务，客户服务和退货等相关问题也都由亚马逊专业的客服来解决处理。如因 FBA 物流问题产生差评，亚马逊平台会默认是平台责任而非卖家责任，会帮助删除差评。此外，使用 FBA 发货还可以大大提升排名，帮助卖家赢得 Buy Box，提高转化。

亚马逊为帮助优化物流成本，针对特定的产品和地区，还提供了特惠物流解决方案。例如，针对欧洲五国的跨地区解决方案"亚马逊物流欧洲整合服务"；针对特定产品的特惠解决方案"亚马逊物流新选品计划""亚马逊物流轻小商品计划"等。

FBA 支持多渠道配送，能满足跨平台的配送需求。如果卖家有其他销售渠道的订单，比如自己的独立站或是 eBay 平台都有销售相同的商品，均可以使用储存在亚马逊运营中心的库存进行配送，只要通过简单的在线用户界面管理库存创建多渠道配送订单即可。

1. FBA 具体运送流程。卖家将商品转化 FBA 配送→创建发货计划→打印货件标签→打包发货→国内运输→出口报关→跨境运输→目的国进口清关→目的国运输→亚马逊仓库接收货物并盘点上架→客户下单→亚马逊进行商品拣货包装→配送给买家→客服服务，主要流程如图 10 - 4 所示。

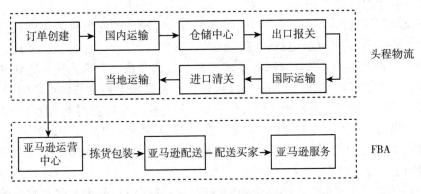

图 10 - 4　FBA 运送流程

亚马逊 FBA 发货前的操作步骤如下：

第一步：确认商品是否符合亚马逊物流限制，符合才可入仓。

第二步：在卖家平台转化库存为亚马逊配送。

第三步：创建配送货件计划，设置商品配送数量、准备好配送商品、为商品贴标签、清点配送商品做好发货准备。

第四步：选择合适的头程物流服务商，确定头程物流配送方式。

第五步：处理货件计划，装箱，并为货件（装箱后的商品）贴标签，包装并发货。

2. FBA 头程物流。在亚马逊 FBA 配送过程中，商家把自己在 Amazon 上销售的产品库存直接送到 Amazon 当地市场仓储中的这一段物流过程（货物从国内—国外亚马逊仓库这一段运输，中间包括清关预付关税等服务）即为 Amazon FBA 头程物流（Fulfillment by Amazon）。具体见图 10 - 6 中第三行显示即为 FBA 头程流程。

不同物流方式的运费成本不同、发货时效不同，不同的物流服务商可提供的服务和优势专线也有所不同，因此卖家需要综合考量选择合适的头程物流配送方式。FBA 头程服务目前从时效快慢依次排序：快递、空运欧洲铁运（欧洲站）、海运。

快递：主要是 DHL，UPS，FedEx 几大快递。快递时效快，服务好，相对的运费也比较高，选择快递配送，一般是注重它的时效性，轻小商品更适合。

空运：也叫空加派或是 FBA 专线物流。一些物流公司和航空公司签署合约，将货物运输到目的地机场，用飞机送至目的国，清关后转交给当地快递配送至亚马逊仓库。空运时效相比快递一般会慢一点，价格也比快递更低一些。

海运：海运根据目的国尾端配送方式的不同可分为海派和海卡。海派是指到目的国港口后，由当地快递配送至亚马逊仓库；海卡是指到目的国港口后，通过卡车的方式配送到亚马逊仓库。此外还有快船和慢船之分，因此时效有区别。海运是最常见的 FBA 头程渠道，载货量最大、资费最低的渠道，物流公司一般会有最低货量要求。

此外，欧洲站还额外多了一种欧洲铁运的运输方式。欧洲铁路专线，是利用中欧国际铁路为依托帮助托运人将货物从中国运往包括英国、德国、法国、意大利、比利时、波兰、荷兰、瑞士、奥地利、匈牙利、西班牙、葡萄牙、希腊等多个欧洲国家的运输方式。铁运只能到欧洲国家，无法到美国，时效一般比欧洲海运快一些，运费也较低，是目前跨境物流中性价比较高的一类物流方式，也是目前欧洲站降低运费的一个主流方式。

如何选择合适的头程物流呢？

头程物流均有各自的特点和明显的优势与劣势，合理地利用每种物流方式的特点及优势，便能最大限度降低物流成本且享受良好的物流服务。

（1）快递。刚起步的卖家且对时效要求严格，可选择快递渠道。这种方式和我国国内快递差不多，一个是国家与国家之间的物流运输；一个是国内地点与地点之间的物流运输。国际快递可以用最短的时效把货物送到客户手中，同时它收取的费用也是比较贵的。

该类头程物流的优点在于时效快、稳定性好、安全性高；缺点在于运价高、附加费多。这种发货方式比较适合时效性要求很高的货物或者小体积而且售价很高的产品，例如文件和样品小件货物等。

（2）空运快递。卖家可以选择靠谱的物流服务商通过空运的方式将货物运输至目的国家，再利用快递将货物送至 FBA 仓库，时效一般为 10～15 天，时效快的 7～10 天，可以免预约入库。在电商旺季的时候用来备货和补货是非常好的。若在旺季要排仓，可能会耗费一定的时间；若是在淡季，在降低成本和时效方面都是不错的选择。

（3）海运。从整体情况来看，海运是目前最慢的一类物流渠道，也是费用较低的主要头程运输方式。海运总体可分为快船、慢船两类：快船时效较快、资费较高；慢船时效较慢、资费较低。海运的签收时效是 25～45 个工作日，物流时效较其他两种头程运输方式相对较慢，所以海运也是资费较低的一类物流方式。由于是在大海上航行，所以海运运输的运量大，基本不用考虑由货物重量引起的限行问题。而且运输安全，海路宽阔，航道四通八达，不会发生像汽运那样撞车、翻车的危险，在海况良好的情况下能够保证货物平稳，不受损伤，一定程度上也避免了被盗窃的隐患。海运的最大特点就是价格便宜、运量大、货物安全，适合不紧急的补货。

海运的费用涉及：国内本地杂费 + 海运费 + 目的地清关 + 目的国派送。到美国派送的方式分为：卡车派送和快递公司派送，主要区别在派送时间和价格上。一般海运头程整柜不含税，卖家会用自己公司的资料进行报关和清关，双清包税的比例越来越小。如是卡车送去亚马逊，一般需要入库预约，操作比快递麻烦。

美森海 + 快：时效快，不塞港，专用卸柜码头（目前情况 UPS 提取慢）。

普通海 + 快：旺季可能会塞港，时效不如美森，价格低于美森。

海运专线：价格最低，时效比较快。

普通海卡：最省钱。

注意：海运适用情况：100 千克以上，量较小，推荐发快船；量大，时效上要求不那么急，基本是 1 个方起步，建议 2～3 个方以上发海运才更划算

给亚马逊卖家的建议：

（1）卖家要同时兼顾时效性和资金周转情况。

（2）卖家在选择产品的时候一定要注意产品的重量，体积过大要考虑额外的运费成本。

（3）卖家可以尝试多种运输方式同时使用，尽可能地确保自己的产品不要断货，合理地搭配既可以保证发货时效，也能有效降低 FBA 头程物流成本。

（4）卖家一定要了解 FBA 的政策，准备好认证，办妥各种手续。

（二）FBA 标签

商品发往亚马逊仓库，出仓时需要贴两种标签，一个是商品标签；一个是货件标签。

1. 商品标签：亚马逊为产品分配 FNSKU（Fulfillment Network SKU），以将其识别为卖方独有的产品。FNSKU 标签需要贴在每个产品上。商品标签有两种条码选项，一种是制造商条形码；一种是亚马逊条形码。制造商条形码主要指的是商品生产厂商提供的商品原始条码，一般是以 B0 开头，适用于愿意接受共享库存的卖家。亚马逊已有邮件通知，不再接收只有 B0 开头的制造商标签的产品，如图 10-5 所示。亚马逊条形码是由亚马逊平台为卖家上传的产品所提供的商品条码，主要用于商品的标识和跟踪。亚马逊条形码一般是以 X0 开头，如图 10-6 所示。

图 10-5 制造商条形码

图 10-6 亚马逊条形码

2. 货件标签：货件标签是指张贴在包裹外箱上的标签，显示发货和收货地址，以及 FBA 的货件编码。货件标签可确保货件送达运营中心时，亚马逊的工作人员可以快速轻松地扫描标签，处理货件，如图 10-7 所示。

图 10 - 7　货件标签

总的来说，亚马逊 FBA 的流程就是：首先卖家发送商品至亚马逊运营中心，然后亚马逊存储并管理卖家的商品。当买家订购卖家的商品时，亚马逊会对商品进行拣货包装并提供快捷配送，最后亚马逊用当地语言提供买家服务及退换货服务。

（三）FBA 合规政策及要求

使用亚马逊 FBA 配送的卖家，要严格遵守 FBA 合规政策及要求。

1. Amazon 物流政策要求。

（1）箱子尺寸。对于内含多件标准尺寸商品的箱子，其任何一侧的长度均不得超过 25 英寸（63.5 厘米）。装了过大尺寸商品的超大箱子将会受到货件权限限制，产生额外费用或遭到运营中心拒收。

（2）箱子重量。如果卖家使用亚马逊合作承运人，请准确测量箱子和托拍的重量和尺寸，确保为每个货件提供准确的测量值。此外：

箱子不得超过 50 磅（22.6 千克）的标准重量限值，除非内含单件重量超过 50 磅的大件商品。

对于单件重量超过 50 磅的大件商品，请在箱子顶部和侧面贴上明确标明多人合搬的标签。

对于单件重量超出 100 磅的大件商品，必须在包装箱顶部和侧面贴上明确标明机械升降的标签。

内含珠宝首饰或钟表的箱子不得超过 40 磅。

（3）包装材料：气泡膜包装；完整的纸张（较重的牛皮纸最佳）；可充气的充气垫；聚乙烯泡沫板。

（4）货件要求。单个汽运零担货件的包装箱数量不得超过 5 000 个。如需运送 5 000 个以上的包装箱，卖家必须创建第 2 个货件。

2. 易融库存要求。亚马逊物流仅在 10 月 16 日至次年 4 月 14 日期间接受易融商品。在 4 月 15 日至 10 月 15 日期间储存或运至亚马逊运营中心的易融库存将被标记为"不可售"且被弃置，并需支付相应费用。

"易融"商品是指所有热敏感商品，包括但不限于巧克力或软糖，以及精选的果冻和蜡基商品。

在夏季，储存在亚马逊运营中心的商品必须达到质量标准（75～155 华氏度），此温度范围旨在保护商品在储存和配送期间的完整性。

必须在每年的 4 月 15 日前提交针对易融商品库存的移除订单。

3. 亚马逊物流禁运商品。运送前需确认要运送的商品是否属于受管制的危险品。运往亚马逊运营中心的危险品即使尚未被亚马逊鉴定为危险品，仍可能会被弃置而不予赔偿。参与亚马逊物流计划的卖家必须遵守亚马逊的受限商品政策和亚马逊物流特定商品限制。以下是亚马逊物流禁运的商品：酒精饮料（包括无醇啤酒）；汽车轮胎；礼品卡、礼券和其他储值工具；带有未授权营销材料（例如宣传册、价格标签和其他非亚马逊标签）的商品；需要预处理但未根据亚马逊物流包装和预处理要求进行预处理的商品；包装松动的电池；存在残损或缺陷的商品；在发货前未向亚马逊正确注册标签或标签与所注册商品不符的商品；不符合亚马逊与卖家之间任何协议要求的商品；非法复制、复印或制造的商品；被亚马逊通过其他方式确定为不适宜销售的商品。

四、FBA 和 FBM 两种运营模式对比

（一）FBM 与 FBA 的优劣对比

1. FBA 优点。(1) 配送时效快，客户体验好：针对亚马逊平台会员，FBA 的产品可以免费两日达，买家购物体验更好，可以让卖家获得更多买家和销售额；(2) 流量和销量红利：使用 FBA 发货的商品更容易赢得 Buy Box，可以获得更多的商品曝光，有更多的流量扶持，有利于提升商品的排名，且亚马逊会员更愿意购买 FBA 发货的商品；(3) 卖家工作量少：亚马逊负责客户服务和配送，卖家不必处理订单问题，可以将更多精力放在选品和运营方面；(4) 可以移除因 FBA 物流引起的差评：由 FBA 物流原因导致的买家差评，卖家可以直接向亚马逊客服申请移除差评。

2. FBA 缺点。(1) 资金压力和风险：需要先找货源，备货入亚马逊仓储，再进行销售，有仓储和资金投入压力；(2) 对运营人员要求比较高：因有一定的投入，故对选品运营要求比较高，新手很容易产生亏损；(3) 一般需要测品，测评和广告介入，增加成本投入。

3. FBM 优点。(1) 无库存压力：一般采用无货源模式，客户下单之后才去采购发货；(2) 前期投入资金相对较小；(3) 对运营水平要求相对较低。

4. FBM 缺点。(1) 物流时效相对比较慢；(2) 比较难竞争获取到购物车；(3) 出单相对 FBA 略少；(4) 需要花费一定的时间在发货和客服上；(5) 遇到国际退货，退货成本高。

（二）FBA vs FBM，卖家如何选择

在决定选择使用 FBA 还是 FBM，或者 FBA + FBM 结合使用时，应当综合考虑业务规模、增长潜力、销售的产品类目，以及预期投资最多的资源，根据需求再对比优势进行选择。

如果单从利润空间来看，亚马逊 FBA 的模式会比 FMB 更好，但是其门槛较高，比如选品以及运营都需要专业团队进行运作。对销售轻小件并且产品售价相对便宜的卖家来说，亚马逊 FBA 是更好的选择；对于销售容易滞销、多箱装运、个性化或定制商品，并且没有强

大的行业和物流知识的卖家而言，亚马逊 FBM 这种投资小、收益高的模式会更加适合。总的来说，并非固定一种模式就一定适合什么类型的卖家，很多卖家为了实现最大化的利润经常会结合两种模式使用。

五、物流配送服务及费用简介

（一）FBA 物流功能及服务

加入亚马逊物流，卖家将货放到亚马逊仓库后，则可以借助可选功能和服务来帮助管理和发展业务。亚马逊物流费用涵盖以下各项服务的费用：将卖家的商品存放在亚马逊运营中心，分拣、包装和配送订单以及为所售商品提供客户服务。即相应的产品配送、包装贴标、翻新、移除等多项服务。

1. 亚马逊合作承运人计划：亚马逊合作承运人可在将卖家的库存运输到运营中心时提供一定的折扣。

2. 多渠道配送：亚马逊可以配送通过自己的网站和其他渠道销售的库存订单。

3. 亚马逊物流贴标服务：亚马逊可以为库存产品贴上条形码标签。亚马逊物流贴标服务按件收取费用。

4. 亚马逊物流预处理服务：亚马逊可对库存商品进行预处理，以使其符合亚马逊物流预处理要求。亚马逊物流预处理服务按件收取费用。

5. 亚马逊物流重新包装服务：亚马逊将对买家退回的符合要求的亚马逊物流商品进行重新包装，以便可以再次销售。

6. 库存配置服务：在卖家创建入库计划时，货件可能会被拆分为多个货件并发往不同的运营中心。卖家可以利用库存配置服务将所有库存发往一个运营中心，然后亚马逊会为卖家分发库存。库存配置服务按件收取费用。

7. 人工处理服务：如果卖家在将库存发往亚马逊物流时未提供箱内物品信息，亚马逊将在运营中心手动处理卖家的箱子。人工处理服务按件收取费用。

8. 针对亚马逊物流订单的客户服务：如果卖家通过亚马逊物流销售商品，亚马逊将代表卖家提供客户服务。

（二）FBA 物流费用

将产品放置到亚马逊的仓库，部分服务亚马逊会收取相应的服务费用，基本的亚马逊费用项目如图 10-8 所示。

亚马逊物流订单的配送费用：亚马逊物流的订单配送费用和相关服务费用。

月度库存仓储费：对于存放在亚马逊运营中心的所有商品，亚马逊将按日历月和平均占用体积收取仓储费。

长期仓储费：除月度仓储费外，亚马逊还会对亚马逊运营中心的库存评估收取长期仓储费。

库存仓储超量费：如果卖家的现有库存在特定月份超出了仓储限制，除了月度库存仓储费和长期仓储费（如适用）之外，卖家还需要支付库存仓储超量费。仓储超量费取决于超出仓储限制额度的天数。

移除订单费用和弃置订单费用：卖家可以让亚马逊退还或弃置存放在亚马逊运营中心的库存。此项服务按件收取费用。

退货处理费：亚马逊将对提供免费退货配送的订单收取退货处理费。

计划外服务费用：如果库存抵达运营中心时未经过适当的预处理或贴标，亚马逊将为卖家提供这些服务。此项服务按件收取费用。

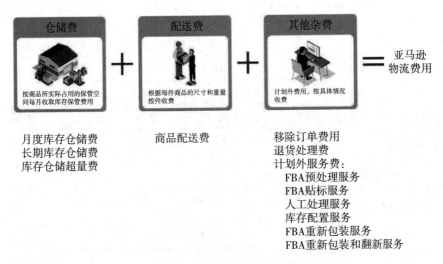

图 10 - 8　亚马逊物流费用

除此之外，亚马逊多渠道配送，也收取相应的多渠道配送订单费用，根据配送商品的尺寸重量、数量及选择的配送时效不同，费用不同。

亚马逊物流的服务费用，基本上都会根据商品的尺寸和重量不同，收取不同的费用，具体的商品尺寸分段如表 10 - 3 所示。

表 10 - 3　　　　　　　　　　　　　　　　亚马逊商品尺寸分段

商品尺寸分段	单件重量	最长边	次长边	最短边	长度 + 周长
小号标准尺寸	16 盎司	15 英寸	12 英寸	0.75 英寸	不适用
大号标准尺寸	20 磅	18 英寸	14 英寸	8 英寸	不适用
小号大件	70 磅	60 英寸	30 英寸	不适用	130 英寸
中号大件	150 磅	108 英寸	不适用	不适用	130 英寸
大号大件	150 磅	108 英寸	不适用	不适用	165 英寸
特殊大件	超过 150 磅	>108 英寸	不适用	不适用	>165 英寸

1. 亚马逊物流订单的配送费用。亚马逊物流配送费用是指向买家配送在亚马逊商城购买的商品而按件收取的费用。该费用因商品的分类、尺寸和重量而异。有时称为"取件和包装"费用。亚马逊每年会根据市场情况，调整配送费收费标准，如表 10 - 4 所示为 2023年亚马逊不同尺寸重量和类型的产品配送费用。

表 10 – 4   **2023 年亚马逊不同尺寸重量和类型的产品配送费用**

商品类型	尺寸分段	发货重量	每件商品的配送费用（美元）
大多数商品（非危险品和非服装商品）	小号标准尺寸	不超过 4 盎司	3.22
		4~8 盎司（不含 4 盎司）	3.40
		8~12 盎司（不含 8 盎司）	3.58
		12~16 盎司（不含 12 盎司）	3.77
	大号标准尺寸	不超过 4 盎司	3.86
		4~8 盎司（不含 4 盎司）	4.08
		8~12 盎司（不含 8 盎司）	4.24
		12~16 盎司（不含 12 盎司）	4.75
		1~1.5 磅（不含 1 磅）	5.40
		1.5~2 磅（不含 1.5 磅）	5.69
		2~2.5 磅（不含 2 磅）	6.10
		2.5~3 磅（不含 2.5 磅）	6.39
		3~20 磅（不含 3 磅）	7.17 +0.16/半磅（超出首重 3 磅的部分）
服装	小号标准尺寸	不超过 4 盎司	3.43
		4~8 盎司（不含 4 盎司）	3.58
		8~12 盎司（不含 8 盎司）	3.87
		12~16 盎司（不含 12 盎司）	4.15
	大号标准尺寸	不超过 4 盎司	4.43
		4~8 盎司（不含 4 盎司）	4.63
		8~12 盎司（不含 8 盎司）	4.84
		12~16 盎司（不含 12 盎司）	5.32
		1~1.5 磅（不含 1 磅）	6.10
		1.5~2 磅（不含 1.5 磅）	6.37
		2~2.5 磅（不含 2 磅）	6.83
		2.5~3 磅（不含 2.5 磅）	7.05
		3~20 磅（不含 3 磅）	7.17 +0.16/半磅（超出首重 3 磅的部分）
危险品	小号标准尺寸	不超过 4 盎司	4.19
		4~8 盎司（不含 4 盎司）	4.48

续表

		8 ~ 12 盎司（不含 8 盎司）	4.64
危险品	小号标准尺寸	12 ~ 16 盎司（不含 12 盎司）	4.37
	大号标准尺寸	不超过 4 盎司	4.64
		4 ~ 8 盎司（不含 4 盎司）	4.89
		8 ~ 12 盎司（不含 8 盎司）	5.03
		12 ~ 16 盎司（不含 12 盎司）	5.34
		1 ~ 1.5 磅（不含 1 磅）	6.00
		1.5 ~ 2 磅（不含 1.5 磅）	6.29
		2 ~ 2.5 磅（不含 2 磅）	6.56
		2.5 ~ 3 磅（不含 2.5 磅）	6.85
		3 ~ 20 磅（不含 3 磅）	7.63 + 0.16/半磅（超出首重 3 磅的部分）

2. 月度库存仓储费用。每月库存仓储费：根据日历月和卖家的每日平均库存量，对存储在亚马逊运营中心的所有商品收取仓储费。

亚马逊针对卖家的库存在运营中心占用的空间收取月度库存仓储费。月度仓储费是根据卖家的每日平均体积（立方英尺）计算的，计算标准基于正确包装并准备按照亚马逊物流政策和要求发货商品的大小。费用根据产品大小和一年中的时间而有所不同。一般 1 ~ 9 月为淡季，仓储费用相对较低；10 ~ 12 月旺季仓储费用高，如表 10 - 5 所示。

表 10 - 5　　　　2023 年亚马逊月度仓储费收费标准　　　　单位：美元/立方英尺

收费时间	每月收取，通常在产生费用的次月 7 ~ 15 日	
费用构成	每次仓储使用量，基于卖家的库存在亚马逊运营中心所占空间的平均每日占用体积。根据商品类型、尺寸分段和一年中的时间计算得出的费率	
非危险品商品		
月份	标准尺寸	大件商品
1 ~ 9 月	0.87	0.56
10 ~ 12 月	2.40	1.40
危险品商品		
月份	标准尺寸	大件商品
1 ~ 9 月	0.99	0.78
10 ~ 12 月	3.63	2.43

3. 长期仓储费。卖家在亚马逊运营中心存放超过 365 天的库存除了每月的库存仓储费外，还需支付月度长期仓储费。自 2022 年 5 月 15 日起，亚马逊针对已在运营中心存放 271 ~ 365

天的商品，开始收取超龄库存附加费。使用每月 15 日的库存快照评估长期仓储费。

平台会根据商品总体积（以立方英尺为单位）评估长期仓储费。

每个 SKU 的费用金额计算方式：12 个月以上的收费金额（12 – mo – long – term – storage – fee）= 收取 12 个月以上费用的商品数量（12 – mo – qty – charged – long – term – storage – fee）× 单位商品体积：以立方英尺为单位（per – unit – volume）× 6.90 美元

要计算所有库存的长期储存费总额，请下载该报告并计算 12 个月以上的收费金额 "12 – mo – long – term – storage – fee" 列中费用的总和（见表 10 – 6）。

表 10 – 6 长期仓储费

分类	库龄为 271 ~ 365 天的商品	库龄达到 365 天或更长时间的商品
费用构成	按存放的每件商品。基于商品体积的费率	按存放的每件商品。费率基于商品体积或每件商品（以较大者为准）
金额	每立方英尺 1.50 美元	每立方英尺 6.90 美元或每件商品 0.15 美元（以两者中较大值为准）

亚马逊物流在整个配送网络中按照先进先出的原则计算库存年龄。已售出或移除的商品将从在配送网络中存放时间最长的库存中扣除，无论实际发货或移除的是哪个商品。例如，如果运营中心员工挑选并运送最近到达运营中心的商品，亚马逊物流仍会从最早的库存中扣除该商品。

卖家可以主动管理旧库存避免长期仓储费。要在下一个库存清理日期之前移除旧库存，有以下方法：

降价并通过亚马逊奥特莱斯销售：通过在亚马逊奥特莱斯设置交易可以帮助卖家销售旧库存。Outlet 优惠是一种促销优惠，最低折扣为 20%。

提交移除或处置订单：如果卖家在清理日期之前提交库存移除或处置订单，则该库存不会产生长期仓储费，即使在清理日期之前并未实际移除该库存。提交移除令的截止日期是当月 14 日晚上 11：59（太平洋时间）。

设置自动移除：如果卖家在每月 15 号之前为需要支付长期仓储费的库存设置自动移除，则不会向该库存收取长期仓储费。

卖家可以移除所有需要支付长期仓储费的库存，或者选择一个价格范围来确定要移除的商品。卖家还可以在运营中心保留定价高于特定金额的库存，仅支付这些商品的长期仓储费，并将剩余的商品退还给卖家或进行处理。亚马逊会收取标准移除费。

4. 库存仓储超量费。仓储超量费取决于超出仓储限制额度的天数，即使后来卖家账户的库存水平降回到当月分配的仓储限制额度之内，也仍然需要支付该费用。仓储超量费将按照每立方英尺 10 美元的标准每月收取一次，并基于商品库存在运营中心占用的超出仓储限制额度的所有空间的日平均体积（以立方英尺为单位）计算。

如果现有商品库存在给定月份超出了仓储限制额度，卖家将需要支付库存仓储超量费。仓储限制额度基于可用的亚马逊运营中心容量、历史库存绩效指标分数和销量计算得出。如某个月份产生了库存仓储超量费，亚马逊将在该月结束后收取这笔费用。假设在 7 月 1 日超出了仓储限制额度，并在 7 月 5 日之前移除部分库存，使库存水平降回到仓储限制额度之内。8 月 1 日，卖家将需要为在 7 月超出限制额度的四天支付仓储超量费。

5. 移除订单和弃置订单费。移除订单费用：亚马逊按照移除的每件商品收取，从处理移除订单到货件离开运营中心可能需要90天或更长时间，承运人还需要2周的时间来运送货件。订单的收费在移除订单完成时收取，如表10-7所示。

弃置订单费用：当卖家请求亚马逊将储存在亚马逊运营中心的库存商品进行弃置处理时，亚马逊会按件收取弃置费用。卖家可以通过提交移除订单从亚马逊运营中心移除库存。通常情况下，会在14个工作日内处理弃置订单，但是在假日季和移除高峰期，处理移除订单可能需要30个工作日或更长时间。

一些服装、鞋靴、钟表、珠宝首饰和危险品需要进行特殊处理来移除，收费的费用标准跟一般商品不同。

注意：属于标准尺寸分段且不足1磅的发货重量将向上取整到最接近的0.1磅进行计算。对于其余尺寸分段，发货重量将向上取整到最接近的整数磅数进行计算（见表10-7）。

表10-7　　　　　　　　　　　　　　移除订单费用　　　　　　　　　　　　　　单位：美元

收费频率	收费时间	费用构成
一次	移除订单完成时	按已移除的每件商品。费率基于商品发货重量计算得出
尺寸分段	发货重量	每件商品的移除费用
标准尺寸	0~0.5磅	0.97
	0.5~1.0磅（不含0.5磅）	1.46
	1.0~2.0磅（不含1.0磅）	2.20
	>2磅	2.83+1.06/磅（超出2磅的部分）
大件商品和需要进行特殊处理的商品*	0~1.0磅	3.12
	1.0~2.0磅（不含1.0磅）	4.07
	2.0~4.0磅（不含2.0磅）	5.56
	4.0~10.0磅（不含4.0磅）	9.43
	>10.0磅	13.05+1.06/磅（超出10磅的部分）

6. 退货处理费。对于在亚马逊商城出售且属于亚马逊免予收取退货运费的某些分类下的买家退货商品，亚马逊将收取亚马逊物流退货处理费。具体的收费标准如表10-8所示。

对于服装和鞋靴分类中退货的每件商品，亚马逊将收取退货处理费。对于钟表、珠宝首饰、箱包、手提包和太阳镜类退货的商品，亚马逊不收取退货处理费。

表10-8　　　　　　　　　　　　　　退货处理费

收费时间	商品状况评估完成后，即商品退回亚马逊运营中心之后	
费用构成	按每件退货商品收费。根据商品尺寸分段计算费用	
尺寸分段	发货重量	退货处理费（美元）

续表

小号标准尺寸	不超过 6 盎司	2.12
	4 ~ 8 盎司（不含 4 盎司）	2.16
	8 ~ 12 盎司（不含 8 盎司）	2.23
	12 ~ 16 盎司（不含 12 盎司）	2.32
大号标准尺寸	不超过 4 盎司	2.40
	4 ~ 8 盎司（不含 4 盎司）	2.44
	8 ~ 12 盎司（不含 8 盎司）	2.53
	12 ~ 16 盎司（不含 12 盎司）	2.61
	16 盎司 ~ 1.5 磅（不含 16 盎司）	2.71
	1.5 ~ 2 磅（不含 1.5 磅）	2.81
	2 ~ 2.5 磅（不含 2 磅）	2.95
	2.5 ~ 3 磅（不含 2.5 磅）	3.13
	3 ~ 20 磅（不含 3 磅）	3.41 + 0.20/磅（超出首重 3 磅的部分）
大件	小号	4.19 + 0.20/磅（超出首重 2 磅的部分）
	中号	10.57 + 0.25/磅（超出首重 2 磅的部分）
	大号	43.70 + 0.25/磅（超出首重 90 磅的部分）
	特殊	75.08 + 0.25/磅（超出首重 90 磅的部分）

7. 计划外服务费用。在某些情况下，如果卖家发送到亚马逊的商品在到达运营中心时未提供所需的标签或预处理，亚马逊物流可能会向卖家收取计划外服务费用。计划外服务费用按件收取，费用如表 10 – 9 所示。

表 10 – 9　　　　　　　　　　　　计划外服务费用　　　　　　　　　　　　单位：美元

问题组	问题	问题发生率	基于指导级别收取的计划外服务费用		
			标准	提升	重要
			每件商品费用		
缺少标签—商品相关	缺少亚马逊条形码	商品级别	0.20	0.40	0.40
计划外预处理—商品相关	封装	商品级别	0.20	0.40	0.40
计划外预处理—装袋	装袋	商品级别	0.70	1.40	1.40
计划外预处理—气泡膜包装	气泡膜包装	商品级别	1.00	2.00	2.00

8. FBA 预处理。使用亚马逊物流预处理服务，能确保卖家的商品得到妥善包装和预处理以进行配送，对商品进行恰当的包装和预处理有助于减少商品接收时间的延迟。开启亚马

逊物流预处理服务后，亚马逊将对符合要求的商品进行预处理，并按件收取费用，具体费用见表 10 – 10。

要启用亚马逊物流预处理服务，需在创建入库计划时按以下步骤进行操作：

（1）选择卖家想要让亚马逊进行预处理的商品。

（2）在"预处理方"字段中选择"亚马逊"。

表 10 – 10　　　　　　　　　　　　　　亚马逊物流预处理费用　　　　　　　　　　　　　单位：美元

每件商品的费用		标准尺寸			大件		
预处理分类 *		预处理	贴标	总计	预处理	贴标	总计
易碎品/玻璃制品	气泡膜包装	0.80	0.55	1.35	1.60	0.55	2.15
	贴标						
液体	塑料袋包装	0.70	0.55 **	0.70 ~ 1.25	1.40	0.55 **	1.40 ~ 1.95
	贴标（可选）						
服装、面料、毛绒物品和纺织品	塑料袋包装	0.70	0.55 **	0.70 ~ 1.25	1.40	0.55 **	1.40 ~ 1.95
	贴标（可选）						
母婴	塑料袋包装	0.70	0.55 **	0.70 ~ 1.25	1.40	0.55 **	1.40 ~ 1.95
	贴标（可选）						
尖利物品	气泡膜包装	0.80	0.55	1.35	1.60	0.55	2.15
	贴标						
小号	塑料袋包装	0.70	0.55	1.25	不适用	不适用	不适用
	贴标						
成人用品	塑料袋包装（黑色或不透明）	1.00	0.55	1.55	2.00	0.55	2.55
	贴标						
粉末、球状和颗粒状物品	塑料袋包装	0.70	0.55 **	0.70 ~ 1.25	1.40	0.55 **	1.40 ~ 1.95
	贴标（可选）						
打孔包装	塑料袋包装	0.70	0.55 **	0.70 ~ 1.25	1.40	0.55 **	1.40 ~ 1.95
	贴标（可选）						
套装勿拆	塑料袋包装	0.70	0.55	1.25	1.40	0.55	1.95
	贴标						

亚马逊最终会收取这些额外的预处理服务费用：装箱费、衣架去除费、套装创建费、窒息警告贴标费和套装贴标费。

亚马逊物流贴标服务为可选服务。所有商品均须具有可扫描标签，而且在完成预处理之后可看到该标签。亚马逊可能会使用代表性样本来验证商品的重量和尺寸。如果亚马逊的信息与卖家的信息存在差异，将使用亚马逊关于商品重量和尺寸的信息来计算费用。亚马逊可能会不定期更改关于商品的重量和尺寸信息，来体现更新后的测量结果。根据商品的重量和尺寸计算费用时，将使用计算之时亚马逊掌握的关于商品重量和尺寸的信息。

9. FBA 贴标。对于需要使用亚马逊条形码的符合条件的商品，亚马逊物流将替卖家粘贴这类条形码（按件收取费用）。亚马逊物流贴标服务费用为每件商品 0.55 美元。

卖家可以在亚马逊物流设置中更改亚马逊物流贴标服务的选项。由卖家自己贴标，节省成本，具体操作如下：

（1）在卖家账户后台的"设置"下拉菜单中，选择"亚马逊物流"；

（2）在"可选服务"部分，单击"编辑"；

（3）在"贴标方"下，选择"亚马逊"即可注册亚马逊物流贴标服务；选择"卖家"即可取消注册；

（4）单击"更新"按钮保存即可。

10. 人工处理费。如果卖家选择不提供箱内物品信息或是忘记提供，则货到达亚马逊仓库时，亚马逊将在运营中心人工处理卖家的箱子，需要收取相应费用，如表 10 – 11 所示。与提供箱内物品信息的货件相比，人工处理货件的接收速度可能会更慢。

表 10 – 11 　　　　　　　　　　　亚马逊人工处理费 　　　　　　　　　　单位：美元/商品

月份	人工处理费
1 ~ 10 月	0.15
11 ~ 12 月	0.30

11. 亚马逊物流重新包装和翻新服务。亚马逊物流为包装残损但处于可售状况的商品提供重新包装和翻新服务。对于符合条件的商品，系统会自动重新包装，而翻新是一项可选服务。

重新包装：符合条件的买家退货，以便它们可以作为新品销售。该服务适用于零售商品和亚马逊物流退货商品，且无法在设置中禁用。亚马逊将对每件退货商品进行评估，以确定其是否可以进行重新包装。重新包装包括更换聚乙烯塑料袋或气泡膜包装，或重新装箱商品，还包括对有品牌和无品牌的包装箱以及聚乙烯塑料袋进行重新包装。

翻新服务：亚马逊可通过可选翻新提供其他包装服务。根据商品的不同，亚马逊物流可以对包装箱进行重新贴胶带、重新涂胶水和重新装订；去除过多的胶带、非商品标签和贴纸；重新装箱有品牌和无品牌的瓦楞纸箱。鞋靴和服装翻新可包括蒸汽清洁以及去除污渍和气味。

除了标准分类销售佣金外，翻新手机设备和解锁手机将收取 2% 的费用。

除了标准分类销售佣金外，所有其他翻新商品均将收取 1% 的费用。

12. FBA 合仓费。亚马逊为了更好地满足不同地区买家购买的需求，可以更方便快速地提供物流服务。在开通亚马逊物流服务时，平台会默认"分布式库存配置"，即分散库存。在这种模式下，卖家创建发货计划时，亚马逊会将卖家们的商品进行分仓，分布到全国的多个运营中心。分仓会导致头程费用增加，尤其是发货量少的时候，因为一般一箱 21 千克以上的货物头程费用会比较划算，且多票货发会导致头程其他附加费用增加。

因此为了方便卖家管理库存以及节省库存成本，可以选择合仓服务，在"设置—亚马逊物流—入库设置"中选择"库存配置服务"即可，如图 10 – 9 所示。

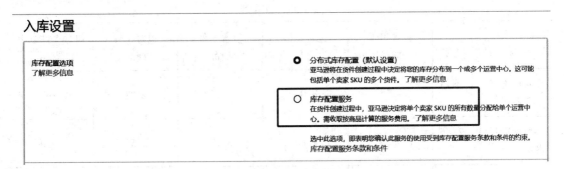

图 10 – 9 库存配置服务设置

库存配置服务即代表合仓，卖家可以注册库存配置服务，并将所有符合条件的库存发送到同一个收货中心或运营中心。货件抵达后，平台将对货件进行拆分并将其发往不同的运营中心。此项服务按件收取费用，费用如表 10 – 12 所示。

表 10 – 12 库存配置服务费 单位：美元

标准尺寸商品 （按件收取）	小于或等于 1 磅	$ 0.30
	1 – 2 磅	$ 0.40
	超过 2 磅	$ 0.40 +（超出首重 2 磅的部分）$ 0.10/磅
大件商品 （按件收取）	小于或等于 5 磅	$ 130
	超过 5 磅	$ 1.30 +（超出首重 5 磅的部分）$ 0.20/磅

注：对于重量超过 1 磅的大号标准尺寸非媒介类商品以及所有小号、中号和大号大件商品，按照体积重量或单价重量（以较大者为准）来计算每件商品的费用。单价重量是指单件商品的重量。体积重量等于商品体积（长×宽×高，以英寸为单位）除以 139。

在卖家使用库存配置服务时，目的地收货中心或运营中心由亚马逊来决定，卖家无法选择把货件发往哪个收货中心或运营中心。亚马逊只确保同一个 SKU 的产品发往同一个仓库，所以可能会针对不同的货件选择不同的目的地，如果是不同的 SKU 就有可能被分到其他仓库。根据许多卖家的经验来看，合仓后全部分到同一个仓库的概率很高。但是如果说有碰到商品尺寸超出规格的情况，即使是在设置合仓的前提下，也有可能被分到不同的仓库。

13. 多渠道订单配送费。亚马逊可以配送通过自己的网站和其他渠道销售的库存订单，配送按件收费，具体收费标准根据不同配送服务时效（标准配送、加急配送、优先配送）收费不同，见表 10 – 13 ~ 表 10 – 15。

表 10 – 13   多渠道订单标准配送费   单位：美元

尺寸分段	包含单件商品	包含2件商品	包含3件商品	包含4件商品	包含5件以上商品
标准 3~5 天配送					
小号标准尺寸：不超过2盎司	4.75	3.00	2.65	2.08	1.97
小号标准尺寸：2~6盎司	5.35	3.80	3.29	2.50	2.30
小号标准尺寸：6~12盎司	6.20	4.50	3.90	3.30	2.60
小号标准尺寸：12~16盎司	7.45	5.15	4.45	3.80	2.70
大号标准尺寸：不超过2盎司	4.75	3.00	2.65	2.08	1.97
大号标准尺寸：2~6盎司	5.35	3.80	3.29	2.65	2.30
大号标准尺寸：6~12盎司	6.20	4.50	3.90	3.30	2.60
大号标准尺寸：12~16盎司	7.45	5.15	4.45	3.80	2.70
大号标准尺寸：1~2磅	7.65	5.22	4.55	4.00	3.10
大号标准尺寸：2磅以上	7.65+0.46/磅	5.22+0.46/磅	4.55+0.46/磅	4.00+0.46/磅	3.10+0.46/磅
小号大件：2~30磅	12.50+0.46/磅	8.99+0.46/磅	7.65+0.46/磅	6.35+0.46/磅	5.00+0.46/磅
小号大件：30磅以上	24.70+0.46/磅				
中号大件：超出首重2磅的部分	20.20+0.51/磅				
大号大件：超出首重90磅的部分	103.39+1.05/磅				
特殊大件：超出首重90磅的部分	171.99+1.10/磅				

表 10 – 14　　　　　　　　　　多渠道订单加急配送费　　　　　　　　单位：美元

尺寸分段	包含单件商品	包含2件商品	包含3件商品	包含4件商品	包含5件以上商品
加急配送隔日达					
小号标准尺寸：不超过2盎司	8.10	4.65	4.00	2.80	2.30
小号标准尺寸：2~6盎司	8.15	5.35	4.00	3.35	2.35
小号标准尺寸：6~12盎司	8.40	5.85	4.49	3.60	2.79
小号标准尺寸：12~16盎司	10.00	6.35	5.10	4.20	3.15
大号标准尺寸：不超过2盎司	8.29	4.65	4.10	2.89	2.30
大号标准尺寸：2~6盎司	8.29	5.35	4.15	3.39	2.35
大号标准尺寸：6~12盎司	9.00	5.85	4.65	3.60	2.79
大号标准尺寸：12~16盎司	10.00	6.35	5.10	4.20	3.15
大号标准尺寸：1~2磅	10.00	6.95	5.25	4.30	3.70
大号标准尺寸：2磅以上	10.00 + 0.49/磅	6.95 + 0.49/磅	5.25 + 0.49/磅	4.30 + 0.49/磅	3.70 + 0.49/磅
小号大件：2~30磅	14.49 + 0.49/磅	10.29 + 0.49/磅	9.65 + 0.49/磅	9.35 + 0.49/磅	9.05 + 0.49/磅
小号大件：30磅以上	30.69 + 0.49/磅				
中号大件：超出首重2磅的部分	24.05 + 0.51/磅				
大号大件：超出首重90磅的部分	122.99 + 1.14/磅				
特殊大件：超出首重90磅的部分	204.77 + 1.20/磅				

表 10 - 15 多渠道订单优先配送费 单位：美元

尺寸分段	包含单件商品	包含 2 件商品	包含 3 件商品	包含 4 件商品	包含 5 件以上商品
	优先次日达				
小号标准尺寸：不超过 16 盎司	16.64	9.10	6.85	6.35	5.10
大号标准尺寸：不超过 16 盎司	17.95	10.00	8.15	7.50	5.20
大号标准尺寸：1 ~ 2 磅	18.00	10.20	8.90	7.75	6.25
大号标准尺寸：2 磅以上	18.00 + 0.50/磅	10.20 + 0.50/磅	8.90 + 0.50/磅	7.75 + 0.50/磅	6.25 + 0.50/磅
小号大件：超出首重 2 磅的部分	27.05 + 0.50/磅	14.69 + 0.50/磅	11.30 + 0.50/磅	10.70 + 0.50/磅	10.25 + 0.50/磅
小号大件：30 磅以上	41.70 + 0.50/磅				
中号大件：超出首重 2 磅的部分	32.68 + 0.51/磅				
大号大件：超出首重 90 磅的部分	167.00 + 1.14/磅				
特殊大件：超出首重 90 磅的部分	278.15 + 1.20/磅				

标准尺寸和特殊大件：使用商品重量计算每件商品的发货重量。尺寸为小号和大号标准尺寸分段且重量不足 1 磅的发货重量，将向上取整到最接近的整数盎司。对于其余尺寸分段，发货重量将向上取整到最接近的整数磅数。

重量超过 0.75 磅的大号标准尺寸商品、小号大件、中号大件和大号大件商品：每件商品的发货重量按商品重量或体积重量中的较大值进行计算。体积重量等于商品体积（长 × 宽 × 高）除以 139。大件商品体积重量对应的最小宽度和高度为 2 英寸。每件商品的总发货重量将向上取整到最接近的整数磅数。

亚马逊 FBA 相关物流配送配送费、仓储费、移除订单费、多渠道订单费等收费标准，会根据亚马逊不同时间物流政策调整有所变化。

☞ **任务演练：**

1. 简述 FBM 卖家订单的处理流程。当发生退换货情况时，卖家应如何处理？

2. FBM 模式下，卖家常用的发货方式有哪几种？应如何降低 FBM 的物流成本？

3. 简述 FBA 模式下的具体运送流程。

4. 使用亚马逊 FBA 配送的卖家，要严格遵守 FBA 的哪些合规政策及要求？

5. 简述 FBA 物流功能及服务。

6. 使用 FBA 可能将产生的费用有哪些？

7. 多角度对比 FBM 与 FBA 的优劣，并分析 FBM 与 FBA 该如何选择？

任务三　配送订单创建及管理

任务目标

FBA 发货的商品，在商品上传完成后，需要先创建货件计划，由亚马逊分配仓库后，再发货到亚马逊仓库，等待亚马逊仓库接收完产品，商品才会显示在前台以供买家下单。本节主要学习掌握如何完成货件创建、创建移除订单、创建多渠道配送订单，了解影响库存绩效指标的因素有哪些、提升 IPI 分数的技巧以及关于仓储库存的建议。

一、货件创建详解

完整的货件创建流程如下：

1. 第一步：登录亚马逊卖家平台，单击"库存→管理亚马逊库存"，然后选择卖家要发送至亚马逊的商品，单击"发/补货"，如图 10 - 10 所示。

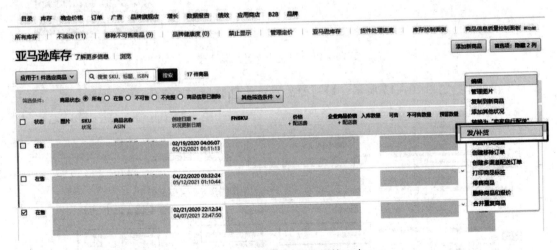

图 10 - 10　创建货件计划第 1 步

2. 第二步：进入"发/补货"页面，产品第一次发货，先选择条形码类型为"亚马逊条形码"，再选择"转换并发送库存"（Send to Amazon），即跳转到产品发货具体信息填写页面, 如图 10 – 11 所示。

图 10 – 11　创建货件计划第 2 步

3. 第三步: 如图 10 – 12 所示, 确认填写商品发货地址, 若默认地址不对, 可以选择"从另一地址发货"填写正确的发货地址, 然后选择商品的包装类型。若一个箱子有 2 个及以上商品一起发货 (相同商品的不同颜色或尺寸也属于), 则选择"混装商品"; 若一个外箱有且只有一款商品, 即选择"原厂包装发货商品"。若选择其他第三方物流商, 而不是走亚马逊官方物流, 则取消"我想通过亚马逊运输货物"选项, 单击"继续前往 Send to Amazon"。

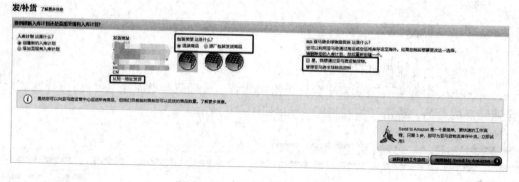

图 10 – 12　创建货件计划第 3 步

4. 第四步: 如图 10 – 13 所示, 填写商品发货信息。

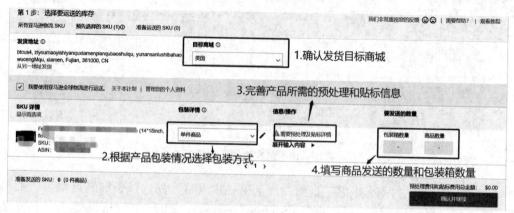

图 10 – 13　发货商品配送信息填写

（1）选择商品发补货的目标商城，如补货到美国，选择"美国"。

（2）包装详情：两种包装方式，一个是"单件商品"；另一个是"创建新的原厂包装模板"。当每箱的件数、包装箱的尺寸、包装箱的重量、商品的预处理方法和商品的贴标方信息一致时，就可以创建可供重复使用的包装箱模板，以便于日后再为此 SKU 补货的时候，不需要再重新输入这些信息，可以帮助节省时间，这时可以选择"创建新的原厂包装模板"；其他情况选"单件商品"。

①选择"单件商品"，单击边上的编辑按钮，填写一下商品的预处理信息，如图 10 – 14 所示。商品的预处理根据分类有所不同，亚马逊有相应的一些下拉选项，如尖利物品、母婴、成人、粉末和颗粒物品、服装面料、毛绒玩具等需要特殊包装预处理；不在亚马逊单独列出来的范围产品，可以直接选择"无需预处理"，如图 10 – 15 所示，选择完成，保存。

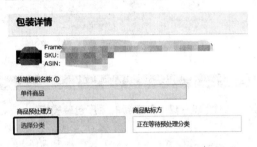

图 10 – 14　选择商品预处理方

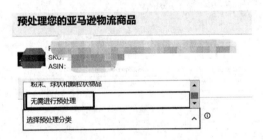

图 10 – 15　预处理分类选择

商品预处理选择完成保存后，继续跳转，选择商品的贴标方，如图 10 – 16 所示。商品贴标方选择"由亚马逊处理"，则需要付贴标服务费，贴标费用根据商品的不同，收费不同；选择"由卖家提供"，则由卖家自己贴标，选择完保存即可。

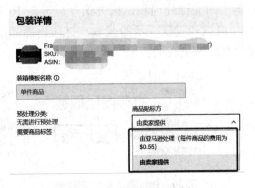

图 10 – 16　商品贴标方选择

②选择"创建新的原厂包装模板",弹出的页面如图 10 – 17 所示,设置相应的装箱模板名称,每一箱的商品装箱数量,包装箱的尺寸和重量信息,选择相应的商品预处理方式和贴标方,设置完成如图 10 – 18 所示,保存即可。

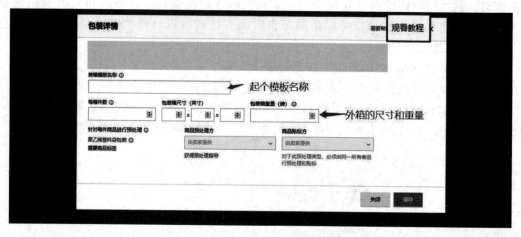

图 10 – 17　创建新的原厂包装模板

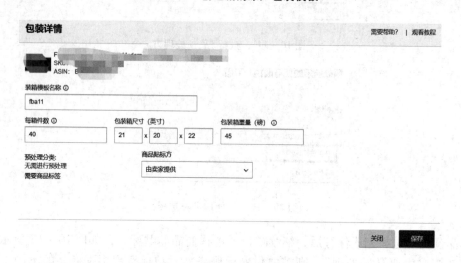

图 10 – 18　设置原厂包装模板数据

（3）在包装详情中完善了商品预处理和贴标方信息后,图 10 – 13 中第 3 点的信息,即会展示成如图 10 – 19 所示,可以通过框表示的区域,打印出商品的商品表,即含有 FNSKU 编码的标签,贴在每个售卖商品的包装上。

图 10 – 19　商品标签下载处

（4）以选择"单件商品"包装方式为例，接下来设置商品发货数量，填写完成保存即可。如图 10 – 20 所示，设置商品数量为 100，单击"准备包装"后，即可单击下面按钮继续。

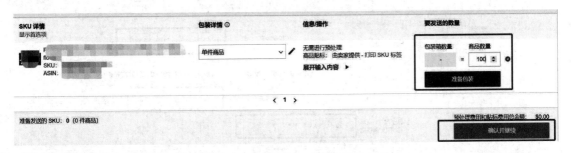

图 10 – 20　商品发货数量设置

5. 第五步：如图 10 – 21 所示，"单件商品"包装接下来需要填写商品的包装信息。若发货的商品数量恰好可以一箱完全装下发货，选择"所有商品都将装入同一包装箱中"；若需要多个包装箱，则选择相应选项，单击确认。

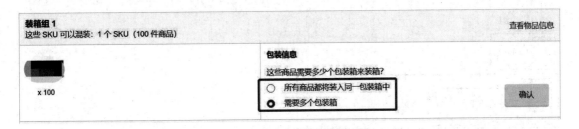

图 10 – 21　商品包装箱信息设置 1

如图 10 – 22 所示，若现在此商品发货数量为 100 件，需要 2 个外箱来装，则需要填入相应的箱数，单击"打开 web 表单"，进入箱子信息填写页面，具体填写见图 10 – 23。

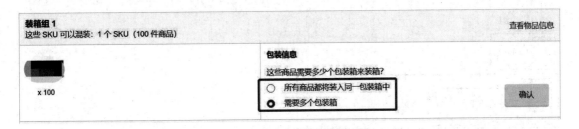

图 10 – 22　商品包装箱信息设置 2

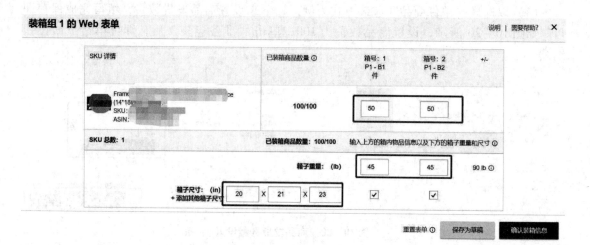

图 10 – 23　商品包装箱信息设置 3

6. 第六步：如图 10 – 24 所示，卖家需要按照页面中的提示填写发货日期、运送方式及承运人。

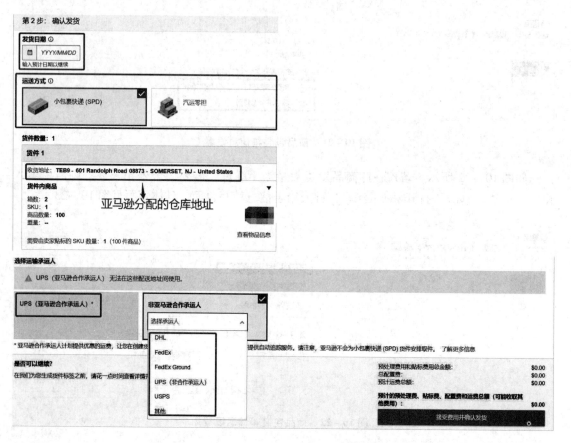

图 10 – 24　确认发货时间、运送方式和承运人信息

发货日期：发货日期是指卖家将库存交给承运人的日期。填写此日期可帮助亚马逊运营中心提前安排，准备接收卖家的库存。

运送方式：根据卖家的实际需求情况，选择小包裹快递或汽运零担。一般除了海卡外，都可选择"小包裹快递"方式。

承运人：亚马逊合作承运人适用于目的国当地的入库运输。如果卖家的商品是从目的国当地（例如海外仓）发货，那么卖家可以选择使用亚马逊合作承运人。如果卖家是从中国发货运往目的国的亚马逊运营中心，那么需要选择非亚马逊合作承运人。非亚马逊合作承运人选项中主要列出了快递方式，不是走其中的快递，都可以选择"其他"。

7. 第七步：打印箱子标签，在上一步中选择的运送方式是"小包裹快递"，接下来就需要选择标签纸类型及大小打印标签，如图 10-25 所示。此外，亚马逊会自动生成货件名称，卖家也可以通过重命名，更改成自己容易识别的货件名称。单击"继续输入追踪详情"，至此货件计划创建完成。

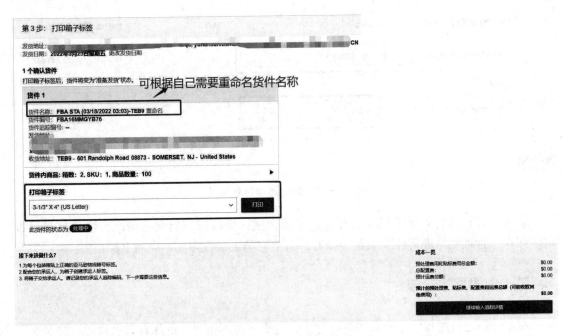

图 10-25　打印箱子标签

货件创建完成后，接下来卖家需要做以下工作：

（1）为每个包装箱贴上正确的亚马逊物流包装箱编号标签；

（2）与承运人协调，为包装箱创建承运人货件标签；

（3）将包装箱交给承运人，获取到相应的货件追踪编码；

（4）到"库存—管理亚马逊货件"找到此货件名，单击货件对应的"处理货件"按钮，进入货件处理进程中，如图 10-26 所示。

（5）填写承运人给的货件追踪编码，如图 10-27 所示。这有助于亚马逊运营中心将货件接收速度提高 30%，并让商品更快上架销售。

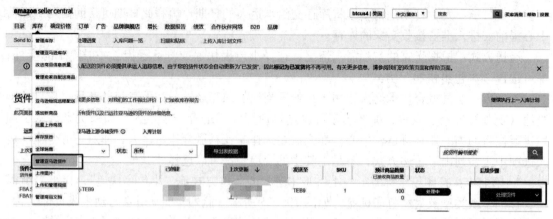

图 10-26　处理货件

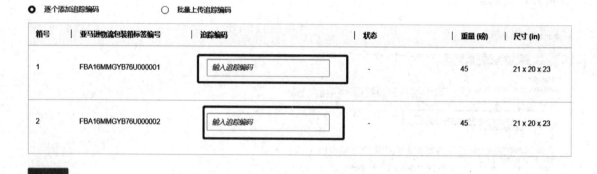

图 10-27　货件追踪信息填写

至此，卖家的整个商品 FBA 头程配送工作完成，等待商品的配送情况、物流信息可以在"库存—管理亚马逊货件"页面中查看，直至亚马逊接收完成，商品上架销售。

二、创建移除订单

在亚马逊运营过程中，常有如备货过多、过季或是不再销售的库存需要移除；或是想移除即将需要缴纳长期仓储费的商品；或是商品需要移仓换标；有不可售的瑕疵品或是损坏的商品需要销毁等，都会需要用到相关的移除订单操作，具体的移除订单操作如下：

1. 在卖家账户后台中心，单击"库存—管理库存"找到并勾选需要销毁或是移除的商品，选择"创建移除订单"，如图 10-28 所示。

2. 进入移除订单创建页面，如图 10-29 所示，可看到有三种移除方式：一是批量清货，主要用于清库存，当商品不想再继续销售时，清货人通过批发对符合条件的库存进行清货，从而收回这些库存的价值。清货人将以平均售价的大约 5% ~ 10% 的价格购买这些库存，卖家会在提交批量清货订单后的 60~90 天内收到付款；二是配送地址，这种方式需要填入详细的收货地址，一般用在提前移出需要长期仓储费的商品或是需要海外仓协助换标签的情况；三是弃置，一般用在不可售商品的移除情况。相应的移除方式，可通过下方选择要移除"可售数量"还是"不可售数量"，输入数量后，单击"查看"即可，如图 10-30 所示。

图 10 - 28　创建移除订单步骤 1

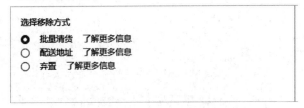

图 10 - 29　移除方式

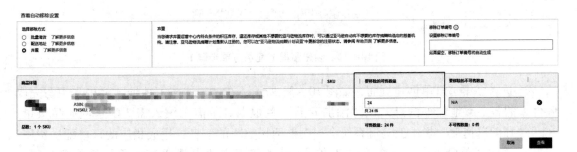

图 10 - 30　创建移除订单步骤 2

3. 单击查看后，跳出确认页面，如图 10 - 31 所示，确认移除信息无误，单击"确认"后即可生成订单，完成创建。后期可在导航"订单—管理订单"中查看到此移除订单相关情况。

图 10 - 31　创建移除订单步骤 3

三、创建多渠道配送订单

若有从亚马逊仓库调货配送给其他渠道销售的订单，具体的多渠道订单创建操作如下所示：

1. 在卖家账户后台中心，单击"库存—管理库存"找到并勾选需要配送的商品，选择"创建多渠道配送订单"，如图 10 - 32 所示。

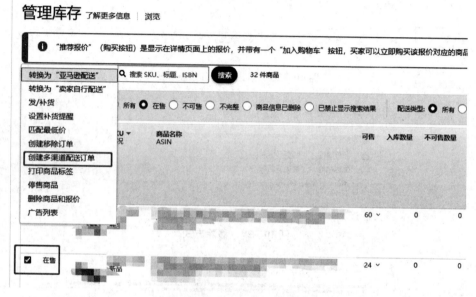

图 10 - 32　创建多渠道配送订单步骤 1

2. 进入多渠道订单创建页面，如图 10 - 33 所示，在"输入买家地址"栏中先填写完成收件人的名字、地址等信息，在"添加商品"栏根据订单需求填入需要配送的商品数量，在"选择配送速度"栏中亚马逊系统会根据前两栏填写的信息，生成相应的订单配送费用，选择合适的订单配送速度，单击"下单"，可生成相应的多渠道订单单号等信息，创建完成。

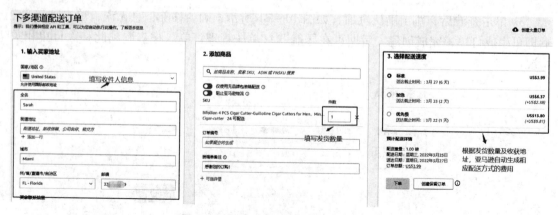

图 10 - 33　创建多渠道配送订单步骤 2

3. 多渠道订单创建完成后，可将生成的订单单号给到其他渠道，单击确认发货，订单相关配送情况可在亚马逊卖家后台导航"订单—管理订单"中查看到此订单相关情况。

四、库存绩效指标

库存绩效指标是衡量一段时间内卖家库存绩效的指标。库存绩效指标分数（IPI）用于衡量卖家在管理亚马逊物流库存方面的效率和成效。从 2022 年 1 月 1 日开始，亚马逊物流仓储限制的库存绩效指标分数阈值 400 分合格。从 2023 年 3 月 1 日起，IPI 每月核算一次。

（一）影响库存绩效指标的因素

影响库存绩效指标的重要因素主要有四个，分别是冗余库存、售出率、无在售信息的亚马逊库存和有存货库存，如图 10 – 34 所示。账户的库存绩效情况可以在账户后台的"库存—管理库存"页面中单击"库存控制面板"中查看，在"库存绩效"页面还提供了与每个因素相关的其他指标，卖家可以选择"显示更多详情"来查看这些指标（见图 10 – 35）。

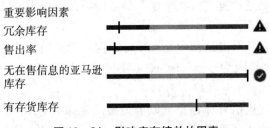

图 10 – 34　影响库存绩效的因素

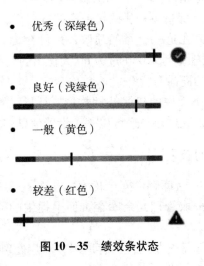

图 10 – 35　绩效条状态

1. 冗余库存百分比。根据预测需求，如果商品的供货时间超过 90 天，亚马逊会将其视为冗余商品。"冗余库存百分比"，即被确定为冗余库存的亚马逊物流库存商品所占的百分比。

追踪冗余库存的目的是帮助卖家了解卖家在亚马逊运营中心有哪些库存仓储的成本高于采取措施清理的成本，卖家会看到这类库存的仓储费占销售收入的比例即将增加，所以卖家可以考虑通过调整商品价格，改善 listing，或者移除库存，来改善库存健康状况。有时即使卖家的销售计划非常好，也可能出现库存无法按照预期进行销售，从而导致库存积压的情况出现。

2. 亚马逊物流售出率。如果可维持连续 90 天的亚马逊物流售出率，即可在库存上保持适当的平衡。亚马逊物流售出率的计算方法是：卖家在过去 90 天内发货的商品数量除以该时间段内卖家在运营中心的平均可售商品数量。售出率是按季度更新的指标，代表着它是基于过去 12 周的情况，来计算卖家的库存在今天、30 天、60 天及 90 天内的收益情况。售出率是提高 IPI 分数最重要的影响因素之一。

尽早采取措施处理那些不满足卖家销售预期的库存，是成功保持卖家全年售出率的关键之一。尽早采取措施减少库龄超过 365 天的库存，有助于提高 IPI 分数，同时降低成本，提高卖家的收益。

3. 无在售信息的亚马逊库存百分比。因商品信息存在问题而无法供买家购买的库存会导致销量降低，并产生仓储成本，此类库存称为"无在售信息的亚马逊库存"。无在售信息的亚马逊库存百分比是通过计算当前卖家在亚马逊商城无法供买家购买的亚马逊物流库存商品所占的百分比来衡量的。

该项指标表明卖家在亚马逊运营中心有库存，但是无法销售给买家。无在售信息的库存会影响卖家的 IPI 分数，是因为一旦 Listing 无在售信息，意味着此类库存在产生费用的同时，无法带来销量。

快速修复卖家的无在售信息库存，可以最大限度地降低对 IPI 的影响。"修复无在售信息的亚马逊库存"页面提供了商品无在售信息的原因，以及修复无在售信息可以采取的措施。如果一个商品无在售信息超过 30 天，将会被自动移除。

4. 亚马逊物流有存货率。保持可补货的畅销商品有存货，有助于最大限度地提高销量。亚马逊物流有存货率追踪卖家在这一分类的绩效，是可补货亚马逊物流 ASIN 在过去 30 天有货的时间所占的百分比，按每个 SKU 在过去 60 天售出的商品数量计算。有存货率的目的是帮助确认是否保持可补货的商品有货。

建议卖家浏览"补货"页面中的建议补货数量，补货设置也是系统的默认设置，可根据实际情况进行自定义设置，这样亚马逊可以基于设置信息，提供更精准的补货建议。

（二）提升 IPI 分数的技巧

1. 清理库存积压，减少冗余库存。冗余库存百分比是对过去 90 天冗余库存情况的考核，库存过多会影响利润。采取管理冗余库存页面上提供的措施，以降低仓储费和保管成本。具体做法为：

（1）下载库存、销售报告等分析沉淀库存原因，对症处理。

（2）安排（站内或站外）促销活动快速出货。

（3）通过降价让利的方式进行清仓。

（4）挖掘线下渠道清库存。

（5）转交给海外第三方机构进行清库存处理。

（6）提前查看动销关系，预判库存情况。

2. 推新品、爆品，提高售出率。销售量是对过去 90 天售出库存的考核，需要商品量和销售量达到平衡。避免库存老化和变得冗余。采取库存页面上提供的措施，以提高低流量和低转化率商品的亚马逊物流（FBA）售出率。具体做法为：

（1）分析、挖掘爆款产品上架售卖（新品库存量多，短期内售出率增长快）。

（2）加大补货和广告推广，拉高售出率。

（3）新品 + Coupon，不定期地开。

3. 修复商品信息，优化无在售信息。无在售信息的滞销库存百分比是对因前台页面信息/Listing 有问题而无法售卖库存的考核，需要修复商品信息问题，使商品可供销售。采取修复无在售信息的亚马逊库存页面上提供的措施，确保卖家的库存处于可购买状态。具体做法为：

（1）商品描述问题：修改，直接上架。

（2）商品缺少资质：尽快提交，审核上架。

（3）弃置商品：先恢复 Listing 信息，创建弃置订单。

总结以下四类建议可帮助提高库存绩效指标：

（1）避免冗余和超龄库存。一个好的建议：保持充足的库存，以满足 30～60 天的预期销量。

（2）在连续 90 天内保持适当平衡的库存水平，提高这段时间的售出率。

（3）修复无在售信息的亚马逊库存的商品信息，确保库存处于可售状态。

（4）确保畅销商品有货，从而提高销量。

（三）关于仓储库存的建议

近几年由于疫情影响，国内与国际物流情况十分不稳定，时效也很难得到保证。产品未能及时入仓导致库存告急，不少卖家因物流关系吃了不少的亏，所以目前来说，物流问题需要卖家持续关注。

几点物流建议如下：

卖家可利用头程渠道及海外仓备货中转的方式，提高补货效率，减少产品断货情况和在售冗余问题，更快速地提高库存绩效分，避免被限制补仓，影响销售。

时刻关注平台动向和政策变化，及时关注货物的最新消息，适时调整出货计划。选择一个有跟踪信息的物流是关键。

多渠道发货，可以根据自己产品的需求，选择海运、空运等多种方式发货。空运价格具有不确定性，海运补货周期长，可综合这两种方式取其各自的特点合理安排补货渠道，全面考虑，取长补短。

高效核对在途与在库库存盘点，进行库存周转率管理，以减少呆滞库存，降低库存成本占用，对库存成本进行科学化精细管理。

☞ **任务演练：**

1. 实操完整的货件创建流程。
2. 实操完整的创建移除订单流程。
3. 实操创建多渠道配送订单。
4. 影响库存绩效指标的重要因素是什么？
5. 简述提升 IPI 分数的技巧。
6. 针对当前疫情下的物流问题，卖家需要注意哪些事项？

项目十一

跨境电商平台促销

视频：跨境
电商平台促销

■ 学习目标

1. 了解不同跨境电商平台的促销活动节点。

2. 认识 Amazon，Shopee，Lazada，速卖通，eBay 等不同跨境电商平台的促销活动和营销工具。

3. 掌握 Amazon 站内秒杀活动以及站内促销活动。

任务一 跨境电商平台促销节点

不同跨境电商平台的营销手段、促销活动不尽相同，好的营销活动不仅能帮助卖家提高产品销量，还有助于积攒更多的买家客户。通过本节内容的学习，旨在对不同平台的促销活动节点有大致的认知。

一、跨境电商平台促销活动节点概述

跨境电商节点营销是由跨境电商平台发起，多方深度参与，融合多种营销手段的大规模促销活动。促销活动在跨境电商平台可见度非常高，可以帮助卖家快速提高并积累销售的机会。不同的电商平台，目标市场受众和消费文化不同，衍生出了不同的促销活动节点，且不同的活动，也会有不同的节假日产品需求，适时把握这些营销节点，做好选品、物流及营销节奏规划，也是精品化运营的重要一环。对跨境卖家来说，在跨境电商节点营销大型促销活动有助于爆单。下面以大促日历简单展示不同平台及站点 2022 年的一些大促节点。

二、主流跨境电商平台促销节点

亚马逊站点遍布全球，不同站点有特有的一些节日促销活动，如表 11 - 1 所示，除了 Prime Day，Black Friday 和 Cyber Monday 这三大促销节日外，还有如万圣节、圣诞节、返校季以及日本的赏樱季、盂兰盆节等节日促销，卖家可以针对不同节点做一些节日特有产品的销售和促销。

表 11 - 1　　　　　　　　　　　　　　亚马逊全年大促日历

| 1 月 | 元旦·1 月 1 日（美国站/加拿大站/墨西哥站/欧洲站/新加坡站/日本站）
开工季·1 月 3 日～2 月 18 日（美国站/英国站/德国站/西班牙站/法国站/意大利站）
返校季·1 月中旬～2 月初（澳洲站）
新年·1 月 1～28 日（中东阿联酋站/沙特站）
企业年末决算·1 月 19 日～3 月 31 日（日本站）
三个国王节·1 月 6 日（墨西哥站）
成人节·1 月 13 日（日本站）
马丁路德金纪念日·1 月 17 日（美国站）
共和国日·1 月中（印度站）
迪拜购物节日·1 月 27～29 日（中东阿联酋站） | 2 月 | 农历新年·2 月 1 日（欧洲站/美国站/新加坡站）
22 大促·2 月 2 日（新加坡站）
行宪纪念日·2 月 5 日（墨西哥站）
搬迁季/毕业季/入社季·2～4 月（日本站）
大学入校季·2 月中旬～3 月初（澳洲站）
情人节·2 月 14 日（美国站/加拿大站/墨西哥站/澳洲站/欧洲站/新加坡站/印度站/日本站） |

月份	节日	月份	节日
3月	狂欢节/圣灰星期三·3月2日（美国站） 开学季·3月（日本站） 赏樱季·3月（日本站） 33大促·3月3日（新加坡站） 女生节·3月3日（日本站） 妇女节·3月8日（美国站/加拿大站/墨西哥站/欧洲站） 洒红节·3月中（印度站） 白色情人节·3月14日（日本站） 澳式足球联盟活动·3月中（澳洲站） 圣帕特里克节·3月17日（美国站） 一切为你·3月28~31日（中东阿联酋站/沙特站）	4月	秋促·4月初（澳洲站） 新学年·4月1日（日本站） 44大促·4月4日（新加坡站） 复活节·4月17日（美国站/加拿大站/墨西哥站/欧洲站/澳洲站） 喜迎斋月·4月14~22日（中东阿联酋站/沙特站） 佛陀满月节·4月（印度站） 荷兰国王节·4月27日（荷兰站） 儿童节·4月30日（墨西哥站） 黄金周·4月29日~5月6日（日本站）
5月	斋月·5月（中东阿联酋站/沙特站） 夏季促销·5月（印度站） 墨西哥劳动节·5月1日（墨西哥站） 男孩节·5月5日（日本站） 55大促·5月5日（新加坡站） 母亲节·5月8日（美国站/加拿大/墨西哥站/欧洲站/日本站/印度站/澳洲站/新加坡站） 阵亡将士纪念日·5月30日（美国站） 热销节·5月25~29日（墨西哥站） Mobile Mania·5月底（中东阿联酋站/沙特站） Holiday Money·5月24~31日（荷兰站） 教师感谢周·5月（美国站/英国站/德国站/西班牙站/意大利站/法国站） Gaming Week·5月10~16日（欧洲站）	6月	儿童节·6月1日（美国站/加拿大站/墨西哥站/欧洲站） 雨季返校季·6月初~7月初（日本站/印度站） 暑假·6月1日~9月1日（欧洲站/美国站） 国家安全月·6月（美国站） 财年末促销·6月（澳洲站） 仲夏节·6月（瑞典站） 66大促·6月6日（新加坡站） 国庆节·6月6日（瑞典站） Prime day·6月（美国站/加拿大站/墨西哥站/欧洲站/日本站/印度站/中东阿联酋站/澳洲站/新加坡站） 夏季大促·6月中旬（加拿大站） 父亲节·6月20日（美国站/加拿大站/欧洲站/日本站/印度站/新加坡站） 返校季·6~9月（美国站/英国站/德国站/西班牙站/意大利站/法国站） 衣橱节·6月底（印度站）
7月	加拿大国庆日·7月1日（加拿大站） 返校季·7月初~9月底（美国站/加拿大站/墨西哥站） 美国独立日·7月4日（美国站） 77大促·7月7日（新加坡站） 暑假·7月下旬~9月1日（日本站） 海洋节·7月23日（日本站）	8月	古尔邦节·8月（中东阿联酋站/沙特站） 返校日·8~9月（中东阿联酋站/沙特站） 88大促·8月8日（新加坡站） 游山日·8月10日（日本站） Freedom sale·8月11日（印度站） 盂兰盆节·8月13~16日（日本站） 夏末促销/返校季·8月底~9月初（欧洲站） 超值折扣日·8月29日~9月3日（中东阿联酋站/沙特站）

9 月	父亲节·9 月 4 日（澳洲站） 劳动节·9 月 5 日（美国站/加拿大站） 99 大促·9 月 9 日（新加坡站） 春促·9 月中（澳洲站） 校园运动会季·9 ~ 10 月（日本站） 企业购日本站周年庆·9 ~ 11 月（日本站） 折扣嘉年华·9 月（印度站） 开学日·9 月（欧洲站） 墨西哥独立日·9 月 16 日（墨西哥站） 敬老日·9 月 20 日（日本站） 沙特国庆日·9 月 23 日（中东阿联酋站/沙特站） 科技大促·9 月底（中东阿联酋站/沙特站） 企业购中小企业促销专题·9 月（美国站/英国站/德国站/西班牙站/意大利站/法国站/日本站） 开工季·9 月（英国站/德国站/西班牙站/法国站/意大利站）	10 月	赏枫季·10 ~ 12 月（日本站） 中东电子展·10 月 6 ~ 10 日（中东阿联酋站/沙特站） 加拿大感恩节·10 月 10 日（加拿大站） 10&10 大促·10 月 10 日（新加坡站） 机构企业旺季促销·10 ~ 12 月（美国站/英国站/德国站/西班牙站/意大利站/法国站/日本站） 排灯节·10 ~ 11 月（印度站）
11 月	万圣节·11 月 1 日（美国站/加拿大站/欧洲站/日本站/澳洲站） 北半球入冬·11 月 1 日（美国站/加拿大站/欧洲站/日本站） Early Black Friday·11 月上旬（欧洲站） 亡灵节·11 月 2 日（墨西哥站） 11&11·11 月 11 日（中东阿联酋站/沙特站/新加坡站） 老兵节·11 月 11 日（美国站） Buen Fin·11 月 14 ~ 15 日（墨西哥站） 七五三节·11 月 15 日（日本站） 白色星期五·11 月 18 日（中东阿联酋站/沙特站） 感恩节·11 月 24 日（美国站/加拿大站/欧洲站） 黑色星期五·11 月 25 日（美国站/加拿大站/欧洲站/日本站/印度站/澳洲站/新加坡站） 网购星期一·11 月 28 日（美国站/加拿大站/欧洲站/日本站/澳洲站/新加坡站）	12 月	阿联酋国庆节·12 月 2 日（中东阿联酋站） 荷兰圣诞节·12 月 5 日（荷兰站） 冬季/滑雪季·12 月 ~ 次年 3 月（日本站） 假日礼物促销·12 月 10 ~ 13 日（中东阿联酋站/沙特站） Last Minute Deals·12 月中上旬（欧洲站） 12&12 大促·12 月 12 日（新加坡站） 年末大扫除/忘年会·12 月中旬 ~ 下旬（日本站） 光明节·12 月 19 日（美国站/加拿大站） 衣橱节·12 月（印度站） 超级星期六·12 月 19 日（加拿大站） 绿色星期一·12 月 24 日（加拿大站） End of Year Sale·12 月下旬（欧洲站） 圣诞节·12 月 24 ~ 25 日（美国站/加拿大站/墨西哥站/欧洲站/日本站/印度站/澳洲站/新加坡站） 年末大促·12 月底（中东阿联酋站/沙特站/新加坡站） Boxing day& 节日礼·12 月 26 日（加拿大站/澳洲站/欧洲站） 新年前夜·12 月 31 日（美国站/加拿大站/欧洲站/日本站/新加坡站）

如表 11-2 所示，为 Shopee 2022 年不同站点的促销活动日历。Shopee 业务覆盖中国台湾、新加坡、马来西亚、菲律宾、越南、泰国以及拉美市场的巴西、墨西哥、哥伦比亚、智利和欧洲波兰等十多个市场，每个市场宗教信仰、气候、人文不同，因而每月促销活动的站点有所区别，但是平台的 3.3 大促、6.6 大促、9.9 大促、10.10 大促、11.11 大促及 12.12 大促这些平台大促则是全站点参与。

表 11-2 **Shopee 全年大促日历**

1 月	2 月	3 月	4 月
春节大促（SG，MY） 元旦（ALL） 儿童节（TH）	狂欢节大促（BR） 情人节（SG，MY，VN，MX，CL，PL） 春节大促（SG，MY，VN，TH）	Shopee 3.3 大促（ALL） 女神节（VN，PL） 国际消费者权益日（SG，BR，MX，CO，CL）	Shopee 4.4 大促（ALL） 复活节（BR，MX，CO，CL，PL） 儿童节（CO，MX） 泼水节（TH）
5 月	**6 月**	**7 月**	**8 月**
Shopee 5.5 大促（ALL） 斋月（MY） 劳动节（TH，BR） 母亲节（SG，MY，PH，BR） Hot Sale（MX）	Shopee 6.6 大促（ALL） 父亲节（SG，MY，VN，MX，CO） 儿童节（PH，PL） 巴西情人节（BR）	Shopee 7.7 大促（ALL） 冬季促销（BR，CO，CL） 返校季（BR，MX）	Shopee 8.8 大促（ALL） 父亲节（BR） 母亲节（TH）
9 月	**10 月**	**11 月**	**12 月**
Shopee 9.9 超级购物节（ALL） 中秋节（SG） 哥伦比亚情人节（CO）	Shopee 10.10 品牌购物节（ALL） 儿童节（BR）	Shopee 11.11 超级大促（ALL） 万圣节（ALL） 黑色星期五（SG，BR，MX，CO，CL，PL） 诸灵节、亡灵节（BR，MX） 网络星期一（BR，MX，PL） Buen Fin Sale（MX）	Shopee 12.12 生日大促（ALL） 圣诞节（ALL） 父亲节（TH）

如表 11-3 所示，为 Lazada 2022 年不同站点的促销活动日历。Lazada 业务主要覆盖印度尼西亚、泰国、越南、菲律宾、新加坡六大东南亚市场，除了跟 Shopee 一样的 3.3 大促、6.6 大促、9.9 大促、10.10 大促、11.11 大促及 12.12 大促外，Lazada 还针对越南和菲律宾站点有相关的 LazMall 品牌大促活动，以及 3 月的 Lazada 生日大促，都是比较重要的促销节点。

表 11 - 3　　　　　　　　　　　　　Lazada 全年大促日历

1 月	2 月	3 月	4 月
1.1 大促——ID，PH 年货节——VN 中国春节——MY，SG，ID 新年大促——ID 超级品牌周——ID	2.2 大促——VN，ID，PH，SG，TH 情人节——ID，MY，SG，TH 美妆健康节——MY 婚庆欢购节——MY 超级美妆周——ID 每日低价——ID 母婴季——SG 女人节——TH	3.3 大促——ALL 女神节——PH，MY Lazada 生日大促——ALL 返场派对——ID，VN，MY 家居节——MY 食品饮料节——MY	4.4 大促——ALL 开斋节——MY，ID 开斋节返场——ID 节日津贴——ID 斋月大促——ID 泰国新年——TH 环保季——MY

5 月	6 月	7 月	8 月
5.5 大促——ALL 斋月大促——MY 男人节——TH 月中促销日——TH，MY 家居/美食节——MY 年中大促预热——SG LazMall 品牌大促——PH，VN 男性/女性购物日——PH	6.6 大促——ALL 年中大促——SG 6.18 跨境大促——MY LazMall 品牌大促——PH，VN 男性/女性购物日——PH	7 月大促——ALL 时尚购物节——TH 月中促销日——MY，TH 25 号促销日——SG LazMall 品牌大促——PH，VN 男性/女性购物日——PH 好价购物节——SG	8.8 大促——ALL 男神节——TH 月中促销日——MY，TH 25 号促销日——SG LazMall 品牌大促——PH，VN 男性/女性购物日——PH 好价购物节——SG

9 月	10 月	11 月	12 月
9.9 大促——ALL 月中促销日——MY，TH 25 号促销日——SG LazMall 品牌大促——PH，VN 男性/女性购物日——PH 好价购物节——SG	10.10 大促——ALL 月中促销日——MY，TH 25 号促销日——SG LazMall 品牌大促——PH，VN 男性/女性购物日——PH 好价购物节——SG	11.11 大促——ALL 黑色星期五——PH，SG 月中促销日——MY，TH 25 号促销日——SG LazMall 品牌大促——PH，VN 男性/女性购物日——PH 好价购物节——SG	12.12 大促——ALL 圣诞购物节——PH，MY 月中促销日——MY，TH 25 号促销日——SG LazMall 品牌大促——PH，VN 男性/女性购物日——PH 好价购物节——SG

注：ID 为印度尼西亚；MY 为马来西亚；PH 为菲律宾；SG 为新加坡；TH 为泰国；VN 为越南。

速卖通平台则每年会有三次大促，分别是 328 大促、828 大促和双 11 大促，通常会提前一个月左右招商。328 大促是速卖通平台的周年庆活动，每年都会举行，作为仅次于"双

11"的大型促销活动，能为卖家输送海量流量，帮助卖家显著提升订单量。828 年中大促是旺季来临的标志，衔接双 11 大促。双十一是速卖通力度最大的促销活动。

☞ **任务演练：**

1. 了解不同平台的重要促销节点时间。
2. 举例说明跨境电商大促活动对跨境电商卖家的影响。

任务二　跨境电商平台站内促销功能介绍

任务目标

　　不同平台的促销活动和营销工具不同，根据平台调性、受众目标以及自身产品的不同，选择合适的营销手段，能帮助跨境卖家更好地提升盈利。通过本节内容的学习，主要掌握当前主流跨境电商平台 Amazon，Shopee，Lazada、速卖通、eBay 等不同平台的促销活动和营销工具。

一、Shopee

　　Shopee 平台提供了很多的店铺营销工具，运营人员需要熟练掌握并使用 Shopee 的营销工具。Shopee 主要的几种营销工具有：折扣活动和 Shopee 店铺优惠券、套装优惠和运费促销、限时抢购和加价购，以及关注有礼和热门精选商品。这些运营工具各有区别、营销的使用场景也各有不同，正确地使用营销工具可以提高店铺商品的转化率。

　　1. 限时特卖活动：可以通过在平台首页进行限时特卖活动。限时特卖活动具有高曝光和高转化的优势，从类型来说比较类似于秒杀，通过秒杀打造爆款商品。

　　2. Shopee 折扣活动：主要用途在于商品原价基础上打折，折扣展示的位置在商品首页的最醒目位置，这样就有利于客户进入店铺快速吸引用户从而下单。

　　3. Shopee 优惠券功能：主要用途是不改变商品价格，让买家主动点击领券参与活动获得折扣，最终买家在下单时通过折扣券享受减免金额得到实惠。

　　4. Shopee 店内闪购功能：主要用途是可以帮助卖家在大促期间提高转化，根据 Shopee 店内闪购规则设置，一次闪购活动最多可添加二十件商品。

　　5. 热门精选商品：是一种关联营销方法。卖家可自由选出店铺主推款、热销款商品，买家点击浏览商品信息时，可以浏览到店铺的其他商品，从而吸引和引导买家点击进店。一组热门精选最少需要选择 4 个商品，上限为 8 个商品，可自由调整顺序或替换展示的商品。

　　6. 套装优惠：也被称为多件多折，多用于单价低的商品。有利于引导买家购买多件，提高单价、增加利润。

　　7. 关注礼：有助于提高店铺粉丝量。

　　8. 运费促销（免运）：和国内一样，买家大都喜欢包邮的产品。免运能够强烈刺激买家的购买欲望。

9. 加价购：也是提高店铺商品曝光的一种方式，同时能够利用主商品提高副商品的动销。

二、Lazada

Lazada 卖家主要面对的市场是东南亚市场。Lazada 商家为了提高店铺销量，平时都会借助营销工具来为店铺引流。几种主要营销工具如下：

1. SellerVoucher：卖家优惠券，是店铺优惠工具，卖家可设置全店或部分商品满减和满折两种优惠方式。首页有专门优惠券入口、产品页面有优惠券展示，有引流、提高转化率、提升销售额的作用。

2. Flexi Combo：是多件多折工具，支持卖家设置全店或选择部分产品满多少件获得一定额度折扣的一种优惠促销工具。该工具可以增大店铺客单价，同时带动店铺除爆款外其他产品的曝光和销售，很好地提升店铺的转化率。

3. Bundles：这个是捆绑，可设置买一送一、免费赠品、组合购买等不同优惠方式。

4. FreeShipping：免费送货，指的是商家在相关产品和店铺中设置了包邮后，买家消费只要满足包邮门槛（消费满 X 金额或购买满 X 件）即可享受免付购买国本地的末端运费。买家认为运费是一笔额外支付，因此产品是否包邮成为他们购买该产品的最终决定因素。卖家可以设置全国包邮还是局部包邮，邮费是卖家出全部还是一部分，包邮是长期的还是短期的，是针对整个店铺产品还是部分产品。

三、速卖通

速卖通自主营销工具有：限时限量折扣、店铺优惠券、全店铺满立减、全店铺打折。

1. 限时限量折扣：吸引流量，积累客户。爆品的销量高，排序靠前，用这部分商品引流，可以促进商铺中更多商品的成交，换季清仓商品，可以清仓，减少库存积压，回收成本，配合使用全店铺满立减效果更好。

2. 店铺优惠券：可以作为店铺常规活动，长期存在，刺激买家多买，提升客单价。活动生效后，主动通知老买家到店铺中领取，提升老买家回头购买率，结合其他营销工具，特别是限时折扣和全店铺打折，把买家吸引到宝贝详情页面后用优惠券刺激其立刻购买。

3. 全店铺满立减：利用折扣吸引买家流量，并通过折上折刺激买家多买。

4. 全店铺打折：在平台大促销期间，借平台大量引流的力量，提升自身店铺竞争力。多款新品上市，换季时节，全店铺打折既可以提升新品销量又可以对过季商品进行清仓。

此外还有一些付费推广工具如直通车、速卖通橱窗、联盟营销和 A + 计划等。

四、eBay

eBay 会不定期地邀请拥有好产品好价格的卖家参与各站点的 Deals & events 促销活动。各 eBay 站点 deals & events 种类数量众多，不同类型活动，对于参加活动的卖家及产品都有不同的要求。

1. Weekly deals：即每周都有的活动，是 eBay 的重要活动之一。Weekly deals 提报的产品会在 deals 页面的首页下方非置顶位置展现，同时在活动期间还有 EDM 推广、当地网红引流、网络联盟推广以及站点优惠券支撑。

2. Primary deals：Primary deals 活动是会在相应站点的 deals 首页置顶的版块展现的，能带来更多的曝光和流量。

3. Super weekend：这个活动目前主要在法国、意大利、西班牙站三个站点进行。除了在首页 banner 上进行推广之外，还有站外曝光，活动位置较多，比较容易提报。

4. Buyer Coupon：是针对买家的一个优惠券运动，美国、英国、德国、法国等 8 个站点都是可以加入的，并且会在首页的 banner 做推广。

5. Daily Deals：Daily Deals 俗称 "秒杀"，在 eBay 的首界面可以清楚地看到 Daily Deals，eBay 的首界面也是一个很好的广告位。

五、Amazon

Amazon 的促销工具，主要有秒杀和促销两种方式，秒杀活动包含秒杀（Lightning Deal）、7 天促销（7 - day Deal）、镇店之宝（Deal of the Day）三种，促销方式包含有 Coupons、Prime 专享折扣、购买折扣、买一赠一以及社交媒体促销代码几种方式。下一节详细讲解这些促销工具的使用。

☞ **任务演练：**

1. Shopee 平台的店铺营销工具有哪些？
2. Lazada 平台的店铺营销工具有哪些？
3. 速卖通平台的店铺营销工具有哪些？
4. eBay 平台的店铺营销工具有哪些？

任务三　亚马逊平台站内促销活动详解

任务目标

Amazon 的促销工具主要有秒杀和促销两种。在本节任务中，主要学习掌握 Amazon 限时秒杀、7 天促销、当日秒杀三种秒杀活动以及 Prime 专享折扣、Coupons 设置、社交媒体促销代码、购买折扣、买一赠一五种站内促销活动。

一、Amazon 站内促销介绍

在亚马逊上销售商品，需要掌握选品管控及运营推广两大版块。亚马逊平台自带很大的流量，但如果无法将亚马逊上的流量带到自己的商品，没有流量曝光，就没有转化。亚马逊上开放秒杀活动（Deals）和促销（Promotion）活动 2 种不同的促销方式给卖家。通过这些营销工具，卖家不仅能在短期内冲击销量，还能在较长时间里持续完善品牌建设，优化店铺运营。卖家可以通过促销活动进行推广，为商品带来流量，合理使用促销方法是亚马逊卖家必备的技能，用好了能够有效提升产品的转化率，增加产品的销量。但需要注意的是，产品必须满足促销活动的资格要求，才能参加促销，不符合条件的产品将被拒绝参与促销。

二、秒杀活动（Deals）

在亚马逊众多促销工具中，Deals 活动可见度非常高，有助于卖家快速成长并积累销量。秒杀是亚马逊平台推出的一种限时打折促销活动，不同的秒杀方式促销时间不同。亚马逊专门开辟了一个面向众多买家的"Today's Deal"促销页面，如图 11 - 1 所示，参与秒杀的商品会在页面上显示，这也是 prime 会员最喜欢浏览的页面之一。推荐商品参与秒杀不仅有助于提升销量，快速累积商品评论，还能减少库存，加快资金回流。

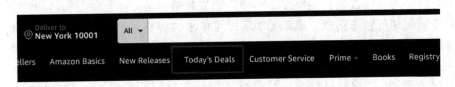

图 11 - 1　亚马逊秒杀活动前台页面

亚马逊常见的促销活动有秒杀（Lightning Deal）、7 天促销（7 - day Deal）、镇店之宝（Deal of the Day）三种，分别适用于短期、长时间、高折扣三种情况。

（一）限时秒杀（Lightning Deals，LD）

限时秒杀是一种限时、短时间、高流量的展示活动。限时秒杀主要针对推广有一定时间之后的产品，当亚马逊推荐卖家去做该产品秒杀时，就说明这是非常重要的推进排名的时机，这样既有机会收获大流量并瞬间爆单，也没有需要准备大量库存的压力。亚马逊后台秒杀推荐，每周生成一次，当后台出现产品有 LD 推荐时可申请参加。创建的秒杀信息通常会显示在专属的促销页面、搜索结果的商品列表页、商品详情页 Listing。时间结束即恢复原价，也可以设置促销总量，售完为止。

1. 参与促销的商品资格。

（1）卖家账户为专业卖家。

（2）商品质量：商品必须在亚马逊商城拥有销售历史记录且评分至少为 3 星。

（3）商品变体：促销应包含尽可能多的商品变体（如：尺寸、颜色、款式等）。对于某些商品（如服装和鞋靴），至少 65% 的变体都应包含在促销中。亚马逊系统会在卖家创建促销时具体说明预设的商品变体最小比例。

（4）商品分类：受限商品和令人不快、令人尴尬的商品或在其他方面不适宜的商品不符合要求。不符合要求的商品示例包括电子烟、酒类、成人用品、医疗器械、药物和婴儿配方奶粉。

（5）配送方式：商品必须在所有州内符合亚马逊 Prime 要求。卖家可以在配送设置中选择亚马逊物流（FBA）或卖家自配送 Prime。

（6）状况：只有处于"新品"状况的商品符合参与促销的要求。

（7）卖家反馈评级：每月必须至少收到 5 个评级，且整体星级评定至少为 3.5 星。

（8）退货率：退货率较高的商品不符合促销要求。

2. 适合做秒杀的商品。

（1）热销单品或快销商品更适合使用秒杀工具创建促销活动。

（2）有库存积压的商品也可以利用秒杀活动快速清空库存。

3. 申报秒杀。

（1）在"广告"下拉菜单中单击"秒杀→创建新促销→选择秒杀推荐列表里的商品→单击选择"选定需要创建秒杀的商品。

（2）通过安排促销页面选择"想要推出促销的时间→继续下一步"选定创建秒杀的时间段。

（3）选定创建秒杀的商品以及时间段后，输入"促销价格→每件商品的折扣→已确定参与（参与活动的商品数量）→继续下一步"设置秒杀参数。

（4）查看创建的秒杀信息，确认无误后即可单击"提交促销"，完成秒杀创建，并等待亚马逊通过秒杀审核。

4. 创建秒杀的注意事项。

（1）促销数量：在秒杀计划开始日期前，至少提前 7 天确保商品数量达到秒杀提报中的数量。

（2）促销图片：促销所用图片来自"亚马逊详情"页面上显示的图片。必须采用纯白色背景，并且不能包含非商品本身所含的任何文本、标志或水印。如果促销中的促销图片违反了亚马逊的商品图片要求，亚马逊可能会取消这些促销并可能会暂停卖家账户。如果创建促销时提供的促销图片不正确或与详情页面上显示的图片不匹配，需要确认已将正确的图片上传至 ASIN 或父 ASIN（如果商品有变体）。

（3）促销频率：不能在 7 天内针对同一 ASIN 重复推出促销，同时不能在 28 天内针对同一 ASIN 重复推出 7 天促销。如果有促销违反此政策，亚马逊可能在不通知的情况下取消这些促销。

（4）促销状态：某些促销活动可能会立即获批，某些则可能会因不符合资格条件而随时被禁止显示。卖家可通过"管理促销"控制面板监控促销状态，以便降低促销被禁止显示或取消的风险，可能会增加亚马逊物流库存和费用。

（5）避免更改 ASIN：对处于"即将推出"状态的促销，避免对参与促销的 ASIN 或父 ASIN 进行重大更改，具体包括：

编辑定价：如果降低参与促销的 ASIN 原价格，也可能需要降低同一 ASIN 的促销价格，以避免促销被暂拒。

删除或停售商品：请勿在"管理库存"页面将参与促销的任何 ASIN 的状态更改为"停售"，否则将会取消目前为该 ASIN 安排的所有促销，且已取消的促销无法被重新激活。

创建新的子 ASIN：对于包含变体的促销，避免在提交促销后创建新的子 ASIN 或向变体系列分配新的子 ASIN。否则会导致亚马逊针对新的子 ASIN 对现有促销进行重新验证，从而造成促销被暂拒或取消。

5. 秒杀活动的收费标准。

（1）北美站点：平日单价 150 美元，特殊促销活动期间有所变动。

（2）欧洲站点：英国 25 英镑；德国 35 欧元；法国、意大利、西班牙 20 欧元，特殊促销活动期间有所变动。

（3）日本站点：平日单价 4 000 日元，特殊促销活动期间有所变动。

（4）以下情况卖家无须付费：卖家在距离计划开始时间 25 小时前取消了秒杀；亚马逊在秒杀开始前或进行期间取消了该秒杀。

在产品具备秒杀资格之后，卖家可提交秒杀申请，但不能保证一定会入选活动。所有促销提交参选后，亚马逊会审核排定参加活动的促销并分配具体的秒杀时间段。秒杀的日期和时间，在秒杀预计开始时间前一周才会显示在卖家平台上。如果提交的秒杀入选了活动，则开始和结束日期将显示活动（例如 Prime 会员日和网购星期一等）的名称，以及秒杀的开始时间。这个时候卖家需要考虑的是分配的秒杀时间段是否对销售有利，若不想参与，可在秒杀开始前至少 25 小时取消；若确定参与，就要开始秒杀准备工作，秒杀活动开始前的 2 小时，系统有一个预热期。

在这个预热期，卖家可以人为地操作加购但不需要真实购买（后续取消），保证让秒杀的起步进度条在 10% 以上。这样在秒杀正式开始时，才能得到平台的认可。如果秒杀即将结束，那么就不必增加数量，尽量保证每一次的秒杀活动都能 100% 售罄。

完成这一系列操作，需要非常完善的体系配合，这样做秒杀可以帮助卖家去销售冗余库存。如果秒杀的效果好，会极大提升类目销售排名，对类目流量的导入有非常大的帮助。

总之，具备了秒杀资格之后，做秒杀活动要一次到位，尽可能保证每一次都做好。

（二）7 天促销（7 – Day Deals）

与秒杀类似，7 天促销（7DD）也是一种限时促销优惠，区别是在亚马逊促销页面上的显示时长不同。参与 7 天促销的商品将会在促销页面显示 7 天的时间（可能会根据具体的情况有所减少）。创建的 7 天促销信息通常会显示在专属的促销页面、搜索结果的商品列表页、商品详情页 Listing。

1. 七天促销的优势。

（1）较高的性价比：虽然七天促销的收费较高，但它持续的时间长，能够为商品提供销量增长机会，在获取一定流量的同时也能保证利润率。总体上说，性价比是较高的。

（2）持续时间较长：通常可在 Deal 页面持续拥有一周的促销时长，帮助商品平稳提升曝光度。

（3）减轻库存压力：由于 7 天 deal 的折扣力度大，持续时间长，往往可在一定程度上缓解换季或其他原因导致的库存积压。

2. 适合做七天促销的商品。

（1）销量较为稳定的老品：七天促销可以为销量较为稳定的商品提供销量增长的机会。

（2）即将进行大促的商品：七天促销能够在大促活动前为商品预热（但要控制好价格）。

（3）新品：提报 7 天促销是帮助促进新品曝光率和销量的好选择，可以为之后提报秒杀和镇店之宝培育 ASIN 资格，而且几乎全品类的非限制商品都可参与。

由于"7 天促销"会给整体店铺都带来流量，所以建议账户最好是有一定高转化率商品的老账户。商品的评分最好在 4.2 分以上，越高越好。如果想通过此种促销方式清库存，折扣区间建议在 50% 左右。

3. 参与七天促销的条件。

（1）卖家：必须是专业卖家（不支持个人卖家）。

（2）商品：①在亚马逊商城拥有销售历史记录且评分至少为 3 星；②包含尽可能多的变体；③不是受限商品或具有攻击性、令人尴尬或不适宜的商品；④在所有地区均符合亚马逊 Prime 要求；⑤如果商品是刚上架的新品，则要符合买家商品评论政策和定价政策，还有促销频率政策。

4. 申报七天促销。

（1）在"广告"下拉菜单中单击"秒杀→创建新促销→7 天促销"选择推荐列表中的商品；

（2）选定参加 7 天促销的商品后，单击"安排促销→配置促销→提交"完成 7 天审核并提报审核；

（3）等待亚马逊通过 7 天促销创建审核。

5. 七天促销的收费标准。

（1）北美站点：平日单价 300 美元，特殊促销活动期间有所变动。

（2）欧洲站点：英国 50 英镑；德国 70 欧元；法国、意大利、西班牙 40 欧元，特殊促销活动期间有所变动。

（3）日本站点：平日单价 8 000 日元，特殊促销活动期间有所变动。

总的来说，通过秒杀等促销活动，卖家不仅能在短期内冲击销量，更能在较长时间里持续完善品牌建设，优化店铺运营。

但是秒杀、7 天促销等工具都会对折扣后的价格有一定的限制要求，因此卖家必须控制平日和参加活动时的商品价格。

要将商品价格保持一定的平衡状态，卖家需要做到三点：明确商品的成本和利润；熟知各种促销活动的折扣规则；合理规划使用促销工具的种类和时间。

做好这三点，在平时就管理好控价，才能避免发生因不能接受过低的折后价，而不得不放弃即将获得的高流量和爆单机会。

（三）当日秒杀（Deal of the Day）

镇店之宝（DOTD，大促期间有时也称为 Spotlight Deal）是指一个或一组高需求的商品，仅在指定的一天内设有大幅折扣的促销活动。

参与镇店之宝活动的商品必须为热销单品。作为促销中流量最高、申报要求也最严格的展示活动，大部分站点的镇店之宝目前实行邀请制，且必须通过账号经理申报（注：欧洲站已开通 DOTD 自助创建渠道）。

DOTD 是免费的促销工具，亚马逊不收取其他费用，但商品提报的促销折扣价必须以过去一年的最低价格打折。

创建的镇店之宝信息通常会显示在专属的促销页面、搜索结果的列表页、商品详情页 Listing。促销期间，产品页面将收到 DOTD 标志，增加品牌和产品曝光率，增加销售额。

特别要注意，提报秒杀不光要考虑好促销价格，还要选好秒杀的时间，否则如果秒杀时间安排在了美国时间的夜里或凌晨，效果肯定是要大打折扣的。且并不是所有产品都适合秒杀活动，产品平时卖得越好，参加秒杀的效果会越明显；若是一些滞销款产品，更建议提报 Outlet Deals。总的来说，一般秒杀活动都能带来比平时多 2～3 倍的流量，卖家可以根据自己的产品情况选择合适的秒杀活动。

三、站内促销（Promotion）

亚马逊站内促销（Promotion），区别于站内秒杀（Deal），是另一种可以提升产品流量和转化的站内推广手段。

亚马逊促销类型主要有 Prime 专享折扣（Prime Exclusive Discounts）、优惠券（Coupon）、社交媒体促销代码（Social Media Promo Code）、购买折扣（Percentage off）、买一赠一（Buy one get one）这 5 大类。

（一）Prime 专享折扣

Prime 专享折扣是面向 Prime 会员的商品价格折扣。带有 Prime 专享折扣标志的商品将显示折扣价格，其正常价格会被划掉，买家会在搜索结果和商品详情页面上看到节省费用一览。根据折扣调整过的价格也会显示在面向 Prime 会员的详情页面购买按钮上。

1. Prime 专享折扣的资格条件。

（1）对于卖家提供折扣的任何商品，在该国家/地区的所有区域都必须符合 Prime 配送条件。

（2）卖家提供折扣的所有商品都必须处于新的状况。

（3）卖家提供折扣的所有商品都必须至少为 3 星评级或没有评级。特定于特殊活动（如 Prime 会员日、黑色星期五等）的折扣标准可能会发生变化。

（4）折扣必须比非会员非促销价格优惠至少 10%（即卖家的商品价格或销售价格，以较低者为准）。特定于特殊活动（如 Prime 会员日、黑色星期五等）的折扣标准可能会发生变化。

（5）不包括受限商品，或具有攻击性、令人尴尬或不适宜的商品。

（6）卖家提供折扣的所有商品都必须符合买家商品评论政策。

（7）卖家提供折扣的所有商品都必须符合定价政策。

2. Prime 专享折扣平日商品提报条件。

（1）商品必须是符合 Prime 国内配送要求的商品。

（2）Prime 独家折扣必须符合所有常规资格标准。

（3）商品的星级评定必须至少为 3 星，或者无星级评定。

（4）折扣价必须比非 Prime 会员的非促销价至少优惠 10%。

（5）折扣最多只能比非 Prime 会员的非促销价格减少 80%。

3. Prime 专享折扣会员日商品资格条件。

（1）Prime 专享折扣必须符合所有常规资格条件。

（2）要提供 Prime 会员日 Prime 专享折扣，卖家的"卖家反馈评级"必须至少为 4 星。

未收到任何买家反馈评级的卖家也可以提供 Prime 会员日 Prime 专享折扣。

（3）商品评级必须至少为 3 星半或无评级。

（4）折扣必须至少比非会员的非促销价格（即"卖家的商品价格"或"销售价格"，以较低者为准）优惠 20%。

（5）Prime 专享折扣价格必须比该 ASIN 在过去 30 天的最低价格低 5%。过去 30 天的最低价格是该 ASIN 在此期间的最低订单价格，包括所有卖家的一切秒杀价格、促销价格和销售价格。

4. 创建 Prime 专享折扣。

（1）单击"Prime 专享折扣"页面上的"创建折扣"，输入折扣名称，然后选择折扣的开始和结束日期。如果卖家提供的是 Prime Day 折扣，日期字段将不可用，并且卖家安排的 Prime Day 折扣将在 Prime Day 开始时开始。如图 11 - 2 所示，单击"保存并添加商品"。

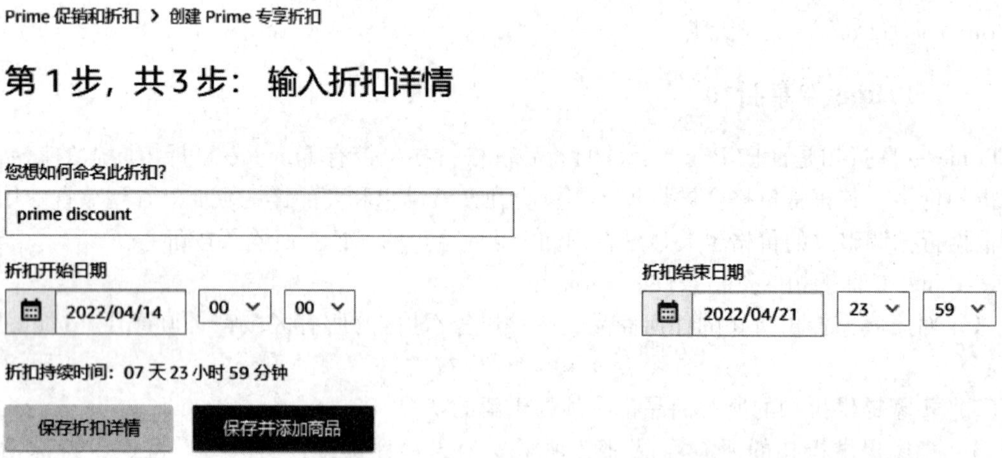

Prime 促销和折扣 ＞ 创建 Prime 专享折扣

第 1 步, 共 3 步: 输入折扣详情

您想如何命名此折扣?

prime discount

折扣开始日期

📅 2022/04/14   00 ▼   00 ▼

折扣结束日期

📅 2022/04/21   23 ▼   59 ▼

折扣持续时间: 07 天 23 小时 59 分钟

保存折扣详情   保存并添加商品

图 11 - 2   Prime 专享折扣创建 1

（2）如图 11 - 3 所示，Prime 专享折扣最多可以包含 100 个 SKU，有两种信息填写方式，一为页面填写提报；一为表格提报。当参与的 SKU 少于 30 个，可以使用页面填写提报。折扣类型有满减、折扣和固定价格三种，选择一种折扣类型，设置"Prime 折扣"减免或是折扣值，填写"卖家的最低价格"设置每件商品最低折扣价格下限，单击"提交商品"。亚马逊将会验证提交的商品折扣信息，此步骤将检查 SKU 折扣设置是否正确，是否有资格参加 Prime 专享折扣。

（3）开始验证后，将转至"审核"页面。在此页面上，卖家可以查看商品是否做好了提交准备，或者商品是否无效（即未通过验证）。卖家将收到一封电子邮件，告知上传的每件商品的验证状态。单击"提交"以安排折扣。如果仍有部分无效的 SKU 在审核中，即使在提交折扣后，卖家也可以返回"审核"选项卡，将其从折扣中删除。

5. 查看了解 Prime 专享折扣的状态。可以在卖家平台的"Prime 专享折扣"主页了解保存的 Prime 专享折扣的状态。折扣将处于以下三种状态之一：

（1）已安排：已成功验证所有提交的 SKU 且折扣已提交。卖家无须采取任何操作。

（2）需要注意：卖家的折扣尚未提交；或者，如果卖家的折扣已经提交，则说明一个

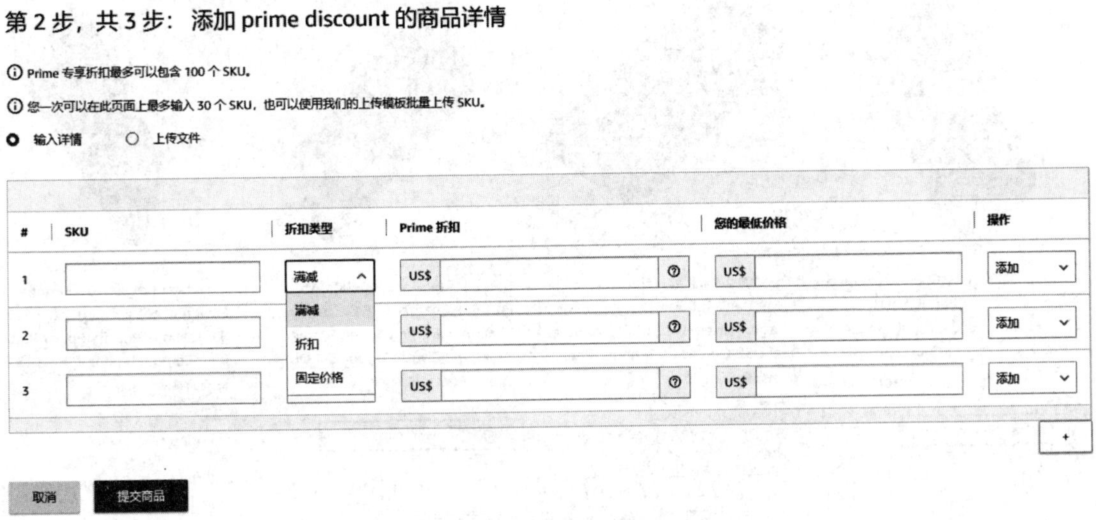

第2步，共3步：添加 prime discount 的商品详情

ⓘ Prime 专享折扣最多可以包含 100 个 SKU。

ⓘ 您一次可以在此页面上最多输入 30 个 SKU，也可以使用我们的上传模板批量上传 SKU。

● 输入详情　　○ 上传文件

#	SKU	折扣类型	Prime 折扣	您的最低价格	操作
1		满减 ∧ 满减 折扣 固定价格	US$ ⑦	US$	添加 ⌄
2			US$ ⑦	US$	添加 ⌄
3			US$ ⑦	US$	添加 ⌄
					+

取消　　提交商品

图 11 – 3　Prime 专享折扣创建 2

或多个已提交的商品被禁止显示。

（3）已过期：卖家的折扣已结束。

Prime 专享折扣最长可能需要两个小时才会开始。如果在开始时间两小时后仍未看到设置的折扣，可能是因为商品未赢得购买按钮，或该 SKU 因其他原因被禁止显示。

折扣创建后可以随时编辑折扣，也可以向折扣移除或添加商品。更改 Prime 专享折扣商品的正常价格，受影响商品的折扣价格将自动根据卖家在安排折扣时指定的百分比折扣或金额折扣进行调整。如果调整后的价格低于卖家在安排时指定的最低折扣价格，Prime 专享折扣将被禁止显示，卖家商品的正常价格不会受到影响。

注意：常规促销或优惠券将叠加在 Prime 专享折扣之上。也就是说，Prime 专享折扣将与重叠促销或优惠券组合使用。

（二）Coupons 设置

Coupons 是亚马逊后台可以自行设置的一个促销功能，卖家设置商品优惠券，买家领取了 Coupon 后，在结算时，可以兑换抵扣。对于卖家来说，也可以利用这个折扣促销功能，获取更多流量。另外，Coupons 可以选择百分比折扣或者现金，可以保持成本和买家心理的一种平衡。设置 Coupons 不需要费用，但是买家每使用一次 Coupon 成功付款亚马逊就会扣除卖家 0.6 美元的兑换费。

在亚马逊前台搜索结果页优惠券展示如图 11 – 4 所示。

卖家可以为单个商品或一组商品提供折扣，还可以通过亚马逊享受优惠券自动推广。买家可以通过以下选项查找优惠券：优惠券主页；搜索结果；商品详情页面；所有卖家报价页；在买家购物车中。

1. 优惠券资格条件。要想获得提供优惠券的资格，必须是专业卖家且卖家反馈评级至少为 3.5。没有收到买家任何反馈评级的卖家也可以获得提供优惠券的资格。此外，商品还必须符合以下条件：

图 11 -4　coupon 搜索页展示

（1）没有评论的商品无须达到任何平均标准即可获得提供优惠券的资格。但是，如果商品有评论，则商品必须达到平均标准。有 1 ~ 4 条评论的商品在亚马逊商城的平均星级必须至少为 2.5 星；有 5 条以上评论的商品在亚马逊商城的平均星级必须至少为 3 星。

（2）配送方式可以是卖家自配送、亚马逊配送或卖家自配送 Prime。

（3）状况必须为"新品"。

以下商品没有资格拥有优惠券：

（1）二手商品、收藏品或经认证的翻新商品；

（2）成人用品；

（3）性健康用品；

（4）狩猎和垂钓；

（5）枪支和枪支配件；

（6）图书、音乐、影视；

（7）商品详情页面上不得包含可能令人反感、令人尴尬或不恰当的内容。

2. 优惠券创建。要创建优惠券，设置步骤如下：

（1）进入后台，单击"广告"，下拉菜单选择"优惠券"，如图 11 -5 所示。

（2）输入想要设置优惠券的商品 ASIN 或是商品标题，如图 11 -6 所示，单击搜索，即可出现该商品相关信息，确认参与促销，勾选即可，如图 11 -7 所示。卖家可以向一张优惠券添加最多 200 个 ASIN。为了提供更好的买家体验，建议在相同的子分类、价格级别或商品类别中选择商品。选择完所有参与促销的商品后，点击继续。

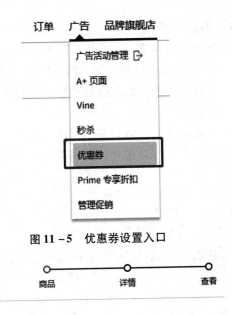

图 11 – 5　优惠券设置入口

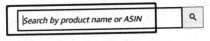

图 11 – 6　输入设置优惠券的商品

图 11 – 7　选择参与促销的商品

（3）进入优惠券详细信息设置页面，如图 11 – 8 所示。

设置优惠券开始和结束时间：优惠券持续时间为 1～90 天内，优惠券最快可以在创建 6 小时后生效。对于创建日期和开始日期为同一天的优惠券，创建时间与开始时间至少需要间隔 6 小时，以便系统对卖家的优惠券运行多项验证规则，确保其为买家提供合理的价值。目前，不允许提前创建 6 个月之后才开始生效的优惠券（即从创建之日开始，优惠券的优惠开始日期不能超过 6 个月）。

设置折扣：选择"折扣"或"满减"方式。输入卖家想要提供的折扣方式。如果卖家选择了"折扣"，则该值必须为百分比；如果卖家选择了"满减"，则该值必须为具体金额（单位：美元）。优惠券的最低折扣和最高折扣分别为 5% 和 80%。

设置预算：预算费用主要用于支付此商品的折扣和每个优惠券兑换亚马逊收取的 0.6 美元的兑换费。当预算使用率达到 80% 时，亚马逊会将优惠券下线，然后分配剩余的 20% 应对已经领取优惠券的买家的兑换。为使买家获得最佳的优惠券体验，亚马逊允许他们在禁用优惠券发现功能后约 30 分钟内兑换优惠券。如果卖家预算的 20% 低于买家在这 30 分钟内的兑换金额，可能会看到支出超过预算。如果预算金额较高，支出超过预算的风险会降低。对于 10 000 美元以下的预算，支出超过预算的金额可能高达预算的 15%（或更多）。

优惠券名称：为优惠券设置一个名称，会展示给买家看。可以简单地设置，说明商品是什么即可。

定位：为优惠券设置面向人群，亚马逊提供"所有买家""Prime 会员""Student 会员"和"Family 会员"四种人群，卖家可以根据商品设置精准的客户群体（见图 11 – 8）。

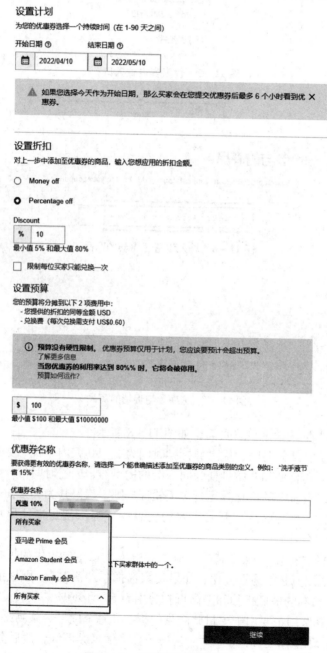

图 11 – 8　促销优惠券信息设置

（4）信息填写完成，点继续，即可预览促销信息，如图 11 – 9 所示，确认促销信息无误，即可点击"提交"。

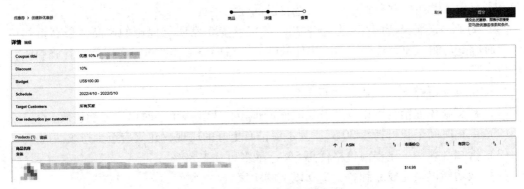

图 11 – 9　优惠券设置信息预览

以上即完成优惠券设置，等待审核通过后即可生效。优惠券生效后可在优惠券主页看到相关优惠券运行情况，如图 11 – 10 所示。

图 11 – 10　优惠券使用情况

优惠券提交后，卖家还可以进行如下操作：

（1）添加商品：卖家可以向一张优惠券添加最多 200 个父 ASIN。为了提供更好的买家体验，请在相同的子分类、价格级别或商品类别中选择商品。对于已赢得购买按钮的商品，卖家提供的优惠券在整个网站上的曝光度将有所提升。

（2）编辑优惠券：大约在优惠开始时间前 6 小时，卖家的优惠券将被锁定。在此期间，系统会对卖家的优惠券运行验证规则，以确保它为买家提供合理的价值。锁定后，卖家将无法在优惠券生效前进行任何更改。优惠券生效后，卖家可以增加预算或延长优惠持续时间（最长 90 天）。

（3）取消优惠券：卖家可以单击控制面板上的"停用"按钮，随时取消任何优惠券。

（三）社交媒体促销代码

社交媒体促销代码是创建自定义促销代码，获得一个独特的营销页面，通过社交媒体、电子邮件或名人营销将此页面分享给买家。卖家可以创建专属营销页面链接，买家可以更容易从社交媒体直接访问卖家的产品页面。亚马逊也会将此营销页面链接分享给他们的影响者和联盟红人。卖家可以通过社交媒体促销代码来控制如何推广促销活动，以及买家可以获得多少商品和交易的优惠。

1. 社交媒体促销代码的优势。

（1）为卖家提供新的站外引流渠道：卖家可以将创建的营销页面链接分享到站外社交

媒体，避免了在站外放商品链接的风险，提高了安全引流效率。

（2）为中小卖家打开站外流量入口：Facebook 广告也是需要费用的。通过该功能，中小卖家可以设置链接，发布到站外，打造自己的促销主页。

（3）为亚马逊卖家清库存提供新方法：可以涵盖卖家所有促销的产品，最高折扣可达80%。通过此功能，加大链接在站外媒体的曝光，需要清库存的产品可以通过社媒引流，加快清货速度。

2. 创建社交媒体促销代码的注意事项。

（1）社交媒体促销码可以设置开始时间，但至少需要 4 个小时以后才能生效。

（2）促销时间最长可持续 30 天，为了促销有更好的表现，建议应至少持续两周。

（3）折扣必须最少比当前价格优惠 5%，最多可优惠 80%。

（4）该功能仅限完成品牌备案 2.0 以上的卖家。

（5）社交媒体促销代码类型可在结账时与其他优惠组合叠加使用。

3. 社交媒体促销代码创建。创建社交媒体促销代码，步骤操作如下：

（1）在卖家平台中，依次转至"广告→管理促销→创建促销→社交媒体促销代码"，如图 11-11 所示。

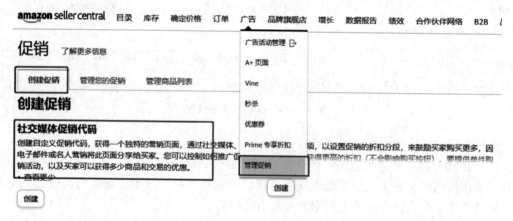

图 11-11　社交媒体促销代码创建 1

（2）单击"创建"，进入促销信息设置页面，针对要促销的产品，先创建"商品类别"，如图 11-12 所示。

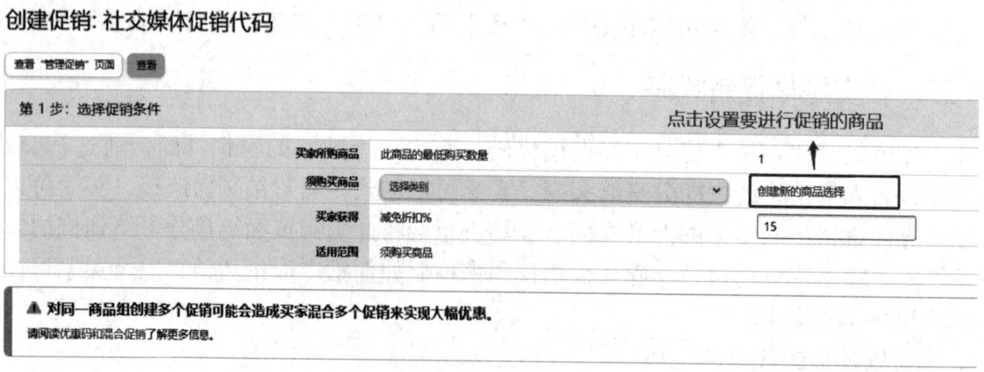

图 11-12　创建设置促销的商品

（3）创建商品列表，添加促销的商品，如图 11 – 13 所示，ASIN 列表中添加促销商品的 ASIN 信息，设置卖家能看懂的列表名称和内部描述，填写完成，单击"提交"，即商品列表创建完成。

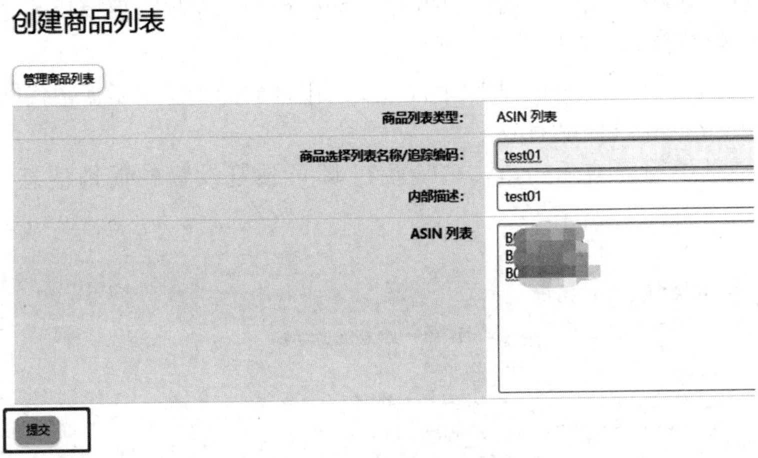

图 11 – 13　促销的商品添加

（4）促销商品列表创建完成，回到社交媒体促销代码信息设置页面，填写相关促销信息，如图 11 – 14 所示。

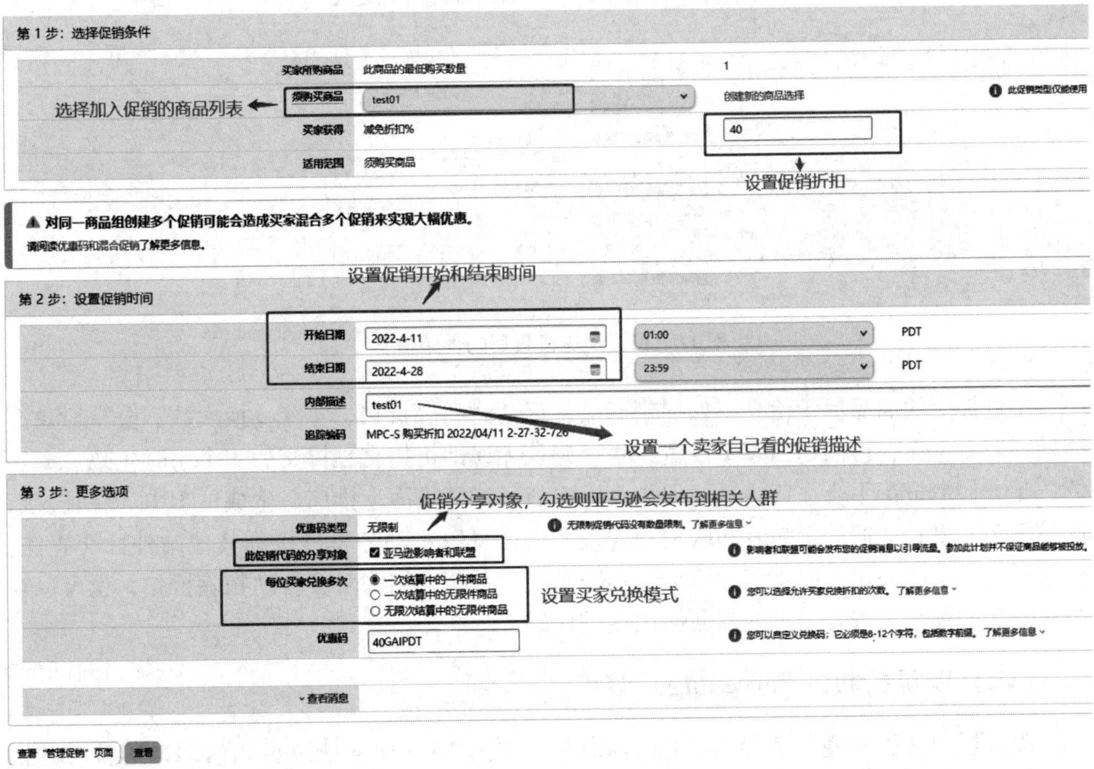

图 11 – 14　促销信息设置

每位买家兑换次数设置中涵盖三种模式，分别如下：

一次结算中的一件商品：一个订单中的一个产品，意思是促销代码仅针对符合条件的 ASIN 的一件商品一次有效。

一次结算中的无限件商品：一个订单中的无限件商品，意思是促销代码对单个订单中符合条件的 ASIN 的多件商品有效。

无限次结算中的无限件商品：无限个订单中无限件商品，意思是促销代码对多个订单中符合条件的 ASIN 的无限件商品有效。

（5）促销信息填写完成后，单击"查看"即可预览设置的促销信息，如图 11 - 15 所示。

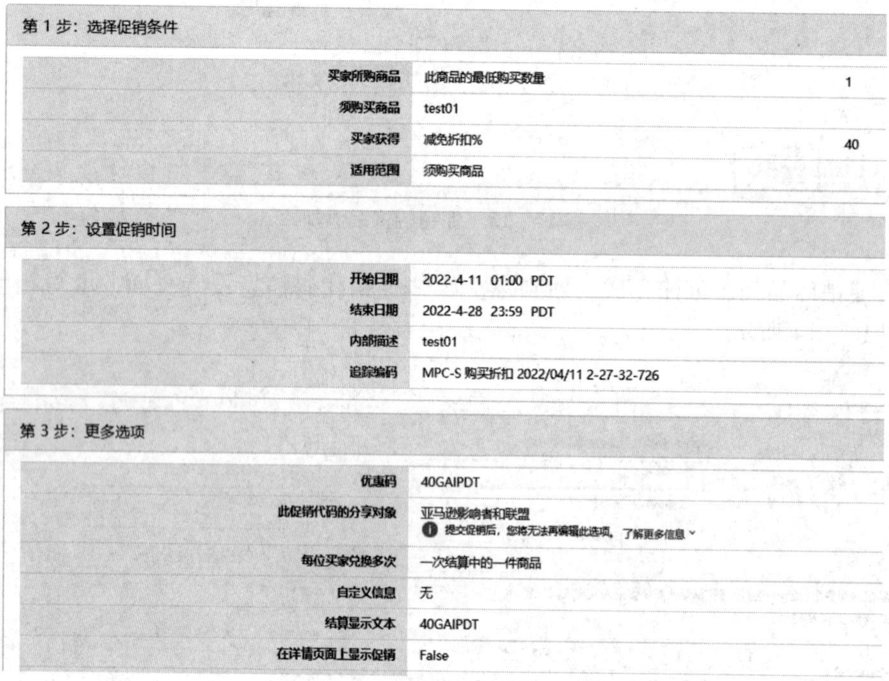

第 1 步：选择促销条件		
买家所购商品	此商品的最低购买数量	1
须购买商品	test01	
买家获得	减免折扣%	40
适用范围	须购买商品	

第 2 步：设置促销时间	
开始日期	2022-4-11 01:00 PDT
结束日期	2022-4-28 23:59 PDT
内部简述	test01
追踪编码	MPC-S 购买折扣 2022/04/11 2-27-32-726

第 3 步：更多选项	
优惠码	40GAIPDT
此促销代码的分享对象	亚马逊影响者和同盟 ⓘ 提交促销后，您将无法再编辑此选项。了解更多信息 ∨
每位买家兑换多次	一次结算中的一件商品
自定义信息	无
结算显示文本	40GAIPDT
在详情页面上显示促销	False

图 11 - 15　预览设置后的促销信息

预览提交的商品促销信息，如促销商品、促销时间、折扣、卖家兑换次数、分享对象等信息。若有错误，可以返回重新设置，直至确认无误即可提交，提交后 4 个小时生效。

此类促销报价不会在亚马逊的促销页面或商品详情页面上推广。生成的 URL 促销链接，亚马逊会分享到他们的影响者和联盟社群，卖家也可以主动分享链接到其他站外社交媒体。买家可直接从此营销页面将商品添加到购物车中，系统在结账时会自动扣除折扣，也可以在结账时为购物车中符合要求的商品使用促销代码。

（四）购买折扣（Percentage off）

购买折扣是亚马逊免费促销（Promotion）方式中的一种满减及折扣活动，通常说的捆绑促销和打折都是通过此功能来设置，也就是常说的"买 A，A 打折"或是"买 A，B 打折"。一般促销在卖家后台设置好之后，4 个小时后才会生效。

买 A，A 打折：即买家买一个产品，那个产品本身可以享受卖家设置的某个折扣。比如，买家买一件衣服，可以享受这件衣服的某个折扣。

买 A，B 打折：意思是买家买一个产品，另外一个产品享受卖家设置的某个折扣。比如，买家买了一件衣服，另外一条丝巾可以享受某个折扣，而衣服需要原价购买。这种方式，如果买家买得多，容易被亚马逊推荐到"Frequently bought together"（捆绑销售），增加销量。"买 A，B 打折"使用比较多的销售中，B 产品一般常见为：与 A 产品相关的产品或是新品、滞销品，这种促销方式能够通过 A 产品的流量带动 B 产品的销售。

卖家可以针对 Listing 设置不同的促销，在前台 Listing 页面显示在 Special offers and product promotions 版块里面。

1. Percentage off 常用情景。

（1）新品上市；

（2）打造热销款或者爆款；

（3）赠送样品以取得 Review；

（4）清库存。

2. Percentage off 促转化优势。

（1）用折扣吸引客户，让客户觉得这是一个难得的优惠机会，可刺激客户购物，促进成交。

（2）捆绑销售，清库存。商品即将过季或是相对滞销，可以通过促销进行捆绑销售，带动流量，清理库存。

（3）指定人群，通过创建优惠码类型的促销，给指定人群折扣，可用来测评，给老买家优惠。

注意：当商品赢得购买按钮（即商品有 Buy Box）时，促销才有效果。

3. 购买折扣设置。创建购买折扣，操作步骤如下：

（1）在卖家平台中，依次转至"广告→管理促销→创建促销→社交媒体促销代码"，如图 11 - 16 所示。

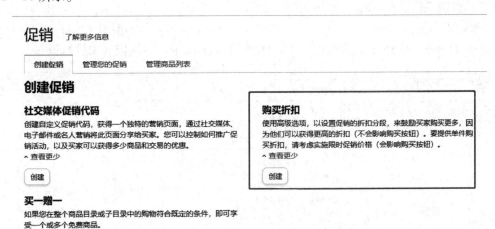

图 11 - 16　购买折扣路径

（2）进入以上页面后，再单击"创建"，进入购买折扣促销规则设置页面，促销规则设置共分为三个步骤，如图 11 – 17 所示。

Step1：为促销条件（Conditions）的设置，根据卖家的实际促销活动来填写；

Step2：活动时间（Scheduling）的设置；

Step3：附加选项（Additional Options）的设置。

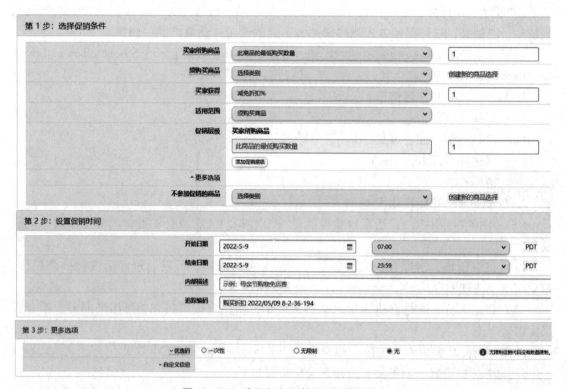

图 11 – 17　购买折扣促销规则设置页面

（3）促销条件（Conditions）的设置：此处主要需要填写买家所购商品（Buyer purchases）、须购买商品（Purchased Items）、买家获得（Buyer gets）、适用范围（Applies to）以及更多选项（Advanced Options）五项内容。如图 11 – 18 所示，下面依次来进行设置。

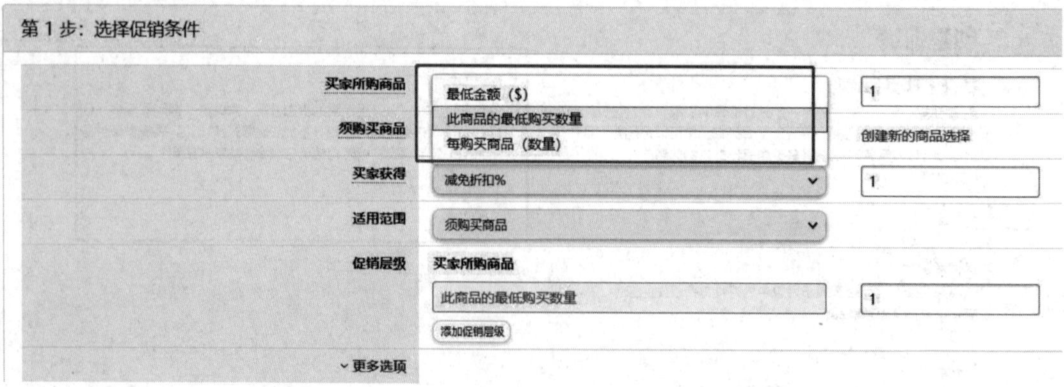

图 11 – 18　买家所购商品 Buyer purchases 设置

①买家所购商品（Buyer purchases）：此项包含三个不同的选项，卖家可以根据实际促销活动进行选择，不同的选项，会影响下面其他折扣条件设置选项。

最低金额（At least amount）：选择此促销条件，则买家购买至少买满设置的金额产品才适用，即买家最少要买满设置的最低金额才能享受此促销活动。

此商品的最低购买数量（At least this quantity of items）：买家购买设置的 X 件商品，即可适用享受此促销活动。

每购买商品数量（For every quantity of items purchases）：买家一次购买设置的 X 件商品就可以享受优惠，例如设置 2 件，则客户一次购买 2 件该商品即可享受优惠。

②须购买商品（Purchased Items）：卖家选择参与促销的商品。卖家可以创建商品列表，添加促销的商品，具体创建如图 11 – 12、图 11 – 13 所示。创建完成后，卖家选择对应的商品列表名称，如图 11 – 19 所示。

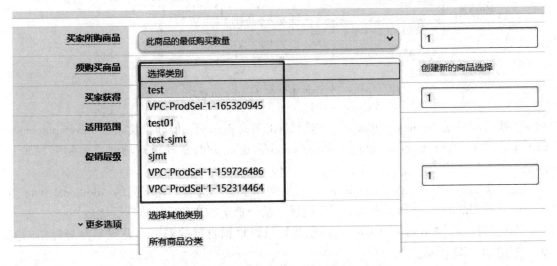

图 11 –19　须购买商品 Purchased Items 选择

③买家获得（Buyer gets）：对买家的优惠，也是促销设置的重要折扣设置内容。此处同样可以有 2 个选择，如图 11 – 20 所示。

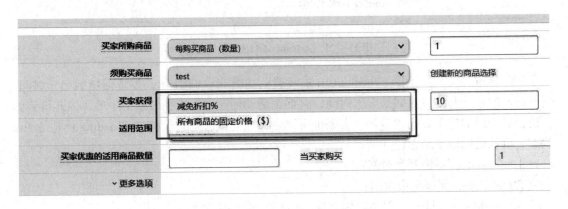

图 11 –20　买家获得 Buyer gets 选项

减免折扣（Percent off）：打折，即享受多少折的折扣优惠。比如，如果卖家想打九折，后面框内就填上数字10；想打95折，后面框内就填上5。

所有商品的固定价格［Fixed price for all items（in $）］：所有商品的固定价格。

④适用范围（Applies to）：哪些产品可以有这个Promotion，同样有2个选项，如图11-21所示。

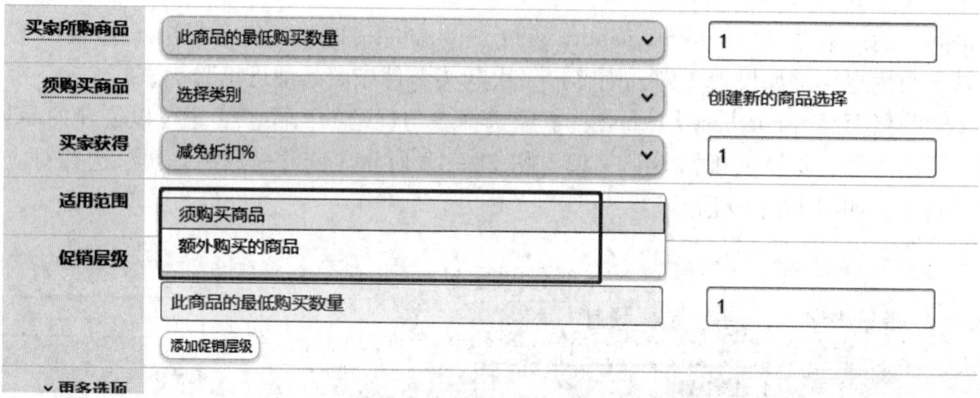

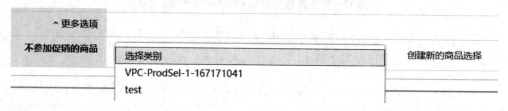

图11-21　适用范围 Applies to 选项

须购买商品（Purchased items）：一般默认的就是该选项。但如果卖家在 Buyer purchases 选项中选择了"For every quantity of items purchased"，此时选择该选项时，需要填写如下信息：

额外购买的商品（Additional Item）：如果选择了这个选项，在下面的 Additional Item 须填写额外购买的商品 ASIN，表示当买家购买了某个选定的产品后才能享受优惠。

⑤更多选项（Advanced Options）：在此处可以根据自己的需要，设置不参与促销的商品，如图11-22所示。

^更多选项		
不参加促销的商品	选择类别	创建新的商品选择
	VPC-ProdSel-1-167171041	
	test	

图11-22　Advanced Options 设置

（4）Step2：活动时间（Scheduling）的设置。如图11-23所示，设置促销的起止时间。促销活动的开始和结束时间是美国时间，且促销活动创建之后4小时才会生效，因此设置的促销会在美国的这个时间才生效。卖家也可以到管理促销区查看促销是 Pengding 还是 Active 状态，确认促销活动是否已开始。

①Start Date：促销开始时间；

②End Date：促销结束时间；

③Internal Description：促销识别名称，用来区分促销活动；

④Tracking ID：促销追踪编码。这个不会显示给买家，仅供卖家内部使用。

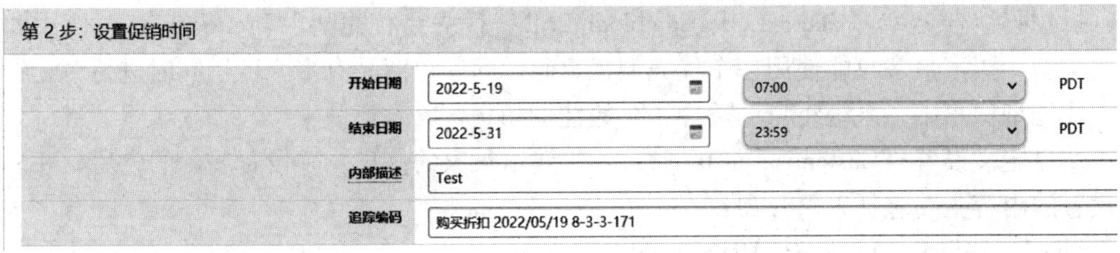

图 11 - 23　Scheduling 设置

（5）Step3：更多设置（Additional Options）设置，如图 11 - 24 所示。

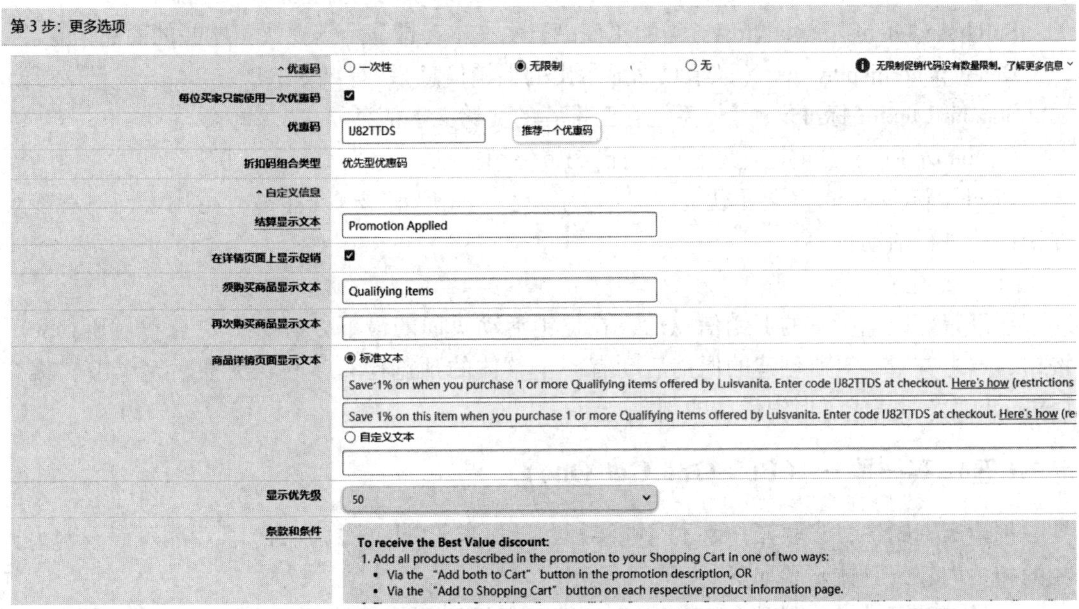

图 11 - 24　Additional Options 设置

①优惠码（Claim Code）优惠码包含三种优惠码使用方式，一次性（Single-use）、无限制（Group）、无（None）三种类型。主要是用来限制买家使用以取得优惠。

一次性（Single-use）：每个优惠码仅限一位买家使用，选择此种优惠码，优惠码以及短显示文本均为灰色无法选择，需要卖家先将促销创建后，进入管理优惠码页面，生成相应数量的优惠码，通过其他途径发送给特定买家。此优惠信息在短显示文本和商品详情页面都不会显示。

无限制（Group）：所有买家共用一个优惠码，单击生成优惠码，系统会随机生成 8 位数字和字母组合的优惠码，卖家也可以自定义一个 8 位数字和字母的组合作为优惠码。

无（None）：买家购买符合折扣设置的商品结算时不需要输入优惠码，就可以享受折扣。

勾选一次性和无限制优惠码，卖家需要点开进行优惠码其他选项设置。买家在结账时需要输入优惠码才能享受促销优惠。

每位买家只能使用一次优惠码（One redemption per customer）：勾选后表示每位买家只能使用一次优惠码。

优惠码：卖家可以自己输入优惠码，或者使用系统推荐生成优惠码。

折扣码组合类型（Claim Code Combinability）：优先型优惠码（Preferential），使用此优惠码类型，买家最多只能使用一个优先型优惠码。同一个商品有多个促销同时进行时，符合多个优先型优惠码，系统将自动选择一个最佳折扣。

②自定义设置（Customize messaging）：创建给买家的信息，并设置展示的先后顺序。需要设置的内容主要包括以下几项：

Checkout display text：结算时显示的文字。

short display text：短显示文本。搜索页面时显示的信息。

Detail page display text：商品详情页面显示文本。勾选后，商品详情页里会显示促销信息，否则不显示。如果不勾选的话，那么每位到卖家店里的访客都能享受优惠。

Purchased Items display text：需购买商品显示文本。即显示需要买家购买的商品信息。

Detail page display text（详情页面显示出的促销信息），有 2 个选项：

Standard text（标准文本）：系统自己推荐的促销文本信息。

Customized text（自定义文本）：自己编辑促销信息。

Display precedence（显示优先级）：数字越小，此促销越优先生效。适用于同时有多个促销活动进行活动排序时。

（6）查看预览。

在设置好以上所有的促销信息后，在促销活动页面的最下方有一个"查看（Review）"按钮，点击查看，对所创建的促销活动有一个整体的预览检查，确认无误后，单击"提交（Submit）"，即完成了促销活动的创建。

（五）买一赠一（Buy One Get One）

创建买一赠一，步骤操作基本与购买折扣操作步骤相同，具体的选项说明可参看购买折扣的相关内容，具体步骤如下：

1. 在卖家平台中，依次转至"广告→管理促销→创建促销→买一赠一"，如图 11 - 25 所示。

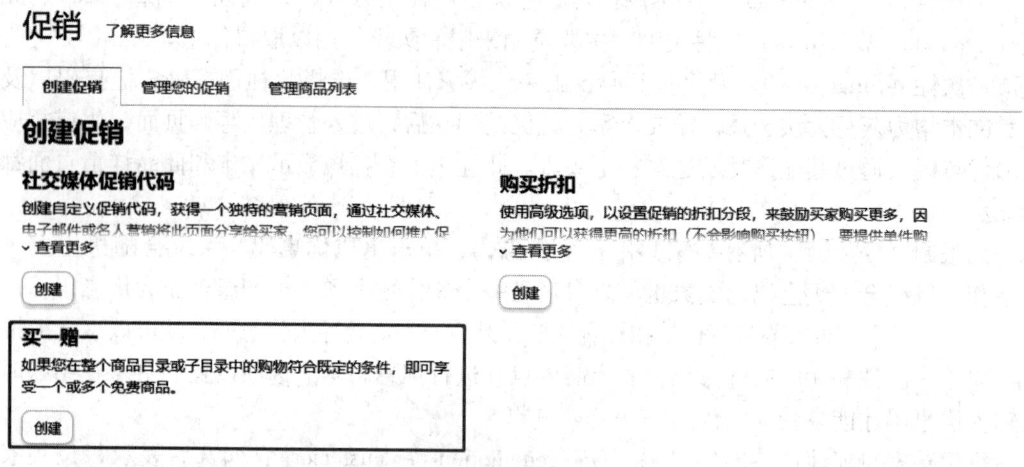

图 11 - 25　买一赠一设置步骤 1

2. 设置促销条件（Conditions），如图 11 - 26 所示。

创建促销: 买一赠一

图 11 - 26　买一赠一设置步骤 2

3. 设置促销时间（Scheduling），如图 11 - 27 所示。

图 11 - 27　买一赠一设置步骤 3

4. 更多设置（Additional Options），没有特殊要求，一般可以直接使用亚马逊的默认设置即可，如图 11 - 28 所示。最后单击查看，预览检查之后再点击 submit 提交。该 Buy One Get One 促销活动生效时间以美国时间为准。

图 11 - 28　买一赠一设置步骤 4

通过促销活动的推广，可以为产品引来可观的流量，但是亚马逊卖家在做促销时需要注意参加促销的产品、价格等数据，以及最佳设置方式和最佳时间点。想要销量明显增长，产品的促销力度必须对买家有足够的吸引力，这样才能吸引更多买家，也才算是有效促销。但是一定要记得不同促销方式会叠加，因此建议同一商品在某个时间段做一种促销。若同一时间一个商品有多个促销同时进行，卖家一定做好折扣管控，以防多个促销折扣叠加商品售价过低，导致亏本问题。

☞ **任务演练：**

1. 简述亚马逊的几种不同促销活动针对人群、作用及提报价格等的区别点。
2. 了解亚马逊常见的秒杀活动的提报要求。
3. 简述 Prime 专享折扣的享受条件。如何创建亚马逊 Prime 专享折扣？
4. 在亚马逊 Coupons 设置中，设置优惠券前商品必须满足什么条件？实操创建一个优惠券活动。
5. 亚马逊社交媒体促销代码具有什么优势？创建社交媒体促销代码有哪些注意事项？实操创建社交媒体促销代码。
6. 亚马逊购买折扣具有什么优势？实操演练设置购买折扣。
7. 实操设置亚马逊买一赠一活动。

项目十二

跨境电商平台站内广告

视频：跨境
电商平台站内广告

■ 学习目标

1. 了解亚马逊站内广告作用及广告类型。

2. 掌握广告关键词匹配及其否定形式、广告竞价策略以及广告展现位置。

3. 了解广告创建前的准备条件，熟练操作广告创建设置。

4. 掌握广告的关键绩效指标、广告投放策略以及广告调整策略。

任务一　跨境电商平台广告投放概述

任务目标

对于跨境电商卖家来说，好的选品是打造爆款的基础，而广告投放是跨境电商平台重要的引流手段，是跨境电商运营中十分重要不可或缺的一环，能最大限度地提高店铺产品的曝光度。通过本节内容的学习，了解什么是广告、广告的投放展示原理，以及投放广告对产品的作用等内容。

一、跨境电商平台广告的分类

跨境电商平台广告主要分为站外广告和平台站内广告，与搜索引擎营销、社交媒体营销、KOL 营销、电子邮件营销等站外广告方式相比，各大跨境电商平台站内广告是更为直接的营销推广方式，在引流促销以及流量精准度方面的作用都是毋庸置疑的。平台站内广告不仅可以有效利用站内营销工具，让卖家的商品在站内得到直接的展示，而且展现位置多样化，能帮助卖家进行引流推广，实现更高的销售转化。

不同的平台广告投放展示原理大致相同，如关键词广告投放设置基本都是卖家设置关键词→买家搜索关键词→平台匹配展示产品→买家下单，但不同平台广告设置类型不同。Shopee 店铺的广告类型一般有三种：关键词广告、关联广告、商店广告；Lazada 的付费广告，一般有直通车、超级联盟、超级推荐等；Amazon 的广告主要有商品推广广告、品牌推广广告和展示型推广广告。

随着越来越多的卖家加入跨境电商平台，各个类目的竞争也越来越激烈。卖家如果希望自己的产品能够出现在搜索结果靠前的位置，可以借助广告来实现。

二、广告投放的作用和意义

广告针对的目标客户群体匹配度高，只要 Listing 表现不算太差，一旦投放了站内广告，曝光量和点击量都会有一定的上涨。精准的流量可以带来较高的转化率，如果投放得当，可以让新品或排名靠后的产品展示在前边，为卖家带来更多的曝光、流量和订单，成为卖家推动一条 Listing 快速提升销量和排名的利器。

简单总结广告投放的作用和意义：

1. 让产品搜索排名靠前。
2. 获得更多的曝光和流量。
3. 提高销量和 BSR 排名。
4. 抢占更多的市场份额。

为了有更好的 ROI 和流量表现，站内广告的投放策略也包含着多个维度的内容。接下来以 Amazon 为例，介绍相关的广告投放内容。

☞ **任务演练：**

1. 了解亚马逊广告的投放展示原理。
2. 简述亚马逊站内广告投放的作用和意义。

任务二　亚马逊平台站内广告详解

任务目标

....

亚马逊站内广告是采用 Pay per Click 的方式收费，通常简称为 PPC 或是 CPC（Cost per Click），是点击付费的一种推广形式。PPC 仅在用户点击广告时付费，而不是在用户看到广告时付费，即曝光不扣费，有产生实际的点击才需要支付广告费用。卖家可以使用亚马逊广告来提高商品的曝光率、品牌知名度、销售额、亚马逊店铺访问量等。在亚马逊上，站内 PPC 广告是以 Sponsored Products 的形式展现出来。

在本节内容中，旨在学习亚马逊站内广告投放的前提条件、站内广告的 3 种类型、广告关键词匹配及其否定形式、广告竞价策略与广告展现位置。

一、广告投放的前提条件

亚马逊的站内广告一直是亚马逊卖家们竞争流量与销量的头号战场，站内广告所带来的效果也是立竿见影，但并不是所有的商品都可以投放广告。

广告投放的前提条件及建议：

1. 卖家账户是专业销售计划且商品拥有购物车：在亚马逊上投放商品推广广告需要满足两个条件，卖家账户必须是专业销售计划，而且产品必须有 Buy Box 购物车。

2. 投放广告的商品最好有一定数量的商品评价：商品评论越多，评分越高，广告投放的效果会更好。如果 Listing 没有好评量和好评率，通过投放广告把商品推送给客户，客户看到商品没有评论或是评论少，评分不高，也会造成客户的流失，无法转化。

3. 商品 Listing 信息优化到位：Listing 是基础，优质的产品和高质量的 Listing 直接决定了产品转化率的高低。在投放广告之前，卖家应当先对商品标题、五点描述、详情描述、图片、A＋等进行优化，这样可以大大提高后续的投放效率。完整的 Listing 信息质量得分越高，亚马逊抓取数据时，会把 Listing 排在更靠前的位置，且完整的商品信息，有利于客户对商品有更全面的了解，更容易转化，否则即使广告带来一定的曝光和流量，转化率不高，可能导致广告投入产出低，造成亏损。

此外，还有一些商品无法投放广告：

（1）成人、二手或翻新商品不符合资格；

（2）不符合零售政策的商品不符合资格；

（3）被禁止显示的商品（商品缺少重要信息或包含错误信息）不符合资格；

（4）如果商品具有多个变体（父子关系），则只有变体（子体）才符合推广资格。

二、站内广告类型

在亚马逊平台上，亚马逊站内广告类型可分为商品推广（SP）、品牌推广（SB）和展示型推广（SD）三种，如图 12 – 1 所示。

（一）商品推广（Sponsored Product）

商品推广，简称 SP 广告。商品推广是按关键词或商品投放的广告，可以推广卖家的单件商品，并展示在亚马逊的购物结果页中和商品详情页面上。卖家可以通过设置预算并选择针对每次点击的出价金额来控制支出。商品推广可以帮助卖家吸引正在寻找与卖家的商品相关商品的买家。

商品推广广告是最常见、使用最频繁的广告类型。专业卖家账号，商品符合广告投放前提即可创建，主要是针对商品本身的站内广告类型（见图 12 – 1）。

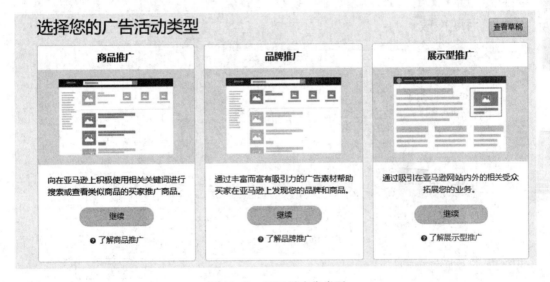

图 12 – 1 亚马逊广告类型

1. 商品推广的好处。

卖家可以通过设置预算并选择针对每次点击的出价金额来控制支出。商品推广适用于亚马逊上单件商品的广告。

展示卖家的商品。通过快速创建可展示在相关购物搜索结果和商品详情页上的广告，可以帮助卖家吸引正在积极寻找与卖家的商品相关商品的买家。

2. 商品推广类型。商品推广是一种 CPC（按点击付费）的搜索广告，主要有自动广告和手动广告两种广告投放类型。

（1）自动广告投放（Automatic targeting）：自动广告投放是亚马逊根据系统算法为产品进行自动展示，在展示的过程中，会为 Listing 匹配关键词和对应的产品类目。亚马逊系统会根据商品详情页的内容（标题、搜索关键词、类目等）抓取相关信息，与客户的搜索关键词和购买意向进行相关性匹配，展示在潜在买家面前，整个过程中卖家不需要设置广告关键词。通过自动投放，商品可以展示在搜索页面以及 Listing 详情页、Today's Deals 页面等位置。自动投放广告可以用来检测商品的 Listing 文案是否准确，现在自动广告的趋势更加着重展示和自己产品相关的同行卖家的产品详情页面，所以自动广告开得好或者坏，和产品本身的 listing 信息很相关。如果卖家的产品定位不精准，那么所匹配到的搜索词也是混乱的；如果自动广告中出现许多不相关的关键词或是 ASIN，这种情况就可以反向说明卖家的产品文案出现了问题，可以去进一步地优化商品本身的 Listing。自动广告还可以用于跑词积累数据，可以从自动投放的搜索词报告里找到曝光量高、点击率高、转化率高的三类词，筛选出来再开一个手动广告，进行精准投放。还可以把关键词植入在 Search Terms 里面，然后在五点描述、长描述、A＋页面也重复多次，保持相关性，提高关键词出现的概率。同时，通过长期的广告出现的数据，还可为以后的选品提供参考。

自动广告可以按定向匹配进行投放，如图 12 - 2 所示。关联商品和同类商品是基于商品，主要针对的是商品类似以及互补的商品详情页面，宽泛匹配和紧密匹配是基于关键词，即针对关键词的匹配类型。

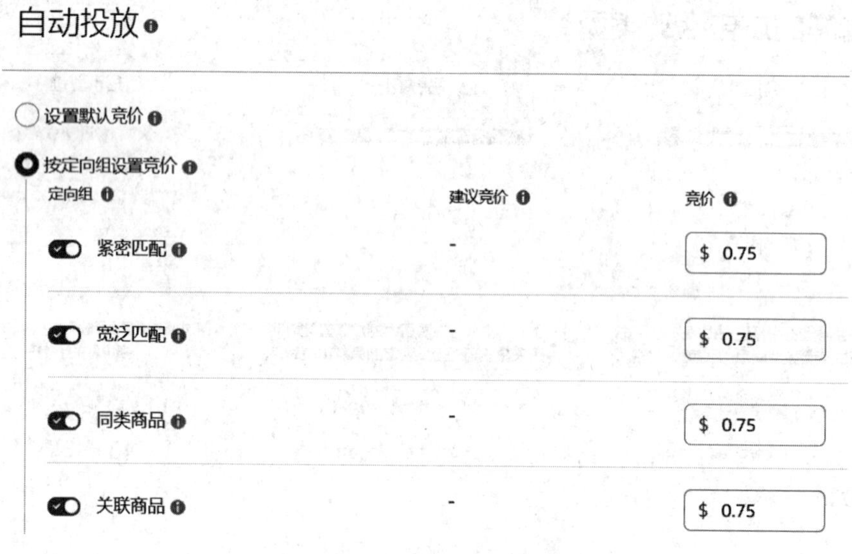

图 12 - 2　自动投放的匹配类型

（2）手动广告投放（Manual targeting）：手动广告是由卖家自行设定关键词，通过广告引入卖家自己设定的关键词相关的流量，曝光和流量的来源会优先由这些关键词直接导入。手动广告是在亚马逊上精准定向展示商品的广告形式，按实际点击次数收取费用，主动权掌握在卖家自己手里，也更加贴合卖家自己产品的属性，主要分为关键词投放或商品投放。

①关键词投放（Keywords targeting）：投放广告在那些与卖家产品相关的关键词上，当客户进行关键词搜索时，卖家的产品将有机会展现。

②商品投放（Product targeting）商品投放：投放广告在某一款产品上，例如卖家的同类竞品或互补品，从而让卖家的产品获得更多展现机会。

手动广告和自动广告其实属于不同的流量体系，自动广告属于关联匹配流量体系；手动广告则是搜索流量体系。但对于亚马逊平台来说，搜索流量会更容易促成转换率。当卖家不确定产品需要投放哪些词时，可通过自动广告投放来获取产品流量关键词，然后通过手动广告投放来将高效的关键词进行更精准的投放。广告投放的正确与否直接作用于店铺流量，建议卖家多尝试几种广告投放方式，找出最适合自己的方式。

（二）品牌推广（Sponsored Brand）

品牌推广，简称 SB 广告。品牌推广（SB）是按关键词投放的广告，展示在购物结果中的显眼位置，并显示自定义标题、品牌商标和广告创意中的一系列商品。当买家点击广告时，他们会被引导至商品信息页面、自定义登录页面或品牌旗舰店。品牌推广适用于完成了亚马逊品牌注册的卖家。品牌推广广告可以在购物结果页面上展示卖家品牌商标、自定义标题和选供的商品组合，有助于提高销量和商品曝光量，更有机会让卖家的品牌和系列商品快速成为有意购买类似商品的买家的考虑对象。

1. 品牌推广的好处。通过展示在亚马逊购物搜索结果中的定制广告，促进买家认识和发现卖家的品牌和商品组合。品牌推广通过在购物结果中醒目的位置进行展示，帮助卖家提高品牌和商品组合的曝光量和销量。

2. 品牌推广类型（见图 12 - 3）。

（1）商品集：使用图片将流量引导至商品详情页面，以推广多件商品，前台展示位置如图 12 - 4 所示。商品集要求添加三个以上的商品，可以导流到一个单独的着陆页面，也可以直接引流到品牌旗舰店。

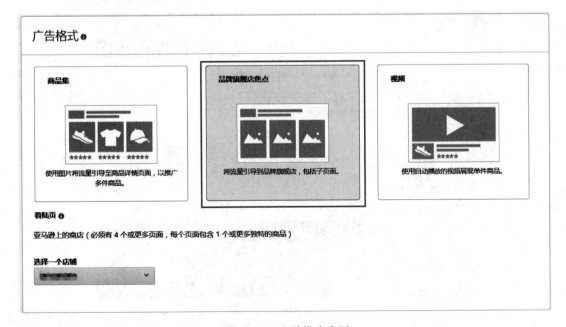

图 12 - 3　品牌推广类型

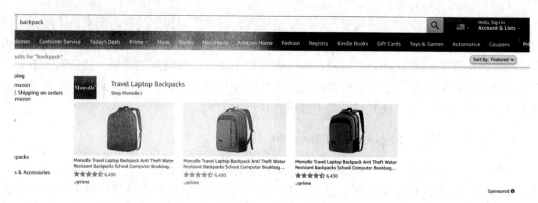

图 12 – 4　品牌推广商品集前台展示位置

（2）品牌旗舰店焦点：将流量引导到品牌旗舰店，包括子页面。见图 12 – 5、图 12 – 6。

着陆页预览　　　　　　　　　　　品牌旗舰店

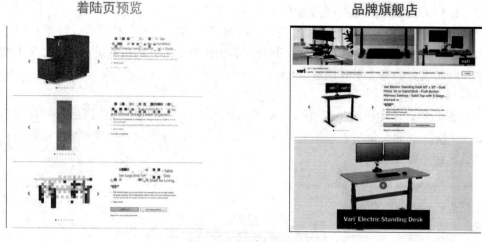

图 12 – 5　品牌旗舰店

图 12 – 6　品牌旗舰店页面

（3）视频：使用自动播放的视频展现单件商品，见图12-7。

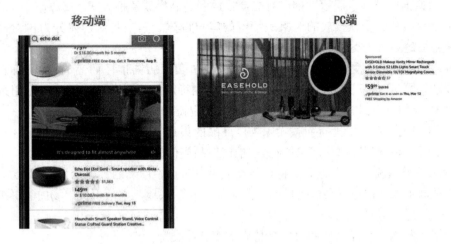

图12-7 视频页面

（三）展示型推广（Sponsored Display）

展示型推广，简称 SD 广告。展示型推广（SD）是一种全新的自助式广告解决方案，可以在亚马逊网站内外的展位上进行展示，帮助广告客户在买家的整个购物过程中吸引相关受众。见图12-8。

图12-8 展示型推广

1. 展示型推广的好处。借助展示型推广，卖家只需点击几下即可设置在亚马逊网站内外投放的展示广告活动。

（1）只需选择受众、设置出价和每日预算、选择要推广的商品，然后创建活动即可。广告创意自动生成，具有与推广广告相同的功能，包括可链接回商品详情页面的商品图片、定价、标记、星级评定和立即购买按钮，方便买家浏览或购买商品。

（2）借助易于创建和管理的展示型广告，除了亚马逊上活跃的买家外，还可以有针对性地为卖家的业务吸引相关受众。

①根据卖家选择的投放策略和目标受众，广告创意可在亚马逊网站内外进行展示。

②根据展示的位置，广告创意中可以包含"立即购买"按钮。

全面展示卖家的品牌，只需几个步骤即可创建自助展示广告活动，触达亚马逊站内及站外的相关买家。

2. 展示型推广类型。展示型推广有受众投放和商品投放两种方式。

（1）受众投放：受众投放的对象是特定的客户群体。其中受众群体分为再营销浏览定向受众和亚马逊买家 2 类。

①再营销浏览定向受众：在近 30 天内，浏览过卖家店铺推广商品的详情页面、品类、品牌、价格分段、Prime 资格、星级评定或满足其他特征的客户群体。浏览再营销策略能够吸引过去 30 天内查看过特定商品详情页的亚马逊买家受众。

过去 30 天内在亚马逊上查看过卖家推广商品的买家

过去 30 天内在亚马逊上查看过与卖家推广商品类似商品的买家

过去 30 天内在亚马逊上查看过特定品类或浏览节点中商品的买家

②亚马逊买家：这是亚马逊提供的按照生活方式、兴趣、生活事件、场内客群细分的客户群体。

（2）商品投放：商品投放的对象是特定的商品或类别。

亚马逊三种广告类型适用情况不同，也存在一定的差异。如表 12 - 1 所示，展示了三种广告类型的差异。有别于亚马逊品牌推广和商品推广广告，展示型推广不会基于关键字搜索出现在客户面前，当客户访问亚马逊平台并在搜索栏中输入他们要查找的内容时，商品推广和品牌推广广告会基于客户的查找展示在搜索结果中。展示型推广的运作方式与品牌推广和商品推广略有不同，但这些广告的不同主要是基于买家的行为而出现的。

表 12 - 1　　　　　　　　　　　　　三种广告类型的差异

功能	商品推广	品牌推广	展示型推广
自动投放	√	×	×
关键词投放（手动）	√	√	×
商品投放（手动）	投放具体产品	×	投放相关类目
优势	成本效益	通过吸引潜在客户来提高品牌知名度；获得新的品牌标准	重新接触和重新定位客户；创建产品意识
广告位	搜索结果页面及产品详情页	搜索结果顶部、旁边以及下方	亚马逊站内外的产品页面和搜索结果
卖家资格	适用于专业卖家；推广商品必须属于一个或多个符合条件的分类且符合 Buy Box 条件	在亚马逊品牌备案中注册的专业卖家、图书及其他供应商和代理商	在亚马逊品牌备案中注册的专业卖家、供应商以及具有在亚马逊上销售商品的客户的代理商；推广的商品必须属于一个或多个符合条件的分类

三、广告关键词匹配及否定形式

亚马逊广告关键词包括 Broad，Phrase，Exact 三种匹配方式以及 Negative Exact（否定精准）和 Negative Phrase（否定词组）两种否定形式。

（一）广告关键词匹配类型

主要分为广泛匹配（Broad match）、短语匹配（Phrase match）、精准匹配（Exact match）三种匹配方式。

1. 广泛匹配：这种匹配方式能给产品带来最大限度的曝光。如果客户搜索词包含所有的广告关键词或其同义词，就会被匹配从而激活广告。可以匹配拼写错误、单复数、相似关键字、顺序错误等。

例如 jacket women，可以匹配到 jacket women，jackets women，black jacket women，jacket women winter，jacket for women，jacket leather women，women jacket 等，jacker women 这种单词拼错的情况下也是能够识别的。

广泛匹配的方式，可以匹配到大量的相关词汇，是一种既进行高针对性的投放、又接触广泛受众群体的有效方法，能够为客户带去更多的潜在用户访问。但如果设置的是大词，点击访问的针对性不足，可能引入很多无效的流量，转化率相对较低，白白浪费广告预算。

2. 短语匹配：词组匹配允许将目标搜索词缩小到特定短语，在卖家设置的关键词的前后可添加一些单词，其中包括识别单复数、ing、介词、拼写错误等。但搜索词条的关键字必须与输入广告组的关键字保持顺序一致，词组中间插词或是顺序颠倒则无法匹配。这种关键词匹配方式，相比广泛匹配来说会更精准一些。

还是以 jacket women 为例，词组匹配可以匹配到 jacket women，jackets women，black jacket women，jacket women winter，jacker women 等，像 jacket leather women，women jacket 这类词将不会在词组匹配中匹配出现。

它比 Broad Match 的限制性大，广告一般会投放给相关性高的匹配。

3. 精准匹配：搜索词必须与关键词或词序精准匹配才会展示广告，并且还会匹配确切搜索词的近似变体，或与广告关键词十分接近的词。精准匹配是限制性最高的匹配类型，但与搜索内容的相关性更高。客户搜索词必须与广告关键词完全匹配，因此这种类型只能识别单复数、ing 等简单的形式。如果广泛匹配的转化率高于短语匹配和精准匹配，那说明卖家的账号中没有与搜索词相对应的关键字，卖家可以下载报告，将它们添加进去。

以 jacket women 为例，精准匹配只能匹配到 jacket women，jackets women，jacker women 等，像 black jacket women，jacket women winter，jacket leather women，women jacket 这类词将不会在词组匹配中出现。

Exact Match 是限制性最大的匹配类型，但与买家搜索的相关度最高。可获得最具针对性的点击访问，转化率较高。但同时会降低广告的展示次数，获得潜在客户的范围较窄。

对于三种广告的方式，并不限于只使用某一方式的广告，卖家可以结合自己的产品和关键词，以及运营的需求，三种方式相结合去使用。当卖家没有该产品的关键词相关数据时，或者不知道哪个词展示和点击比较多，可以先选择广泛匹配，被搜索到的可能性更高，收集到的数据可以作为参考（见表 12 – 2）。

表 12 – 2　　　　　　　　　　　广告关键词匹配类型对比

Match type	Example keyword	Ads can show on search queries that	Matches to these customer search queries	Doesn't match these customer search queries
Broad match	boys shoes	include misspellings, synonyms, related searches, and tiams	boys shoes size 10, waterproof boys shoes, boys footwear	Boys pants, mens shoes
Phrase match	boys shoes	the phrase and close variations of the phrase	boys shoes, boys shoes 10	shoes for boys, shoes boys, boys red shoes
Exact match	boys shoes	the exact phrase and close variations of the exact phrase	boys shoes, boy's shoe	boys shoes 10

（二）广告否定关键词匹配类型

在广告活动中，有个"否定关键词"的选项，在此处可以添加否定关键词，告诉亚马逊这些关键词不需要匹配广告位。添加成功之后，当买家的搜索词与卖家的否定关键词匹配时，否定关键词则会阻止卖家的广告展示。否定关键词有 Negative Exact（否定精准）和 Negative Phrase（否定词组）这两种否定形式。

在广告投放的过程中，如果某些关键词的曝光量很大、点击量也很多，但这些关键词带来的转化订单却很少，甚至没有。这就意味着卖家在这些关键词上花了很多广告费，但投资回报很低。在进行广告优化的过程中，需要找出这些无效的关键词，并将它们否定掉，这样便能够更好地节省广告成本，提高广告转化率。而随着广告计划得到不断的优化，广告权重也变得越来越高。在相同条件下，如果广告权重更高，就可以花更少的钱而获得更好的广告位。

在前面内容已经介绍了词组匹配和精准匹配相关的匹配情况，否定词组就是将词组匹配到的搜索词都否定不展现；否定精准则将精准匹配出来的相关搜索词否定不展现。否定词组的范围比否定精准广。

当购物者的搜索与否定关键字匹配时，否定关键字会阻止广告展示。它们可以帮助卖家排除效果不佳的搜索，降低广告成本并提高投资回报率（ROI），见表 12 – 3。

表 12 – 3　　　　　　　　　　　两种否定关键词形式对比

Match type	Example keyword	Ads don't show on search queries that contain	Excludes shopper search queries like these	Doesn'texcludeshoppersearch queries like these
Negative phrase	boys shoes	the complete phrase or close variations	Boys shoes, boys shoes Io	shoes for boys, boys red shoes, shoes boys
Negative exact	boys shoes	the exact phrase or close variations	boys shoes, boys shoe	boys shoes 10

广告关键词匹配方式和否定关键词匹配方式可以组合使用，组合方式不一样，广告的效果也不同。

四、广告竞价策略

亚马逊广告有三种竞价策略：动态竞价—只降低、动态竞价—提高和降低及固定竞价。

1. 动态竞价—只降低。定义：对不太可能转化为销售的点击，亚马逊将实时降低卖家的竞价。

这是亚马逊的默认竞价方式，它依靠的是亚马逊的大数据，是亚马逊基于对产品的转化率而做出的降低广告竞价的调整。举个例子，卖家的默认竞价是 1 美元，亚马逊很有可能会根据卖家的以往表现而做出降低至 0.8 美元、0.5 美元、0.2 美元的情况，0.2 美元是最低底线。

这种竞价策略可以更好地控制广告成本，但是在转化率方面会偏低，同时广告获取的流量也相对较少。

2. 动态竞价—提高或降低。定义：对于更有可能转化为销售的点击，亚马逊将实施提高竞价（最高可达100%）；而对于不太可能转化为销售的点击，亚马逊将降低竞价。

对于搜索结果首页顶部位置的展示位置，系统会将竞价提高不超过100%；而对于所有系统其他展示位置，系统会将竞价提高不超过50%。

举个例子，如果卖家的竞价是 1 美元，亚马逊发现卖家的广告更有可能转化为销售，系统可能会将相应的竞价设置为 1.4 美元；如果亚马逊发现促成销售可能性低，可最低降至 0.2 美元；对于搜索结果首页顶部广告位置，最高可达 2 美元；而所有其他展示位置上的广告竞价最大调整为 1.5 美元。

相对于只降低的设置方式，这种竞价可以提高转化。因为在此策略下，亚马逊系统会根据对转化率的预判，提高或降低广告竞价，一旦把广告冲到前三页，就大大提高了订单转化率，因为买家的购买行为绝大多数是发生在前 3 页。不过需要注意的是，对一些竞争比较激烈的产品来说，用这种竞价策略，广告的成本可能会大大提升。

3. 固定竞价。定义：亚马逊针对所有广告机会使用卖家的确切竞价和设置的手动调整，而不会根据转化率调整卖家的竞价。

从这个定义中可以清楚地知道，之前的提高或者降低都是基于转化率来调整的。与动态竞价策略相比，固定竞价广告支出可能获得更多的曝光量，但转化率不确定。

实际情况是：如果竞价较高，广告排名靠前，采用固定竞价的转化率往往还不错，所以这种情况是最值得推荐的。因为固定竞价能比"动态竞价—只降低"获得更多的曝光量，比"动态竞价—提高或降低"可以更好地控制成本。

广告的排名不仅要根据卖方的报价，还会通过卖方的报价和卖家的账户业绩来确定。因此，卖家在亚马逊手动广告中，不仅要优化自己的关键词出价，还要看看如何改进这一关键词广告的转化率，转化率越高，订单就越多。

针对不同的类目或不同的商品，亚马逊都会给到一个参考竞价，对于强于此卖家的其他卖家，竞价就会高；对于弱于此卖家的其他卖家，竞价相对就会低，卖家可以根据自己的广告预算去进行投放。

五、广告展现位置

跨境电商平台广告位置是动态变化的，只有熟悉各种广告位的影响因素和位置才能更好地发挥站内广告的作用。以亚马逊平台为例，详解站内广告位。

（一）影响广告位展示的因素

影响广告位的因素主要分为广告因素和非广告因素。

1. 广告因素：竞价高低/预算是否充足/展示位置/关键词相关性。

2. 非广告因素：是否获得购物车、历史点击率和转化率、类目相关性、产品的价格、评论数量和星级、账号的整体表现。

（二）广告位

亚马逊网页广告页面和 PC 端广告网页页面排版不同，见图 12-9。亚马逊站内广告一般分为搜索页面广告位和商品详情页面广告位。

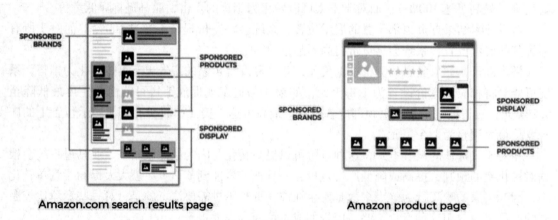

图 12-9 亚马逊广告的显示位置

1. 搜索页面广告位从上到下数，依次为品牌广告（首页首位的位置）、商品广告（首页首位的位置）、品牌视频广告、商品广告（其他位置，包括中间、底部）、品牌广告底部。根据二八原则，首页占了总搜索页面 80% 的流量。

2. 商品详情页面广告位从上到下数，依次为展示型推广、商品推广、品牌推广、展示型推广。

此外，亚马逊还会不断测试新的广告展示位置和设计，力图为买家打造最佳的购物体验。

新的广告展示位置推出后，卖家会发现广告活动的展现量、点击量及商品销量均会提高。卖家可以在"广告活动管理"和"广告报告"中查看结果。亚马逊会不断分析新广告展示位置的效果。

卖家无须对自己的广告活动进行任何更改，便可使用这些新的广告展示位置。但是，卖家可能需要评估广告活动预算，因为新的广告展示位置可能会提高卖家的广告展现和点击量，从而增加卖家需要支付的费用。

其中，展示型推广商品投放的位置尤为丰富。

商品推广会在亚马逊的多个位置显示广告，以便让买家能更轻松地找到卖家的商品。广告可能显示在台式机浏览器、平板电脑浏览器和移动浏览器中，也可能显示在应用的不同位置。

☞ **任务演练：**

1. 概述几种不同亚马逊广告活动类型的区别和特点。
2. 了解亚马逊站内广告的投放前提。
3. 学会根据产品前台不同展示广告位判断投放的亚马逊广告活动类型。
4. 掌握亚马逊自动广告和手动广告的区别和特点。
5. 以关键词 yoga mat 为例，列举不同匹配方式可以匹配的搜索词。
6. 举例说明产品不同阶段适合使用什么竞价策略？

任务三　亚马逊平台广告创建设置及流程

　任务目标

　　了解完亚马逊平台广告在店铺运营中所起到的重要作用，本节内容旨在学习亚马逊广告创建前需要做哪些准备以及具体的亚马逊平台广告创建实操流程。

一、广告创建准备

对于跨境电商平台卖家来说，在创建广告前需要做好广告的准备工作，了解做好广告的前提。以亚马逊平台为例，亚马逊卖家需要注意：

1. 做好广告的前提：Listing 有购物车；最好是 FBA 发货；最好是有评价并且在 4.3 分以上。注：投放广告的基础是 listing 优化要做到位。

2. 广告开启前的准备。

标题：品牌+最核心关键词+最核心产品特点+其他关键词+产品其他特点+运用场景

（1）五点：最核心的产品特点/与竞品差异化的卖点（突出自身优势）。结合 QA，Review 找出客户核心关注点（站在买家的角度）。适用性（屏蔽不适用人群，避免差评）；保修（如退换周期）、包装说明等。

（2）图片、视频。多角度；使用场景图；尺寸尺码图（若涉及）；图片与卖点相呼应；通过图片/视频展示能够打消客户顾虑。

（3）Search Term。关键词尽可能多（含同义词）且完整覆盖产品所有的属性词。如产品的类别、材质、颜色、用途等（帮助系统全方位认识自身产品）。避免常见错误拼写；多语言（目标市场常用小语种）。类目（①相关性；②选择竞争相对较小的类目）。加强文本相关性，可多次强调产品核心关键词。

二、广告活动的创建

在完成产品 Listing 优化以及关键词调研之后，就可以开启广告了。接下来以商品推广广告创建为例，讲解广告创建流程。

如图 12-10 所示，在亚马逊卖家后台页面，点击顶部导航栏"广告"下的"广告活动管理"，进入广告界面。单击黄色按钮"创建广告活动"，即可进入广告活动创建界面，进行广告活动设置。在广告活动类型中选择"商品推广"，再进行如下操作：

选择您的广告活动类型

图 12-10　广告类型

1. 第一步：创建广告组，如图 12-11 所示，卖家还可以为广告活动创建广告组。广告组可以产品款号 + 款名命名，同一个产品的所有广告活动放在一个组合里面，文件夹的作用。如"SKU001 瑜伽垫"。

广告组

广告组是广告活动中共享相同投放策略或广告素材类型的一系列广告。它们可以帮助您更有效地组织广告活动。请考虑将属于相同品类和价格区间的商品分为一组。您可以在广告活动启动后在"广告活动管理"中创建其他广告组。　了解更多信息

广告组设置	❷ 了解广告组
广告组名称 ❶	
广告组 - 6/21/2022 15:47:16	

图 12-11　创建广告组

2. 第二步，添加要投放广告的商品。可以通过搜索商品名称或是 ASIN，SKU 等方式查找商品，或者通过输入列表的方式添加商品 ASIN，或是通过下载上传表格的方式添加，如

图 12 – 12 所示。

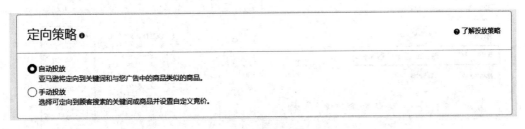

图 12 – 12　添加要投放广告的产品

3. 第三步，选择定向策略，自动投放或是手动投放，如图 12 – 13 所示。

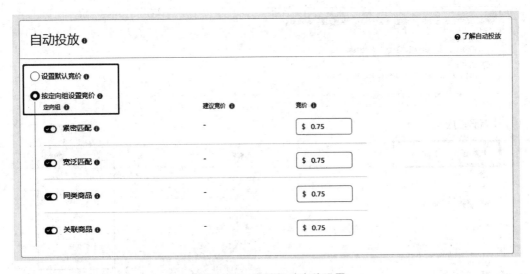

图 12 – 13　产品定向策略选择

若选择自动投放，则如图 12 – 14 所示，选择默认竞价设置，或是按不同定向组设置不同竞价。按定向组设置竞价有紧密匹配、宽泛匹配、同类商品和关联商品四个定向组分别设置竞价。

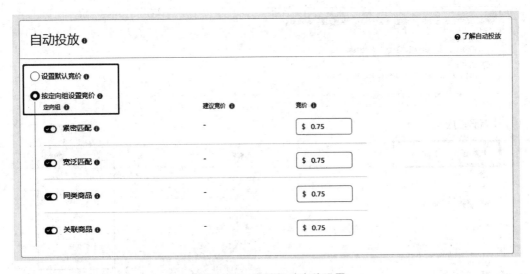

图 12 – 14　自动投放竞价设置

若选择手动投放，则有两种投放类型，一为关键词投放；一为商品投放。选择关键词投放，卖家需要为商品添加想要匹配展示的关键词，并设置关键词匹配模式，设置关键词竞价，如图 12-15 所示。若选择商品投放，则可以选择产品想要投放的分类，以及竞品 ASIN 页面，设置相关竞价，如图 12-16 所示。

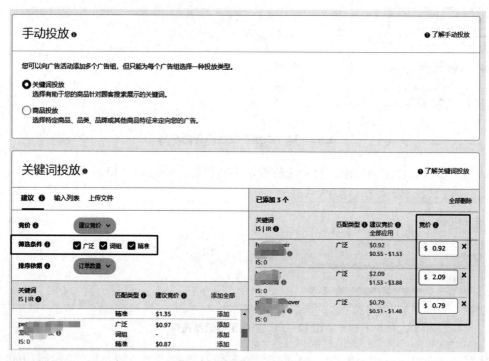

图 12-15 关键词投放设置

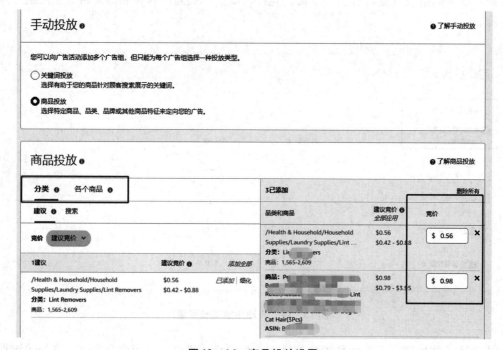

图 12-16 商品投放设置

4. 第四步，可选项，添加否定关键词或是否定商品定向。卖家可以为广告活动添加否定关键词，以排除一些不相关或者表现不好的词，见图 12 – 17。添加否定关键词有两种匹配方式，否定精准和否定词组。除了否定关键词之外还可以否定 ASIN，将一些不相关或者表现不好的 ASIN 排除掉。

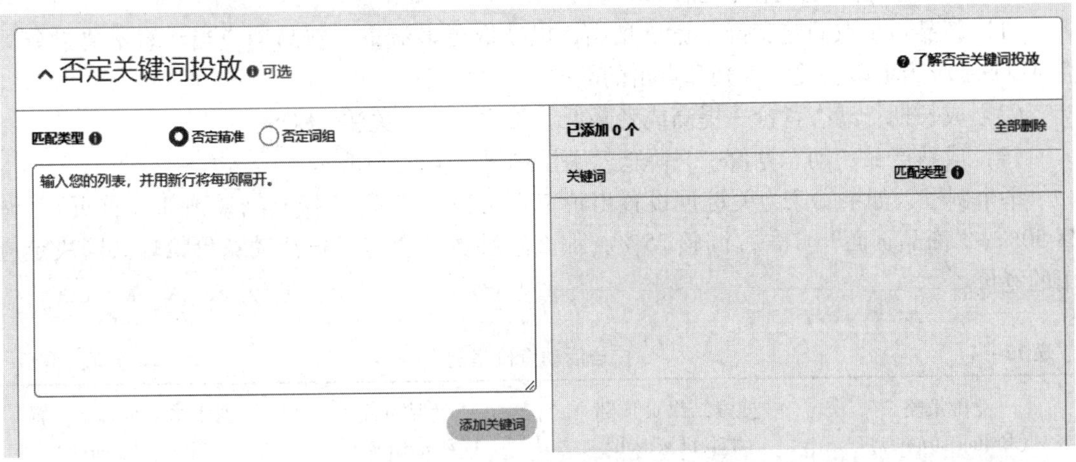

图 12 –17　否定设置

5. 第五步，选择广告的竞价策略，如图 12 – 18 所示。竞价策略有以下三种：

（1）动态竞价：仅降低亚马逊广告系统会根据卖家关键词的转化情况来调整出价，当广告不太可能带来销售时，亚马逊将自动降低卖家的竞价。

（2）动态竞价—提高或降低：当卖家的广告很有可能带来销售时，系统将在卖家设置的竞价基础上自动调整竞价（最高可达 100%），并在广告不太可能带来销售时自动降低竞价。在"搜索结果顶部（首页）"位置的调整幅度为 100%，在"商品详情页"和"搜索结果页其余位置"最多可上调 50%。

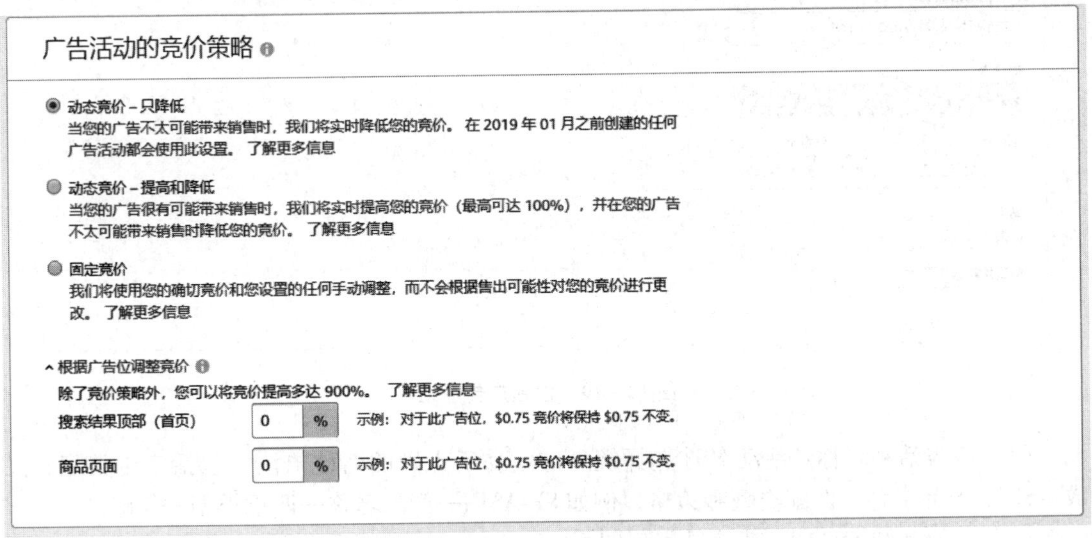

图 12 –18　广告活动的竞价策略

（3）固定竞价：系统将使用卖家设置的竞价进行投放，不会对竞价进行调整。除了选择竞价策略之外，还可以根据广告位设置不同的竞价。卖家可以为搜索结果顶部（首页）和商品页面这两个广告位的基础竞价输入增长百分比，基础竞价最多可输入900%的增幅（10倍）。最终应用的竞价由根据广告位调整的竞价和选定的竞价策略共同决定。

广告中动态竞价的选择（见表12－4）：

（1）新品：采取固定竞价，竞价稍高，以获取更多流量。新品期应当注意不要过分关注ACOS，应当更多去关注曝光和点击的数据。

（2）成长期：动态竞价—提高或者降低。关注CTR，关注ACOS。

（3）成熟产品：动态竞价—只降低。关注销量，关注ACOS。

举个例子，如果卖家为关键词设置出价1.00美元，针对"搜索结果顶部（首页）"调整50%，"商品页面"广告位调整25%，那么这种调整会与广告活动竞价策略共同决定应用的竞价。

表12－4 　　　　　　　　　　　广告活动竞价案例 　　　　　　　　　　　单位：美元

竞价策略 （Biding strategy）	搜索结果页顶部 （Top of search）	商品页面 （Detail page）	搜索结果页其余位置 （Rest of search）
固定竞价	1.5	1.25	1
动态竞价—只降低	0～1.50	0～1.25	0～1.00
动态竞价—提高或降低	0～3.00	0～1.875	0～1.50

6. 第六步：创建广告活动名称，并填写对应信息，如图12－19所示。

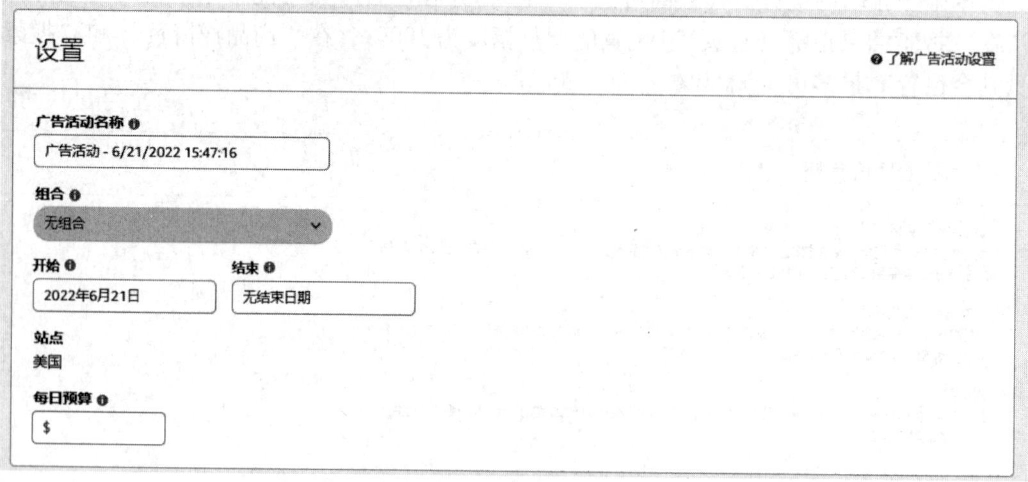

图12－19　创建广告活动

（1）广告活动名称：活动名称选择统一的、易于识别的名称语法。包括广告类型、投放ASIN、产品名称、匹配类型和策略，例如SP-ASIN—产品名称—匹配类型—策略。

（2）开始和结束日期：建议结束日期可以不设置，让其不受限制地运行。

（3）每日预算：这是广告活动平均每天可用的最低预算，每次点击费用会自动从该预算中扣除。

以上信息设置完成，然后点击"启动广告活动"，卖家的广告创建就成功了。

☞ **任务演练：**

1. 做好广告的前提条件是什么？
2. 广告开启前需要做哪些准备？
3. 实操演练广告活动创建的完整流程。

任务四　亚马逊平台广告投放及调整策略

> **任务目标**
>
> 在学习并掌握亚马逊平台广告的投放流程后，本节内容中，旨在学习掌握广告的关键绩效指标、广告投放策略以及调整策略。只有不断更新，与时俱进，才能让广告被更多人看到，从而进行引流转化。

一、广告投放及调整策略概述

在跨境电商平台上做广告前，卖家要明确广告的意义是什么？

第一，通过广告活动能为卖家的产品带来更多的精准流量。

第二，若广告 ROAS 控制在及格线以上，广告不仅可以增加商品的单量，还能提升转化，从而提高关键词排名与 listing 的权重。

二、掌握广告的关键绩效指标

卖家在平台上的广告表现往往与广告绩效指标相互影响，因此卖家要掌握广告的关键绩效指标。以亚马逊平台为例，亚马逊广告的关键绩效指标主要有以下六个：

1. 曝光量，曝光量是投放广告之后，卖家应当关注的第一个数据，曝光量是站内广告的基础。如果曝光量少，可能是出于以下原因：

（1）广告竞价太低，广告排名靠后，导致曝光量太低。比如说卖家的产品排在第 7 页，而很少有用户会翻到第 7 页去看。

（2）手动广告关键词太少，当卖家投放的关键词很少时，曝光量自然就是有限的了。

（3）产品太过冷门，如果卖家做的产品就是属于特别冷门的那种，搜索的人数本来就不多，那么曝光量低也是正常情况。

（4）否定关键词过多，正确地使用否定，可以让流量更精准。如果否定关键词太多，或者失误设置了词组否定，那么就会导致流量过少。

2. 点击率（CTR），与点击率相关的 2 个基本指标是曝光量和点击量。点击率是指有多少客户在看到广告之后产生了点击。点击率可以通过点击量除以曝光量来计算，如式（12 - 1）所示。

$$CTR = \frac{点击量}{曝光量} \qquad (12-1)$$

点击率的值越接近于 1（即 100%）越好，这也说明客户对该广告很感兴趣。CTR 较低时说明广告不够吸引人，这时卖家可以通过优化以下因素来改善点击率：

（1）标题。标题对点击率的影响是比较大的，标题主要描述产品的属性和特点，相关性要高，谁也不想看一些和自己的需求没有关系的文字。

（2）主图。在众多的产品当中，客户停留在每一个产品上的时间都是很短的，主图是否具有吸引力决定了用户是否会点进去。

（3）价格。定价是否合理、是否处于客户的期望区间内，如果价格太高就会失去竞争优势，所以合理设置价格有利于提高点击率。

（4）Review。评论量少，评分低，无法给客户足够的信心，也会导致点击率低。

（5）广告位置，在亚马逊广告曝光中，分为可见曝光和不可见曝光。可见曝光就是用户真实地看见了卖家的产品；不可见曝光就是因为一些原因用户没有看到卖家的产品，但是系统却计算为一次曝光，比如说卖家的广告位于搜索结果页底部。

3. 转化率（CR），是指在产生点击的客户中产生购买的客户占比，如式（12 - 2）所示。

$$CR = \frac{订单量}{点击量} \qquad (12-2)$$

有了点击，客户进入了卖家的详情页，接下来就要看卖家的详情页是否能将这部分点击进行转化。如果 CR 比较低，需要检查详情页的每一个细节。五点描述、A + 是否足够吸引人，价格是否有竞争力，Review 是否足够多，评分是否足够高等，都是影响转化率的重要因素。

4. 单次点击费用（Cost per Click，CPC），是点击亚马逊站内付费广告的计费指标，也就是点击费用（针对广告发布者也是 publisher 而言的一种产生收入的方式，也就是通过访客的每次点击来产生收入），CPC 广告数据也是评估效果的指标之一。CPC 按照点击数计费，即为点击付费广告，一个 IP 在一天内点击有效次数只有一次。单次点击费用（CPC）广告每次产生点击，卖家都需要向亚马逊支付费用，这个金额就称为单次点击费用（CPC），如式（12 - 3）所示。每个关键词都有各自的 CPC，亚马逊也会给出建议出价，在卖家不知道出价多少合适时作为参考。对于新开的广告，卖家可以先用建议竞价投放一段时间，等积累一定量的数据之后再根据实际表现来进行调整，主要参考的是不同竞价下的数据量多与少，数据量足够说明竞价合适；反之则需要加价。

$$CPC = \frac{广告花费}{点击量} \qquad (12-3)$$

5. 广告销售成本（ACoS），是指广告成本与广告收入的比值，如式（12 - 4）所示。每个广告活动、广告组、关键词都有一个 ACoS 值。想要提高亚马逊 PPC 广告活动的效果，卖家首先需要查看的是其广告的 ACoS，根据 ACoS 可以看出广告的盈利能力。当 ACoS 小于利润率时，广告活动处于盈利状态。

$$ACoS = \frac{广告花费}{广告销售额} \tag{12-4}$$

关于 ACoS 很多人存在一个误区：ACoS 越低越好。但实际上，ACoS 并不是在任何条件下都越低越好，而是在合理的范围内，ACoS 越低越好，因为当 ACoS 等于 0 时，广告是没有意义的。举个例子：5% 的 ACoS 和 15% 的 ACoS 单看数据是前者表现更好一点，但如果是 5 美元的花费带来了 100 美元销售额与 150 美元的花费带来 1 000 美元销售额相比呢？由此可见，在不同的阶段，ACoS 的目标值是不同的。在新品推广期，ACoS 的目标值可以设置得稍微高一点，因为在这个阶段，产品没有自然排名、没有评论、转化率低，所以 ACoS 会比较高。当产品的自然排名和销量都起来之后，那么就要将广告的 ACoS 降下来。

6. 广告占总销售额比值（TACoS），指的是广告花费占总销售额的比值。该指标的价值在于，它不仅考虑了广告对可归因销售的影响，还考虑了广告对自然销售的影响。整个产品层面的高 TACoS，表明广告支出效率低下，而低的 TACoS 意味着广告有效促进了自然销售的增长。一般来说 TACoS 处于 6% ~ 10% 属于一个合理区间，当然不同的产品这个区间也不尽相同。

广告占总销售额比值（TACoS）= 广告支出 ÷ 总销售额（自然销售 + 广告销售）。广告占总销售额比值的计算如式（12 - 5）所示。

$$TACoS = \frac{广告花费}{总销售额} \tag{12-5}$$

三、广告投放策略

卖家要明白站内广告是一项需要持续校准和不断调整的工作，是跨境电商平台站内引流的主要方式。站内广告投放策略多种多样，不同阶段广告的投放策略不同。

以亚马逊平台为例，产品上架之后分三个阶段进行推广，每个阶段目标也不尽相同：

第一阶段：提升认知度，在刚开始的一个月吸引高质量的流量；

第二阶段：推动销售速率，利用品牌和竞争对手的关键词促进销售；

第三阶段：成熟阶段，利用所有广告活动，最大化效果和影响力。

广告投放策略没有完全的对与错，主要看是否有适合自己的产品，或是投放效果如何。若是新手卖家，对产品不熟悉，也可以参照下方的方式运营广告。

1. 第一阶段执行方案：

（1）开启自动广告，为下一阶段积累关键词自动广告 4 种默认投放类型都开启（紧密、宽泛、同类、关联）；参考建议竞价设置有竞争力的价格，尽可能多赢得广告曝光；将每日预算设置充足（确保广告能全天运行）；竞价策略可考虑使用固定竞价，以获取更多曝光数据；通过自动广告活动来找出品类核心关键词，在下一个阶段帮助提高认知度和相关度。

（2）开启手动广告商品投放：建议对新品直接开展商品投放的手动投放活动；商品投

放广告大多会出现在其他同类商品的详情页，可以在设置广告时进行选择，可投放整个品类及个别 Asin。

（3）商品投放建议：选择价格较高或者类似的同类商品；选择商品评分低或者类似的同类商品；细化品牌、价格区间、客户评价星级及配送。

2. 第二阶段执行方案：

（1）开启手动广告关键词投放和商品投放：用第一阶段自动广告收集到的高绩效的关键词和 ASIN 来开启手动广告；共享关键词的同类商品可放一组手动广告；成长期可使用动态—提高或降低竞价策略；根据搜索词报告，针对不同的关键词类型及表现设置不同的竞价及匹配方式。

（2）开启品牌广告活动和品牌旗舰店。品牌推广广告对新产品推广有两大优势：可以自定义文字标题来强调新品。可以导向品牌旗舰店。品牌旗舰店是一个免费的自助服务，卖家可以设计一个多页面体验、多标签页的新品专属页；充分利用自动广告搜索词报告中，表现突出的品类和竞争对手关键词来做投放。

3. 第三阶段执行方案：从不同层面细部优化广告活动。

（1）广告词层面：从搜索词报告中不断地收集相关性高的关键词来投放；根据投放报告数据来调整关键词竞价（转化高的长尾词加大投放）；适当增添否定关键词来避免不必要的广告花费。

（2）广告组层面：是否特定 ASIN 占用广告组里大部分的预算导致其他 ASIN 无展示机会？某些特定 ASIN 是否需要单独拉出来分组，搭配精准度更高的关键词或是商品投放？

（3）投放设置层面：自动广告 4 种默认投放类型哪种效果最佳？哪种效果不佳？商品投放若投放整个品类，是否可再度细化？

四、广告调整策略

广告中一个 Campain 下面可以设置多个 Ad Group，一个 Ad Group 可以设置多个广告关键词，而同一 Ad Group 的关键词是公用的。所以，如果是同类产品，可以放在一个 Ad Group 中；但若产品不同或者差别明显，建议分别设置 Campain。建议广告至少运行半个月再看数据，分析曝光、点击、转化、花费、贡献销售额以及 ACOS 值等信息。简单总结调整策略如下：

1. 对高曝光、低点击（无点击）、低转化的词，降价。

2. 对高曝光、高点击（CTR 比较高）、低转化的词，优化主图、价格、评价等因素（可能是大词）。

3. 对中等曝光、低点击（无点击）、低转化的词，降价处理；

4. 对中等曝光、中等点击、中等转化（高转化）的词保持现状，持续观察（把词单独筛选出来）；

5. 对低曝光、低点击的词，继续观察；

6. 对低曝光、高点击、高转化的词，单独筛选出来（长尾词）。

运营需要分阶段分产品地进行，广告投放中的产品选择需要围绕运营策略和步骤展开，重点打造的产品，广告就重点投放；而对于暂时没有精力打造的产品，就暂时不投放或是少投放。

　　站内广告作为运营的一个重要环节，是亚马逊运营人员日常工作的一环。每种广告类型各有各的优势，不同类别的产品在不同时期采用不同的广告策略，灵活运用不同形式广告组合，优化广告的投入产出比。要想确保广告的投入产出比划算，在用于广告投放的产品上一定要做出选择。在实际运营中根据自己的产品品类、产品上架的时间、运营成本预算结合竞品情况不断做出调整。在广告运行时要小成本试错，多观察、多思考、多总结，根据广告数据、运营方法，以及实际总结出来的经验不断对广告进行优化。唯有这样，广告的效果才能达到或接近自己期望的效果。

☞ **任务演练：**

　　1. 亚马逊广告的关键绩效指标主要有哪些?
　　2. 简单描述针对不同情况下的亚马逊广告调整策略。

项目十三

跨境电商平台账号绩效风险把控

视频：跨境电商
平台账号绩效风险把控

■ 学习目标

1. 了解跨境电商平台账号绩效的作用。

2. 了解亚马逊账号绩效指标中的客户服务绩效、配送绩效以及政策合规性，掌握如何查看包括账户状况评级、业绩通知以及买家之声等账户状况。

3. 了解亚马逊账号安全风险有哪些，掌握账户问题申述技巧。

任务一　跨境电商主流平台账号绩效解读

任务目标

　　跨境电商平台账号的绩效，能直接反映一个店铺在运营过程中的优势和不足。因此，学会解读账号绩效对于卖家不断调整店铺运营计划起着重要作用。在本节内容中，旨在学习账号绩效对于跨境电商卖家而言有着什么样的作用。

一、账号绩效作用

　　为了帮助卖家更直观地查看账户健康状况，跨境电商平台设置了衡量卖家账户状况的绩效指标。绩效通常是评估店铺业绩的标准，也是店铺质量的衡量标准。账户健康状态可以让卖家长时间监测和观察商店的运营表现，帮助卖家发现需要进行改善的地方，以获得更好的商店及产品评价、更高的订单完成率和销售额，同时带给买家更优质的服务。

二、不同跨境电商平台账号绩效的作用

　　不同的跨境电商平台会有不同的考核指标以及目标考核分值。一般从平均用户评分、订单履行率、有效物流跟踪率、产品质量原因退款和确认履行用时等多个基本指标多个维度评定卖家账户。

　　Shopee 一般从聊聊回复率、迟发货率、未完成订单率、违反上架规则几个维度作为店铺表现考核标准，并设置延迟发货率、未完成订单率、违反上架规则、被证实存在刷单欺行为几个惩罚考核项目。

　　Lazada 则主要是对发货率、分拣中心扫描率、取消订单率、退货率这四个标准进行考核后对店铺评级。等级一共分为 7 级，1 级最低；7 级最高。等级越高，排名就越靠前，GMV 也会越高。

　　速卖通从卖家综合服务等级、卖家服务等级评价及针对产品描述、卖家沟通以及物流服务几个方面来评分。

　　Amazon 一般从客户服务绩效、配送绩效、商品政策合规性及邮件回复等几个维度来综合评判。

　　除此之外，影响账户绩效表现的还有违规指标和其他指标。账户绩效状况一般与店铺等级直接挂钩。卖家可以定期记录当前店铺各项指标的分数，以备在店铺等级下滑时，判断是由于哪一指标的分数变化导致店铺等级下滑。倘若各项指标均表现正常，店铺等级却下滑了，多是由违规行为导致的，并且违规行为对店铺等级的影响是即时生效的。常见的违规指标主要分为"政策违规"和"履行违规"，不同的违规均会对账号店铺的级别产生严重的影响，尤其是政策违规行为。一般来说，是否违规是卖家可以控制的。因此卖家可以利用绩效

指标的数据来改善自己的合规表现，从而提升级别。

跨境电商平台卖家需要达到绩效目标和政策要求，否则可能导致卖家的商品被下架或账户被停用，账户状况是否健康将直接影响到卖家的旺季销售收益。因此，平台卖家应当有针对性地根据账户绩效指标来调整店铺运营。以亚马逊平台为例，详解跨境电商平台账号绩效及风险把控。

☞ **任务演练：**

1. 了解账号绩效的作用。
2. 了解不同跨境电商平台主要的账户绩效考核指标。

任务二 跨境电商平台账号风险把控

任务目标

了解账户绩效的重要性后，在本节任务中，旨在学习亚马逊账号绩效的三大指标：客户绩效、配送绩效、商品政策合规性，以及掌握如何查看账户绩效。

一、Amazon 账号绩效指标

在亚马逊平台上，账户状况重要指标主要包含三大部分：客户服务绩效、配送绩效、商品政策合规性。

（一）客户服务绩效

客户服务绩效是针对卖家或者亚马逊配送的商品销售健康的评判指标，一共包含两个部分：订单缺陷率和发票缺陷率。其中最主要的是订单缺陷率，包括负面反馈、亚马逊商城交易保障索赔（A-to-Z）、信用卡拒付索赔。

1. 订单缺陷率（Order Defect Rate，ODR）。订单缺陷率是衡量卖家能否提供良好买家体验的主要指标。该指标是在给定的 60 天内，存在一种或多种缺陷的所有订单占订单总数的百分比。如果某笔订单存在负面反馈、亚马逊商城交易保障索赔（未被拒绝）或信用卡拒付，则该订单具有缺陷。亚马逊政策规定，卖家应维持低于 1% 的订单缺陷率（订单缺陷率 ODR <1%），才能在亚马逊商城销售商品。如果订单缺陷率高于 1%，可能会导致账户被停用（见图 13 – 1）。

订单缺陷主要有负面反馈、未被驳回的亚马逊商城交易保障索赔、信用卡拒付 3 种类型。如果出现负面反馈，A-to-Z 索赔，或者信用卡拒付索赔，一定要及时处理，特别是 A-to-Z 索赔。卖家可以直接在后台查看到对应的订单，选择联系买家解决问题，或者根据反馈改进产品。

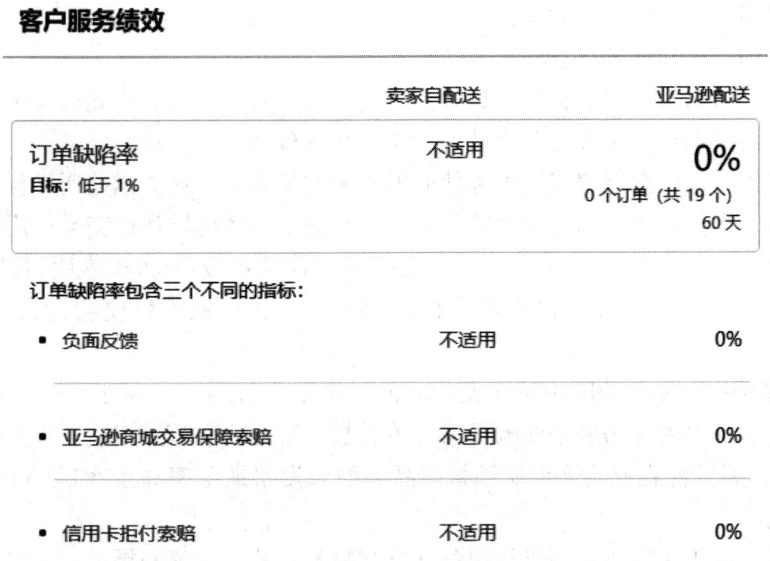

客户服务绩效

	卖家自配送	亚马逊配送
订单缺陷率 目标：低于 1%	不适用	**0%** 0 个订单（共 19 个） 60 天

订单缺陷率包含三个不同的指标：

• 负面反馈	不适用	0%
• 亚马逊商城交易保障索赔	不适用	0%
• 信用卡拒付索赔	不适用	0%

图 13 – 1   订单缺陷率指标

（1）负面反馈，指店铺收到的差评，会以百分比的形式表示，等于相关时间段内收到负面反馈的订单数除以该时间段内的订单总数。此指标与订单关联，在计算负面反馈率时，亚马逊会考虑下单日期，而不是收到反馈的日期。负面反馈率可能与买家看到的反馈不同，显示给买家看的反馈率以收到反馈的时间计算，而不是以下订单的时间计算的。每个负面反馈卖家都要重视，具体分析每个问题，针对性地解决，降低店铺的不良影响。

（2）亚马逊商城交易保障索赔，指买家和卖家因为订单问题沟通后无法达成一致解决方案，买家向平台开启客服介入处理的纠纷，简称 A-Z，这个是亚马逊对购买第三方卖家商品的买家实施的保护政策。如果买家不满意第三方卖家销售的商品等，可以发起 A-to-Z 保护。亚马逊商城交易保障索赔率（以百分比的形式表示）等于在给定的 60 天内收到相关索赔的订单数除以该时间段内的订单总数。这种情况一般是很严重的问题，对账户安全影响比较大，新店铺可能遇到一两个这样 A-Z 就会直接挂店铺，所以卖家遇到客户要退款、退货等问题时，尽量协商满足买家的要求，不要与其产生纠纷。以下类型的索赔会影响订单缺陷率：

①买家已获批准且亚马逊认为卖家有过错的索赔；

②在索赔提交后卖家为买家提供了退款的索赔；

③导致卖家或亚马逊因为相关索赔而取消了订单的索赔；

④等待申诉处理决定的索赔。

（3）信用卡拒付索赔：以百分比的形式表示，等于相关时间段内收到信用卡拒付的订单数除以该时间段内的订单总数。此指标与订单关联，在计算信用卡拒付率时，亚马逊会考虑下单日期，而不是收到服务性信用卡拒付的日期。信用卡拒付与亚马逊商城交易保障索赔相似，只是索赔处理和决策由信用卡发放机构完成，而不是亚马逊。

可能出现的问题包括：

①买家声称自己未收到商品。

②买家退回了商品但未收到退款。

③买家收到了已残损或存在瑕疵的商品。

当买家就某笔向其信用卡扣款的购买交易提出异议时，亚马逊将此情况称作信用卡拒付请求。亚马逊将信用卡拒付大致分为欺诈性拒付和服务性拒付两类。

欺诈性信用卡拒付意味着买家声称他们根本未购买商品。这类索赔通常与欺诈性买家使用窃得的信用卡相关。在计算订单缺陷率时，亚马逊不会考虑欺诈性交易信用卡拒付。

服务性信用卡拒付指买家确认购买了商品，但向信用卡发放机构表明自己遇到了问题。在这种情况下，如果信用卡公司决定支持买家的主张，该笔拒付便会计入卖家的订单缺陷率。

2. 发票缺陷率。发票缺陷率是在发货后的一个工作日内，未向亚马逊企业购买家订单上传发票的所有订单占亚马逊企业购买家订单总数的百分比。政策规定，卖家的发票缺陷率应低于5%，这样才能在亚马逊商城销售商品。如果发票缺陷率高于5%，可能会导致卖家的账户被停用。

亚马逊企业购买家需要发票进行税务计算和财务核算。卖家如果要向买家提供发票，可以启用亚马逊增值税计算服务，让亚马逊免费代开发票或者通过第三方解决方案提供商自动上传发票，也可以通过管理订单页面手动上传发票。在欧盟和英国均免于注册增值税的卖家，在申报增值税豁免后，即可让亚马逊免费代开收据。

（二）配送绩效

配送绩效主要针对卖家自配送（FBM）商品订单，主要包含四个指标：迟发率（LSR）、预配送取消率（CR）、有效追踪率（VTR）、准时交货率（OTDR），任意一个指标超过规定都有可能导致账户被停用。

1. 迟发率（Late Shipment Rate，LSR）是在10或30天的时间段内，在预计配送时间之后确认配送的所有订单数占订单总数的百分比。根据亚马逊规定，卖家应维持低于4%的LSR，这样才能在亚马逊上销售商品。高于4%的LSR可能会导致账户停用。

2. 预配送取消率（Cancellation Rate，CR）是在给定的7天时间段内，卖家取消的所有订单占订单总数的百分比。此指标包括所有由卖家取消的订单，但买家使用其亚马逊账户中的订单取消选项请求取消的订单除外。买家在亚马逊上直接取消的等待中订单不包括在内。政策规定，卖家应维持低于2.5%的CR，这样才能在亚马逊上销售商品。高于2.5%的CR可能会导致账户停用。

3. 有效追踪率（Valid Tracking Rate，VTR）是指在给定的30天时间段内具有有效追踪编码的所有货件数占总货件数的百分比。亚马逊的买家根据追踪编码了解订单配送状态和预计收货时间。根据亚马逊规定，卖家应维持高于95%的VTR。如果某商品分类的VTR低于95%，亚马逊可能会限制卖家在此分类下销售非亚马逊物流（FBA）商品的权限。以下货件被视为获得豁免的货件：

（1）由未与亚马逊合作的承运人配送的重型大件商品。

（2）订单价值低于10美元（含运费）且使用USPS Standard Mail信封或First Class Mail信封配送的轻小商品计划商品。

（3）从中国发货且订单价值低于5美元（含运费）的国际货件。

（4）从美国和中国境外发货的国际货件。

（5）承运人无法实际配送的数字订单，如有声书。

4. 准时交货率（On-Time Delivery Rate，OTDR）是指在预计交货日期交付的所有货件占跟踪的总货件的百分比。建议卖家维持高于97%的准时交货率，可以给客户提供更好的购物体验，不过目前亚马逊对于没有满足绩效目标的情况暂无处罚。

出现配送绩效问题时，可以在后台下载对应报表，查看具体违规订单，以便及时做出应对。如果有卖家因疫情导致货物不能及时发出，应及时关注账号绩效问题，根据亚马逊平台相关政策及时进行申诉或暂停销售，以免影响账户状况。

（三）商品政策合规性

商品政策合规性主要考核的是卖家在运营过程中是否出现涉嫌侵犯知识产权、知识产权投诉、商品真实性买家投诉、商品状况买家投诉、商品安全买家投诉、上架政策违规、违反受限商品政策、违反买家商品评论政策的情况。商品政策合规性可以帮助卖家查看店铺中的商品是否符合亚马逊政策规定，也就是是否侵权。卖家可以在该功能页面查看出现问题的商品及原因，方便及时采取应对措施。

如果商品出现过多违规问题，比如价格不合理、知识产权投诉、违反买家商品评论政策等，有可能会被亚马逊直接下架商品，严重者账号可能直接被停用。

后台查看路径如下：可以通过卖家平台，单击"绩效"版块，进入"账户状况"页面，查看商品政策页面（见图13-2）。

图 13-2 亚马逊商品政策合规性指标

了解影响账号安全的相关绩效指标后，作为卖家，在运营过程中一定要了解平台的相关规定，在遵守平台规则的前提下做好风险防范，千万不能掉以轻心，要时刻注意账号安全，以免账号被封。只有保持长期稳定的运营，才能使业绩持续地增长，避免错失商机。

亚马逊账户指标还有客户体验健康指标（CX）和客户体验差评率（NCX）。目前这两个指标不会影响账号绩效，但在某种程度上可能会影响卖家排名。

客户体验健康指标（Customer Experience CX），简称 CX 健康指标。CX 健康指标可以根据卖家近期的订单和客户反馈情况，为卖家提供信息，帮助他们了解自己相对同类产品卖家表现如何。卖家能通过该指标发现问题，识别表现差的产品。

客户体验差评率（Negative Customer Experience），简称 NCX 差评指标。与客户体验健康指标不同，客户体验差评率不是为了让卖家认识到自己产品的不足，而是让亚马逊通过买家退货、退款情况和产品评论等来了解客户反馈。NCX = 客户报告产品/listing 问题的订单数量÷总订单数量。

二、账户状况查看（Account Health）

作为一名合格的亚马逊卖家，账户的健康安全是卖家必须关注和重视的一项指标，一个安全稳定健康的账户，是一切运营的基础。任意一部分出现问题，都需要及时处理，否则将会触发亚马逊的账户审核机制，情况严重可能会直接封店。亚马逊卖家可以通过账户状况评级、业绩通知、买家之声等多维度查看账户状况。

1. 账户状况评级。后台查看路径：通过卖家中心后台页面上的绩效（Performance）菜单选项卡，可以进入账户状况（Account Health）页面，点击查看"账户状况评级"，如图 13-3 所示，即可看到账户绩效考察的大方面，包含客服服务绩效、政策合规性绩效、配送绩效等具体内容在内。

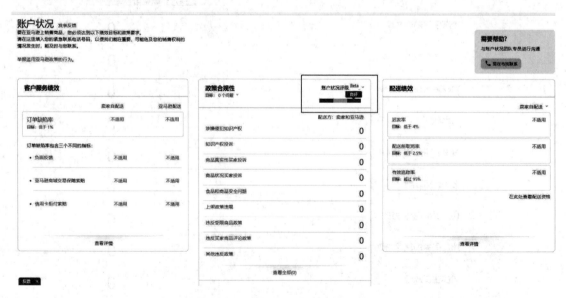

图 13-3　账户状况后台查看路径

账户状况评级是亚马逊基于卖家对销售政策遵守情况做出的反馈,能帮助卖家了解账户的健康状况,绿色代表良好;黄色代表存在风险;红色代表严重。若卖家看到黄、红色时,请注意卖家的账户状况存在停用风险,卖家需要格外注意。

但无论卖家的评级如何,卖家都需要及时解决任何显示在"账户状况"页面上的问题以保证长期健康的账户状态,降低潜在的账户停用风险。

2. 业绩通知。亚马逊会通过业绩通知,及时告知卖家有关账户状况的问题内容。卖家可以根据通知内容及时解决账号健康问题。具体操作方式可以通过卖家平台,单击"绩效"版块,进入"业绩通知"页面进行查看。通常触发业绩通知有如下几种情况:(1)价格过高或者过低;(2)收付款发生变化(绑定或更换);(3)listing 质量问题警告;(4)listing 出现 ODR 超标、被下架 blocked;(5)店铺被移除销售权限;(6)Amazon 新政策;(7)KYC 和 SIV 审核。

除此之外,亚马逊还会评判卖家的邮件回复时间(Contact Response Time)。此指标用于衡量卖家在 24 小时内回复的、由买家发起的消息的百分比 >90%,延迟回复≤10%。

如果出现超时未回复的邮件,可以先点击"不需要回复",然后再回复买家消息,这种情况不会被计入绩效。

不过,超时邮件可能会引发买家差评、投诉等售后问题,因此还是建议及时回复买家邮件,以免引起不必要的售后问题。

3. 买家之声。卖家在运营过程中一定要及时查看"买家之声"中每款商品的指标,如果某款商品因为被买家投诉过多,就会变成"不佳/不合格"甚至"极差"状态。这种情况如果多次出现,亚马逊很大概率会自动暂停销售卖家的产品。"买家之声"分为五个等级指标:极好、良好、一般、不合格、极差,如图 13 - 4、表 13 - 1 所示。

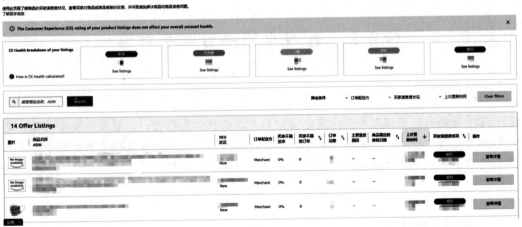

图 13 - 4 买家之声

表 13 - 1   买家之声等级指标

极好	卖家上架商品的绩效显著优于类似的商品
良好	卖家上架商品的绩效要好于类似商品或同样出色(停售商品可重新编辑上架)

续表

一般	卖家上架商品的绩效与类似的商品相当
不合格	卖家上架商品的绩效要低于类似的商品，并且可能由于买家不满意，面临撤销上架的风险
极差	卖家上架商品的绩效明显低于类似的商品，并且可能由于极高的买家不满意率而已被撤销上架

注：不满意率高将被停售（不满意率 = 不满意订单/总订单）

可在控制面板查看买家反馈。买家之声控制面板是一个操作中心，在此面板中，卖家可以监控已上架商品买家的满意度状况，从中可以根据买家的反馈优化商品和商品信息，更好地为买家提供服务。在该控制面板中，卖家可以查看上架商品的买家体验（CX）健康度，阅读客户评论，确认商品和商品信息问题。确认问题之后，就可以采取补救措施。如移除已残损、有缺陷或误贴标的库存或更新商品的详情页面。

如果商品因为极高的买家不满意率而被禁止显示，卖家可以在"商品最近的停售日期"列中给出的关闭日期下看到"需要操作"。卖家可以单击"解决问题"查看最近的买家反馈，了解商品或商品信息是否存在系统性的问题，可以编辑商品信息，重新发布商品等。

☞ **任务演练：**

1. 掌握亚马逊账号绩效主要考核指标。
2. 阐述自发货订单从哪几方面提高亚马逊店铺账户绩效。
3. 亚马逊配送绩效包含哪几方面的内容？
4. 从亚马逊的商品合规性考核出发，概述一下卖家如何预防违规？

任务三　跨境电商平台账号申诉

.... **任务目标** ....

账号安全问题可谓是每个跨境电商卖家关注的核心问题之一，健康、安全的账户是冲顶销量的核心基础。在本节任务中，主要通过账号安全风险以及账号申诉两个方面来进行学习如何保障账户安全以及出现账户安全问题时应如何应对。

一、账号安全风险

政策环境千变万化，作为亚马逊卖家，前要打理店铺、提高流量销量；后要服务好客户、注意合规经营。众所周知，店铺的亚马逊销售权被移除，对卖家来说是打击极大的。如果有一天，卖家中心左上角的小旗帜飘红了，点开查看是亚马逊 Amazon 的通知，告知卖家的账户已经被移除销售权，这时卖家需要仔细阅读亚马逊发来的邮件，看看具体是什么情况，才能进一步拯救账户。

1. 单账号和关联账号限制：亚马逊运营中最恐怖的事情莫过于账户关联，因为亚马逊禁止卖家在同一个地点拥有两个账号。如果亚马逊通过技术手段，检测出卖家有两个或两个以上的账号，特别是当现在的账户被亚马逊告知已经关联到了一个已被关闭（被永久移除销售权限）的账户，那么现在这个账户也一定会被永久移除销售权限。由于亚马逊判定账号关联的因素很多，如电脑、IP、账号信息、产品信息、注册资料等，都是会影响判定账号关联的因素。想要进行多账号的操作一定要排除这些关联因素，保证每个账号彼此独立地在不同的网络环境、不同操作设备上操作。

2. 刷单、刷评论：亚马逊严厉打击严重扰乱市场秩序的恶意竞争，对于刷单、测评严惩不贷。如果曾经有过刷评、恶意刷差评、恶意跟卖等扰乱市场的行为，那么账户轻则被亚马逊删评限评，重则直接封号。随着亚马逊对于刷单而来的虚假评论打击力度不断加大，各位卖家要谨遵电商平台规则，以免账号被封。

3. KYC 审核不过关：特别针对欧洲平台卖家。根据欧洲有关监管机构要求，亚马逊需要对欧洲平台（包括英国、法国、德国、西班牙、意大利等）上开店的卖家进行身份审核，即 KYC 审核。卖家只有在亚马逊欧洲验证团队审核通过后，才能在欧洲平台销售。如果欧洲站点的审核有一个站点不通过，那其他站点也会被关闭。

4. 侵权，违反销售政策：国外的产权意识很强，亚马逊也不断在加强知识产权的护城河，侵权是不被允许的，违反会被审核或受限。

因此，针对以上提到的一些常见的违规行为，请各卖家注意规避，以免账号被封造成不必要的经济损失。

二、账号申诉

对于亚马逊卖家来说，账号申诉是掌握账号生死的关键。在收到账号冻结、销售权限被移除的邮件之后，卖家如果还想要回这个账号，就需要向亚马逊平台进行账号申诉。

1. 查找账户被冻结的真正原因。卖家在遇到账号受限时，一定要冷静分析通知邮件中的内容，分析清楚当前的情况，确认被移除销售权限的具体原因，然后根据通知中的提醒，准备申诉所需的资料，有针对性地书写申诉邮件，有针对性地一步步行动，账号被解除限制的概率才会大一些。

首先，卖家可以查看自己店铺的绩效指标数据，查看产品是否违反了 Amazon 销售政策，也可以查看一二星 Feedback 记录或者是以往纠纷索赔事件等，找出具体原因并且认真分析。其次，弄清楚店铺被封原因后，要确认是因为账号表现问题还是违反亚马逊政策问题。在账号受限的通知中，亚马逊系统一般会告知卖家导致账号受限的真正原因，通知中可能没有详细地罗列具体内容，所以卖家需要根据通知的内容，结合账号的实际情况，进行深度和全面的分析，找到出现问题的原因。如果确实判定不了账号受限的原因，可以直接向亚马逊平台客服咨询。

2. 拟写申诉信（POA）内容。在进行账号申诉时，申诉邮件的内容、措辞的表达，以及改善方案的详尽与否等，都会影响亚马逊账号绩效审核团队的判定，影响到账号能否被解除限制。在申诉邮件中要阐明问题出现的原因，说清楚下一步的行动计划，并且表现出自己积极诚恳的态度，努力打动亚马逊账号绩效审核团队的成员，这样有利于账号快速解除限制。

一般申诉除了要提供必要的证据、授权、发票以外，最重要的还是提供一封专业有效的POA。申诉信（POA）邮件一般按照3部分5段式进行撰写：

（1）第一部分（第1段）：简述当前出现的问题，承认错误并诚恳道歉，然后写出自己（团队）的经验教训，过渡到将在以后运营中采取的改善方案。

（2）第二部分（2~4段）：写出以后运营中的行动计划（Creating a Plan of Action），三段内容分别围绕当前已出现问题的解决方案、当前问题可能引起的潜在问题的预防方案，以及在以后的运营中如何调整运营策略以避免影响买家体验和卖家绩效的问题再出现。在用词造句上要用诚恳的语言表达出改进的决心，改善方案要环环相扣、层层递进。

（3）第三部分（第5段）：在最后一段，要表达渴望收到回复和渴望账号被解除限制的迫切感，同时还要做出承诺，表达自己在以后的运营中一定会严格遵守平台规则，努力成长为一名优秀卖家的决心，态度一定要诚恳。

想让亚马逊账号绩效审核团队给一次重新获得销售权限的机会，行动计划必须从内容上说服审核人员，从情感上打动他们，得到审核团队成员的认可，才能获得解除限号的机会。

申诉信（POA）撰写技巧及注意事项：

（1）注意申诉时效：一般情况下，账号受限后，亚马逊系统会给卖家预留一个申诉期限。根据不同的受限原因，有最长不超过3、9和17天3种账号申诉期限，这就意味着卖家必须在申诉期限内申诉，否则就等于放弃申诉、弃置账号了。卖家要及时关注卖家中心角账号通知，就要及时查看通知的内容并进行回复。

（2）全面分析问题：只有直面事实，了解问题所在，才能有针对性地申诉，申诉的内容才会更有说服力。绩效表现差、ODR指标超标会导致账号受限，政策违规同样也是账号受限的原因。卖家需要重点关注政策问题，如果卖家收到政策警告，请不要责怪买家投诉。侵权投诉可能是自己的商品涉嫌侵犯其他权利人的商标、专利等情况，知识产权投诉可能是自己的商品存在版权侵权、商品描述复制别人的内容或图片盗图被投诉等情况。卖家要了解具体原因及问题并进行推进。

（3）包含所有产品的支持证据。请确保卖家为正在接受审核的所有产品或ASIN提交支持证据。卖家可以在原始通知底部找到产品列表。请务必检查文件请求的时间范围，有些文件要求卖家提供过去365天内的发票。在卖家的支持文件中突出显示区域，卖家可以圈出或突出显示文件中的最重要区域，如ASIN、供应商详情（例如名称和供应商网站）或卖家的条款和条件中的条款，从而使卖家的回复更具相关性。

（4）创建恢复销售权限的行动计划：在申诉时，行动计划尤为重要。在账号受限通知邮件中，如果卖家对于亚马逊的决定有异议，想重新获得销售权，需要提供卖家的行动计划，亚马逊将根据卖家的行动计划重新评估是否恢复卖家账号的销售权限。因此，卖家需要制定一个良好的行动计划。卖家在制定申诉的行动计划中，要在全面分析并找出问题所在的基础上，有针对性地说清楚将在今后的运营中进行哪些改善，确保"行动计划"包含所有导致账号冻结因素的具体处理方法，为所有问题提供说明。某些账户停用可能是由多种问题共同导致的（例如，负面反馈和未配送订单导致订单缺陷率高）。卖家必须针对行动计划中的每种根本原因提供准确回复。行动计划要具体，逻辑要清晰，针对性要强，语言要真诚，争取说服并打动亚马逊。

创建恢复销售权限的行动计划应回答以下三个问题：

①导致问题的根本原因是什么？

②卖家将采取哪些措施来解决该问题？

③卖家将采取哪些措施来避免将来出现问题？

卖家申诉的行动计划内容务必要包含以下两大点：

①让亚马逊知道自己已经认识到了错误，并且清楚明确在销售或者产品管理中存在的某些特定的问题。

②说明自己会采取积极的态度并且拿出合适的方案和步骤去改进和避免出现的这些问题，提高用户体验。

注意：卖家的行动计划应真实、直接。专注于导致问题的事实和事件，而不是介绍卖家的产品、业务或买家。

（5）简单醒目，使用项目符号或数字代替段落来表达卖家知道问题出现的原因所在，以及卖家为纠正错误所采取的步骤，快速向亚马逊展示卖家对发生的事情以及卖家已经解决问题的总体把握。

（6）保持理智清晰，避免使用情绪化语言。在申诉邮件中，对于亚马逊邮件通知中没有提及的问题，卖家不要提及，也不要评论亚马逊的流程、亚马逊团队处理事情缓慢，也不要表达卖家对账号被冻结的负面情绪，不要包含有关账号审核流程或亚马逊的无关信息或评论，专注于展示卖家已经解决相关信息。

若卖家在收到账号被关的邮件以及在准备申诉信的过程中，出现了一些不正确的操作，就会错失账号申诉良机，造成一定的经济损失。各卖家在接到账号被关通知后，需要避免以下行为：

①放弃旧账号，重新开新账号。有些卖家在账号被关之后，使用部分或者全套店铺资料重新向亚马逊申请新的账号，不仅无法注册新账号，还会造成账号关联，大大降低了老账号申诉回来的概率。

②匆忙提交申诉信。申诉信并不是越早提交越好，卖家要重视每次申诉的机会，越到后面申诉成功的概率越低。卖家在申诉信中要向亚马逊充分表明对关店行为已经有了更充分的认识。

③提交虚假资料。在一些关店的邮件中，亚马逊会明确要求卖家提供资料，例如发票、授权书、公司执照、公证书等。提供虚假资料或者是不符合亚马逊要求的资料，是无法通过审核的，也无法申诉成功。

④将原因推到竞争对手身上。卖家的店铺被关有可能是竞争对手采取试买、恶意投诉、恶意下单等手段导致的。这种情况下，除非卖家能提供非常有力的证据，或者能证明自己的亚马逊业务完全合规，再尝试将原因归结于竞争对手。否则，只能直面问题，找出原因，好好准备申诉信。

⑤妄议和评论亚马逊。

⑥亚马逊关店是有自己的判断标准和触发机制的，卖家不要妄议和评论亚马逊相关流程。在收到账号冻结、销售权限被移除的邮件之后，各位卖家需要静下心来，反思自己运营中的每个细节，并且需要特别注意规避上面提到的一些违规行为，还要密切关注 Amazon 所

有最新的政策，以亚马逊的高标准来运营业务，改善自己的运营方法，提交一份有理有据的申诉信，相信亚马逊也会让卖家继续在平台上销售。

3. 申诉提交与跟进。申诉邮件写好后，登录卖家账户后台，卖家在受限通知下面的申诉处可直接提交或单击账号绩效（Performance）按钮中的业绩通知（Performance Notifications），找到关于卖家销售权限被移除的告知邮件，打开邮件，单击 Appeal 的申诉按钮，单击申诉（Appeal decision）按钮，把卖家的行动计划写入，单击提交（Submit），把卖家申诉的内容发给亚马逊审核团队进行评估，审核团队会根据卖家提供的申诉内容以及这次销售权限被移除的严重程度来决定是否恢复卖家的亚马逊账户卖家权限（见图 13 - 5）。

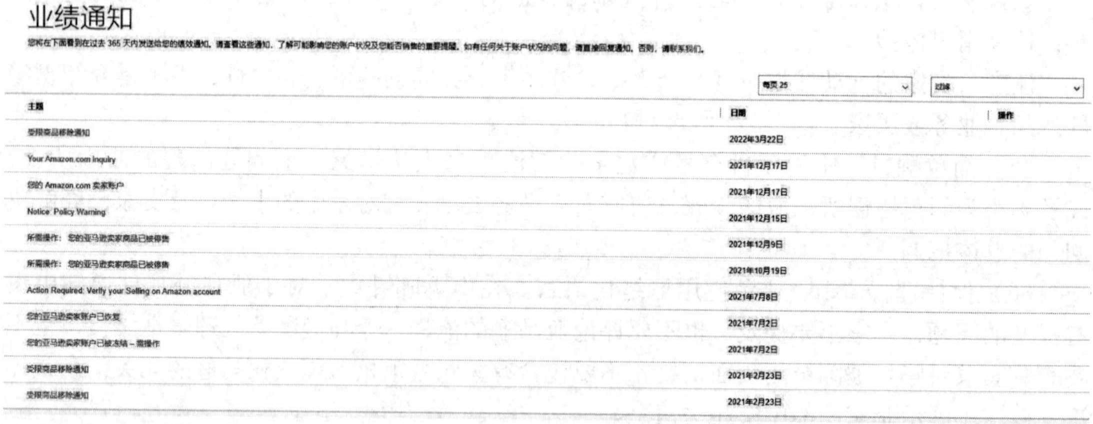

图 13 - 5　业绩通知

之后要时刻关注 Email 回复和后台通知。亚马逊内部有一个审核的 SOP 机制，如果行动计划得到了亚马逊账号绩效审核团队的认可，很快就会收到账号被解除限制的通知。一般来说亚马逊会在收到申诉内容 48 小时之内查看、评估、决定，然后把最后的结果发送给卖家。但如果行动计划不够详细、缺少说服力，亚马逊账号绩效团队回复说需要补充更详细的行动计划，这时就需要对行动计划做进一步的改进、补充和完善，然后重新提交。一般情况下，情节不是特别严重的（三番五次侵权或其他违规行为），亚马逊不会过于刁难。

注意：申诉信的撰写，前三次机会非常宝贵，第一封邮件尤为重要，在逻辑不清或材料不足的情况下不要尝试无效沟通，否则会造成问题升级。

不同的卖家店铺，被封的原因各不一样，解决方案也不一样。以下有几个案例：

（1）过高的订单缺陷率导致账号被封。

案例：买家投诉产品实物与描述不符。

解决方案：主动移除不真实的图片以及产品详情不够真实的 SKU。

在申诉方案中需要提到，自己已经意识到哪些具体类目的 SKU、图片和文字描述确实不够完整，没有给客户提供完整的产品信息。在改进方案中可以承诺，自己已经重新拍摄了产品图片，并对产品的重量、尺寸等参数重新核对，保证上架的产品使用的是真实标准的图片和更加详细真实的描述，并确保解决了有损坏或缺陷的库存产品。在提交申诉方案的同时，也要落地实施改进的方案，并且联系留有差评的买家尝试改善评价。

（2）发货延迟率过高导致账号被封。

案例：买家投诉付了款后迟迟不发货。

解决方案：需要核查已付款的订单，确认订单情况。

在申诉方案中，需要认识到自己设置的预计发货时间太短，不符合实际操作，对于造成买家提醒发货的行为表示愧疚。然后在改进方案中，需要提到自己会在 OFFER 里的 Handing Time 选项里面修改预计发货天数，日后将严格控制自己的发货时间，并且在发货之后第一时间通知买家。

（3）有效追踪率过低导致账号被封。

案例：买家投诉卖家提供的快递单号无法有效追踪包裹。

解决方案：需要重新找到买家投诉的订单单号，可能会发现国际物流公司提供单号无法追踪信息。

在处理方案中，要明确提到，因为国际物流公司运转效率降低的客观原因，导致买家无法追踪到物流信息，表明已主动联系国际物流公司跟踪最新情况，确保客户会在预计时间内收到产品。在改进方案中，提及将会选择使用 FBA 发货或者与物流服务更好的国际物流公司合作，提升用户购物体验。

（4）违反亚马逊关于禁售商品的政策导致账户被封。

案例：销售亚马逊明令禁止的种子、刀、药物、一次性食用餐具、图书杂志等商品。

解决方案：重新学习了解亚马逊关于禁售商品方面的政策并会严格遵守。要让亚马逊感受到卖家已经改正错误并且会严格遵守亚马逊关于禁售商品的政策。

如果卖家是新手，一定要在邮件中表明自己是新手，刚开店对亚马逊政策了解不够，但在收到封账户邮件通知后，已经重新学习、了解亚马逊关于禁售商品方面的政策，并且重新审查店铺中上架的产品，保证已经删除了禁售的 Listing（可以具体到删除的是哪个类目的产品、具体数量是多少）。

☞ **任务演练：**

1. 亚马逊账户会遇到哪些安全风险？

2. 向亚马逊平台进行账号申诉时要从哪几个角度进行分析？

3. 以自发货准时到货率太低，亚马逊销售权被冻结为例，写一封申诉信。

参考文献

［1］孙韬，胡丕辉．跨境物流与海外仓：市场、运营与科技［M］．北京：电子工业出版社，2020.

［2］农家庆．跨境电商：平台规则＋采购物流＋通关合规全案［M］．北京：清华大学出版社，2020.

［3］纵雨果．亚马逊跨境电商运营从入门到精通：畅销版：如何做一名合格的亚马逊卖家［M］．北京：电子工业出版社，2020.

［4］孙天慧．跨境电子商务运营实务［M］．武汉：武汉大学出版社，2021.

［5］鲜军，王昂．跨境电子商务：实训指导版：慕课版［M］．北京：人民邮电出版社，2021.

［6］陈旭华，蔡吉祥，陈俏丽．跨境电商物流理论与实务［M］．杭州：浙江大学出版社，2021.

［7］黄强新，胡丽霞．跨境电商实务［M］．北京：清华大学出版社，2021.